Beck-Ratgeber
100 Wege zu mehr Geld

D1735024

Beck-Ratgeber 100 Wege zu mehr Geld

Lexikon finanzieller Vorteile

von

Holger Ahrens

Verlag C.H.Beck München
1997

Die Deutsche Bibliothek – CIP-Einheitsaufnahme

Ahrens, Holger:
Beck-Ratgeber 100 Wege zu mehr Geld : Lexikon finanzieller
Vorteile / von Holger Ahrens. – München : Beck, 1997
(Beck-Ratgeber)
ISBN 3-406-43097-X

ISBN 3 406 43097 X

© 1997 C. H. Beck'sche Verlagsbuchhandlung, München
Satz und Druck: Kösel, Kempten
Umschlaggestaltung: Bruno Schachtner Grafik-Werkstatt, Dachau
Gedruckt auf säurefreiem, alterungsbeständigem Papier
(hergestellt aus chlorfrei gebleichtem Zellstoff)

Inhalt

Einführung: Ihr Schlüssel zu diesem Buch

Mit einer Zusammenstellung der verschiedenen Sozialleistungs-
rechte, Steuervergünstigungen, sozialen Entschädigungszahlungen,
staatlichen Förderungen und privatrechtlichen Ansprüche soll all
denen geholfen werden, die nicht in der glücklichen Lage eines
mehr als ausreichenden Einkommens und Vermögens sind. Das
Buch zeigt aber auch für Besserverdienende legale Mittel und Wege
auf, eine vorübergehende oder dauernde Erhöhung des Einkommens zu erreichen.

Wir leben in einem Staat, der nach seiner Verfassung ein demo-
kratischer und sozialer Bundesstaat ist. Das Sozialstaatsprinzip ist
im Grundgesetz verfassungsrechtlich verankert. Die Verwirklichung
der sozialen Rechte und der staatlichen Vergünstigungen ist daher
eine besondere Aufgabe des Staates. Von dieser Verpflichtung können aber nicht alle Staatsbürgerinnen und Staatsbürger gleicher-
maßen profitieren. Solange zum Beispiel Millionäre mit legalen Mitteln ihr zu versteuerndes Einkommen praktisch auf Null verringern,
die Politiker ihre Diäten selbst festsetzen, Unternehmen zum Teil
unsinnige Subventionen kassieren und es manchen schwarzen Scha-
fen gelingt, soziale Leistungen mißbräuchlich in Anspruch zu nehmen, kann sich für den sogenannten Normalverbraucher durchaus
die Frage stellen:

Was kann *ich* eigentlich in Anspruch nehmen?

Dafür will das Buch durch die Leistungsbeschreibungen mit Berech-
nungsbeispielen, die Erläuterungen der jeweiligen Voraussetzungen,
die Angaben über die zuständigen Stellen und die Übersicht mit den
Anschriften im Anhang viele Hinweise, Tips und Anregungen
geben. Es ist mit den Informationen und praktischen Tips somit
auch als Beitrag zur sozialen Chancengleichheit und Gerechtigkeit
gedacht.

Die Sozialabgaben und Steuern befinden sich in einer ständigen
Aufwärtsentwicklung. Es steigen die Sozialversicherungsbeiträge,

die direkten und indirekten Steuern, die öffentlichen Abgaben und Gebühren, die privaten Versicherungsbeiträge, die Mieten und die sonstigen Kosten des Lebensunterhaltes. Von dem Bruttoeinkommen hat der durchschnittliche Bundesbürger heute mit 60% gegenüber 1990 schon 10% weniger ohne einen Ausgleich zur Verfügung. Der durchschnittliche Arbeitnehmer ist heute etwa die Hälfte seiner Arbeitszeit nur für den Staat und die Sozialversicherung tätig. Die Verhältnisse sind unter den derzeitigen gesellschaftlichen, finanziellen und sozialpolitischen Voraussetzungen auch so, daß sich ein Vier-Personen-Haushalt mit einem monatlichen Nettoeinkommen von 4000 DM schon nahe an der Armutsgrenze nach sozialhilferechtlichen Maßstäben bewegt.

Der vorliegende Ratgeber zeigt viele Möglichkeiten zur Einkommensverbesserung auf. Sie finden zu den verschiedensten Ansprüchen und Rechten die wichtigsten Tips und Hinweise in einem Nachschlagewerk. Wegen der Vielfalt der jeweiligen Besonderheiten kann es zu einzelnen Fragen und Themen aber dennoch hilfreich und notwendig sein, daß Sie spezielle Ratgeber oder Fachliteratur hinzuziehen.

Wenn Sie zu einem bestimmten Begriff kein Themenstichwort in der Übersicht finden, sehen Sie in dem Stichwortverzeichnis mit den einzelnen Begriffen und den Verweisungen nach. Als Anhang ist auch ein Anschriftenverzeichnis mit den in diesem Buch genannten Banken, Versicherungen, Bausparkassen, Krankenkassen und anderen Institutionen enthalten.

Die Erläuterungen wurden sorgfältig nach bestem Wissen zusammengestellt. Die verschiedenen Leistungsbeträge, Bemessungswerte und andere Daten basieren auf dem Stand vom 1. Juli 1997. Eine Haftung oder Gewähr für die Richtigkeit kann allerdings nicht übernommen werden.

Juli 1997   Der Verfasser

Hinweis

Falls Sie einen gesuchten Begriff im Lexikon vermissen, ist er vielleicht in einem Sammelartikel oder unter anderer Überschrift erläutert. Ziehen Sie deshalb bitte auch das Stichwortverzeichnis (ab S. 391) zu Rate. Dort finden Sie zahlreiche Verweisungen, die aus Gründen der Übersichtlichkeit nicht in das Lexikon selbst übernommen wurden.

Beispiel: Sie suchen den Begriff „Steuern"; wie das Stichwortverzeichnis verrät, finden Sie die gewünschten Erläuterungen bei diversen Schlagwörtern von „Abschreibungen" bis „Werbungskosten".

A

Abschreibungen

1. Um was geht es?

Abschreibungen sind kaufmännische, handelsrechtliche, betriebswirtschaftliche oder steuerrechtliche Buchungsvorgänge oder Maßnahmen zur planmäßigen Verteilung der Anschaffungs- oder Herstellungskosten abnutzbarer Gegenstände des Anlagevermögens auf die Geschäftsjahre der voraussichtlichen Nutzungsdauer. So lautet in etwa die fachliche Erklärung. Im Steuerrecht entspricht die Absetzung für Abnutzung (AfA) der planmäßigen Abschreibung. Im folgenden geht es um die steuerliche Bedeutung der Absetzungen für Abnutzung und die Abschreibungssätze.

2. Tips und Hinweise

2.1 Abschreibungsmethoden

Die Anschaffungskosten für langjährig nutzbare Anlagegüter können nach zwei Methoden abgeschrieben werden. Bei der linearen Abschreibung wird in gleichbleibenden Jahresbeträgen und bei der degressiven in fallenden Jahresbeträgen abgeschrieben. Die degressive Abschreibung beträgt höchstens 30% vom jeweiligen Buchrestwert.

Grundsätzlich sind Sie an die gewählte Abschreibungsmethode gebunden. Allerdings ist es möglich, einmal von der degressiven zur linearen Abschreibung zu wechseln. Das kann sich lohnen bei höheren Anschaffungskosten mit einer längeren Abschreibungsdauer, wenn zunächst linear und später je nach Buchrestwert degressiv abgeschrieben wird.

2.2 Was sind geringwertige Wirtschaftsgüter?

Bei der Höhe der Anschaffungskosten denken Sie auch an die Grenze für die sogenannten geringwertigen Wirtschaftsgüter. Nach dem Steuerrecht sind Güter bis zu einem Wert von 800 DM ohne Umsatzsteuer, also zur Zeit bis 920 DM, im Jahr der Anschaffung sofort in voller Höhe abzuschreiben. Eine Verteilung auf die Nutzungsdauer findet also nicht statt. Es ist dabei auch egal, um welche Art von Güter es sich handelt. Diese Sofortabschreibung ist auch für Güter zulässig, die von der privaten Nutzung in die betriebliche Nutzung übergehen. Wenn Sie also privates Mobiliar künftig in Ihrem Arbeitszimmer einsetzen, können Sie noch den Restwert in Höhe Ihrer Einschätzung absetzen.

2.3 Welche Abschreibungszeiträume zählen für die einzelnen Güter?

Es gibt allgemeine Nutzungszeiten, die vom Finanzamt ohne weitere Prüfung angesetzt werden. Diese durchschnittliche Nutzungsdauer ist aber nicht generell maßgebend. Wenn Sie Gegenstände besonders beanspruchen oder weniger nutzen, können Sie je nach Bedarf, ob eine kürzere oder längere Abschreibungsdauer günstiger ist, die Nutzungsdauer selbst ansetzen. Dafür sollten Sie aber eine vernünftige Begründung haben.

Bei der Nutzungsdauer wird auch nach der Art des Wirtschaftsgutes oder Gegenstandes unterschieden, und zwar insbesondere nach Arbeitsmittel, Geräte, Mobiliar, Kraftfahrzeuge oder Immobilien.

Einzelne Beispiele mit Allgemeinwerten:

Art	Nutzungsdauer in Jahren	Abschreibungssatz in %
PKW	5	20
Schreibmaschine	5	20
Telefaxgerät	5	20
Fotokopiergerät	5	20
Computer (Hardware)	4	25
Drucker	3	33
Computer-Software	5	20
Büromöbel	10	10

2.4 Nutzen Sie Sonderabschreibungen!

Für neu angeschaffte Wirtschaftsgüter steht Ihnen eine Sonderabschreibung von 20% zu, wenn der Einheitswert Ihres Betriebes nicht 240 000 DM und das Gewerbekapital nicht 500 000 DM übersteigen und außerdem die private Nutzung des Wirtschaftsgutes unter 10% liegt. Die Sonderabschreibung kann sofort im ersten Jahr oder verteilt auf die Nutzungsdauer angesetzt werden. Häufig kommt die sofortige Abschreibung infrage, denn je geringer der steuerliche Gewinn um so höher die Liquidität.

Für den Bau oder Kauf vermieteter Neubauten in Berlin und den neuen Bundesländern gibt es für Immobilien, die bis Ende 1996 hergestellt oder angeschafft worden sind, eine 50%ige Sonderabschreibung. Die 50 Prozent können in den ersten fünf Jahren beliebig verteilt werden. Diese Sonderabschreibung beträgt für Fertigstellungen ab 1997 leider nur noch 25%.

Baumaßnahmen an Baudenkmälern oder Gebäuden in Sanierungsgebieten können Sie mit je 10% innerhalb von 10 Jahren abschreiben.

2.5 Welche Abschreibungen sind für Immobilien möglich?

Hierbei ist zu unterscheiden zwischen den Eigenheimen und den vermieteten Gebäuden. Leben Sie in Ihrem Eigenheim, können Sie die Eigenheimförderung beanspruchen. Der Paragraph 10e des Einkommensteuergesetzes hat ausgedient. Er kommt nur noch für Eigenheime mit Kaufvertrag oder Baubeginn vor 1996 infrage. Die neue Förderung setzt sich zusammen aus einer Grundförderung, dem Baukindergeld, dem Schuldzinsenabzug und einer möglichen Öko-Zulage für Wärmeschutz oder den Einbau einer Solaranlage, Wärmepumpe oder Wasserrückgewinnungsanlage. Siehe auch Stichwort → Baufinanzierung. Abschreibungen im eigentlichen Sinne sind für Eigenheime nicht vorgesehen.

Wichtig: Wenn Sie die Eigenheimförderung wegen eines zu geringen zu versteuernden Einkommens nicht ausnutzen können, dürfen die Abzugsbeträge bis zum Ende des Förderzeitraumes nachgeholt werden. Sie müssen also bei Ihrer Steuererklärung aufpassen, ob sich insgesamt noch zu versteuerndes Einkommen errechnet.

Ganz anders werden vermietete Immobilien behandelt. Der Eigentümer und Vermieter hat die Mieteinnahmen als Einkünfte zu versteuern. Dabei können alle mit der Erzielung der Einnahmen verbundenen notwendigen Ausgaben (Werbungskosten) abgesetzt werden. Es darf auch abgeschrieben werden, und zwar werden die Anschaffungskosten des Gebäudes ohne Grundstück über die Nutzungsdauer von 40 bis 50 Jahren von den Mieteinnahmen abgezogen.

Die lineare Abschreibung beträgt für Gebäude mit einer Fertigstellung ab 1925 2% (bis 1924 2,5%). Für die degressive Abschreibung werden in den ersten acht Jahren je 5%, in den Jahren 9 bis 14 je 2,5% und dann 36 Jahre lang je 1,25% vom Gebäudewert abgesetzt. Für Kauf oder Fertigstellung ab dem 1.3.1989 bis 31.12.1995 betragen die Sätze je 7% in den ersten vier Jahren, je 5% in den Jahren 5 bis 10 und je 2% in den Jahren 11 bis 16 und dann je 1,25% für die restlichen 24 Jahre.

Beispiel für Mehrfamilienhaus ab 1996 mit Gebäudekosten von 500000 DM:

Jahr	Abschreibungs-satz	Abschreibungs-betrag
1 bis 8	5%	200000 DM (je 25000 DM)
9 bis 14	2,5%	75000 DM (je 12500 DM)
15 bis 50	1,25%	225000 DM (je 6250 DM)

Extra-Tip

▶ Es gibt Fälle, in denen der Verzicht auf die Sofortabschreibung bei geringwertigen Wirtschaftsgütern – egal in welchem Geschäftsbereich – günstiger ist. Wenn das zu versteuernde Einkommen – soweit absehbar – knapp über oder unter dem Besteuerungsbeginn (Existenzminimum 1997 für Alleinstehenden 12095 DM; für Ehepaare 24191 DM; ab 1998: 12365 DM oder 24731 DM) liegt, wirken sich Absetzungen nicht mehr aus. Es lohnt dann die Verlagerung der Ausgabe in das nächste Jahr, soweit dann ein höheres Einkommen erzielt werden sollte.

Altersrenten

1. Um was geht es?

Die Rentenversicherung ist ein Teil unserer Sozialversicherung und nach dem Finanzvolumen der bedeutendste Sozialversicherungszweig. In der gesetzlichen Rentenversicherung gibt es mehrere Arten von Leistungen. Bei einem vorzeitigen Ausscheiden aus dem Erwerbsleben kann eine Rente wegen →Berufsunfähigkeit oder →Erwerbsunfähigkeit gezahlt werden. Neben den verschiedenen Altersrenten ist noch die Gewährung von Witwen-, Witwer- und Waisenrenten sowie von Erziehungsrenten vorgesehen.

2. Tips und Hinweise

2.1 Die Arten der Altersrenten:

- Altersrente für Frauen nach Vollendung des 60. Lebensjahres
- Altersrente wegen Arbeitslosigkeit nach Vollendung des 60. Lebensjahres
- Altersrente für Schwerbehinderte, Berufsunfähige oder Erwerbsunfähige nach Vollendung des 60. Lebensjahres
- Altersrente für langjährig Versicherte nach Vollendung des 63. Lebensjahres
- Regelaltersrente nach Vollendung des 65. Lebensjahres

Die Altersrenten können entweder als Vollrente oder als Teilrente bezogen werden. Teilrenten sind möglich im Umfang von zwei Dritteln, der Hälfte oder einem Drittel der jeweiligen Vollrente. Diese Abstufung soll es den Versicherten ermöglichen, je nach den gesundheitlichen, finanziellen und persönlichen Verhältnissen den Eintritt in den Ruhestand und die Höhe eines möglichen Hinzuverdienstes zur Rente weitgehend selbst zu bestimmen. Siehe auch Stichwort →Hinzuverdienst (Rentenversicherung).

2.2 Welche Neuregelungen gibt es?

Bereits mit der Rentenreform 1992 wurde die stufenweise Anhebung und Flexibilisierung bestimmter Altersgrenzen vom Jahr 2001 an eingeführt. Durch die beiden Änderungsgesetze im Jahr 1996

(Wachstums- und Beschäftigungsförderungsgesetz sowie das Gesetz zur Förderung eines gleitenden Übergangs in den Ruhestand) sind die Anhebungen der Altersgrenzen für bestimmte Jahrgänge auf das Jahr 1997 und das Jahr 2000 vorgezogen worden. Dabei gelten zum Teil Übergangsregelungen mit einem Vertrauensschutz.

Für alle drei von der Anhebung betroffenen Rentenarten gilt die Möglichkeit der vorzeitigen Inanspruchnahme mit einem Abschlag von 0,3 % je Monat. Versicherte, für die dann die Regelaltersgrenze von 65 Jahren gilt (z. B. Arbeitslose ab dem Geburtsmonat Dezember 1941 oder Frauen ab dem Geburtsmonat Dezember 1944) müssen demnach mit 18 % Abschlag rechnen, wenn sie bereits mit 60 Jahren ihre Rente haben wollen.

Beispiele:

Geburtsmonat	Neue Altersgrenze	Vorz. In- anspruchnahme	Renten- abschlag
Altersgrenze für Frauen (bisher 60 Jahre) (ab 1. 1. 2000)			
1. 1940	60 Jahre + 1 Monat	60 Jahre	0,3 %
8. 1941	61 Jahre + 8 Monate	60 Jahre	6,0 %
2. 1944	64 Jahre + 2 Monate	60 Jahre	15,0 %
Altersgrenze für langjährig Versicherte (bisher 63 Jahre) (ab 1. 1. 2000)			
1. 1937	63 Jahre + 1 Monat	63 Jahre	0,3 %
10.1937	63 Jahre + 10 Monate	63 Jahre	3,0 %
12. 1938	65 Jahre + 0 Monate	63 Jahre	7,2 %
Altersgrenze für Arbeitslose oder nach Altersteilzeit (bisher 60 J) (ab 1. 1. 1997)			
8. 1938	61 Jahre + 8 Monate	60 Jahre	6,0 %
4. 1940	63 Jahre + 4 Monate	60 Jahre	12,0 %

Wichtig: Der jeweilige Rentenabschlag für die vorzeitige Inanspruchnahme wird einbehalten, so lange Sie leben. Wenn also eine im Februar 1944 geborene Frau bereits ab 60 Jahre ihre Rente haben will, werden monatlich 15 % einbehalten. Das kostet zum Beispiel bei einer Rente von 2000 DM monatlich bei einer Rentendauer von 25 Jahren bis zum Lebensalter von 85 Jahren insgesamt 90 000 DM ohne Rentensteigerungen und Inflationsausgleiche. Ob eine um 4 Jahre und 2 Monate frühere Rente (als Beispiel) so viel wert sein kann, wird immer eine subjektive Entscheidung bleiben.

Der Rentenverlust kann durch eine zusätzliche Beitragszahlung ausgeglichen werden. Voraussetzung ist die Vollendung des 54. Lebensjahres und eine schriftliche Erklärung gegenüber der Rentenversicherungsanstalt zur vorzeitigen Inanspruchnahme. Die Ausgleichszahlung ist auch noch nach Rentenbeginn möglich, längstens jedoch
bis zum 65. Lebensjahr. Lohnen sich diese Rentenausgleichszahlun-
gen? Siehe Stichwort →Rentenversicherungsbeiträge.

2.3 Welche Voraussetzungen müssen für eine Altersrente erfüllt sein?

Bevor Sie eine Altersrente erhalten können, müssen Sie bestimmte
Voraussetzungen erfüllen, wie

- die Vollendung eines bestimmten Lebensjahres und
- die Erfüllung der Wartezeit und
- bei Altersrenten nach Vollendung des 60. Lebensjahres das Vorliegen eines bestimmten Tatbestandes (z.B. längere Arbeitslosigkeit) sowie
- bei Altersrenten vor Vollendung des 65. Lebensjahres das Einhalten bestimmter Hinzuverdienstgrenzen.

Die Erfüllung der Wartezeit heißt, daß Sie eine Mindestzeit aktiv
der gesetzlichen Rentenversicherung angehört haben müssen, und
zwar je nach Rentenart unterschiedlich lange.

- 35 Jahre: Altersrente für Schwerbehinderte, Berufs- oder Erwerbsunfähige und Altersrente für langjährig Versicherte
- 15 Jahre: Altersrente für Frauen und Altersrente wegen Arbeitslosigkeit
- 5 Jahre: Regelaltersrente

2.4 Wie wird die Rente berechnet?

Die Rentenhöhe richtet sich vor allem nach der Höhe der während
des Erwerbslebens versicherten Arbeitsentgelte und nach der Höhe
der gezahlten freiwilligen Beiträge. Mit der Rentenreform 1992 ist
die Berechnung vereinfacht worden. Für jedes Jahr werden Entgeltpunkte berechnet, die mit dem Zugangsfaktor und dem Rentenartfaktor sowie dem aktuellen Rentenwert multipliziert werden. Das
Ergebnis ist dann Ihre aktuelle Monatsrente.
  Für jedes Versicherungsjahr wird ein Entgeltpunkt mit 1,0 ange-

setzt, wenn in diesem Jahr das individuelle versicherungspflichtige Arbeitsentgelt genau dem Durchschnitt aller Rentenversicherten des Jahres entspricht. Abweichungen wirken sich durch Zu- oder Abschläge aus. Daneben werden auch beitragsfreie Zeiten als Anrechnungszeiten, Zurechnungszeiten und Ersatzzeiten berücksichtigt. Der Zugangsfaktor beträgt grundsätzlich 1,0. Es gibt dabei Ab- und Zuschläge bei Verschiebung der Altersrente. Der Rentenartfaktor richtet sich nach der Rentenart. Grundsätzlich 1,0, bei Rente wegen Berufsunfähigkeit 0,6667, große Witwenrente/Witwerrente 0,6, Vollwaisenrente 0,2 und Halbwaisenrente 0,1. Der aktuelle Rentenwert wird jeweils zum 1. 7. des Jahres festgesetzt.

Beispiel: Durchschnittsverdienst 45 Jahre lang ergibt Entgeltpunkte von 45,0. Normaler Zurechnungsfaktor 1,0 und Rentenartfaktor bei Altersrente auch 1,0. Aktueller Rentenwert West (bis 30. 6. 98) 47,44 DM.
Somit 45 × 1,0 × 47,44 DM = rd. 2135 DM Monatsrente.
Für die neuen Bundesländer ergibt sich eine Durchschnittsrente von rd. 1823 DM (Werte bis 30. 6. 98).

2.5 Weitere Hinweise

Wichtig: Wenn alle Voraussetzungen für die Rente vorliegen, besteht ein Rechtsanspruch. Dafür müssen Sie einen Rentenantrag stellen, und zwar am besten etwa drei Monate vor dem Erreichen der Altersgrenze.

Bei der Altersrente wegen Arbeitslosigkeit oder für Schwerbehinderte, Berufs- oder Erwerbsunfähige sollten Sie beachten, daß der Rentenanspruch dann verloren gehen kann, wenn die Altersrente nach Unterbrechung wegen Überschreitens der höchsten Hinzuverdienstgrenze wieder neu beantragt wird und die bisherigen Anspruchsvoraussetzungen nicht mehr vorliegen.

Bei der Altersrente wegen Arbeitslosigkeit sollte auf die rechtzeitige Antragstellung geachtet werden, da sich die Zeit der Pflichtbeiträge in den letzten 10 Jahren nach dem Rentenbeginn richtet. Eine verspätete Antragstellung kann dabei zum Wegfall des Rentenanspruchs führen.

Frauen müssen für die Altersrente ab 60 Jahren u.a. mehr als 10 Jahre Pflichtbeiträge nach Vollendung des 40. Lebensjahres nachweisen können.

2.6 Wer erteilt Auskünfte?

Auskünfte sollten immer im Einzelfall eingeholt werden bei dem Versicherungsamt der Gemeinde- oder Kreisverwaltung (in den sog. Stadtstaaten Hamburg, Bremen und Berlin bei der Senatsverwaltung für Soziales), den Versichertenältesten oder den Auskunfts- und Beratungsstellen der Versicherungsanstalten. Die Anschriften finden Sie im Telefonbuch. Die Auskünfte sind kostenfrei. Nehmen Sie für die Auskunft Ihre Rentenunterlagen mit.

Extra-Tip

▶ Bisher wurden die Beiträge für die Krankenkasse (13,4%) je zur Hälfte von den Rentenbeziehern und den Rentenversicherungen getragen. Von der Rente wurden also 6,7% einbehalten. Ab 1. 7. 1997 werden die Beiträge aber nicht mehr nach dem Durchschnitt, sondern nach dem Beitragssatz der jeweiligen Krankenkasse gezahlt. Das kann also teurer oder billiger werden. Es lohnt sich deshalb ein Wechsel in eine günstigere Krankenkasse. Siehe dazu auch →Krankenversicherung.

Altersvorsorge (private)

1. Um was geht es?

Wie sicher die gesetzliche Rente ist und wieviel in 30 Jahren aus der Rentenversicherung erwartet werden kann, sind Fragen die heute niemand definitiv beantworten kann. Fest steht, daß die gesetzliche Rentenversicherung als Alters- und Familienvorsorge schon heute allein kaum ausreicht. Das letzte Nettoeinkommen wird damit bis auf einige Ausnahmefälle bei weitem nicht erreicht.

2. Tips und Hinweise

Bei der eigenen Vorsorge gibt es verschiedene Methoden der Vermögensbildung. Eine wichtige davon ist die private Rentenversicherung. Siehe dazu auch Stichwort →Private Rentenversicherung. Von den übrigen Methoden sind insbesondere noch die folgenden Möglichkeiten zu nennen:

2.1 Fondsgebundene Lebensversicherung mit Aktienfonds

Diese Art ist eine Kombination aus einer Risikoversicherung (Lebensversicherung) und einem Sparplan je nach Anlageart, z. B. einem Aktienfonds. Die Vorteile sind Altersvorsorge und Risikoschutz (Todesfall) aus einer Hand sowie eine noch steuerfreie Auszahlung. Nachteilig wirken sich eine geringe Flexibilität, mittlere Renditen und Kursrisiken aus. Der Risikoschutz ist für Alleinstehende weniger interessant und daher ein unnötiger Kostenfaktor. Interessant ist diese Art für Sie, wenn Sie das Risiko nicht scheuen und vom Steuervorteil wegen bereits vorhandenem Vermögen profitieren können.

2.2 Aktienfonds-Sparplan

Sie suchen sich einen guten deutschen Aktienfonds mit einem Sparplan und investieren dann regelmäßig einen festen monatlichen Betrag. Bei dieser Art von Altersvorsorge sollte wegen der möglichen Verluste oder Tiefs zwischendurch nur auf lange Sicht investiert werden. Die Vorteile sind hohe Renditechancen (durchschnittlich 8 % bis 10 % bei Zeiträumen von 15 Jahren und mehr), Steuervorteile und Flexibilität (freie Verfügung über Sparraten und Vermögen).

Erforderlich sind Spardisziplin und Ausdauer mit guten Nerven bei einem Auf und Ab der Börsenkurse. Anlagezeitraum am besten 30 Jahre und mehr. Vorteilhaft auch, wenn Sie wegen geringen Vermögens keine Steuern zahlen müssen. Auch wenn noch 20 Jahre bis zum Rentenalter ausstehen sollten, können Sie langfristig mit Aktienfonds sparen, aber nur bis zu einem gewissen Teil Ihres Einsatzes. Der Rest sollte in sichere Anlagen investiert werden. Der jeweilige Anteil hängt von Ihrer persönlichen Risikobereitschaft ab.

2.3 Bundesschatzbriefe

Wer in diese Anlageart investiert, wird insoweit zum Gläubiger des
Staates. Diese Anlageform ist also grundsätzlich so sicher wie
unsere Staatsform. Es ist somit eine sehr sichere Anlage mit garan-
tierten Zinsen, einer ordentlichen Rendite und Flexibilität. Nach
einer Mindestlaufzeit von einem Jahr können Sie Teile wieder verkaufen oder von Anfang an jederzeit weitere Anteile kaufen und
anlegen. Siehe auch Stichwort →Bundesschatzbriefe.
Nachteilig ist die Steuerpflicht auf Zinserträge und die eigene
Organisation und Regelung von Kauf und Verkauf mit dem Geld-
institut. Erforderlich ist auch eine hohe Spardisziplin, da die Anlage
nach einem Jahr frei verfügbar ist. Sie lohnt sich für Sie auf jeden
Fall, wenn Sie sichere Zinsen haben wollen und den Zinsfreibetrag
für die Steuer nicht überschreiten. Dabei spielt Ihr Alter keine Rolle.
Wenn Sie aber bereits auf Zinserträge Einkommensteuer zahlen,
wird dadurch der Ertrag der Bundesschatzbriefe erheblich verringert.

2.4 Kapital-Lebensversicherung

Auch hierbei wird ähnlich wie bei der fondsgebundenen Lebensversicherung der Hinterbliebenenschutz mit dem Sparen kombiniert.
Siehe auch Stichwort →Kapital-Lebensversicherung. Diese Anlageform ist (noch) eine sehr steuergünstige und sichere Art der Vermögensbildung. Allerdings mit wenig Flexibilität und einer nur mittleren Rendite. Interessant für Sie, wenn die Zinsfreibeträge bereits
überschritten werden und der Risikoschutz für die Angehörigen
genutzt werden soll. Außerdem ist durch den vertraglichen Zwang
keine große Spardisziplin erforderlich.
Zur Zeit ist finanzpolitisch unter anderem die Besteuerung der
Lebensversicherungserträge im Gespräch. Die Neuregelungen sollten Sie auf jeden Fall beachten. Siehe auch Stichwort →Kapital-
lebensversicherung.

2.5 Vor- und Nachteile der vier Möglichkeiten auf einen Blick:

Keine Sparform hat nur alle Vorteile. Die einzelnen Motive der
Rentabilität, Sicherheit, Liquidität oder des Steueraspektes sind bei
den Sparformen von unterschiedlicher Qualität, so daß daher nur
im Einzelfall nach der individuellen Gewichtung der Merkmale eine
Entscheidung möglich ist.

	Fondsgeb. Le-bensversicherung mit Aktienfonds	Aktienfonds-Sparplan	Bundes-schatz-briefe	Kapital-lebens-versicherung
Renditechancen	o	+	+	o
Steuereffekt	+	o	–	+ *)
Sicherheit	–	–	+	+
Flexibilität	–	+	o	–

„o" = durchschnittlich; „+" = gut; „ – " = schlecht ; *) Änderung zur Versteuerungs-regelung zu erwarten

Anwaltshaftung

1. Um was geht es?

Bei einer Verletzung von anwaltlichen Pflichten können Mandanten Schadensersatz geltend machen. Die Standesrichtlinien der Rechts-anwälte sehen eine Haftpflichtversicherung mit einer bestimmten Mindestdeckung für vier Versicherungsfälle pro Jahr vor. Ob Ter-mine, Prozeßfristen oder aktuelle Gesetzesänderungen, der Fehler-teufel lauert auch beim Rechtsanwalt.

2. Tips und Hinweise

Vorbeugen ist besser als später mit einem Anwalt über einen Er-satzanspruch streiten. Daher versuchen, den richtigen Anwalt zu finden. Informationen (auch über Namen und Anschriften von Fachanwälten) erhalten Sie bei der jeweiligen Rechtsanwaltskam-mer oder dem örtlichen Anwaltsverein. Dessen Anschrift steht im Telefonbuch. Die zuständige Rechtsanwaltskammer erfahren Sie bei der Bundesrechtsanwaltskammer, Joachimstraße 1, 53113 Bonn, Tel.: 02 28/91 18 60.

Soweit bestimmte Tätigkeiten auch ein Notar erledigen kann, sollte dieser beauftragt werden, da die Notare nach anderen Gebührensätzen abrechnen. Die Abfassung eines Kurztestamentes kann z. B. 75 % weniger kosten. Bei einer juristischen Absicherung einer vertraglichen Regelung oder zivilrechtlichen Angelegenheit ist der Notar nicht die schlechtere Lösung, weil häufig billiger.

Wenn Sie wegen der Kosten für einen Anwalt oder einen Prozeß auf einen vermeintlich erfolgreichen Rechtsstreit verzichten wollen, sollten Sie sich vorher über die →Beratungshilfe und die →Prozeßkostenhilfe informieren. Bei den Amtsgerichten gibt es außerdem noch häufig eine kostenlose Rechtsberatung.

Wichtig: Die Vereinbarung eines Erfolgshonorars ist unzulässig. Auch führt eine unzureichende Aufklärung über das Prozeß- und Kostenrisiko zu einer möglichen Reduzierung der Anwaltsgebühren.

Wichtig: Sagen Sie Ihrem Anwalt immer klar Ihre Meinung und informieren Sie ihn immer rechtzeitig über alle Umstände des Sachverhaltes. Er muß immer vollständig und korrekt informiert sein und auch wissen was Sie wollen. Nur dann können Sie bei einem Fehlverhalten des Anwaltes mit Erfolg auf einen Schadensersatz hoffen.

Sollten Sie an ein Verfahren wegen einer Anwaltshaftung denken, suchen Sie sich am besten einen guten anderen Anwalt. Einen solchen erkennen Sie u. a. an folgenden Eigenschaften:

sachliche und ruhige Gesprächsführung,
ausreichende Möglichkeit für den Klienten, den Fall zu schildern,
kein Kostenvorschuß,
Belehrungen und Hinweise zur Risikoabschätzung ohne Aufforderungen,
Beratung über Möglichkeiten und Ausschlüsse einer eventuellen Rechtsschutzversicherung,
zügige Bearbeitung Ihres Falles,
schnelle schriftliche Zwischeninformationen zum Sachstand,
klare und verständliche Argumentationen und Schriftsätze.

Rechtsstreitigkeiten wegen einer Anwaltshaftung sind eine privatrechtliche Angelegenheit und daher vor den Gerichten der Zivilgerichtsbarkeit durchzuführen. Nähere Auskünfte erhalten Sie beim Amtsgericht in Ihrem Bereich.

Extra-Tip
▶ Der Anwalt hat auch die Pflicht, seinen Mandanten darauf hinzuweisen, wenn wegen einer Pflichtverletzung ein Ersatz-

anspruch entstanden sein könnte. Eine solche Selbstbelastungspflicht haben noch nicht einmal die Ärzte. Diese Pflicht könnte bei der Verjährungsfrist von Bedeutung sein, denn bei einem unterlassenen Hinweis kann sich die Verjährungsfrist von 3 auf 6 Jahre verdoppeln.

Arbeitgeberzuschüsse (Extra-Zahlungen)

1. Um was geht es?

Von tariflichen oder freiwilligen Gehaltserhöhungen bleibt oftmals unter dem Strich wenig übrig. Anstelle von normalen Erhöhungen des Bruttoeinkommens, für die grundsätzlich immer Steuern und Sozialversicherungsbeiträge sowie noch der Solidaritätszuschlag anfallen, können vom Arbeitgeber auch Extras oder Zusatzleistungen neben dem bisherigen Gehalt gezahlt werden.

2. Tips und Hinweise

2.1 Bedeutung für den Arbeitgeber und den Arbeitnehmer

Eine Gehaltserhöhung um 500,– DM monatlich kostet den Arbeitgeber immerhin rd. 605,– DM. Dem Arbeitnehmer bleiben in Steuerklasse I oder IV bei einem angenommenen Bruttolohn von 6000,– DM vom Erhöhungsbetrag höchstens 190,– DM. Im Ergebnis ist eine solche Einkommensverbesserung, die entweder als Belohnung für eine besondere Arbeitsleistung oder als tarifliche Anpassung erfolgt, finanziell eher eine traurige Sache. Der Arbeitnehmer hat herzlich wenig davon.

Arbeitgeber und Arbeitnehmer sollten daher die Möglichkeiten von steuerfreien oder steuerbegünstigten Extras zum Gehalt nutzen. Davon haben beide ihre Vorteile. Wenn der Arbeitgeber beispielsweise für die 500,– DM Gehaltserhöhung seinem Arbeitnehmer einen Zuschuß für den Kindergartenbesuch des Nachwuchses in gleicher Höhe zahlt – soweit die Kindergartenkosten auch tatsächlich anfallen –, spart der Arbeitgeber immerhin 105,– DM Monat für Monat und der Arbeitnehmer hat den vollen Betrag tatsächlich zur Verfügung, und zwar ohne einen einzigen Pfennig Abzüge. Wollte der Arbeitgeber seinem Arbeitnehmer den gleichen Betrag netto als Gehaltserhöhung zukommen lassen, müßte er gut das Doppelte aufwenden.

Wichtig: Bisherige Gehaltsteile dürfen nicht umgewandelt und die Zusatzleistungen müssen auch tatsächlich ergänzend zum normalen Gehalt geleistet werden.

Bei einem Wegfall der Voraussetzungen für den Arbeitgeberzuschuß (z. B. nach Kindergarten nun Schule) sollte keine normale Gehaltserhöhung folgen, sondern eine neue Art der Zusatzleistung vereinbart werden (siehe auch Übersicht). Anderenfalls könnte eine Steuernachzahlung drohen, die aber bei einem zeitlichen Abstand der Änderungen (z. B. spätere Gehaltserhöhung) wiederum ausgeschlossen ist.

2.2 Einzelne Möglichkeiten

Grundsätzlich stehen diese steuerlichen Möglichkeiten bis auf den öffentlichen Dienst (dort gibt es eigene Zusatzversorgungsregelungen) allen Arbeitnehmern und Arbeitgebern offen. Zu empfehlen ist immer eine vorherige Nachfrage beim Arbeitgeber über die jeweilige Praxis und die Verfahrensweise. Auch bei Gesprächen über Gehaltserhöhungen sollte diese Möglichkeit geklärt werden.

Art	Erläuterung
Fahrkosten	a) Der AG übernimmt die Kosten für öffentl. Verkehrsmittel (Job-Ticket) – steuerfrei b) Der AG ersetzt Fahrkosten zur Arbeitsstelle mit Privat-PKW von 70 Pf. je Entfernungskilometer – pauschale Steuer mit 15%
Kindergarten, Kinderhort	Der AG übernimmt die Kosten für die Betreuung nicht schulpflichtiger Kinder im Kindergarten oder ähnliche Betreuung. – steuerfrei
Bahncard (1. Klasse)	Der AG ersetzt den Kaufpreis und spart dafür Dienstreisekosten. Der AN nutzt die Karte auch privat. – steuerfrei
Darlehen	Der AG gewährt Darlehen bis 5000 DM beliebig, ab 5000 DM mit 6% Zinsen. AN hat Zinsvorteil gegenüber Bankdarlehen. – steuerfrei
Auslagenersatz	Der AG ersetzt z. B. berufliche Telefonkosten in voller Höhe. Er hat den Vorteil der Absetzung als

Art	Erläuterung
Direktversicherung	Betriebsausgabe mit Minderung des Gewinns und der Steuerschuld. Der AN erhält die Kosten netto ersetzt ohne Sozialabgaben und ohne Anrechnung auf Werbungskostenpauschale. – steuerfrei Der AG schließt eine Lebensversicherung zugunsten des AN bis zu einem Jahresbeitrag von 3408 DM (ab 1996) ab. Der AN setzt die Versicherungsprämie praktisch netto voll ein, da er sie nicht aus seinem normal versteuerten Einkommen bezahlt. Diese Möglichkeit besteht auch in Form eines Gehaltsverzichts, wenn der gleiche Teil für die Altersvorsorge investiert wird. – Pauschalsteuersatz 20% (Bei Zahlung durch AG hat dieser wegen des Abzuges als Betriebsausgabe höchstens Steuerlast von 10%).

2.3 Beispiel für eine Direktversicherung (Lohnsteuerklasse I)

a) ohne Versicherung
Bruttolohn   50000 DM   Lohnsteuer 9150 DM
b) mit Versicherungsbeitrag (3408 DM)
Bruttolohn   46592 DM   Lohnsteuer 8090 DM

Ersparnis: a) Lohnsteuer   1060 DM
            b) Sozialversicherungsbeiträge   720 DM

            Gesamtersparnis   1780 DM

Extra-Tips

▶ Zahlungen für eine Direktlebensversicherung sollten immer als Jahresbeitrag aus einmaligen Leistungen (z.B. Urlaubs- oder Weihnachtsgeld) erfolgen, da sie dann sozialversicherungsfrei sind.

▶ Auch Selbständige können von der Direktlebensversicherung profitieren, wenn für den angestellten Ehegatten ein Vertrag zu gleichen Bedingungen abgeschlossen wird. Durch die Berücksichtigung der Beiträge als Betriebsausgabe bleibt der weitere Steuervorteil sogar in der Familie.

Arbeitslosengeld, Arbeitslosenhilfe

1. Um was geht es?

Als Leistungen der sozialen Arbeitslosenversicherung sorgen diese beiden Unterstützungen nach dem Arbeitsförderungsgesetz für soziale Sicherheit bei Arbeitslosigkeit. Nach einer Kündigung sollten Sie sich umgehend bei Ihrem Arbeitsamt persönlich arbeitslos melden und die entsprechenden Geldleistungen beantragen. Beachten Sie, daß eine finanzielle Unterstützung frühestens von dem Tage der persönlichen Arbeitslosmeldung gewährt werden kann.

2. Tips und Hinweise

2.1 Wer hat Anspruch auf Arbeitslosengeld?

Es erhält nur Arbeitslosengeld, wer

- arbeitslos ist, das sind Personen die keine Beschäftigung oder selbständige Tätigkeit ausüben oder nur eine solche unter 15 Stunden pro Woche,
- sich persönlich beim Arbeitsamt arbeitslos gemeldet hat,
- einen Antrag auf Arbeitslosengeld gestellt hat,
- der Arbeitsvermittlung zur Verfügung steht und
- die Anwartschaftszeit erfüllt.

Arbeitslose, die das 58. Lebensjahr vollendet haben, brauchen nicht mehr generell arbeitsbereit zu sein, wenn sie erklären, zum nächstmöglichen Zeitpunkt das Altersruhegeld zu beantragen.

Die Anwartschaftszeit hat erfüllt, wer in den letzten drei Jahren vor dem ersten Tag der Arbeitslosigkeit wenigstens für 360 Kalendertage beitragspflichtig beschäftigt gewesen ist. Zeiten des gesetzlichen Wehrdienstes (Zivildienstes) werden dabei mitgerechnet. Für Saisonarbeiter sind 180 Tage Voraussetzung.

Von dieser Mindestversicherungszeit gibt es keine Ausnahme. Für Berufsanfänger kann daran leicht ein Anspruch scheitern, so daß auf die Zeit der Mindestbeschäftigung geachtet werden sollte.

2.2 Wie lange gibt es Arbeitslosengeld und in welcher Höhe?

Die Anspruchsdauer richtet sich nach der Zeit der beitragspflichtigen Beschäftigung innerhalb bestimmter Fristen. Das Verhältnis Beschäftigungsdauer zur Anspruchsdauer beträgt im Regelfall 2:1. Der Höchstanspruch beträgt

Beschäftigungszeit in Tagen	vollendetes Lebensjahr	Dauer in Tagen
360	bis 45	156
480	bis 45	208
600	bis 45	260
720	bis 45	312
840	ab 45	364
960	ab 45	416
1080	ab 45	468
1200	ab 47	520
1320	ab 47	572
1440	ab 52	624
1560	ab 52	676
1680	ab 57	728
1800	ab 57	780
1920	ab 57	832

Diese Altersgrenzen und Anspruchstage gelten ab 1. 4. 1997. Wenn Sie davor bereits Anwartschaftszeiten erworben haben, gelten Übergangsregelungen mit Bestandsschutz. Insbesondere sind nach den früheren Regelungen die Altersgrenzen 3 Jahre niedriger.

Die Höhe des Arbeitslosengeldes richtet sich grundsätzlich nach dem Bruttoarbeitsentgelt, das in den letzten drei Monaten in der tariflich regelmäßigen wöchentlichen Arbeitszeit durchschnittlich erzielt worden ist. Von diesem Bruttoarbeitseinkommen wird ein pauschaliertes Nettoarbeitsentgelt ermittelt. Davon werden an Arbeitslose mit Kind 67% und ohne Kind 60% gezahlt. Das Arbeitslosengeld wird jährlich etwa wie die Renten angepaßt.

2.3 Wann gibt es Arbeitslosenhilfe?

Für die Gewährung von Arbeitslosenhilfe müssen alle beim Arbeitslosengeld genannten Voraussetzungen erfüllt sein, mit Ausnahme der Anwartschaftszeit.

Besondere Voraussetzung ist,

• daß der Anspruch auf Arbeitslosengeld ausgeschöpft ist oder

- mindestens 150 Kalendertage beitragspflichtig gearbeitet wurde oder
- ein Ersatztatbestand erfüllt wird (z. B. mindestens 150 Kalendertage als Beamter) oder
- bereits Arbeitslosenhilfe bezogen wurde.

Eine weitere wesentliche Voraussetzung der Arbeitslosenhilfe ist die Bedürftigkeit des Arbeitslosen. Dabei werden insbesondere das eigene Einkommen, die Ansprüche gegenüber Dritten (z. B. Unterhaltsansprüche gegen Ehegatten, auch von geschiedenen), das eigene Vermögen und das vom Ehegatten berücksichtigt.

Vom eigenen Vermögen und von dem des nicht dauernd getrennt lebenden Ehegatten bleiben jeweils 8000 DM anrechnungsfrei. Darüber hinaus wird es auch nur angerechnet, wenn die Verwertung zumutbar ist. Eine Verwertung ist insbesondere nicht zumutbar von angemessenem Hausrat oder einem Haus oder einer Eigentumswohnung (soweit selbst bewohnt und von angemessener Größe).

Die Höhe der Arbeitslosenhilfe beträgt für Arbeitslose mit Kind/Kindern 57% und im übrigen 53% des letzten pauschalierten Nettoarbeitsentgeltes.

2.4 Was ist mit einem Hinzuverdienst?

Eine geringfügige Nebenbeschäftigung mit weniger als 15 Wochenstunden ist unschädlich. Es werden von den Einkünften nach Abzug der Steuern und Werbungskosten sowie eines Freibetrages von 30 DM pro Woche dann 50% auf das Arbeitslosengeld angerechnet. Ab einer gewissen Höhe wird der Nebenverdienst aber voll angerechnet.

Ab 1. 1. 1998 dürfen Arbeitslose eine selbständige Nebentätigkeit von weniger als 18 Wochenstunden, das kann also ein Halbtagsjob sein, ohne Anrechnung des daraus erzielten Einkommens ausüben.

2.5 Achtung: Anrechnung von Abfindungen ab 1. 4. 97

Neuerdings werden vom Arbeitsamt Abfindungen unter Berücksichtigung eines Freibetrages so lange auf die Hälfte des Arbeitslosengeldes angerechnet, bis der Abfindungsbetrag verbraucht ist. Das gilt nicht für Arbeitnehmer ab Vollendung des 55. Lebensjahres, wenn der Arbeitgeber einen Ausgleich zur Rentenminderung leistet, oder für Arbeitnehmer, die bei einem anderen Arbeitgeber eine neue Anwartschaft auf Arbeitslosengeld von 360 Tagen erfüllt haben.

Es gilt auch hier eine Übergangsregelung. Wenn Sie vor dem 1. 4. 97 mindestens 360 Kalendertage innerhalb von 3 Jahren vorher beschäftigt waren, wird eine Abfindung nach altem Recht nur angerechnet, wenn die ordentliche Kündigungsfrist nicht eingehalten worden ist.

Extra-Tip

▶ Für Berufsanfänger gelten Besonderheiten. Wird ein Auszubildender unmittelbar nach der Ausbildung arbeitslos, werden für die Bemessung des Arbeitslosengeldes 50% bzw. 75% des tariflichen Entgelts eines Gehilfen zugrunde gelegt, aber nur bei bestandener Prüfung. Ansonsten gibt es „Stütze" nur nach der letzten Ausbildungsvergütung.

Arbeitslosenversicherung

1. Um was geht es?

Die Arbeitslosenversicherung ist eine Säule unserer Sozialversicherung. Finanziert wird sie im Umlageverfahren aus den Beiträgen der Arbeitnehmer und der Arbeitgeber je zur Hälfte. Da derzeit das Beitragsaufkommen aber nicht zur Deckung der Ausgaben reicht, trägt der Bund mit Zuschüssen aus Steuermitteln einen Teil der Ausgaben der Bundesanstalt für Arbeit, die die Aufgaben des Arbeitsförderungsgesetzes (AFG) durchführt. Dieses Arbeitsförderungsgesetz, das 1969 geschaffen und zuletzt zum 1. 4. 1997 reformiert worden ist, regelt im wesentlichen die Arbeitslosenversicherung.

2. Tips und Hinweise

2.1 Leistungsübersicht

Folgende Aufgaben und Leistungen fallen unter das Arbeitsförderungsgesetz:

- Arbeitsvermittlung und -beratung sowie Berufsberatung
- Förderung der beruflichen Bildung
- Erhaltung und Schaffung von Arbeitsplätzen
- Rehabilitationsmaßnahmen
- Förderung der Arbeitsaufnahme
- Bekämpfung der Langzeitarbeitslosigkeit
- Arbeitslosengeld, Arbeitslosenhilfe
- Berufsausbildungsbeihilfe
- Arbeitsbeschaffungsmaßnahmen
- Einarbeitungszuschuß
- Eingliederungsbeihilfe
- Konkursausfallgeld
- Kostenübernahme bei Arbeitssuche
- Kurzarbeitergeld
- Schlechtwettergeld
- Überbrückungsbeihilfe
- Wintergeld
- Sprachförderung
- Hilfe für Behinderte
- Lohnkostenzuschüsse

Voraussetzung für Ansprüche nach dem AFG ist eine beitragspflichtige bzw. gleichgestellte Beschäftigung von mindestens 15 Stunden pro Woche (vor der Arbeitslosigkeit). Einige Leistungen können auch alle beanspruchen, wie z. B. die Berufsberatung oder die Arbeitsvermittlung. Andere wiederum setzen eine bestimmte Dauer einer beitragspflichtigen Beschäftigung voraus, wie z. B. die Zahlung von Arbeitslosengeld.

2.2 Einzelne Leistungsvoraussetzungen

- Arbeitslosengeld und -hilfe siehe Stichwort →Arbeitslosengeld.

- Förderung der Arbeitsaufnahme (Kostenübernahmen)
  Das Arbeitsamt leistet auch für die Stellensuche finanzielle Hil-

fen. Dazu gehören Bewerbungskosten, Fahrtkostenzuschüsse für auswärtige Arbeitsstelle bis zu einem Jahr, Umzugskosten für auswärtige Arbeitsaufnahme, Trennungsbeihilfe für Führung eines getrennten Haushaltshaltes bei Aufnahme einer auswärtigen Arbeit, Beihilfen für Arbeitsausrüstung und Arbeitsgeräte.

- Förderung der beruflichen Bildung
  Während der Teilnahme an Fortbildungs- oder Umschulungsmaßnahmen wird Unterhaltsgeld gezahlt. Dieses beträgt 67% oder 60% des letzten durchschnittlichen Nettoarbeitsentgeltes. Ansonsten wird Unterhaltsgeld in Höhe der Arbeitslosenhilfe gezahlt. Weiterhin übernimmt das Arbeitsamt die Kosten für Lehrgangsgebühren, Lernmittel, Fahrten und Betreuung von Kindern während der Maßnahme.

- Berufsausbildungshilfe
  Diese zahlt das Arbeitsamt bei einer notwendigen Unterbringung außerhalb des Elternhaushaltes während einer Betriebsausbildung. Der Ausbildungsbetrieb darf nicht im heimatlichen Umkreis liegen. Die Ausbildungsvergütung wird in der Regel in voller Höhe und das Einkommen der Eltern oder des Ehegatten unter Berücksichtigung von Freibeträgen angerechnet.

- Berufliche Rehabilitationsmaßnahmen
  Bei der Teilnahme an berufsfördernden Maßnahmen zur Rehabilitation können die mit der Maßnahme verbundenen Kosten, wie Lehrgangsgebühren, Reisekosten, Unterkunft und Verpflegung in angemessener Höhe übernommen werden.

- Konkursausfallgeld
  Diese Leistung sichert den Arbeitslohn für die letzten 3 Monate vor Eröffnung des Konkursverfahrens. Das gilt auch, wenn das Konkursverfahren mangels Masse abgewiesen worden ist. Die Höhe liegt bei dem letzten Nettoarbeitsentgelt. Es muß spätestens 2 Monate nach Eröffnung des Konkursverfahrens oder den entsprechenden Umständen beantragt werden.

- Kurzarbeitergeld
  Wenn die Firma oder das Unternehmen die Kurzarbeit mit dem Betriebsrat abgestimmt und dem Arbeitsamt angezeigt hat, erhalten die Arbeitnehmer für den Arbeitslohnausfall einen Ersatz als Kurzarbeitergeld in Höhe von 67% oder 60% des Nettoarbeits-

entgeltes. Es wird nach Stunden berechnet. Vom Arbeitsausfall muß mindestens ein Drittel der Belegschaft betroffen sein.

• Winterausfallgeld (früher Schlechtwettergeld)
Der Verdienstausfall im Baugewerbe wird auf einem witterungsabhängigen Arbeitsplatz in der Regel ab dem 21. Tag durch das Winterausfallgeld ausgeglichen. Voraussetzung ist unter anderem, daß das Arbeitsverhältnis während der Zeit von November bis März nicht witterungsbedingt gekündigt werden darf.

• Wintergeld
Im Baugewerbe wird für Arbeiter auf einem witterungsabhängigen Arbeitsplatz für Arbeitsstunden zwischen dem 15. 12. und dem letzten Kalendertag im Februar ein Ausgleich von je 2 DM gezahlt. Es wird auch als Zuschuß zu der Winterausfallgeld-Vorausleistung gewährt.

• Überbrückungsbeihilfe
Bei einer Arbeitsaufnahme nach vorheriger Arbeitslosigkeit wird, soweit der Arbeitgeber keinen Abschlag auf den Arbeitslohn zahlt, eine Überbrückung bis zu einem Monat und bis zu 1000 DM gewährt.

2.3 Welche Leistungen gibt es für Arbeitgeber?

Um Arbeitsplätze zu schaffen oder zu erhalten, können Arbeitgeber und Unternehmen auch finanzielle Unterstützungen vom Arbeitsamt erhalten. Beispiele dafür sind:

• Lohnkostenzuschüsse bei Einstellung von Langzeitarbeitslosen
• Zuschüsse für Arbeitsbeschaffungsmaßnahmen
• Kostenübernahme bei Probebeschäftigungen
• Eingliederungshilfen für Beschäftigung von Behinderten
• Zuschüsse für Beschäftigungsverhältnisse älterer Arbeitnehmer
• Einarbeitungszuschüsse

Auch diese Leistungen werden von den beitragspflichtigen Arbeitnehmern zur Hälfte finanziert. Sie sollten sich daher auch bei Bewerbungen oder Einstellungsgesprächen nicht davor scheuen, Ihren Gesprächspartner beim möglicherweise zukünftigen Arbeitgeber auf die Förderungsleistungen des Arbeitsamtes im Falle Ihrer Einstellung anzusprechen. Noch besser: Sie informieren sich vorher, ob das Arbeitsamt aus Gründen, die in Ihrer Person liegen, einem

Arbeitgeber Zuschüsse bei einer Beschäftigung zahlen würde. Die Einstellungschancen dürften dann erheblich steigen. Neu ist die Möglichkeit der sogenannten Trainingsmaßnahmen. Dabei handelt es sich um Maßnahmen zur Eignungsfeststellung, zur Verbesserung der Vermittlung und zu einer Kurzqualifikation. Während der Förderdauer werden die bisherigen Leistungen vom Arbeitsamt weitergezahlt. Die Eignung für einen neuen Job kann zum Beispiel durch eine vom Arbeitsamt finanzierte Probezeit bei einem interessierten Arbeitgeber getestet werden.

Außerdem gibt es als neues Förderinstrument ein Sonderarbeitsverhältnis für die Dauer bis zu 6 Monaten, bei dem die Erprobung für eine Dauerbeschäftigung durch das Arbeitsamt mit bis zu 50% des Arbeitslohnes finanziert wird. Bei einer solchen Maßnahme wird eine Vereinbarung zwischen dem Arbeitslosen, dem Arbeitgeber und dem Arbeitsamt geschlossen.

Extra-Tip

▶ Wichtig für alle: Anträge auf finanzielle Förderung oder Zuschüsse müssen vorher gestellt werden.

Arbeitsvertrag mit Ehegatten

1. Um was geht es?

Für Selbständige, Gewerbetreibende und sogar Arbeitnehmer bietet das Arbeitsverhältnis mit dem Ehegatten viele Vorteile. Neben der Möglichkeit, Steuern zu sparen, können auch soziale Leistungen wie Vermögensbildungszuschüsse, Altersrente, Krankenversicherung oder Arbeitslosengeld kassiert werden. Bei einem mitverdienenden oder angestellten Ehegatten sind die steuerlichen Vorteile größer als die damit verbundenen Steuerlasten. Die Anstellung des Ehegatten lohnt also. Doch gewisse Regeln sollten beachtet werden.

2. Tips und Hinweise

2.1 Welche allgemeinen Voraussetzungen sind zu erfüllen?

Den Finanzämtern sind solche Arbeitsverhältnisse nicht unbekannt. Um Vorwürfe eines Scheinarbeitsvertrages oder Steuermißbrauches vorzubeugen, achten Sie auf folgende Voraussetzungen:

Der Arbeitsvertrag wird schriftlich in der üblichen Art und Weise abgefaßt und das Gehalt regelmäßig in vereinbarter Höhe tatsächlich auf das eigene Konto des Ehegatten gezahlt. Eine gemeinsame Verfügungsberechtigung sollte vermieden werden, obwohl sie nach einem neueren Urteil für unschädlich gehalten wird. Weniger problematisch ist eine unbeschränkte Vollmacht.

Das vereinbarte Gehalt für eine wirkliche Arbeitsleistung entspricht dem üblichen Arbeitslohn. Ein zu hoher Verdienst würde insoweit zu einer entsprechenden Streichung durch das Finanzamt führen. Auch Zusatzleistungen (Weihnachts- und Urlaubsgeld, Jubiläumszahlung, Direktversicherung etc.) können im üblichen Rahmen vereinbart werden. Wenn der Ehegatte der einzige Beschäftigte ist, müssen diese Zahlungen in einem angemessenen Verhältnis zur Arbeitsleistung und zum Gehalt stehen.

Der angestellte Ehegatte darf mit seinem Gehalt machen, was er will. Dennoch sollte eine gleichzeitige oder sofortige Schenkung an den Ehegatten-Arbeitgeber unterbleiben. Sie dürften sicherlich einen anderen Grund finden, wenn Sie das Gehalt unbedingt wieder in die gemeinsame Haushaltsführung einbringen wollen.

Wichtig: Diese Steuersparmaßnahme sollte aber auch nicht übertrieben werden. Es werden z. B. Überkreuzarbeitsverträge vom Finanzamt nicht anerkannt. Das sind solche Konstruktionen, bei denen wegen der Beschäftigung beim Ehegatten dann wegen des fehlenden Arbeitseinsatzes im eigenen Betrieb ein fremder Arbeitnehmer eingestellt werden muß.

2.2 Wann können Arbeitnehmer ihren Ehegatten anstellen?

Auch von Arbeitnehmern kann diese Steuersparmöglichkeit genutzt werden. Wenn Sie zum Beispiel viel zu Hause arbeiten und dauernd erreichbar sein müssen, können Sie Ihren Ehegatten für den Telefondienst einstellen. Oder Sie üben eine Nebentätigkeit aus und stellen Ihren Ehegatten für die einfachen Buchführungsarbeiten ein.

Das Ehegattengehalt bedeutet in diesen Fällen eine Ausgabe als Werbungskosten. Der angestellte Ehegatte kann außerdem mindestens die eigene Werbungskostenpauschale absetzen und auch die übrigen steuerlichen Aufwendungen wie bei Einkünften aus nichtselbständiger Arbeit.

2.3 Welche steuerlichen und sozialversicherungsrechtlichen Regelungen sind zu beachten?

Die gezahlte Ehegattenvergütung gilt als Betriebsausgabe und mindert durch den geringeren Gewinn sowohl die Einkommensteuer als auch die Gewerbesteuer. Dazu können die üblichen Arbeitgeberleistungen (Direktversicherung, Betriebl. Altersversorgung, Jubiläen, Kinderbetreuung, Gehaltszuschläge) gezahlt werden und sich steuermindernd auswirken. Alle Zahlungen aber nur soweit sie auch fremden Arbeitnehmern gewährt werden. Das Arbeitnehmer-Ehegatten-Gehalt muß natürlich wie üblich auch versteuert werden, und zwar im Regelfall durch den Arbeitgeber. Die steuerlichen Freibeträge, wie Werbungskosten und Sonderausgaben, sollten aber nicht vergessen werden.

Soweit sich das Arbeitsverhältnis im Rahmen einer geringfügigen Beschäftigung bewegt, wird das Gehalt pauschal mit zur Zeit 20% Lohnsteuer und gegebenenfalls mit dem entsprechenden Kirchensteueranteil (z. B. 9%) versteuert. Siehe auch →geringfügige Beschäftigung. Für den Arbeitnehmer ist mit der Pauschalsteuer alles erledigt. Er kann also auch keine Werbungskosten mehr absetzen. Es sollte allerdings eine Abrechnung über Lohnsteuerkarte (also nicht pauschal) überlegt werden, wenn für den Ehegatten diese Beschäftigung die einzige Arbeit ist.

2.4 Wie ist das mit der Sozialversicherungspflicht?

Soweit der Arbeitslohn über der Geringfügigkeitsgrenze (1997: 610 DM/West; 520 DM/Ost) liegt, setzt die Pflicht zur Zahlung der Sozialversicherungsbeiträge ein. Die Sozialversicherung kann auch Vorteile haben. So können z. B. Rentenansprüche erworben oder erhöht werden. Ein pauschal versteuertes Niedriggehalt führt allerdings zu unverhältnismäßig geringen Rentenansprüchen. Ein Arbeitsverhältnis mit voller Stundenzahl führt hingegen zu einem dem Verdienst entsprechenden Rentenanspruch. Auch dabei sollte an die Absetzungsmöglichkeit der Sozialversicherungsbeiträge beim angestellten Ehegatten als Sonderausgaben gedacht werden.

Wichtig für Privatversicherte: Eine weitere äußerst interessante Variante kann sich aus der gesetzlichen Krankenversicherung der Rentner ergeben. Viele privat Versicherte klagen über hohe Krankenversicherungsbeiträge im Alter. Unter gewissen Voraussetzungen kann der Grundsatz, daß aus der privaten Krankenversicherung eine Rückkehr in die gesetzliche Krankenversicherung nicht möglich ist, umgangen werden.

Voraussetzung ist, daß vor Antritt der Rente mindestens zwölf Monate lang eine Pflichtmitgliedschaft in der gesetzlichen Krankenversicherung bestand. Sie können also entweder als privat versicherter Angehöriger im Rahmen der Versicherungspflicht arbeiten oder als selbst Privatversicherter Ihr Einkommen entweder über eine geringere Stundenzahl oder eine geringere Gehaltsstufe unter die Beitragsbemessungsgrenze für die gesetzliche Krankenversicherung (1997: 6150 DM/West; 5325 DM/Ost) „drücken". Als Selbständiger müßten Sie sich zu dem entsprechenden Gehalt mindestens ein Jahr anstellen lassen.

Wenn der Ehegatten-Beschäftigte gesetzlich versichert ist, reicht für den privat versicherten Ehepartner ein Monat ohne Anstellung, während dem er über seinen gesetzlich versicherten Ehegatten beitragsfrei mitversichert ist. Nach dieser Zeit kann der vormals privat Versicherte in der gesetzlichen Krankenversicherung bleiben.

Extra-Tip

▶ Für den Arbeitnehmer-Ehegatten können nach dem Vermögensbildungsgesetz bis zu 936 DM an vermögenswirksamen Leistungen pro Jahr gezahlt und als Betriebsausgaben steuerlich abgesetzt werden. Dazu könnte noch die Arbeitnehmer-Sparzulage kommen, wenn das gemeinsame zu versteuernde Einkommen derzeit 54000 DM jährlich nicht übersteigt. Insgesamt kann sich also innerhalb der (bescheideneren) Spargrenzen eine äußerst rentable Vermögensbildung erzielen lassen.

Arbeitszimmer

1. Um was geht es?

Das Steuersparmodell mit den Kosten für ein Arbeitszimmer hat der Gesetzgeber leider ab 1996 eingeschränkt. Doch davon sollten Sie sich nicht entmutigen lassen. Der Bundesfinanzhof hat zwar die Neuregelung für verfassungsgemäß gehalten, aber dennoch gibt es weiterhin Möglichkeiten, mit einem Arbeitszimmer Steuern zu sparen.

2. Tips und Hinweise

2.1 Allgemeine Voraussetzungen

Nach dem Jahressteuergesetz 1996 werden vom Finanzamt die Kosten für einen Arbeitsraum in der Privatwohnung nur noch in voller Höhe anerkannt, wenn das Arbeitszimmer Mittelpunkt der gesamten beruflichen Tätigkeit ist. Andere Arbeitnehmer mit Nebeneinkünften oder ohne eigenen Arbeitsplatz für ihre berufliche Tätigkeit können bis zu 2400 DM absetzen.

2.2 Teilabsetzung bis 2400 DM

Bedingungen	Entweder mehr als 50% der beruflichen oder gewerblichen Tätigkeit werden im häuslichen Arbeitszimmer ausgeübt oder der Arbeitgeber/Dienstherr stellt keinen für die berufliche Tätigkeit nötigen Arbeitsplatz zur Verfügung
Personenkreise	Arbeitnehmer mit Nebentätigkeiten oder Lehrer mit eigenem Schreibtisch in der Schule oder Richter, die ihre Arbeit auch zu Hause erledigen oder Lehrer ohne eigenen Arbeitsplatz in der Schule oder Außendienstmitarbeiter

2.3 Absetzungen in voller Höhe

Bedingungen	Das häusliche Arbeitszimmer bildet den Mittelpunkt der gesamten beruflichen oder betrieblichen Tätigkeit
Personenkreise	Heimarbeiter oder Ärzte, Anwälte, Steuerberater mit Praxis im eigenen Haus oder Rentner/Pensionäre, die nebenbei noch selbständig arbeiten

Danach ist der volle Abzug nur bei Arbeitnehmern, die nebenbei zu Hause nicht als Selbständige arbeiten, nur möglich, wenn sie an keinem anderen Ort als zu Hause dauerhaft berufstätig sind.

2.4 Was ist mit Arbeitsmitteln?

Nach wie vor können mit Arbeitsmitteln Steuern gespart werden. Auch wenn kein Arbeitszimmer vorhanden ist, sind Kosten für Arbeitsmittel, wie z. B. Schreibtisch oder Computer, absetzungsfähig. Dafür gelten wie bisher gewisse Regeln: Es muß eine Trennung zwischen beruflicher und privater Nutzung erfolgen.

Dabei zahlt sich auch eine optimale Nutzung der Abschreibungsmöglichkeiten aus. Siehe Stichwort →Abschreibungen.

2.5 Welche Kosten sind für das Arbeitszimmer überhaupt absetzungsfähig?

Anteile nach Wohnflächen	Miete oder Schuldzinsen, Heizung, Strom, Wasser, Finanzierungskosten (Eigenheim), wie Disagio, Bankgebühren, Müllabfuhr, Straßenreinigung, Schornsteinfegergebühren, Gebäudeversicherung, Grundsteuer (Eigenheim) Reinigungsaufwand, Reparaturen (Wohnung) oder Instandhaltung (Eigenheim)
Anteile von Gesamtkosten	Renovierungskosten, Einrichtungsgegenstände und Arbeitsmittel bis 920 DM, Schuldzinsen für deren Finanzierung
Anteile von Abschreibungswerten	Einrichtungsgegenstände und Arbeitsmittel über 920 DM (je nach Nutzungsdauer), Kauf- oder Herstellungskosten anteilig bei Eigenheim

Extra-Tips

▶ Wenn Sie Arbeitsmittel anschaffen müssen (Schreibtisch, Computer etc.) kann es günstiger sein, auf die Anerkennung als Arbeitszimmer mit der Grenze von 2400 DM zu verzichten, da Sie dann die Arbeitsmittel alle zusammen ohne Rücksicht auf das 2400 DM-Limit absetzen können.

▶ Beachten Sie möglichst die Abschreibungsregeln für die geringwertigen Wirtschaftsgüter mit der Grenze von 920 DM. Verteilen Sie Anschaffungen möglichst gleichmäßig auf die Jahre, um wenigstens jeweils die 2400 DM-Grenze auszunutzen. Zum Jahresende dürfte das verhältnismäßig leicht fallen.

▶ Erreichen Sie den Anteil von 50% für die häusliche Tätigkeit im Arbeitszimmer nicht, sollten Sie überlegen, ob Sie noch ehrenamtlich für einen Berufsverband, eine Gewerkschaft, einen Verein oder für die (Haus-) Finanzverwaltung oder die Sozialberatung Ihrer Bekannten und Verwandten tätig sein könnten. Dann könnten Sie immerhin noch 2400 DM pro Jahr geltend machen.

▶ Der Freibetrag bis zu 2400 DM ist zeitanteilig nicht zu kürzen. Es lohnt also die Aufnahme eines Nebenjobs immer zum Ende eines Jahres

Arzthaftung

1. Um was geht es?

Durch ärztliche Kunstfehler werden jährlich über 100000 Menschen geschädigt. In etwa 30000 Fällen pro Jahr kommt es zum Streitverfahren. Davon werden etwa 80% zwischen dem Patienten und der Haftpflichtversicherung des Arztes ohne gerichtliches Verfahren direkt geregelt. Ärztliche Kunstfehler werden häufig vertuscht und sind nicht einfach zu beweisen. Doch die Patienten haben ein Recht auf Information und Aufklärung sowie einen guten medizinischen Standard. Die Chancen auf eine Entschädigung, sei es auf Schadensersatz, laufende Rente oder Schmerzensgeld, stehen in berechtigten Fällen also nicht schlecht.

2. Tips und Hinweise

2.1 Was ist ein Kunstfehler und welche Arten gibt es?

Das geltende Recht unterscheidet zunächst zwei Fallgruppen:

• Ein Behandlungsfehler liegt vor, wenn ein Patient zu Schaden kommt, weil er nicht nach dem Standard einer guten ärztlichen Behandlung versorgt wurde.

• Von einem Aufklärungsfehler wird gesprochen, wenn der Patient beim Eingriff zu Schaden kommt und vorher ärztlicherseits nicht ordnungsgemäß über die Notwendigkeit und die Risiken aufgeklärt wurde.

Der Arzt haftet nur dann, wenn bei der Behandlung ein Fehler unterlaufen ist und der Fehler die Schadensursache war. Es spielt dabei keine Rolle, wie der Schaden herbeigeführt wurde. Ob durch ein Versäumnis, eine übermäßige Behandlung, eine fehlende Erfahrung, eine ungenügende Ausstattung oder mangelndes Personal; die Gerichte gehen bei einer negativen Abweichung vom Behandlungsstandard von einer mindestens fahrlässigen Verhaltensweise des Arztes aus.

Daneben werden Kunstfehler weiter untergliedert in
• Fehldiagnosen (falsche Interpretation der Befunde, Diagnosen nicht überprüft oder Befunde nicht erhoben),
• Übernahmeverschulden (Übernahme einer Behandlung ohne die erforderlichen Diagnosegeräte, die Spezialerfahrung oder die nötigen Hygieneverhältnisse),
• Organisations- oder Kontrollverschulden (mangelnde Desinfizierung, fehlende Medikamente, fehlerhafte Nachbetreuung oder Behandlung durch Personal).

2.2 Was bedeutet die ärztliche Aufklärungspflicht?

Die Aufklärung ist ein besonderes Recht des Patienten. Ein ärztlicher Eingriff ohne wirksame Einwilligung ist rechtswidrig. Ohne Aufklärung haftet der Arzt oder die Ärztin für alle Folgen des Eingriffs, auch wenn kein Kunstfehler vorliegen sollte. Das aufklärende Gespräch muß spätestens am Tag vor dem Eingriff oder der Operation stattfinden. Bei einer riskanten Behandlung kann das aber schon zu spät sein. Der Patient muß zumindest in Ruhe überlegen können. Ausgenommen sind Notfälle mit zum Beispiel bewußtlosen Patienten.

2.3 Bei welchen Behandlungsfehlern bestehen gute Chancen auf Schmerzensgeld oder Schadensersatz?

• Fremdkörper vergessen, wie z. B. Tupfer oder Klammern.
• Röntgenaufnahmen falsch beurteilt. Zum Beispiel wurde ein Knochenbruch nicht erkannt.
• Thrombosevorsorge mangelhaft mit Folge von Komplikationen und Schäden.
• Wundkontrolle mangelhaft mit folgender Infektion.

Aussichtslos dürfte ein Verfahren sein, wenn z. B. bei einer Sterilisation eine Patientin trotzdem schwanger wird. Allerdings kommt es auch hier auf die Aufklärung an. Fehlt die Information über die nicht hundertprozentige Sicherheit, liegt ein Aufklärungsfehler vor und begründet somit eine Haftung für die Folgen.

2.4 Was ist bei einem Behandlungsfehler zu tun?

Der Patient muß grundsätzlich den Behandlungsfehler und dessen Ursache für den Gesundheitsschaden nachweisen. Er hat das Recht, alle Krankenunterlagen einzusehen und gegen Erstattung der Kosten Fotokopien anfertigen zu lassen. Die Aufklärung und die Einwilligung des Patienten muß immer der Arzt oder die Ärztin beweisen. Ebenso verkehrt sich die Beweislast bei einem groben Behandlungsfehler zu Lasten des Arztes oder der Ärztin. Ein solcher Fehler kann vorliegen, wenn zum Beispiel auf eindeutige Befunde nicht reagiert oder eine Standardmethode nicht angewandt oder die Wirkung der Therapie nicht kontrolliert oder die Behandlung in unqualifizierte Hände abgegeben wurde.

Bei einem Anfangsverdacht sollten Sie sich zuerst ein Gedächtnisprotokoll anfertigen mit einer Erfassung des zeitlichen Ablaufes, der Namen von Ärzten und Personal sowie Zeugen, wie z.B. andere Patienten. Notieren Sie Komplikationen und Beschwerden soweit möglich mit den jeweiligen Zeitpunkten.

Bevor Sie weitere Schritte unternehmen, sollten Sie zuerst mit dem Arzt oder der Ärztin über Ihre Zweifel oder Bedenken reden. Wenn Ihnen keine nachvollziehbare oder plausible Erklärung gegeben werden kann, halten Sie auch diese Äußerungen sinngemäß schriftlich fest.

Wenn Sie weiter Zweifel haben sollten, verlangen Sie Einsicht in Ihre Krankenunterlagen. Das läuft nicht immer ohne Widerstand ab. Bleiben Sie aber konsequent und drohen Sie erforderlichenfalls mit der Einschaltung eines Rechtsanwaltes. Lassen Sie sich auch schriftlich die Vollständigkeit der Unterlagen bestätigen, um auszuschließen, daß später andere Dokumente nachgeschoben werden oder das Vorhandensein von solchen bestritten wird.

Damit allein werden Sie als Nichtmediziner aber nicht viel weiterkommen. Ein Gutachter muß sich zu den Krankenunterlagen und dem Verdacht eines Behandlungsfehlers äußern. Für ein qualifiziertes Gutachten können bis zu 3000 DM Kosten entstehen.

Wichtig: Es ist zunächst zu empfehlen, daß Sie sich an Ihre Krankenkasse oder die Privatkrankenversicherung wenden und den Sachverhalt dort vortragen. Die Aufdeckung von Behandlungsfehlern und die Vermeidung von weiteren Behandlungskosten liegt schließlich auch im Interesse der Krankenkassen oder der Privatversicherer. Nach dem Sozialgesetzbuch gehen die Ersatzansprüche der Patienten aufgrund von Behandlungsfehlern zwar in Höhe der erbrachten Kassenleistungen auf die Krankenkasse über, jedoch sind die Kassen zur Unterstützung der Leistungsempfänger (Patienten) bei der Wahrung ihrer weiteren Ansprüche (Schmerzensgeld und sonst. Schadensersatz) verpflichtet.

Von den Krankenkassen wird in berechtigten Fällen der Medizinische Dienst der Krankenversicherung zur Begutachtung eingeschaltet. Soweit erforderlich wird ein externer Gutachter beauftragt, dessen Kosten aber die Krankenkasse übernimmt. Bei Privatversicherten ist die Situation etwas anders. Hier hat der Versicherer erst einen Schaden, wenn er die Privatrechnungen erstattet hat. Das Verhalten der Versicherungen ist in solchen Fällen unterschiedlich und daher im Einzelfall mit Ihrer Versicherung zu klären. Wenn Ihre Bezirksdirektion nicht so will wie Sie, können Sie die Generaldirektion oder Bundeszentralverwaltung Ihrer Privatkrankenversicherung einschalten.

Sollte Ihre Krankenkasse oder Versicherung Ersatzansprüche gegen den Arzt bzw. dessen Haftpflichtversicherung geltend machen, können Sie zunächst das Ergebnis abwarten und danach ohne größeres Kostenrisiko Ihre eigenen Ansprüche einklagen. Machen Sie Ihre Ansprüche aber frühzeitig geltend, da die Ansprüche auf Schmerzensgeld nach drei Jahren verjähren und eine zeitnahe Verfolgung Ihrer Ansprüche wegen der Nachweis- und Beweisführung einfacher ist. Ansprüche außer Schmerzensgeld verjähren mit der allgemeinen Frist erst nach 30 Jahren.

Verzichten Sie möglichst auf eine Strafanzeige gegen den Arzt, denn die Beweisführung ist im Strafverfahren viel schwieriger. Außerdem könnte ohne Strafverfahren eher die Bereitschaft zur Einigung von der Gegenseite erwartet werden.

Ein kostenloses Verfahren ist auch die Einschaltung der Gutachterkommissionen und Schlichtungsstellen der Landesärztekammern. Die Anschrift der für Ihren Bereich zuständigen Stelle erfahren Sie bei der Krankenkasse. Dieser Hinweis gilt aber nur unter Vorbehalt, da Ihre Verfahrensrechte in diesem außergerichtlichen Verfahren nicht so umfassend wie bei einer Zivilklage sind. Diese Verfahren führen nach Angaben der Kommissionen in bis zu 30% der Fälle zu einem Erfolg für die Patienten. Bei der Erfolgsquote gibt es aber starke regionale Schwankungen.

Mit welchem Ergebnis ein Verfahren letztlich beendet wird, liegt häufig allein an Ihrer eigenen Entscheidung. Ob Sie sich auf einen Vergleich einlassen oder einen Prozeß durch alle Instanzen durchstehen wollen, hängt von Ihrer Interessenlage ab und sollte sorgfältig überlegt werden. Wenn Sie eher eine schnelle Zahlung erreichen wollen, können Sie bei einem Vergleich besser fahren. Bei größeren Summen von Schmerzensgeld (mehrere Hunderttausend DM) oder laufenden Rentenzahlungen von mehreren Tausend DM im Monat könnte es lohnender sein, den Gerichtsweg auszunutzen.

2.5 Wie ist das bei einem Fehler des Zahnarztes?

Im Unterschied zu den anderen Medizinbereichen besteht häufig die Möglichkeit der Korrektur, z.B. bei fehlerhaft angepaßten Prothesen. Sollte eine Nachbesserung nicht möglich sein, wenden Sie sich wie in den anderen Fällen auch an Ihre Krankenkasse. Dabei ist auch ein Arztwechsel möglich. Ein Schlichtungsverfahren gibt es auch bei den Zahnärztekammern. Häufig geht es bei den Zahnärzten nicht so sehr um Behandlungsfehler, sondern um Meinungsverschiedenheiten über die Kosten einer Behandlung. Hierbei sollte zunächst eine Begutachtung durch die Krankenkasse veranlaßt werden.

Extra-Tips

▶ Der Schritt zu einem Patientenschutzverband sollte reiflich überlegt werden, denn häufig stehen dahinter ausschließlich geschäftliche Interessen. Die Qualität der Leistungsangebote ist sehr unterschiedlich. Nach den Namen der Organisationen können Sie nicht gehen; sie bieten keine Gewähr für die Seriosität. Häufig werden für die ersten Auskünfte mehrere Hundert DM verlangt. Das gilt nicht für den Arbeitskreis Kunstfehler in der Geburtshilfe (AKG), Dortmund, Tel.: 0231/525872 oder 574846 und der Bundesinteressengemeinschaft Geburtshilfegeschädigter (BIG), Stadthagen, Tel.: 05721/72372.

▶ Auch bei einem auf Patientenschutz spezialisierten Rechtsanwalt sind Sie in guten Händen, insbesondere in relativ eindeutigen Fällen und mit einer Rechtsschutzversicherung. Lassen Sie sich dabei auf jeden Fall über das Kosten- und Prozeßrisiko aufklären. Anschriften erfahren Sie beim Deutschen Anwaltsverein, Bonn, Tel.: 0228/26070; dem Anwalt-Suchservice, Köln, Tel.: 0130/5500, der Arbeitsgemeinschaft Rechtsanwälte im Medizinrecht e.V., Neuss, Tel.: 02131/92050.

▶ Auch die Verbraucherzentralen Berlin (030/21485110) und Hamburg (040/24832230) beraten über den Patientenschutz gut und kostenlos auch bundesweit, jedoch mit begrenzten Kapazitäten.

Ausbildungsförderung

1. Um was geht es?

Für Schüler und Studierende gibt es eine staatliche Ausbildungsförderung. Die gesetzlichen Grundlagen sind im Bundesausbildungsförderungsgesetz, kurz BAföG, geregelt. Mit der Ausbildungsförderung sollen pauschal die Kosten des Lebensunterhaltes und der Ausbildung gedeckt werden.

2. Tips und Hinweise

2.1 Bedarfssätze für die Ausbildungsstätten (ab 1. 8. 1996)

Ausbildungsstätte	Unterbringung bei Eltern West/Ost – DM –	Unterbringung auswärts West/Ost – DM –
Weiterführende allgemeinbildende Schulen, Berufsfachschulen, Fach- und Fachoberschulen (ohne abgeschlossene Berufsausbildung)	0	615/560
Zweijährige Berufsfachschul- und Fachschulklassen (ohne abgeschlossene Berufsausbildung)	345/320	615/560
Abendhaupt- und Abendrealschulen, Berufsaufbauschulen, Fachoberschulen (mit abgeschlossener Berufsausbildung)	615/580	740/635
Fachschulen (mit abgeschlossener Berufsausbildung), Abendgymnasien, Kollegs	625/580	785/635
Höhere Fachschulen, Akademien, Hochschulen	670/625	830/680

Zuschläge gibt es für

- höhere Mietkosten (wenn über 235 DM West oder 85 DM Ost) bis zu 75 DM West / 225 DM Ost
- Krankenversicherungsbeitrag 75 DM West / 65 DM Ost
- Pflegeversicherungsbeitrag 15 DM West / 15 DM Ost

Der Förderungshöchstsatz mit allen Zuschlägen beträgt somit 995 DM West / 985 DM Ost.

2.2 Anrechnung von Einkommen

Das Einkommen im Sinne des BAföG ist die Summe der positiven Einkünfte abzüglich Steuern, Werbungskosten, Eigenheimförderungen bei Einfamilienhäusern, Altersentlastungsfreibeträge, Freibeträge für Einkünfte aus Land- und Forstwirtschaft und Sozialpauschale (21,4%, 12,7% bei Beamten und Rentnern, 34,7% bei Selbständigen und geringfügig Beschäftigten) zuzüglich Kindergeld.

2.2.1 Einkommensfreibeträge des Auszubildenden und des Ehegatten

Die Höhe der Freibeträge richtet sich nach der Ausbildungsart und der familiären Situation. Entweder 180 DM, 245 DM oder 345 DM. Für Verheiratete gibt es noch einen weiteren Freibetrag von 600 DM und 535 DM für jedes Kind. Vom Einkommen des Ehegatten bleiben 1390 DM und 120 DM für den Auszubildenden sowie 535 DM bzw. 680 DM (ab 15 Jahre) für die Kinder frei.

Bei ledigen und kinderlosen Auszubildenden bleiben in etwa folgende Jahreseinkünfte unter Berücksichtigung von Werbungskosten und der Sozialpauschale anrechnungsfrei:

4620 DM: bei weiterführenden allgemeinbildenden Schulen, Berufsfachschulen, Fach- oder Fachoberschulklassen, jeweils ohne abgeschlossene Berufsausbildung

5560 DM: bei Abendhauptschulen, Berufsaufbauschulen, Abendrealschulen Fachoberschulklassen, jeweils mit abgeschlossener Berufsausbildung

7020 DM: bei Fachschulklassen mit abgeschlossener Berufsausbildung, Abendgymnasien, Höhere Fachschulen, Akademien, Hochschulen

Bis zu diesen Beträgen kann jeweils im Jahr brutto nebenbei ohne Anrechnung verdient werden. Das gilt auch für Einkünfte aus Neben- oder Ferienjobs.

2.2.2 Einkommensfreibeträge der Eltern

Grundbetrag (verheiratet und zusammenlebend)	2020 DM
oder Elternteil alleinstehend	1390 DM
Antragsteller	175 DM
Weitere Kinder unter 15 Jahre	535 DM
Kinder über 15 Jahre	680 DM
Sonstige Unterhaltsberechtigte	625 DM

Berechnungsbeispiel: Familie Lustig hat 2 Kinder. Davon befindet sich ein Kind in einer Ausbildung. Vater Lustig hat als Arbeitnehmer ein monatliches Bruttoeinkommen von 5000 DM. Mutter Lustig arbeitet nicht.

Einkünfte	5000 DM
abzüglich	
Werbungskosten ($^1/_{12}$ von 2000 DM mindestens)	167 DM
Sozialpauschale (21,4%)	1070 DM
Lohnsteuer, Kirchensteuer, Solizuschlag	490 DM
zuzüglich	
Kindergeld	440 DM
Einkommen im Sinne des BAföG	3713 DM
Freibeträge	
Grundbetrag	2020 DM
Auszubildender	175 DM
2. Kind über 15 Jahre	680 DM
Gesamtfreibetrag	2875 DM

Von dem Überschreitungsbetrag gehen noch Zusatzfreibeträge ab. 50% für die Eltern und 5% je Kind.

Einkommensüberschreitungsbetrag	838 DM
Zusatzfreibeträge (50%, 5%, 5% = 60%)	503 DM
Anrechnungsbetrag vom Einkommen der Eltern rund	335 DM

2.3 Vermögensanrechnung?

Das Vermögen bleibt leider nicht von einer Anrechnung verschont. Beim Auszubildenden sind aber 6000 DM anrechnungsfrei. Bei Verheirateten sind es 12000 DM plus 2000 DM für jedes Kind. Vermögen der Eltern wird nicht berücksichtigt.

2.4 Darlehensgewährung

Studierende der Höheren Fachschulen, Akademien und Hochschulen erhalten die Förderung zur Hälfte als Zuschuß und zur Hälfte als Darlehen.

Die Rückzahlungsregelungen zum Darlehen sind durchaus sozial und nicht mit den üblichen Kapitalmarktbedingungen zu vergleichen. Wesentliche Bedingungen sind

- lange Tilgungsfrist bis 20 Jahre,
- Zinslosigkeit,
- später Tilgungsbeginn,
- einkommensabhängige Rückzahlung und
- Erlaßmöglichkeiten.

Erlaßmöglichkeiten gibt es bei vorzeitiger Tilgung, bei vorzeitigem erfolgreichen Studienabschluß, bei Kinderbetreuung in der Rückzahlungsphase und bei Zugehörigkeit zu den besten 30 % der Prüfungsabsolventen eines Examenslehrganges.

Für bestimmte Förderungsarten ist aber seit 1996 nur die Gewährung eines privaten Bankdarlehens vorgesehen. Dieses ist zu verzinsen und dafür ist ein Vertrag mit der Deutschen Ausgleichsbank abzuschließen. Es wird dabei der gesamte Förderungsbetrag durch ein verzinsliches Darlehen erbracht. Bei den Förderungsarten handelt es sich um besondere weitere Ausbildungen und Ausbildungszeiten.

2.5 Was ist die elternunabhängige Förderung?

Dabei wird das Einkommen der Eltern bei der Berechnung der Ausbildungsförderung nicht berücksichtigt. Das gilt aber nur für bestimmte Ausnahmefälle, wie Besuch eines Abendgymnasiums oder Kollegs oder Beginn der Ausbildung nach Vollendung des 30. Lebensjahres mit vorheriger Berufstätigkeit, die aber wiederum nur in besonderen Fällen gefördert wird.

2.6 Sonstige Förderungen

Zunächst bestimmt sich die Studienförderung nach dem BAföG. Das frühere Graduiertenförderungsgesetz ist aufgehoben worden. Es gibt derzeit nur ergänzende landesrechtliche Förderungsregelungen. Erkundigen Sie sich beim Kultusministerium Ihres Bundeslandes. Daneben stellen auch private Vereinigungen Mittel für die Ausbildung und für die Förderung der Forschung zur Verfügung. Genannt werden können die Stiftung Volkswagenwerk und der Stifterverband für die Deutsche Wissenschaft. Siehe auch Stichwort →Stipendien.

Extra-Tips

▶ Berechnungsgrundlage bildet das Einkommen im vorletzten Jahr vor dem Bewilligungszeitraum. Ist das aktuelle Einkommen aber erheblich geringer, lohnt sich ein sogenannter Aktualisierungsantrag mit Berücksichtigung des aktuellen Einkommens.

▶ Die Darlehenssumme bei Studenten wird teilweise erlassen, wenn das Studium vor Ende der Förderungshöchstdauer erfolgreich abgeschlossen wurde. Vier Monate vorher bringen zum Beispiel 5000 DM Erlaß. Das ist aber extra zu beantragen.

▶ Vorzeitige Darlehenstilgungen vor Fälligkeit lohnen je nach Höhe des Ablösungsbetrages auch mit normalen Bankkrediten. Lassen Sie sich die jeweiligen Gesamtkreditkosten von der Bank oder Sparkasse nennen und vergleichen Sie diese mit der Höhe Ihres Ablösungsbetrages.

Außergewöhnliche Belastungen (Steuervergünstigungen)

1. Um was geht es?

Hier geht es um außergewöhnliche Belastungen bei Ihnen als Steuerzahler oder Steuerzahlerin. Soweit der Spitzensteuersatz derzeit noch bei 53 % liegt, dürfte die Einkommensteuer an sich schon eine Belastung sein. Als Ausgleich für individuelle besondere Ausgaben und Kosten, die der Mehrzahl der Steuerpflichtigen nicht entstehen, können diese mehr oder weniger steuermindernd vom Einkommen abgesetzt werden. Dabei sind diese Belastungen von den Betriebsausgaben, den →Werbungskosten und den →Sonderausgaben zu unterscheiden. Diese anderen Aufwendungen fallen nicht unter die außergewöhnlichen Belastungen. Es steht auch nicht in Ihrer persönlichen Entscheidung, welche Ausgaben Sie absetzen können. Dazu gibt es rechtliche und gerichtliche Regelungen und Entscheidungen.

2. Tips und Hinweise

2.1 In welchem Umfang werden außergewöhnliche Belastungen berücksichtigt?

Außergewöhnliche Belastungen werden leider nicht in voller Höhe, sondern nur nach Abzug einer (zumutbaren) Eigenbeteiligung oder nur bis zu einer bestimmten Höhe anerkannt. Für Arzt- und Kurkosten, Krankenhaus- und Beerdigungskosten, die nicht zwangsläufig miteinander verbunden sein müssen, wird immer ein Eigenanteil abgezogen. Für Unterhaltszahlungen, Kinderausbildungskosten, Haushaltshilfen, Pflegeaufwand für kranke Angehörige, behinderungsbedingte Aufwendungen gibt es bestimmte Höchstbeträge. In bestimmten Fällen werden auch die tatsächlichen (höheren) Kosten mit Einzelnachweis anerkannt.

Die Höhe der zumutbaren Belastung richtet sich nach dem Einkommen, dem Familienstand und der Kinderzahl. Maßgebend für das Einkommen ist der Gesamtbetrag der Einkünfte. Diesen sollten Sie daher durch Absetzung von Werbungskosten so gering wie möglich halten. Der Gesamtbetrag der Einkünfte ist auf dem Einkommensteuerbescheid unter dem Bruttoarbeitslohn abzüglich Werbungskosten und/oder den Einkünften aus Gewerbebetrieb zu finden.

Folgende Werte gelten ab 1996 in Prozent des Gesamtbetrages der Einkünfte:

Familienstand	Gesamtbetrag der Einkünfte		
	bis 30000 DM	bis 100000 DM	über 100000 DM
Alleinstehend ohne Kind	5%	6%	7%
Ehepaar ohne Kind	4%	5%	6%
Personen mit 1 oder 2 Kinderfreibeträgen	2%	3%	4%
Personen mit 3 oder mehr Kinderfreibeträgen	1%	1%	2%

Anmerkung: Es werden nur Kinder berücksichtigt, für die ein Kinderfreibetrag oder Kindergeld gewährt wird.

> **Beispiel:** Ein verheirateter Alleinverdiener mit zwei Kindern hat einen Gesamtbetrag seiner Einkünfte (Bruttolohn 80000 DM mit 5000 DM Werbungskosten) von 75000 DM. Daraus ergibt sich ein Eigenanteil von 2250 DM (3% von 75000 DM). Alle außergewöhnlichen Belastungen, die unter diesem Betrag liegen, werden nicht berücksichtigt.

2.2 Welche Aufwendungen werden als Belastungen anerkannt?

Einzelne Beispiele für allgemeine außergewöhnliche Belastungen mit Abzug von zumutbarem Eigenanteil:

Art	Hinweise
Behandlungskosten beim Arzt, Zahnarzt, Kieferorthopäden, zugelassenen Heilpraktiker	Nur medizinisch notwendige Behandlungen und verordnete Anwendungen, wie Massagen. Auch Jacketkronen.
Stationäre Behandlung in Krankenhäuser und Spezialkliniken bei ärztlicher Einweisung	Zuzahlungen für höhere Pflegeklasse, Chefarztbehandlung, kleine Geschenke für Pflegepersonal.

Art	Hinweise
Geburt eines Kindes	Wie stationäre Behandlung.
Medikamente, Rezeptgebühren, Brillen, Hörapparate, Rollstühle, Prothesen, Zahnersatz	Nur von verordneten Mitteln.
Psychotherapie	Amtsärztliches Attest über Notwendigkeit.
Legastheniebehandlung	Nur in Verbindung mit einer meist psychischen Erkrankung. Ärztliches Attest.
Kuraufenthalt	Amtsärztliches Attest oder Krankenkassenunterlagen. Unterkunft, Verpflegung, Hin- und Rückfahrt mit öffentl. Verkehrsmitteln.
Besuchsfahrten zu nahen Angehörigen im Krankenhaus	Medizinische Notwendigkeit bei Kindern oder unheilbar erkrankten Ehegatten. Fahrt-, Übernachtungs- und Verpflegungskosten.
Beseitigung gesundheitsgefährdender Schadstoffe und Mittel	Ärztliche Bescheinigungen, Bestätigung durch Gutachten. Kosten für Maßnahmen und Gutachter.
Alkoholtherapie	Nur wenn zur Heilung medizinisch notwendig. Fahrtkosten.
Umzugskosten	Nur bei gesundheitlicher Notwendigkeit. Ärztliche Bescheinigung.
Beerdigungskosten	Soweit Kosten über Nachlaß. Absetzung nur beim Erben. Überführungskosten, Grabstein, Erstbepflanzung. Nicht Trauerkleidung und Bewirtung sowie Grabpflege.
Prozeßkosten	Nur Strafverfahren soweit Freispruch. Zivilprozesse nur bei Begründetheit für einen existentiell wichtigen Bereich (ohne Miet- und Steuerverfahren). Prozeß-, Gerichts- und Anwaltskosten.
Schadensersatz	Nur bei fahrlässigem Verhalten. Entschädigungszahlungen laut Gutachten, Urteile oder Vergleiche.
Ehescheidungskosten	Anwalts- und Gerichtskosten soweit zwangsläufige Aufwendungen, Verfahrenskosten. Für die Unterhaltszahlungen ist in der Regel der Sonderausgabenabzug günstiger.
Diebstahl von Hausrat und Kleidung, Brand-, Hochwasser- und Unwetterschäden	Nur bei höherer Gewalt. Schadensmeldungen, Anzeigen bei Polizei. Kosten für angemessene Wiederbeschaffung oder Instandsetzung.

Erstattungen und Kostenübernahmen von anderen Stellen sind vorher abzusetzen.

Kosten ohne Abzug eines zumutbaren Eigenanteils:

Art	Hinweise
Unterhalt an bedürftige Angehörige oder Wehrpflichtige oder Zivildienstleistende oder Kinder in Ausbildung jeweils ohne Kinderfreibetrag	Für nahe Angehörige bis zu 12 000 DM jährlich. Deren Einkünfte dürfen aber nicht über 1200 DM jährlich liegen. Ansonsten Anrechnung auf Ihre Unterstützung bzw. den Steuerfreibetrag. Nur bei gesetzlicher Unterhaltspflicht.
Haushaltshilfe	Bis zu 1800 DM bei Krankheit, Hilflosigkeit oder Schwerbehinderung eines Haushaltsangehörigen. Schwerbehindertenausweis mit Merkmal „Bl" oder ‚H' oder vergleichbare Bescheide. Bei Ehegatten 3600 DM, wenn eine gemeinsame Haushaltsführung nicht möglich ist.
Unterbringung in einem Alten- oder Pflegeheim	Pflegebedürftigkeit muß vorliegen. Sonst wie bei Haushaltshilfe.
Pflege von Angehörigen	1800 DM Pflegepauschbetrag. Wenn Aufwendungen höher als Einzelnachweis. Sonst wie bei Haushaltshilfe.
Ausbildungsfreibetrag für Kinder	1800 DM für Kinder unter 18 Jahren, die auswärts untergebracht sind, 2400 DM über 18 Jahre und im Haushalt der Eltern und 4200 DM über 18 Jahre und auswärts. Eigene Einkünfte des Kindes über 3600 DM pro Jahr werden abgezogen. Anteilige Kürzung, wenn Voraussetzungen nicht das ganze Jahr vorliegen.
Kinderbetreuungskosten	Alleinerziehende, wenn Kind noch nicht 16 Jahre alt, im Haushalt lebt und Kosten durch Beruf, Krankheit oder Behinderung des Alleinerziehenden entstanden sind. Pauschbetrag von 480 DM jährlich pro Kind. Bei Nachweis von höheren Kosten bis zu 4000 DM für das erste und 2000 DM für jedes weitere Kind. Dabei darf die zumutbare Belastung nicht abgezogen werden laut Urteil Bundesfinanzhof.

Bitte beachten Sie, daß Kosten für die Beschäftigung einer Haushaltshilfe →Sonderausgaben sein können. Das gilt auch für den Unterhalt an den geschiedenen Ehegatten.

2.3 Weitere Hinweise

Wegen der Auswirkungen Ihres zumutbaren Eigenanteils auf die außergewöhnlichen Belastungen je Jahr sollten Sie zum Ende des Jahres überlegen, wie die Ausgaben geschickt verteilt werden können. Wenn die Wertgrenze für den Eigenanteil in einem Jahr nicht erreicht wird, könnte sich die Verlagerung der Ausgaben auf das nächste Jahr dann lohnen, wenn Sie noch weitere Ausgaben erwarten oder leisten müssen. Andernfalls können Sie in beiden Jahren ohne Steuervorteil leer ausgehen und dafür als großzügiger Steuerzahler gelten, wenn Sie darauf unbedingt Wert legen sollten.

Wenn Sie Ihre außergewöhnlichen Belastungen über ein Darlehen oder den Dispositionskredit zum Girokonto (Überziehung) finanzieren müssen, können Sie die Zinsen dafür auch absetzen.

Weitere Beispiele: Suchtbekämpfungskosten (Alkohol, Drogen), Ehrenamtskosten soweit nicht freiwillig, Aufwendungen gegen Strafverfolgung und Beleidigungen, Schulfahrten für Transport von behindertem Kind, Aufwand für Unterhaltung von besonderen Kulturgütern, Wahlkampfkosten, Wasserschaden ohne Versicherungszahlung.

Außergewöhnliche Belastungen für Behinderte siehe Stichwort →Steuervorteile für Behinderte.

Extra-Tip

▶ Wenn Sie nicht mehr alle Belege vorlegen können, genügt oftmals auch die Glaubhaftmachung durch ähnliche Unterlagen oder eigene Erklärungen. Denken Sie auch an alle Nebenkosten, die in Zusammenhang mit dem Grund für die außergewöhnliche Belastung stehen. Es gibt viele hier nicht aufgeführte Beispiele. Dazu gehören auch die erweiterten Krankheitskosten, wie Umbaumaßnahmen besonderer Art, zusätzliche Krankenversicherungsbeiträge oder Reisekosten für Besuche in auswärtige Krankenhäuser. Überlegen Sie in Ruhe und scheuen Sie sich nicht, besondere und nicht alltägliche Aufwendungen geltend zu machen.

B

Bahntarife (Deutsche Bahn)

1. Um was geht es?

Wenn Sie von A nach B, also zum Beispiel von Aachen nach Berlin, kommen wollen, gibt es bekanntlich verschiedene Reisemöglichkeiten. Sie können zum Beispiel mit der Deutschen Bahn reisen. Dazu bietet die Bahn neben den Normaltarifen eine Vielzahl von Spartarifen an, mit denen auch ordentlich gespart werden kann.

2. Tips und Hinweise

2.1 Was kostet Bahnfahren im Normaltarif?

Das Preissystem der Deutschen Bahn orientiert sich immer noch an den Entfernungskilometern. Jeder Kilometer kostet ab dem 1. 4. 97 in der 2. Klasse 26,06 Pfennig (Ost: 24,25) ohne Zuschläge für besondere Züge (IC, ICE). Die 1. Klasse kostet ungefähr 50 % Aufpreis. Kleinkinder unter vier Jahre fahren kostenlos und Kinder von 4 bis 11 Jahre für den halben Normalpreis. Ab 12 Jahren ist der volle Preis zu zahlen.

Mit der Bahncard, die im Alter von 23 bis 59 Jahren 240 DM kostet, können Sie ein Jahr lang zum halben Normalpreis in der 2. Klasse reisen. Die Bahncard First (auch für die 1. Klasse) kostet 480 DM. Für verschiedene Altersgruppen gibt es noch spezielle Bahncards. Für Kinder und Jugendliche bis 17 Jahre kostet sie 60 DM. Für junge Leute bis 22 Jahre sowie Schüler und Studenten bis 26 Jahre sind 120 DM hinzulegen. Das gleiche gilt für Familien, wobei dann aber immer mindestens 1 Elternteil und 1 Kind reisen müssen, und für Ehepartner und für Senioren. Als Senioren zählen bei der Bahn Männer und Frauen ab 60 Jahre.

2.2 Wie und wo gibt es Auskünfte und Informationen?

Wenn Sie sich mit einer Reise und deren Kosten beschäftigen, sollten schon vorher die Informationen beginnen. Es ist zu klären, welche Strecke mit welchem Zug zu welchem Preis und zu welcher Zeit. Eine Antwort auf diese Fragen bieten die verschiedenen Auskunftssysteme. Es gibt entweder das dicke dunkelrote Kursbuch, das zum Nachschlagen nur Experten empfohlen werden kann, oder das elektronische Kursbuch auf CD-Rom oder Diskette (billiger) oder Informationen per Datendienste über PC oder die Auskunft in den Bahn-Verkaufsagenturen, den Reisebüros oder den Bahnschaltern am Bahnhof, wo es auch verschiedene Fahrplanbroschüren gibt.

Bequem ist auch die Nutzung der bundeseinheitlichen Rufnummer 1 94 19, unter der Sie mit dem nächsten Bahnhof höchstwahrscheinlich verbunden werden. Dieser telefonische Auskunft- und Bestelldienst ist aber leider nicht von überall nutzbar. Wenn es nicht klappen sollte, können Sie es mit der Vorwahl der nächsten Großstadt und dann der Rufnummer versuchen. Für die Beratung und Reservierung ist der Telefondienst jedenfalls das Angebot wert. Bis auf wenige Ausnahmen werden Sie dort bequem ohne viele Wege und gut bedient. Die Unterlagen müssen Sie dann nur am Schalter vor der Reise abholen.

2.3 Welche Spartarife gibt es im einzelnen als Angebote für jeden?

Gruppenermäßigungen	Sie sind abhängig von der Gruppengröße (ab 6 Personen) und der Reisezeit. Bis zu 65 % Ermäßigung.
Mitfahrersparpreis	Ab einer gewissen Entfernung können Mitfahrer hin und zurück zum halben Preis reisen; die mitnehmende Person zahlt voll. Bis 5 Personen plus 1 Kind. 2 Kinder von 4 bis 11 Jahren werden dabei als 1 Erwachsener gerechnet.
ICE-Supersparpreis	Für Fernreisen mit mindestens einem dazwischen liegenden Freitag oder Sonntag. Nicht möglich für Fahrten am Freitag, Sonntag und an bestimmten Hauptverkehrstagen. Gilt einen Monat und kostet 239 DM für die erste Person und 119 DM für Mitfahrer sowie 60 DM für Kinder.
Sparpreis	Gilt für Hinfahrt von Montag bis Freitag. Die Rückfahrt frühestens am darauffolgenden Samstag derselben Woche möglich. Bei Hinfahrt am Samstag oder Sonntag auch schon Rückfahrt am selben Tag möglich.

	Einen Monat gültig. Preis 209 DM für die erste Person, 105 DM für Mitfahrer und 53 DM für Kinder.
Guten-Abend-Ticket	Gilt immer nur an einem Abend zwischen 19.00 Uhr und 2.00 Uhr. Samstags ab 14.00 Uhr. Innerhalb dieser Zeit muß die Reise beendet sein oder es ist ein normales Anschlußticket zu lösen. Preis 59 DM (ICE 69 DM). Freitags und sonntags mit Aufpreis von 15 DM. Gilt nicht zu Weihnachten und Ostern.
Schönes-Wochenende-Ticket	Gilt von Samstag bis Montag 2.00 Uhr mit unbegrenzter Entfernung in allen Nahverkehrszügen. Kostet 35 DM für bis zu 5 Personen in der 2. Klasse.
Familienpaß	Der Paß ist kostenlos. Nur möglich, wenn mindestens drei Kinder, für die Kindergeld gezahlt wird, zum Haushalt gehören. Dann kostet die 2. Klasse den halben Preis, wenn mindestens zwei Familienmitglieder reisen.
Ferien-Ticket	Beliebig viele Fahrten in einer deutschen Ferien-Ticket-Region. Nur in Verbindung mit einem Ticket zum Ferienort von mindestens 199 DM oder 100 DM mit Bahncard. In der ersten Woche kostet das Ferienticket 40 DM, für die 2.–5. Person 20 DM und für Kinder von 4–11 Jahren 10 DM. Die Verlängerungswoche kostet den halben Preis.
Twen-Ticket	Für Jugendliche von 12–25 Jahren. Preis von 10 DM bis 203 DM. Dafür Preisermäßigung von 25% in der 2. Klasse in Deutschland. Im europäischen Ausland auch Ermäßigungen.
Interrail-Ticket	Für jugendliche Auslandsreisende bis 25 Jahre. Gilt für 15 Tage oder einen Monat. Bietet in bestimmten Tarifzonen Freifahrten. In Deutschland und auf Transitstrecken zum halben Normalpreis. Preise zwischen 380 DM (billigste Zone für 15 Tage) und 630 DM.

2.4 Weitere Hinweise

Flugreisende können ein Rail & Fly-Ticket buchen für die beliebige Bahnanreise zum Flughafen mit einem Pauschalpreis von 110 DM bis 300 km. Über 300 km dann 159 DM. Mitfahrer und Kinder noch günstigere Preise.

Das Nachlösen von Tickets im Zug kostet dann nichts, wenn die Automaten defekt, die Schalter zu oder überfüllt waren. Ansonsten 10 DM Aufpreis (mit Bahncard 5 DM).

Unbenutzte Fahrausweise können Sie vor dem ersten Geltungstag kostenlos zurückgeben. Allerdings nur bei der jeweiligen Verkaufsstelle. Woanders und danach wird ein Anteil von 11,80 DM einbehalten. Den IC-Zuschlag bekommen sie immer voll wieder, wenn Sie mit einem zuschlagsfreien Zug gereist sind.

Sitzplatzreservierungen in Fernzügen sind auch noch wenige Minuten vor der Abfahrt möglich. Kostet 3 DM für bis zu fünf Plätze, wenn Sie Ticket kaufen, sonst 9 DM.

Es werden auch Gepäckdienste mit dem Transport von Haus zu Haus angeboten. Pro Gepäckstück kostet dieser Service 28 DM. Für Sondergepäck und -strecken noch teurer. Wichtig ist eine rechtzeitige Beauftragung und ein genauer Abholtermin. Sollte etwas nicht klappen, können Sie sich auch bei der zentralen Kundenbetreuungsstelle, Stephensonstraße 1, 60326 Frankfurt/Main, beschweren und sich neben der Geld-zurück-Garantie auch auf sonstigen Auslagenersatz berufen.

Extra-Tip

> Mit der Bahncard können Sie auch Teile sogenannter Verbundstrecken im Nahverkehr benutzen, wenn die Strecken auch von der Deutschen Bahn befahren werden. Mit der Bahncard wird dabei eine Fahrkarte (zum halben Preis) bis zur nächsten Station außerhalb des Verbundnetzes gekauft. Obwohl Sie nicht die gesamte Strecke fahren, sondern tatsächlich auch nur den vorgesehenen Teil, ist der halbe Preis meistens billiger als der reguläre Preis für das Ticket im Verbundsystem.

Baufinanzierung (Wohneigentum)

1. Um was geht es?

Der Weg zum eigenen Haus oder zur Eigentumswohnung dürfte zur Zeit noch relativ billig sein.

Wenn Sie also Ihrem Vermieter nicht länger dessen Vermögensbildung finanzieren wollen, sollten Sie Ihre eigene Vermögensbildung mit Grund- und Wohnungseigentum beginnen. Dabei hilft Ihnen vielleicht auch noch der überschlägige Vergleich Ihres Mietaufwandes in 30 Jahren mit einer monatlichen Miete von derzeit 1000 DM und einer angenommenen Mietsteigerung von jährlich 4 % mit den Finanzierungskosten eines Hauses nach 30 Jahren bei einer Finanzierungssumme von 250 000 DM und einem Zinssatz von zum Beispiel 7,6 % und 1 % Tilgung. Bei wenigen Banken, insbesondere den Hypothekenbanken, können Sie bereits eine Zinsfestschreibung über die gesamte Laufzeit haben. Zinsbindungen für 10 Jahre und solche für 5 Jahre sind natürlich billiger.

Vergleichsbeispiel:

Mietaufwand

Anfangsmiete	Miete in 30 Jahren	Gesamt-mietaufwand
1000 DM	3240 DM	673 000 DM

Hausfinanzierungsaufwand

Anfangsrate	Rate in 30 Jahren	Gesamtfinan-zierungsaufwand
1790 DM*	1790 DM*	645 000 DM* ohne Berücksichtigung von Steuervergünstigungen etc.

* Diese Daten ändern sich natürlich je nach Ihrem Zinssatz.

Was ein eigenes Haus an besserer Wohn- und Lebensqualität bringt, können Sie sich leicht selbst ausmalen. Beispiele: Es gibt keine Kündigung und die Belastung bleibt gleich (siehe Vergleich) je nach Zinsbindungsdauer. Sie schaffen eigenes Vermögen und haben so nach Abzahlung ein gutes Polster für die Altersvorsorge.

2. Tips und Hinweise

2.1 Allgemeine Voraussetzungen

Für die eigenen vier Wände müssen Sie allerdings vorher investieren, und zwar Zeit, Arbeit und Nerven. Ihre ideale Baufinanzierung ist immer ein individuelles Modell. Diese Zusammenstellung ist nicht einfach und erfordert schon einige Mühe. Als Grundregeln sollten Sie folgendes beachten:

Zunächst sollte festgelegt werden, was sie wollen. Ob ein selbstgenutztes Familienheim oder ein Zweifamilienhaus oder eine Kombination von beiden. Wichtig ist auch, ob steuerliche Regelungen eine Rolle spielen sollen, wie z. B. bei einem Zweifamilienhaus. Es sollte auch berücksichtigt werden, ob die Immobilie zum Beispiel zum Beginn des Rentenalters abgezahlt sein soll. Schließlich kommt es auch auf die monatliche Belastung und mögliche Veränderungen an. Können zum Beispiel später höhere Abzahlungen geleistet werden.

Sodann geht es an die Ermittlung des Kreditbedarfs. Also die Ermittlung der Gesamtkosten unter Berücksichtigung Ihres Eigenkapitals.

2.2 Wie kann kostengünstig gebaut werden ?

Neben den Baukosten des Hauses oder dem Kaufpreis einer Immobilie fallen auch noch Nebenkosten an, die ebenfalls im Vorfeld sorgfältig zusammengestellt werden sollten. Während sich der Kaufpreis einer Immobilie nur verhandeln läßt, können Sie die Baukosten Ihres Hauses entscheidend beeinflussen. Wenn Sie kostengünstig bauen wollen oder müssen, sollten Sie auf einige sonst vielleicht übliche Dinge verzichten.

Sie sollten ernsthaft überlegen, ob unbedingt ein Keller erforderlich ist. Häufig reicht ein Abstellraum im Haus auch aus, wenn nicht unbedingt eine Kellergarage oder eine Ölzentralheizungsanlage vorhanden sein muß. Der Finanzierungsanteil für den Keller liegt etwa 300 DM monatlich über den Kosten einer Fundamentplatte.

Wichtig: Bei den Verbraucherberatungsstellen gibt es für 25 DM einen Ratgeber „Kostensparende Hausangebote". Darin finden Sie eine Marktübersicht zu Hausangeboten in Deutschland mit einem Preis von rund 2000 DM oder weniger je qm Wohnfläche. Diese Broschüre kann auch gegen einen Verrechnungsscheck über 25 DM plus 3 DM Porto bestellt werden beim AgV-Broschürenversand, Postfach 1116, 59930 Olsberg.

Weitere Kostenreduzierungsbeispiele:

Sie verzichten auf Extras, wie architektonische Gestaltungselemente oder sonstige „Spielereien". Ein Erker kostet zum Beispiel auch rund 10 000 DM.

- Informieren Sie sich zum Beispiel bei der Gemeindeverwaltung oder den Kirchenverwaltungen (Klosterkammer, Kirchenkreisamt), ob in Ihrem Bereich Grundstücke im Rahmen eines Erbbaurechts abgegeben werden. Sie zahlen dann nur einen Erbbauzins. Sie schaffen so zwar kein Grundvermögen, sparen aber die Finanzierungskosten für ein Grundstück.
- Planen Sie einen kompakten und typisierten Bau. Die Gestaltungsmöglichkeiten sind zwar eingeschränkt, jedoch lassen sich mit weniger architektonischen Ansprüchen bis zu 1000 DM je Quadratmeter sparen.
- Erkundigen Sie sich auch in Fachzeitschriften über Fertigbauhäuser. Es gibt viele Häuser mit z. b. um die 100 qm Wohnfläche schon für rd. 200 000 DM (also etwa 2000 DM je Quadratmeter) schlüsselfertig ab Oberkante Kellerdecke. Die Häuser werden erstellt in Holztafelbau- oder in Massivbauweise. Die Angebote sind sehr vielfältig. Zu fast jedem Haustyp können Sie sich die Stufen des Ausbaus aussuchen. Ob ausbaufertig, malerfertig, schlüsselfertig oder mit Ausbaupaket oder mit ausbaufähigem Dachgeschoß.
- Achten Sie bei der Grundrißgestaltung auf geringe Verkehrsflächen. Sie können auf 5 % der Wohnfläche reduziert werden. Wenn Sie dadurch 10 qm weniger Wohnfläche benötigen, sparen Sie so etwa 20 000 DM.
- Sie können auch auf eine zentrale Warmwasserversorgung verzichten und dafür Durchlauferhitzer an jeder benötigten Warmwasserstelle anbringen. Das ist sowohl bei dem Bau als auch in der Unterhaltung billiger.
- Wenn Sie den Hausbau selbst organisieren wollen, sollten Sie von den Architekten und für die Bauaufträge nicht nur zwei oder drei, sondern möglichst viele Angebote mit direkten Anschreiben an die Firmen und auch über Anzeigen in den Lokalzeitungen einholen. Mit den günstigsten Arbeiten lassen sich bis zu 30 % der Baukosten einsparen. Bei Ihnen unbekannten Firmen lassen Sie sich eine Bankbürgschaft vor einem Auftrag geben.

2.3 Mit welchen Nebenkosten ist zu rechnen?

Was ein Haus tatsächlich kostet, hängt auch vor allem von den Nebenkosten ab. Stellen Sie nie eine Finanzierungsplanung ohne diese Kosten auf. Überschlägig fallen etwa 10 % bis 20 % der reinen Kauf- oder Baukosten als Nebenkosten an.

2.4 Hypothekendarlehen

Mit der ersten Hypothek wird der größte Teil finanziert, soweit die Eigenmittel nicht ausreichen. In Zeiten mit einem Niedrigzins sollte die Dauer der Zinsbindung eher langfristig sein. Einige Hypothekenbanken bieten auch 20jährige Zinsbindungen an oder gar Zinsfestschreibungen für die gesamte Laufzeit. Wer ohne Zinsschwankungsrisiko für die nächsten 30 Jahre ganz sicher gehen will, sollte dann diese seltenere Alternative wählen. Sie wird jedoch von Sparkassen oder Geschäftsbanken kaum angeboten. Auch Verträge mit der Dauerzinsbindung können nach 10 Jahren jederzeit abgelöst oder gekündigt werden. Nur der Darlehensgeber ist an die Fristen gebunden.

Wie kaum in einem anderen Bereich lohnt sich ein Preisvergleich der Finanzierungsangebote. Es reicht dabei nicht aus, daß Sie sich nur an der Höhe von Monatsraten orientieren. Sie sollten von möglichst vielen Angeboten jeweils wenigstens den Effektivzins und die Restschuld am Ende der (gleichen) Zinsbindung vergleichen. Bei gleichem Auszahlungsbetrag und gleicher Rate bedeutet die niedrigste Restschuld am Zinsbindungsende das günstigste Angebot.

Zu den günstigsten Anbietern zählten nach Feststellungen von Fachzeitschriften bisher immer die berufsständischen Versorgungswerke der Ärzte. Diese Ärzteversicherungen finanzieren nicht nur für ihre Mitglieder, sondern grundsätzlich auch für alle „normalen" Menschen. Es ist allerdings etwas mehr Schreibarbeit und die eigene Besorgung eines Verkehrswertgutachtens erforderlich, da die ganze Sache fast ausschließlich schriftlich abgewickelt wird. In jedem Bundesland gibt es eine Ärzteversorgungskasse. Die Anschrift können Sie zum Beispiel über die Allgemeine Ortskrankenkasse erfahren. Die Anschrift der bundesweit tätigen Ärzteversorgungen Westfalen-Lippe und Niedersachsen finden Sie im Anhang. Das gleiche gilt für die Zusatzversorgungskasse des Baugewerbes.

Die Mühe mit den Angebotsvergleichen und den hartnäckigen Verhandlungen mit den Kreditinstituten ist eine äußerst rentable Arbeit. Für jeden halben Prozentpunkt beim Zinssatz sparen Sie bei einer Darlehenssumme von 200 000 DM über 10 Jahre immerhin etwa 10 000 DM.

Da die erste Hypothek oft nur bis zu einem bestimmten Beleihungswert von 60 % oder 80 % gewährt wird, ist eine Restfinanzierung mit einem etwas teueren Bankdarlehen erforderlich. Soweit möglich sollten Sie dessen Tilgung höher ansetzen, um es eher getilgt zu haben.

Wichtig bei einem variablen Zinssatz: Wenn Sie bereits ein Haus finanziert und dabei einen variablen Zinssatz für die Hypothekendarlehen vereinbart haben, sollten Sie die rechtzeitige Zinsanpassung, die in der letzten Zeit bis Ende 1996 fast immer eine Senkung war, überprüfen. Ihre Bank muß Zinssenkungen rechtzeitig an Sie weitergeben. Mit der folgenden Übersicht können Sie beispielhaft einige Zeiten überprüfen. Sie müssen dazu den Anfangsunterschied Ihres Nominalzinssatzes mit dem durchschnittlichen Effektivzinssatz nach der Bundesbankstatistik zum Anfangszeitpunkt vergleichen. Dieser Unterschiedswert sollte zu späteren Zeitpunkten in etwa gleich sein. Liegt der Wert später höher, ist also der Durchschnittszinssatz im Verhältnis noch geringer geworden, zahlen Sie eindeutig zuviel Zinsen. Fordern Sie dann eine Senkung Ihres Zinssatzes und die zuviel gezahlten Zinsen von Ihrer Bank zurück.

Übersicht der Durchschnittssätze nach der Bundesbankstatistik:

Zeitpunkt	Zinssatz – % –	Zeitpunkt	Zinssatz – % –
01/1992	10,21	12/1994	8,05
07/1992	10,23	01/1995	8,09
12/1992	9,71	07/1995	7,46
01/1993	9,51	12/1995	6,88
07/1993	8,77	01/1996	6,74
12/1993	7,75	07/1996	6,63
01/1994	7,65	12/1996	6,36
07/1994	7,68		

Wichtig: Die vorzeitige Rückzahlung eines Darlehens mit einer Zinsfestschreibung muß nach einer Grundsatzentscheidung des Bundesgerichtshofes vom 1. 7. 1997 (Az.: XI ZR 197/96) den Darlehensnehmern durch die Geldinstitute nunmehr unter erleichterten Voraussetzungen ermöglicht werden. Dafür darf auch nur eine angemessene Vorfälligkeitsentschädigung von der Bank oder Sparkasse gefordert werden. Früher scheiterten die vorzeitigen Rückzahlungen häufig an überzogenen Forderungen der Geldinstitute.

2.5 Langfristige Zinsbindung?

In Zeiten niedriger Zinsen sollten Sie eine Zinsbindungsfrist von 15 Jahren oder 20 Jahren überlegen. Für diese langfristigen Verträge sind nach Ablauf von 10 Jahren keine Vorfälligkeitsentschädigungen zu zahlen, die sonst bei einem Ausstieg bei Darlehn mit kürzerer Laufzeit fällig sind. Wenn die Zinsen also nach 10 Jahren bei einem langfristigen Vertrag noch günstiger geworden sind, können sie ohne weiteres die verbleibende Restsumme noch billiger finanzieren. Die Bank andererseits ist aber an die langfristige Vereinbarung gebunden.

2.6 Bausparverträge

Die zuteilungsreifen Bausparverträge sollten in voller Höhe eingesetzt und möglichst langsam getilgt werden, da sie zu den zinsgünstigsten Finanzierungsbausteinen gehören. Sondertilgungen lohnen daher nicht. Sie sind eher bei den Hypotheken angebracht oder zur Finanzierung von anderen Vorhaben zu verwenden.

Wichtig: Eine äußerst interessante Alternative ist das von einigen Bausparkassen angebotene neue Modell einer Sofortfinanzierung mit einem gleichbleibenden Effektivzinssatz. Während die früheren herkömmlichen Vorfinanzierungen unterschiedlich im Zins und in der Belastung gestaffelt waren, sind die neuen Angebote günstiger und über die gesamte Laufzeit von beispielsweise 15, 20 oder gar 29 Jahren mit einer gleichen monatlichen Belastung verbunden. Nach Feststellungen der Zeitschrift „Finanztest" (Heft 9/1997) ist das Angebot der Quelle Bausparkasse mit einem Effektivzinssatz von 6,08% über die gesamte Laufzeit von $20^1/_2$ Jahren konkurrenzlos günstig (Stand: Mitte Juli 1997). 100 000 DM kosten dabei bis zum Ende der Tilgung rund 700 DM monatlich. Mit einem Zinssatz von unter 7% gab es noch Angebote von der Debeka und der LBS Württemberg. Die Hypothekenbanken haben zu dem Zeitpunkt für 20jährige Zinsbindungen durchweg über 7% verlangt.

2.7 So könnte ein einfaches Finanzierungsbeispiel aussehen:

Kauf einer gebrauchten Immobilie für 300000 DM.

Finanzierung:

Art	Betrag
Eigenkapital	60000 DM
Hypothek (erstrangig mit 60% vom Gebäude-wert 250000 DM)	150000 DM
Bankdarlehen (nachrangig)	40000 DM
Bauspardarlehen	50000 DM

Monatliche Abzahlung:

Art	Betrag
Hypothek (10 Jahre fest, z.b. 7% Zins, 1% Tilgung)	1000 DM
Bankdarlehen (z.b. 8% Zins, 2% Tilgung)	333 DM
Bauspardarlehen (Tilgung 5 DM je Tausend Darlehenssumme)	250 DM
Insgesamt	1583 DM

abzüglich Bauförderung, hier Eigenheimzulage   208 DM
(Altbauzulage 2500 DM jährlich für 8 Jahre)
außerdem noch möglich Kinderzulage (jeweils 1500 DM pro Jahr x 8)

Weitere öffentliche Wohnungsbauförderung noch nicht berücksichtigt. Dazu siehe →Bauförderung.

Extra-Tips

▶ Verzichten Sie zumindest bei einem Eigenheim auf ein Disagio (oder Damnum), mit dem Sie für einen geringeren Zinssatz einen Auszahlungsabschlag bezahlen müssen. Nach Ablauf der Zinsbindung müssen Sie den Differenzbetrag wieder mit finanzieren. Außerdem gibt es dafür ab 1996 über die Vorkostenpauschale von 3500 DM hinaus keine steuerliche Absetzung mehr. Diese Pauschale wird vom Finanzamt bei der Eigenheimzulage auch ohne Nachweis berücksichtigt.

▶ Es gibt eine verhältnismäßig einfache Methode, die Preiswürdigkeit eines Hypothekendarlehens zu prüfen: Fragen Sie beim Informationsdienst für Bundeswertpapiere (Tel.: 069/747711) nach der Rendite für Bundeswertpapiere mit einer Laufzeit, die Ihrer gewünschten Zinsbindungsfrist entspricht. Diese Daten stehen teilweise auch im Wirtschaftsteil der Tageszeitungen. Wenn der Effektivzins des Ihnen angebotenen Darlehens weniger als 1 % höher als der Renditewert ist, haben Sie ein günstiges Angebot. Bei einer Überschreitung von nur 0,5 % liegt ein sehr günstiges Angebot vor. Der Durchschnitt liegt bei einem etwa 1 % höheren Wert.

▶ Viele Verbraucherzentralen (leider nicht in allen Bundesländern) bieten gegen eine relativ geringe Gebühr (um die 200 DM; in den neuen Bundesländern weniger) eine kompetente und spezielle Baufinanzierungsberatung an. Erkundigen Sie sich bei der nächsten Geschäftsstelle. Die Anschrift finden Sie im Telefonbuch. Außerdem gibt es dort auch Informationsmaterial (Bücher, Broschüren und Merkblätter) allgemein und zu Einzelthemen.

Bauförderung (Eigenheim)

1. Um was geht es?

Wer Wohneigentum schafft, wird dafür vom Staat belohnt. Die staatliche Förderung ist in den vergangenen Jahren unterschiedlich gewesen und mehrmals geändert worden. Nach der früheren 7b-Abschreibung gab es bis Ende 1995 die Förderung nach § 10e Einkommensteuergesetz und das Baukindergeld. Ab 1996 ersetzt das Eigenheimzulagengesetz die bisherige Förderung.

2. Tips und Hinweise

2.1 Was ist neu?

Nach den Erläuterungen des Bundesfinanzministers soll mit dem neuen Eigenheimzulagengesetz die steuerrechtliche Wohneigentumsförderung verbessert und vereinfacht werden. Ziel des Gesetzes sei auch eine verstärkte Förderung der Haushalte, die nach bisherigem Recht noch nicht bauen oder kaufen konnten. Vorrangig sei dabei auch die Förderung von Familien mit Kindern.

2.2 Kernpunkte der neuen Förderung sind:

- Basiszulage für Neubauten von höchstens 5000 DM und für Altbauten von 2500 DM jährlich. Sie kommt auch für den Ausbau oder die Erweiterung bestehender Wohnungen infrage.
- Erhöhung des Baukindergeldes auf 1500 DM jährlich.
- Förderung von heizenergiesparende Maßnahmen von höchstens 500 DM jährlich und von Neubauten als Niedrigenergiehäuser von 400 DM.

Sie können also zum Beispiel mit drei Kindern insgesamt 83 200 DM als staatliche Förderung für Ihr Eigenheim kassieren.

Bestand der bisherigen Einkommensgrenzen mit 240 000 DM für Alleinstehende und 480 000 DM für Verheiratete. Dabei gilt der Gesamtbetrag der Einkünfte im Jahr der Antragstellung und im vorangegangenen Jahr für den gesamten Zeitraum. Während des Bewilligungszeitraumes für die Eigenheimzulage erfolgt keine weitere Einkommensüberprüfung.

Pauschale für den Vorkostenabzug für Finanzierungskosten mit 3500 DM.

Der bisherige progressionsabhängige Vorkostenabzug für Reparaturkosten bei Erwerb von Altbauten bleibt in Höhe von maximal 22 500 DM.

Die Bausparförderung ist verbessert worden mit den Förderhöchstbeträgen von 1000 DM / 2000 DM (Alleinstehende/Verheiratete). Wegfall des Sonderausgabenabzuges für Bausparbeiträge. Siehe auch Stichwort → Bausparen.

Wichtig: Für Geschäftsanteile an Genossenschaften gibt es eine Rendite von fast 11 %.

Im einzelnen:
Der Erwerb von Geschäftsanteilen an Wohnungsbaugenossenschaften wird unter bestimmten Voraussetzungen mit jährlich 3 % (höchstens 2400 DM) der Einlage und einer Kinderzulage von je 500 DM gefördert. Die Einlage muß mindestens 10 000 DM betragen und wird zur Zeit nur für Genossenschaften gewährt, die nach dem 1.1.1995 in das Genossenschaftsregister eingetragen worden sind. Als Zulage wird aber insgesamt nicht mehr als die Einlage gezahlt. Bei 3 Kindern wäre die optimale Einlage ein Betrag von 15 800 DM. Dazu erhalten Sie jährlich knapp 2000 DM Zulage. Wenn Sie diese zinsbringend zu 5 % anlegen, haben Sie insgesamt eine Rendite von fast 11 % erreicht. Bei 2 Kindern liegt die optimale Einlage bei 10 500 DM. Ohne Kinder lohnt sich diese Anlageform unter Renditegesichtspunkten allerdings nicht.

Eine Finanzierung der Geschäftsanteile über Kredit rentiert sich nicht. Achten Sie auf die Vertragsgrundlagen und die Geschäftspraktiken. Nicht alle Unternehmen, die sich als Wohnungsgenossenschaften betätigen, sind seriös. Insbesondere sollten Sie aufmerksam und skeptisch sein, wenn die Verkäufe über einen aufwendigen Vertrieb organisiert sind. Diese Kosten finanzieren die Anleger immer mit.

Welche Wohnungsbaugenossenschaften infrage kommen und in Ihrer Nähe sind, erfahren Sie beim Gesamtverband der Wohnungswirtschaft Bismarckstraße 7 in Köln, Tel.: 02 21/57 98 90, oder den in Ihrem Telefonbuch verzeichneten Wohnungsbaugenossenschaften.

2.3 Wer ist anspruchsberechtigt und welche Einkommensgrenze gilt?

Anspruchsberechtigt ist der Eigentümer, der die Herstellungs- oder Anschaffungskosten der Wohnung getragen hat. Anschaffungsvorgänge zwischen Ehegatten gelten für die Förderung nicht. Auch wenn Sie eine Wohnung durch eine Schenkung, z. B. als sog. vorweggenommene Erbfolge, erhalten haben, gibt es keine Förderung.

Die Berechtigung ist zudem an eine Einkommensgrenze gebunden, die aber nur einmal zu Beginn der Förderung geprüft wird. Ehegatten dürfen nicht mehr als 480 000 DM und Alleinstehende nicht mehr als 240 000 DM Einkommen haben. Dafür gilt das Jahr der Fertigstellung oder des Kaufs und das Vorjahr. Haben Sie im

sog. Erstjahr geheiratet – waren also im Vorjahr noch ledig –, gilt
die Obergrenze von 480000 DM. Wird die Einkommensgrenze in
späteren Förderjahren überschritten, ist dies unschädlich. Es gibt
also eine bessere Finanzierungssicherheit. Wenn Sie erst später unter
die Grenze rutschen, können Sie noch die Förderung für die restliche Zeit beanspruchen.

2.4 Was wird gefördert?

Die Förderung gibt es für inländische und zu eigenen Wohnzwecken
genutzte Wohnungen. Dabei ist es egal, ob Einfamilienhaus oder
Wohnung im Mehrfamilienhaus. Für Ferien- oder Wochenendwoh-
nungen ist eine Förderung nicht vorgesehen. Als begünstigtes Objekt zählt auch der Ausbau oder die Erweiterung einer Wohnung zu
eigenen Wohnzwecken, wenn tatsächlich neuer Wohnraum geschaffen worden ist. Die nachträgliche Errichtung einer Garage, auch
wenn Sie darin mal übernachtet haben sollten, fällt nicht darunter.
Der Ausbau eines Dachgeschosses oder von Kellerräumen zu Wohn-
räumen wird aber begünstigt.

Wichtig: Eine Förderung ist aber nur für jeden einmal in seinem
Leben möglich. Diese Regelung heißt Objektverbrauch. Wenn also
früher schon die Förderung nach § 7b EStG bzw. § 15 Berlinförde-
rungsgesetz oder § 10e EStG beansprucht worden ist, gibt es keine
Eigenheimzulage mehr. Das gilt auch für nur teilweise oder zeit-
weise frühere Förderungen. Eheleute können die Förderungen für
insgesamt zwei Wohnungen erhalten.

2.5 Welche Förderbeträge gibt es?

Nach dem bisherigen § 10e EStG konnten und können noch
Beträge für Bau oder Kauf bis 31. 12. 1995 für 8 Jahre vom zu versteuernden Einkommen als Förderung abgesetzt werden.
   Die Bauherren und Käufer selbstgenutzter Wohnungen ab 1.1.
1996 können als Eigenheimzulage folgende Summen maximal
erhalten:

Eigenheimzulage:

Art	Altbau	Neubau
Basisförderung		
0 Kind	20 000 DM	40 000 DM
1 Kind	32 000 DM	52 000 DM
2 Kinder	44 000 DM	64 000 DM
3 Kinder	56 000 DM	76 000 DM
Zusatzförderung		
Öko-Zulage	4 000 DM	4 000 DM
Niedrigenergiehaus	0 DM	3 200 DM
Steuerabsetzung vor Bezug:		
Pauschale für Finanzierungskosten	3 500 DM	3 500 DM
Reparatur- und Renovierungskosten	22 500 DM	22 500 DM

Der Förderungszeitraum beträgt auch weiterhin 8 Jahre. Die Reparaturkosten vor dem Einzug dürfen 15 % der Anschaffungskosten (ohne Grund und Boden) nicht überschreiten. Sonst rechnen sie zu den Anschaffungskosten, für die wiederum die Höchstbeträge gelten. Der Fördergrundbetrag ist bei Altbauten mit 2,5 % der Anschaffungskosten, höchstens 2500 DM, und bei Neubauten mit 5 % der Herstellungskosten, höchstens 5000 DM, festgesetzt worden.

2.6 Wie ist das mit der öffentlichen Wohnungsbauförderung?

Nach dem Wohnungsbauförderungsgesetz werden vor allem Familien mit Kindern, Schwerbehinderte und junge Familien mit geringem Einkommen begünstigt. Die Mittel werden als Darlehen oder Zuschüsse vergeben, auf die kein Rechtsanspruch besteht. Die Regelungen sind von Bundesland zu Bundesland unterschiedlich. Die Förderprogramme der Länder richten sich auch nach deren finanziellen Möglichkeiten. Diese Mittel sind aber immer äußerst preiswerte Baufinanzierungsanteile, so daß vorrangig die jeweiligen Voraussetzungen geklärt werden sollten. Fragen Sie zunächst bei der zuständigen Baubehörde Ihrer Gemeinde- oder Kreisverwaltung nach. Auch die Kreditinstitute können die jeweiligen Regelungen kennen. Siehe auch Stichwort →Sozialer Wohnungsbau.

Für Modernisierungs- und Instandsetzungsmaßnahmen gibt es finanzielle Hilfen der Länder und des Bundes. Zu den Landesprogrammen erhalten Sie weitere Informationen bei Ihrer Stadt oder Kreisverwaltung. Über die Maßnahmen des Bundes, insbesondere über das KfW-Programm zur CO2-Minderung in den alten Bundesländern und das KfW-Wohnraum-Modernisierungsprogramm in den neuen Bundesländern erfahren Sie weitere Einzelheiten bei der Kreditanstalt für Wiederaufbau, Palmengarten 5–9, 60325 Frankfurt, Tel: 069/74310. Anträge können Sie auch an jedes Kreditinstitut oder jede Bausparkasse richten. Diese verwenden das Antragsformular KfW 141660.

2.7 Wie wird die neue Eigenheimzulage gewährt?

Die Förderung wird nicht mehr im Rahmen der Steuererklärung abgewickelt, sondern mit einem eigenen Antragsverfahren beim Finanzamt. Das Finanzamt setzt die Zulage für den gesamten Förderzeitraum fest und zahlt die Zulage innerhalb eines Monats nach Bescheiderteilung und dann jeweils zum 15. März des Jahres. Ändern sich die Fördervoraussetzungen, weil zum Beispiel ein Kind auszieht, gibt es einen neuen Bescheid.

Extra-Tips

▶ Achten Sie beim Neubau auf einen ausreichenden Wärmeschutz. Erfüllt Ihr Häuschen die Voraussetzungen eines Niedrigenergiehauses (z.B. Außenwand mit k-Wert von 0,25 W/qmK und Wärmeschutzglas mit k-Wert 1,3 W/qmK) erhalten Sie eine Förderung von 3200 DM. Möglicherweise gibt es auch noch zusätzliche Fördermittel von Ihrem Bundesland.

▶ Wenn Sie ein Haus oder eine Wohnung noch bis zum Ende des zweiten Jahres nach Fertigstellung kaufen, gilt die Immobilie als Neubau mit der höheren Förderung.

▶ Wenn Sie die Mietwohnung, in der Sie leben, kaufen sollten, können Sie die steuerlich absetzbaren sonst nur vor Einzug angefallenen Reparatur- und Renovierungskosten auch noch bis zum Ende des Jahres berücksichtigen, das auf den Kauf folgt.

▶ In den neuen Bundesländern wird der Eigenheimerwerb zusätzlich durch ein vom Bund gefördertes Bürgschaftsprogramm unterstützt. Für Bauwillige ohne genügendes Eigenkapital oder ausreichende Sicherheiten werden von den Ländern Bürgschaften gegenüber den Kreditinstituten bis 20 % der Anschaffungs- oder Herstellungskosten erklärt. So können zu günstigeren Konditionen nachrangige Darlehen aufgenommen werden.

▶ Für den Bau von Mietwohnungen in den neuen Bundesländern gibt es ab 1999 eine Investitionszulage von Bonn in Höhe von 10% und höchstens bis 4000 DM je qm. Sie wird nur für Wohnungen in Innenstädten gezahlt. Für Altbausanierungen erhalten Selbstnutzer 15% bis höchstens 40000 DM und Vermieter höchstens 1200 DM je qm. Mit dieser Förderung wird die wegfallende Sonderabschreibung ersetzt.

▶ Weitere Informationen zu den staatlichen Hilfen gibt die kostenlose Broschüre „Der Weg zur eigenen Wohnung" des Bundesbauministeriums, Deichmanns Aue, 53179 Bonn-Bad Godesberg.

Bausparen

1. Um was geht es?

Bausparen ist vor etwa 200 Jahren als eine Einrichtung der Selbsthilfe oder Nachbarschaftshilfe für Bauwillige entdeckt worden. Von den früheren Elementen ist nur noch wenig übrig geblieben. In Deutschland sind um 1930 viele Bausparkassen gegründet worden. Die Ursprungsidee an sich gilt aber heute auch noch: Die Bausparer bilden eine Gemeinschaft, deren Mitglieder sich gegenseitig beim Bauen (oder Kaufen) von Wohneigentum helfen wollen. Durch regelmäßige Sparbeiträge in die Gemeinschaftskasse wird ein Anspruch auf ein zinsgünstiges Bauspardarlehen erworben, das zu einem bestimmten Zeitpunkt als Summe aus Guthaben und dem Darlehensbetrag ausgezahlt wird.

Das an sich einfache Prinzip ist in der Praxis aber kaum durchschaubar. Die einzelnen Bedingungen der Bausparverträge mit ihren

Tarifarten (Standard, Schnell, Langzeit) sind mit ihren manchmal bis zu 200 Varianten je Bausparkasse unübersichtlich und selbst für Profis ist es schwierig, den idealen Bausparvertrag auszuwählen.

2. Tips und Hinweise

2.1 Wann lohnt sich Bausparen als reine Geldanlage?

Beim Bausparen kommt es insbesondere auf den Zweck des Sparens an. Nicht alle wollen billiges Baugeld haben, sondern legen ihr Geld bei der Bausparkasse allein aus Renditegründen an.

Wenn Sie keine Eigenheimpläne haben, sondern Ihr Geld anlegen und die Prämien mitnehmen wollen, sollten Sie einen Tarif mit möglichst hoher Guthabenverzinsung wählen. Nach den derzeitigen Regelungen zur Wohnungsbauprämie und zur Sparzulage sollte die Bausparsumme bei Alleinstehenden für die Wohnungsbauprämie nicht über 9000 DM (mit Sparzulage 16000 DM) und bei Verheirateten nicht über 17000 DM (mit Sparzulage 26000 DM bzw. bei Doppelverdienern dann 34000 DM) liegen.

Als Geldanleger sollten Sie also die Bausparsumme auf die maximal geförderte Sparleistung abstimmen. Dann haben Sie eine im Vergleich zu anderen Sparmöglichkeiten durchaus lohnende Rendite von über 6%. Allerdings eben nur in Höhe der entsprechenden Sparsummen. Am Beispiel eines Ehepaares mit einem Verdiener werden bei einer monatlichen Sparrate von 167 DM für die Wohnungsbauprämie und von 78 DM für die Sparzulage, also von zusammen 245 DM, bei einem Bausparvertrag über 26000 DM nach sieben Jahren rd. 25800 DM Sparguthaben erreicht.

2.2 Wohnungsbauprämie und Sparzulage

Die Wohnungsbauprämie beträgt immerhin 10% des Sparbeitrages, der aber begrenzt ist auf 1000 DM (ledig) bzw. 2000 DM (verheiratet). Daneben gibt es ebenfalls eine zehnprozentige Sparzulage bis zu einer Sparleistung von 936 DM pro Jahr. Die Zulagen werden aber nicht zusammen auf eine Sparsumme gezahlt, sondern nur einzeln. Sie müssen also neben einem Sparvertrag über 936 DM weitere 2000 DM (bzw. 1000 DM) in einen Bausparvertrag investieren.

Es können aber nicht alle von den Prämien profitieren. Für die Sparzulage gilt zur Zeit noch ein zu versteuerndes Einkommen von

54000 DM (Ehepaare) bzw. 27000 DM (Ledige) als Höchstbetrag.
Für die Wohnungsbauprämie sind die Einkommensgrenzen höher
festgelegt worden:

Familienstand	Zahl der Kinder	Bruttoarbeitslohn – DM –
Alleinstehend	0	55996
	1	65224
	2	68836
Ehepaar (1 Verdiener)	0	110046
	1	116310
	2	122574
Ehepaar (2 Verdiener)	0	112046
	1	118310
	2	124574

Bei weiteren Kindern erhöht sich die Einkommensgrenze bei Ehepaaren um 6264 DM. Das gilt mit abweichenden Beträgen auch bei
Alleinerziehenden.

Wichtig: Die Prämien kommen nicht von selbst. Sie müssen bis zum
30. September des Jahres beim Finanzamt beantragt werden. Der
erste Antrag muß spätestens zwei Jahre nach Beginn des Bauspar-
vertrages gestellt werden. Die Prämie wird jährlich festgesetzt und
mit Zuteilung des Vertrages ausgezahlt.

2.3 Welche Voraussetzungen sind für Bauwillige zu beachten?

Für Bausparer mit mittelfristigen Bauplänen eignet sich am besten
der herkömmliche Standardtarif mit den Regelzinsen von 3 % für
Guthaben und 5 % für Darlehen. Es müssen monatlich zwischen
0,4 % bis 0,5 % der Bausparsumme angespart und zwischen 0,5 %
bis 0,6 % getilgt werden. Die Abschlußgebühr beträgt im Regelfall
1 % der Bausparsumme. Das Darlehen ist bei dieser Variante nach
8 bis 9 Jahren zurückgezahlt.
Der Niedrigzinstarif mit jeweils 0,5 % Zinsen weniger lohnt für
Sparer, die längerfristig planen und dann billiges Baugeld haben
wollen. Der Effektivzins für das Bauspardarlehen beträgt dann nur
5,37 %.
Soweit die späteren Absichten heute noch ungewiß sind, können
Sie auch Wahltarife nehmen, bei denen noch während der Vertrags-

zeit die Zins- und Tilgungsvarianten gewählt werden dürfen. Dieses Entgegenkommen kostet aber Geld. Meist eine höhere Ansparsumme und eine höhere Abschlußgebühr von 1,6 % (statt 1 %). Auch wird nicht immer die Abschlußgebühr bei Darlehensverzicht erstattet.

2.4 Welches ist die beste Strategie für ein Bauspardarlehen?

Entscheiden Sie zunächst im Rahmen Ihrer Gesamtbaufinanzierung, wie hoch der Tilgungsbeitrag für das anteilige Bauspardarlehen sein soll. Daran richten Sie den Bausparvertrag aus. Lassen sie von der Bausparkasse den aktuellen Guthabenstand und das Mindestguthaben sowie die aktuelle Bewertungszahl und die zu erreichende Zielbewertungszahl feststellen. Mit diesen Daten soll Ihnen dann die Bausparkasse sagen, wann und wie die Zuteilungsvoraussetzungen möglichst knapp erreicht werden und welche Maßnahmen gegebenenfalls dafür noch erforderlich sind. Das können zum Beispiel eine Erhöhung der Bausparsumme oder eine Soforteinzahlung oder eine Herabsetzung sein. Die Zuteilungsvoraussetzungen sind optimal erfüllt, wenn Mindestguthaben und Zielbewertungszahl fast erreicht sind.

Nach Erreichen des Mindestguthabens sollten Sie keine weiteren Einzahlungen auf das Bausparkonto leisten. Jeder Pfennig über dem Mindestguthaben verringert das zinsgünstige Darlehen.

2.5 Kurzübersicht zu den Tarifarten

- Standardtarif: Geeignet für Bauvorhaben in 7 bis 8 Jahren.
- Schnellspartarif: Schnelle Finanzierung in begrenzter Höhe, z.B. für Ausbauten.
- Langzeittarif: Geeignet für Ausnutzung der Sparförderung. Auch Wahltarif mit höheren Guthabenzinsen.

2.6 Besonders günstige Bausparkassen

Nach einer Modellrechnung der Zeitschrift „Finanztest" (Heft 5/97) für ein Bau- oder Kaufvorhaben in 7 Jahren liegt der Unterschied zwischen dem besten und dem schlechtesten Ergebnis der geprüften Bausparkassen bei der Dauer bis zur Schuldenfreiheit nach Ansparung und Tilgung bei immerhin 11 Monaten. Bei gleichen Ausgangsvoraussetzungen sind also im schlechtesten Fall zusätzliche Zinsen für 11 Monate zu zahlen. An dem Vergleich haben aber nicht alle angeschriebenen Bausparkassen teilgenommen.

Die folgenden Bausparkassen waren bei allen drei Finanzierungsbeispielen von „Finanztest" jeweils unter den 10 günstigsten Bausparkassen gemessen an der Gesamtlaufzeit der Finanzierung: BHW Allgemeine, mh Bausparkasse, Schwäbisch Hall, Badenia, Alte Leipziger, Iduna, Heimstatt, LBS Berlin, Wüstenrot.

Extra-Tips

▶ Beim Bausparen als Geldanlage sollten Sie darauf achten, daß die Abschlußgebühr bei Darlehensverzicht erstattet wird. Die volle Erstattung gibt es aber meist nur bei zugeteilten Verträgen. Kündigen Sie den Vertrag nicht vor Ablauf der Sperrfrist, da sonst die Sparförderung (Wohnungsbauprämie/Sparzulage) verloren ist.

▶ Beim Bausparen als Geldanlage sollten Sie die Sparleistung nicht monatlich, sondern kurz vorm Jahresende einzahlen, wenn Ihnen die Bausparkasse genau gesagt hat, was sie noch einzahlen müssen, um die Höchstförderung zu erhalten.

▶ Lassen Sie sich nicht zu einem bestimmten Stichtag schnell zu einem Bausparvertrag überreden. Stichtage wie den 31. März oder 30. September können Sie vergessen, denn sie bringen keine nennenswerten Vorteile. Der 31. Dezember ist aber jeweils als Stichtag für die Sparförderung des Jahres zu beachten. Wenn bis zu diesem Termin noch eingezahlt wird, kann der volle Jahresförderbetrag unter Berücksichtigung der Einkommensgrenzen beansprucht werden.

▶ Auch Personen, die das 16. Lebensjahr vollendet haben, sind anspruchsberechtigt und können die Vorteile der staatlichen Bausparförderung nutzen. Innerhalb einer Familie können so auch Verträge prämienwirksam verteilt werden, weil die Kinder häufig die Einkommensgrenzen nicht überschreiten.

Behindertenrechte

1. Um was geht es?

Nach dem gesetzlichen Auftrag soll der Staat – also die Gesellschaft – den Menschen mit Behinderungen eine volle Teilhabe am Leben in der Gemeinschaft sichern und Hilfe zu einem selbstbestimmten Leben bieten. Dazu ist auch in unserer Verfassung, dem Grundgesetz, ein Benachteiligungsverbot durch eine Erweiterung des Art. 3 Abs. 3 um den Satz „Niemand darf wegen seiner Behinderung benachteiligt werden" mit Wirkung vom 15. 11. 1994 aufgenommen worden.

Unter Menschen mit Behinderungen sind dabei Personen zu verstehen, bei denen ein gesundheitlicher Schaden zu funktionellen Einschränkungen führt und diese Einschränkungen soziale Beeinträchtigungen zur Folge haben.

2. Tips und Hinweise

ABC der Vergünstigungen

Altersrente für Schwerbehinderte:

Behinderte mit einem Grad der Behinderung von mindestens 50 erhalten auf Antrag vorzeitig die Altersrente, wenn sie das 60. Lebensjahr vollendet und die Wartezeit von 35 Jahren erfüllt haben und vor Vollendung des 65. Lebensjahres die Hinzuverdienstgrenzen einhalten.

Arbeitssuche, Arbeitsaufnahme:

Nach den Bestimmungen des Arbeitsförderungsgesetzes werden Ihnen, soweit sie in dem vorher genannten Sinne eine Behinderung haben, verschiedene Hilfen für die Aufnahme einer - Arbeit oder Ausbildung gewährt. Dazu gehören u.a. Bewerbungs-, Reise-, Fahrt- und Umzugskosten, Überbrückungsbeihilfe, Aufwendungen für Führerschein und Beförderungsmittel, Arbeitsausrüstung, Arbeitshilfen, Verdienstausfall, Aufwendungen für Wohnung und Haushaltshilfe. Zuständig sind die Arbeitsämter.

Ausweis für Schwerbehinderte:
Als Behinderter erhalten Sie auf Antrag vom zuständigen Versor-
gungsamt einen Ausweis über Ihre Eigenschaft als Schwerbehinderter mit dem Grad der Behinderung (GdB) und weiteren
gesundheitlichen Merkmalen. Der Behinderungsgrad muß mindestens 50 betragen. Der Ausweis dient zur Wahrnehmung der
Rechte und dem Nachweis für Vergünstigungen, wie z.b. der
unentgeltlichen Beförderung im öffentlichen Personennahverkehr.

Befreiung von Zuzahlungen:
Neben den für alle geltenden Einkommensgrenzen für die Befreiung von Zuzahlungen in der gesetzlichen Krankenversicherung ist
zu beachten, daß die Grundrenten nach dem Bundesversorgungsgesetz sowie Renten oder Beihilfen nach dem Bundesentschädi-
gungsgesetz nicht als Einnahmen zählen. Siehe auch Stichwort
→Zuzahlungen.

Begleitende Hilfe im Arbeitsleben:
Durch die Hauptfürsorgestellen wird Schwerbehinderten diese
Hilfe gewährt, unter der alle Maßnahmen und Leistungen zu verstehen sind, die über medizinische und berufliche Rehabilitation
hinaus erforderlich sind, um Schwerbehinderten einen angemessenen Arbeitsplatz zu sichern. Diese Aufgabe wird insbesondere
durch eine intensive persönliche Betreuungsarbeit des Sozialbera-
tungdienstes im Rahmen von Betriebs- und Hausbesuchen erfüllt.
Die begleitende Hilfe umfaßt auch die psychosoziale Betreuung,
soweit Sie im Arbeitsleben stehen. Die Anschrift Ihrer Hauptfürsorgestelle (z.B. dem Landesamt für Zentrale Soziale Aufgaben)
erfahren Sie bei der Gemeinde- oder Kreisverwaltung.

Begleitpersonen:
Die Begleitpersonen von Behinderten werden bei Fahrten mit der
Deutschen Bahn AG und im übrigen öffentlichen Nah- und Fern-
verkehr sowie im innerdeutschen Flugverkehr kostenlos befördert,
wenn die Notwendigkeit ständiger Begleitung durch das Merkzeichen „B" im Ausweis mit orangefarbenem Flächenaufdruck bestätigt wurde. Unentgeltlich befördert wird auch das Reisegepäck.

Berufsausbildung jugendlicher Behinderter:
Wenn Sie in einem anerkannten Ausbildungsberuf an einer blin-
dentechnischen Grundausbildung, an Förderungslehrgängen zur
Erlangung der Ausbildungs- bzw. Berufsreife sowie an Maßnah-

men im Eingangsverfahren und im Arbeitstrainingsbereich von Werkstätten für Behinderte teilnehmen, haben Sie beim Arbeitsamt ein Anspruch auf ein Ausbildungsgeld sowie die Übernahme weiterer Kosten.

Berufliche Umschulung:
Wenn Sie aufgrund der Behinderung Ihren alten Beruf nicht mehr ausüben können, erhalten Sie berufsfördernde Bildungsmaßnahmen, vor allem Umschulungen und Fortbildungen. Die Maßnahmen werden häufig in Berufsförderungswerken durchgeführt und dauern je nach Ausbildung zwischen 18 bis 24 Monate. Für die Dauer der Maßnahme bekommen Sie ein Übergangsgeld und außerdem die üblichen Nebenkosten (Lernmittel, Fahrkosten etc.) vom zuständigen Rehabilitationsträger, der je nach Ursache der Behinderung die Krankenkasse, die Berufsgenossenschaft, die Rentenversicherung, das Arbeitsamt, die Hauptfürsorgestelle oder das Sozialamt sein kann.

Eingliederungshilfe für Behinderte:
Siehe Stichwort →Eingliederungshilfe.

Eintrittspreise:
Gegen Vorlage des Schwerbehindertenausweises räumen viele öffentliche und private Unternehmen auf Eintrittspreise für Veranstaltungen oder auf Teilnahmegebühren Ermäßigungen ein. Vergessen Sie Ihren Ausweis nicht.

Fahrdienste für Behinderte:
In vielen Städten und Kreisen stehen für Körperbehinderte, denen die Nutzung öffentlicher Verkehrsmittel nicht zuzumuten ist, spezielle Fahrdienste zur Verfügung. Die Fahrdienste verfügen über Spezialfahrzeuge und sollen zum Beispiel den Besuch von Freunden, Verwandten oder beliebigen Veranstaltungen ermöglichen. Für den Kostenbeitrag gibt es oft einen Zuschuß vom Sozialamt. Erkundigen Sie sich also dort und auch über die Anschriften der Fahrdienste.

Familienentlastende Dienste:
Durch diese Dienste sollen Angehörige von behinderten Kindern oder Jugendlichen entlastet werden. Die Dienste führen eine ambulante Betreuung und Pflege im Haushalt durch. Während dieser Zeit können die Angehörigen andere Angelegenheiten erle-

digen, z. B. Wochenendurlaub, Kinobesuche oder Teilnahme an Veranstaltungen. Auch diese Kosten werden häufig vom Sozialamt bei einer geringeren Eigenbeteiligung übernommen. Träger dieser Dienste sind oft Einrichtungen der Lebenshilfe oder Werkstätten für Behinderte.

Früherkennung und Frühförderung:
Bei diesen Hilfen für behinderte oder von Behinderung bedrohten Kindern kommt den Frühförderstellen und Sozialpädiatrischen Zentren eine besondere Bedeutung zu. Sie werden in Zusammenarbeit mit den niedergelassenen Ärzten ambulant tätig und führen die Diagnostik von Behinderungen, die Erarbeitung von Therapieplänen und die Kontrolle von Behandlungserfolgen durch. Dabei wird krankengymnastisch und heilpädagogisch behandelt. Die Kosten tragen die Krankenkassen und die Sozialämter, mit denen die Dienste zum Teil Behandlungsentgelte vereinbaren.

Gleichstellung:
Behinderte, die einen Behinderungsgrad von weniger als 50 aber wenigstens 30 haben, werden auf Antrag den Schwerbehinderten gleichgestellt und haben damit die gleiche Rechtsstellung wie Schwerbehinderte zum Beispiel im Arbeitsleben. Allerdings nicht beim Zusatzurlaub, beim öffentlichen Nahverkehr und bei der flexiblen Altersrente. Vorteile gibt es aber insbesondere beim Kündigungsschutz. Zuständig für die Feststellung ist das Arbeitsamt.

Kindergeld:
Diese Leistung gibt es für Kinder, die wegen einer Behinderung außerstande sind, sich selbst zu unterhalten auch über das 27. Lebensjahr hinaus ohne Altersbegrenzung. Die Behinderung und die Unfähigkeit, sich selbst zu unterhalten, müssen aber schon vor dem 27. Lebensjahr vorgelegen haben. Eigene Einkünfte des Kindes bis 12 000 DM jährlich bleiben unberücksichtigt. Liegt das Einkommen darüber, gibt es kein Kindergeld oder keinen Kinderfreibetrag mehr, so daß bei einer geringfügigen Überschreitung Absetzungsmöglichkeiten von Werbungskosten oder außergewöhnlichen Belastungen ausgenutzt werden sollten.

Kraftfahrzeughilfe:
Wenn Sie als Behinderter wegen der Art und Schwere ihrer Behinderung zur Erreichung des Arbeitsplatzes auf die Benutzung eines Kraftfahrzeuges angewiesen sind, können Sie Finanzierungshilfen

erhalten. Neben einem Zuschuß oder einem Darlehen für die Anschaffung gibt es auch Leistungen für die behindertengerechte Zusatzausstattung oder die Kosten für die Fahrerlaubnis. Zuständig sind die Rehabilitationsträger (siehe berufliche Umschulung). Diese Leistungen müssen vor Abschluß eines Kaufvertrages und vor der Anschaffung einer behinderungsbedingten Zusatzausstattung beantragt werden.

Kraftfahrzeugsteuer:
Siehe Stichwort →Steuervorteile für Behinderte.

Kündigungsschutz:
Für Schwerbehinderte gibt es einen besonderen Kündigungsschutz. Ordentliche und außerordentliche (fristgerechte und fristlose) Kündigungen durch den Arbeitgeber bedürfen der vorherigen Zustimmung der Hauptfürsorgestelle, die in einem besonderen Verfahren unter Berücksichtigung der jeweiligen Möglichkeiten die Voraussetzungen prüft. Ohne Zustimmung kann keine Kündigung ausgesprochen werden. Der Kündigungsschutz gilt auch für Gleichgestellte.

Parkerleichterungen:
Sollten Sie in Ihrem Schwerbehindertenausweis das Merkzeichen „aG" haben, können Sie mit einem Parkausweis als Ausnahmegenehmigung an vielen Stellen und in vielen Bereichen mit bestimmten Verkehrsbeschränkungen dennoch parken, soweit in zumutbarer Entfernung keine andere Parkmöglichkeit besteht. Dazu gehört auch das kostenlose und unbefristete Parken an Parkuhren und Parkscheinautomaten. Daneben gibt es für Behinderte ein einheitliches Parkschild, womit die mit Rollstuhlfahrersymbol beschilderten Parkflächen genutzt werden dürfen. Besitzen Behinderte selbst keine Fahrerlaubnis, kann ihnen die Sondergenehmigung für den jeweiligen Fahrer erteilt werden. Diese Regelungen gelten auch für Blinde. Zuständig sind die Kreisverwaltungen und größeren Städte.

Pflegeversicherung:
Siehe Stichwort →Pflegeversicherung

Rundfunk- und Fernsehgebührenbefreiung:
Eine Befreiung wird gewährt, wenn in dem Ausweis das Merkzeichen „RF" eingetragen ist, und zwar ohne Rücksicht auf Ein-

kommen und Vermögen. Liegen bei Ihnen die gesundheitlichen Voraussetzungen für die Gebührenbefreiung nicht vor, können sie diese dennoch erhalten, wenn das Einkommen nicht zu hoch ist. Anträge sind beim Sozialamt zu stellen.

Steuervergünstigungen:
Siehe unter dem Stichwort →Steuervorteile für Behinderte und unter dem Stichwort →Fahrtkosten.

Telefonsozialtarif:
Wenn Sie bereits die Voraussetzungen für eine →Rundfunkgebührenbefreiung erfüllen, besteht auch ein Anspruch auf Ermäßigung der Telefon-Grundentgelte. Die Anträge werden von den Sozialämtern nach Bescheinigung der Voraussetzungen an die Bezirksniederlassungen der Deutschen Telekom weitergegeben.

Unentgeltliche Beförderung im öffentlichen Personennahverkehr:
Als Behinderter mit dem Merkzeichen „G" im Ausweis oder als hilflose oder gehörlose Person haben Sie Anspruch auf eine unentgeltliche Beförderung im Nahverkehr. Der Ausweis muß dafür mit einer gültigen Wertmarke versehen sein, die für ein Jahr 120 DM (60 DM für ein halbes Jahr) kostet. An blinde und einkommensschwache Behinderte sowie Schwerkriegsbeschädigte wird die Marke kostenlos abgegeben.

Für Fahrten mit der Deutschen Bahn gibt es ebenfalls Vergünstigungen für Schwerbehinderte. Das gilt zum Teil auch für die Fluggesellschaften. Fragen Sie nach.

Wohngeld:
Bei der Berechnung des Wohngeldes werden vom maßgebenden Einkommen besondere Freibeträge abgesetzt, und zwar in Höhe von 2400 oder 3000 DM jährlich, je nach Höhe des Grades der Behinderung aber wenigstens mit einem GdB von 50.

Wohnungsbauförderung:
Wohnungshilfen für Schwerbehinderte können als Darlehen oder Zuschüsse zur Schaffung von behindertengerechtem Wohnraum und zur Anpassung von Wohnraum an die besonderen Bedürfnisse gezahlt werden, wenn die erforderlichen Mittel nicht selbst aufgebracht werden können. Sie erhalten diese Mittel, wenn dadurch die Eingliederung ins Arbeitsleben ermöglicht oder erleichtert wird. Sind diese Voraussetzungen nicht erfüllt, können

Sie als Behinderter aber noch Mittel aus den Wohnungsbauprogrammen der Bundesländer erhalten.

Zusatzurlaub:
Sind Sie als Schwerbehinderter (GdB mindestens 50) anerkannt und stehen in einem Arbeitsverhältnis, haben Sie Anspruch auf eine zusätzliche Urlaubswoche. Also in der Regel auf fünf Arbeitstage im Jahr.

Behindertentestament

1. Um was geht es?

Für die Eltern behinderter Kinder geht es bei der Gestaltung ihres Testamentes oftmals darum, nach dem Erbfall den Zugriff des Sozialamtes auf das dem Behinderten durch das Erbe Zugewendete zu verhindern und ihm gleichzeitig aber Vorteile zu verschaffen, die seine Situation verbessern. Diese Vorteile sollen aber vom Sozialamt nicht in Anspruch genommen werden können. Ohne eine besondere Gestaltung der Regelungen zum Erbfall wird das Sozialamt aber immer auf die erlangten Vermögenswerte zurückgreifen können.

2. Tips und Hinweise

Die einzelnen Voraussetzungen:

Um einen Zugriff des Sozialamtes zu verhindern, kommen nur Gestaltungsmittel in Betracht, die dem behinderten Kind als Erbe einen Vollstreckungsschutz bieten. Das sind im wesentlichen die Regelungen zur Vor- und Nacherbfolge mit einer Testamentsvollstreckung.

Unter Berücksichtigung der Rechtsprechung des Bundesgerichtshofes könnte der Erbfall mit Beteiligung eines Behinderten so gestaltet werden, daß der Behinderte mit einer seine Pflichtteilsquote übersteigenden Erbquote zum nicht befreiten Vorerben eingesetzt und ein Dauer-Testamtentsvollstrecker angewiesen wird, ihm aus den Erträgen des Erbteils nicht überleitbare Extraleistungen zu gewähren. Sollten allerdings die Erträge nicht aufgebraucht werden können, wird das Sozialamt den Überschuß beanspruchen dürfen.

Wichtig: Diese Voraussetzungen und auch die persönlichen Verhältnisse der Beteiligten können rechtlich sehr kompliziert sein, so daß in einer solchen Angelegenheit ein Notar von Anfang an eingeschaltet werden sollte.

Kein geeignetes Mittel für die Ausschließung der Rückgriffe des Sozialamtes ist es, den Behinderten nicht zum Erben einzusetzen und dann die (anderen) Erben mit einer Auflage zu beschweren, dem Behinderten zur Verbesserung seiner Lebensqualität laufende Zuwendungen zukommen zu lassen, die von einer Inanspruchnahme des Sozialamtes ausgeschlossen sind. Das Sozialamt kann dann nämlich den vollen Pflichtteilsanspruch überleiten, auf den die Auflageleistungen nicht anrechenbar sind.

In seiner Entscheidung hat es der Bundesgerichtshof leider auch offengelassen, wie die Rechtslage zu beurteilen wäre, wenn die Erbschaft des Behinderten so umfangreich ist, daß damit seine Versorgung auf Lebenszeit in vollem Umfange sichergestellt werden kann. Bei einem Wert von 114000 DM war das in dem vom Bundesgerichtshof zu entscheidenden Rechtsstreit aber noch nicht der Fall.

Zur Erbfolge und den weiteren Bestimmungen siehe Stichwort →Erbrecht.

Beihilfen (Sozialhilfe)

1. Um was geht es?

Im Rahmen der Sozialhilfe nach dem Bundessozialhilfegesetz können nicht nur laufende Leistungen, sondern auch einmalige Leistungen gewährt werden. Dabei müssen nicht die niedrigeren Einkommensgrenzen für die Voraussetzungen der laufenden Leistungen erfüllt sein. Auf die einmaligen Leistungen besteht ein Anspruch, wenn der notwendige Bedarf (gemeint sind die Kosten für die benötigte Anschaffung) nicht oder nur teilweise aus dem vorhandenen Einkommen gedeckt werden kann. Das ist insbesondere bei

Familien mit mehreren Kindern häufiger der Fall als allgemein angenommen wird.

Auch wenn Sie keine laufenden Leistungen vom Sozialamt erhalten, können Sie durchaus Ansprüche auf einmalige Beihilfen haben.

2. Tips und Hinweise

2.1 Allgemeine Voraussetzungen

Ob und in welchem Umfang einmalige Beihilfen gewährt werden, hängt ganz von Ihrem individuellen Bedarf und dem anrechenbaren Einkommen ab. Als Bedarf und somit als mögliche Hilfe werden alle für den Lebensunterhalt notwendigen Bedürfnisse und Gegenstände im erforderlichen Umfang berücksichtigt. Dabei ist auf die herrschenden Verbrauchsgewohnheiten und auf die übliche Ausstattung der Haushalte unter Berücksichtigung der Menschenwürde abzustellen. Die Sozialhilfe, und damit auch die Gewährung von einmaligen Beihilfen, soll eine an den herrschenden Lebensgewohnheiten orientierte Lebensführung gewährleisten. Was im einzelnen nun notwendig ist und in welchem Umfang, darüber können allerdings die Meinungen auseinandergehen. Auch die Rechtsprechung der Gerichte ist hierzu nicht immer einheitlich.

2.2 Was gehört alles zum notwendigen Bedarf?

Als Bedarf für einmalige Beihilfen können nach der Gesetzessystematik nur diejenigen Bedürfnisse und Gegenstände anerkannt werden, die nicht bereits im Bedarfssatz für die laufenden Leistungen, das sind die sogenannten Regelsätze, enthalten sind. Denn mit der Berücksichtigung der Regelsätze bei der Bedarfsberechnung sind diese Bedürfnisse (insbesondere Ernährung, Haushaltsenergie, hauswirtschaftliche Bedürfnisse in kleinerem Umfang und persönliche Bedürfnisse des täglichen Lebens) bereits abgegolten.

Um Ihnen die persönliche Entscheidung und die Antragstellung sowie die Argumentation oder Begründung gegenüber dem Sozialamt zu erleichtern, sind im folgenden die wichtigsten Bedürfnisse und Gegenstände genannt, für die Beihilfen gewährt werden können.

Beispiele: Anorak, Auszugsrenovierung (wenn Umzug notwendig), Badekleidung (Anzug, Hose, Mütze), Badewanne für Säugling, Bekleidung (keine Leibwäsche), Bestattungskosten (soweit Verpflichteten nicht zumutbar), Bett, Bettzeug (Decken, Kissen, Bezüge), Bluse, Bratpfanne, Bügeleisen, Eheringe, Einschulungsbedarf (Erstausstattung, Ranzen, Lernmaterial), Erstausstattung Säuglinge, Eßbesteck, Eßgeschirr (Grundausstattung), Elektroherd (soweit kein anderer Herd), Fahrrad (Kinder) (dazu Rechtsauffassung umstritten), Fahrradkindersitz, Fahrtkosten (besondere Anlässe, wie Besuch von Familienfeiern, Hochzeiten, Taufen, Beerdigungen oder von inhaftierten Angehörigen), Fernsehgerät (sw, gebraucht) (umstritten), Feuerungsbeihilfe (Heizmaterial), Gardinen, Gummistiefel, Hand-Staubsauger, Hausrat (soweit nicht geringer Anschaffungswert), Heizdecke, Heizkostennachzahlung (soweit angemessen), Heizöl (soweit keine laufende Übernahme), Hemd, Herd, Hochstuhl (für Kind), Hochzeitsfeier (Bewirtungskosten in kleinem Rahmen), Hut, Jacke (Sakko), Kautionszahlung bei Wohnungsbezug (wenn Umzug notwendig), Kinderwagen mit Zubehör, Klassenfahrt, Kleid, Kochtopf, Kommunion, Konfirmation (Bewirtung, Bekleidung), Kühlschrank, Lampen, Laufstall für Kind, Lernmittel für Schule, Maklergebühren (wenn Umzug notwendig), Mantel, Matratze, Mietrückstände (wenn zur Sicherung Wohnung notwendig), Mütze, Nachhilfeunterricht (soweit erforderlich für Klassenerhalt), Nähmaschine (ausnahmsweise wenn viele Haushaltsangehörige), Öfen (soweit nicht Vermieterpflicht), Parka, Pullover, Präservative nur ausnahmsweise bei ärztl. Verordnung oder als Aids-Prävention, Radiogerät, Rasierapparat (nur wenn Naßrasur nicht möglich), Reparaturkosten von Hausrat etc. (soweit nicht gering), Rock, Sandalen, Schal, Schlafanzug, Schönheitsreparaturen für Wohnung (soweit notwendig), Schränke (Kinder-, Wohn-, Schlafzimmer, Küche), Schuhbesohlung (soweit über etwa 2 DM), Schuhe, Sessel, Sofa, Staubsauger (bei Teppichboden), Stühle, Tauffeier (Bewirtung in kleinem Rahmen, Bekleidung), Teppichboden (nur in Ausnahmefällen bei drohenden Schäden für Gesundheit oder fußkalte Altbauwohnung oder Kinder im Krabbelalter), Tische, Trauerfeier (Bewirtung in kleinem Rahmen, Bekleidung), Turnbekleidung (Hemd, Hose, Schuhe) für Kinder, Umstandskleidung, Umzugskosten (nur soweit sozialhilferechtlich notwendig), Unterwäsche (soweit kein geringer Anschaffungswert mehr), Waschmaschine (bei mindestens 2 Personen), Wäscheschleuder, Weihnachtsbei-hilfe.

Es kommt auch vor, daß von den Sozialämtern gebrauchte Waren und Gegenstände angeboten werden. Beim Bettzeug, bei Matratzen, bei Unterwäsche sollte das nicht und bei Bekleidung nur eingeschränkt akzeptiert werden. Bei Möbelgegenständen ist die Annahme von gebrauchten Stücken zumutbar.

2.3 In welchem Umfang wird das Einkommen angerechnet?

Es zählen grundsätzlich die gesamten Einkünfte zum anrechenbaren Einkommen. Ausnahmen sind Grundrente nach dem Bundesversorgungsgesetz und das Erziehungsgeld, sowie gewisse zweckbestimmte Leistungen. Die einmaligen Zahlungen, wie Urlaubsgeld, Sondervergütungen und 13. oder 14. Gehalt, werden auf einen Zeitraum von 12 Monaten verteilt. Bei den Einkünften aus nichtselbständiger Arbeit gilt folgendes:

Vom Nettoeinkommen (nach Abzug von Lohnsteuer und Sozialversicherungsbeiträgen) werden gesetzlich vorgeschriebene oder angemessene Versicherungsbeiträge sowie Werbungskosten und ein pauschaler Einkommensfreibetrag bei Erwerbstätigkeit abgesetzt. Der verbleibende Betrag stellt das anrechenbare Einkommen dar, soweit keine anderen Einkünfte vorhanden sind, und wird dem maßgebenden Bedarfssatz gegenübergestellt.

Beispiel: Ehepaar Lustig hat zwei Kinder (14 und 16 Jahre alt), Ehefrau ist Hausfrau und schwanger im 6. Monat, Ehemann Arbeitnehmer, Nettoeinkommen 3200 DM mtl., Urlaubsgeld 600 DM jährlich, 13. Gehalt 3000 DM netto. Kindergeld 440 DM mtl.

Ausgaben: Hausratversicherung 240 DM jährl., Haftpflichtversicherung 240 DM jährl., Unfallversicherungen 360 DM jährl., Miete 1000 DM mtl., Heizung 200 DM mtl., Fahrtkosten zur Arbeitsstelle 30 km einfache Entfernung, Gewerkschaftsbeitrag 10 DM mtl.

Berechnung Einkommen:

Nettoeinkommen	3200 DM
Einmalzahlungen	300 DM im Monatsdurchschnitt
Kindergeld	440 DM
Gesamteinkommen	3940 DM

abzüglich Ausgaben	
Hausratversicherung	20 DM
Haftpflichtversicherung	20 DM
Unfallversicherungen	30 DM
Fahrtkosten	
zur Arbeitsstelle	300 DM (je Kilometer Entfernung 10 DM, wenn eig. Pkw)
Gewerkschaft	10 DM
Arbeitsmittelpauschale	10 DM (ist ohne Nachweis abzusetzen)
Freibetrag Erwerbstätigkeit	269 DM (pauschaler Freibetrag)
Gesamtausgaben	659 DM
bleiben	3281 DM mtl. anrechenbares Einkommen nach Sozialhilferecht

Diesem Einkommen ist ein als rechnerischer Bedarf für den laufenden Lebensunterhalt anzuerkennender Monatssatz gegenüberzustellen. Für diesen Bedarfssatz sind zunächst die nach Altersstufen und der Stellung im Haushalt zu unterscheidenden jeweiligen Regelsätze zu ermitteln. Es gibt danach einen Regelsatz für den Haushaltsvorstand und einen für die jeweiligen Haushaltsangehörigen. Dazu kommen pauschale Mehrbedarfszuschläge für bestimmte Personen sowie die Kosten der Unterkunft (Miete oder Hausbelastung) und der Heizung (Abschlagszahlung). Zu den Regelsätzen siehe Stichwort →Hilfe zum Lebensunterhalt (Sozialhilfe). Sie weichen in den Bundesländern zum Teil voneinander ab. In den neuen Bundesländern betragen sie rund 95% des im Beispiel genannten jeweiligen Durchschnittswertes. Es können sich für Ihr Bundesland also geringfügige Abweichungen ergeben.

Berechnung Bedarfssatz: (Regelsätze Stand: 1. 1. 1998)

Regelsatz Ehemann	539 DM
Regelsatz Ehefrau	431 DM
Regelsatz 1. Kind	485 DM
Regelsatz 2. Kind	485 DM
Mehrbedarf Schwangerschaft	86 DM
Miete	1000 DM
Heizung	200 DM
ergibt Gesamtbedarfssatz	3226 DM
somit Einkommensüberhang	55 DM

Der Vergleich mit dem Einkommen ergibt eine Einkommensüberschreitung von 55 DM monatlich bei den genannten Beispielswerten. Damit besteht zwar kein Anspruch auf ergänzende laufende Leistungen durch das Sozialamt, jedoch unter Umständen auf einmalige Beihilfen

Wichtig: Danach kann je nach Art und Höhe des vorliegenden individuellen Bedarfs (Beispiele siehe vorstehende Aufzählung) unter Anrechnung des Einkommensüberschreitungsbetrag noch ein Anspruch auf Beihilfen durch das Sozialamt bestehen. Die monatliche Einkommensüberschreitung kann dabei vom Sozialamt mit einem mehrfachen Wert angerechnet werden. Zulässig ist die Anrechnung bis zum siebenfachen Monatsbetrag. In dem Beispiel also bis zu einem Betrag von 385 DM für sieben Monate. Möglich ist aber nur die Anrechnung des einfachen Überschreitungsbetrages von 55 DM. Diese Entscheidung muß das Sozialamt im Rahmen seiner Ermessensausübung ausreichend begründen.

Beispiel: Beantragt wurde eine einmalige Beihilfe für die Anschaffung von Sommerbekleidung in Höhe von 800 DM (das ist die Summe der einzelnen benötigten Bekleidungsstücke für die Familie) und für schulische Lernmittel in Höhe von 200 DM, also zusammen 1000 DM.
Im günstigsten Fall rechnet das Sozialamt – soweit der Bedarf in der geltend gemachten Höhe auch anerkannt worden ist –

den einfachen Überschreitungsbetrag von 55 DM, so daß noch eine Beihilfe von 945 DM bewilligt wird. Im ungünstigsten Fall wird die siebenfache Überschreitung angesetzt, so daß dann noch 615 DM gezahlt würden. In der Praxis wird oft vom siebenfachen Überschreitungsbetrag ausgegangen.

2.4 Wie wird der Bekleidungsbedarf bemessen?

Von den Sozialämtern wird dieser Bedarf häufig mit pauschalen Beihilfen ohne Prüfung der tatsächlich benötigten Bekleidungsstücke gedeckt. Das mag zwar bequemer sein, ist aber oft mit dem Gesamtbetrag geringer als die Summe aus dem wirklichen Bedarf. Wenn Sie denken, daß die Pauschalsumme zu niedrig ist, bestehen Sie auf einer individuellen Bemessung und Entscheidung zu Ihrem Antrag. Die Grundausstattung an Bekleidung muß dabei so umfangreich sein, daß ein mehrfaches Wechseln innerhalb einer Woche möglich ist.

Extra-Tips

▶ Wenn während des Anrechnungszeitraumes des Einkommensüberschreitungsbetrages ein erneuter Bedarf angefallen ist, darf die schon einmal angerechnete Überschreitung nicht nochmal berücksichtigt werden. Es ist also immer vorteilhafter für Sie, wenn Sie verschiedene Bedürfnisse und benötigte Gegenstände möglichst zusammen mit einem Antrag geltend machen. Je höher der Bedarf ist, um so höher ist die Zahlung vom Sozialamt. Es ist immer ungünstiger, wenn Sie mehrere kleinere Anträge hintereinander stellen, weil dann das Einkommen über einen längeren Zeitraum angerechnet wird und der Einkommensüberschreitungsbetrag für einen kleineren Bedarf eher ausreicht und dann eine Beihilfe abgelehnt wird.

▶ Lassen Sie sich für die Entscheidung des Sozialamtes zur Anrechnung des Einkommensüberschreitungsbetrages immer eine ausführliche Begründung geben. Es macht schon einen Unterschied, ob der einfache oder der siebenfache Überschreitungsbetrag angerechnet worden ist. Sie können auch vor einer Entscheidung nachfragen, wie die grundsätzliche Verfahrensweise ist. Dazu können Sie dann ergänzend besondere Härtegründe für einen geringeren Einkommenseinsatz vorbringen. Beispiele dafür sind Behinderung, Pflegebedürftigkeit, schwierige Familienverhältnisse, weitere Schulden, die bisher nicht berücksichtigt worden sind und was Ihnen sonst noch einfällt.

▶ Beantragen Sie eine Beihilfe (einmalige Leistung) beim Sozialamt immer vor der Anschaffung der Gegenstände. Nach dem Sozialhilferecht führt eine vorherige Bezahlung in der Regel zur Ablehnung Ihres Antrages. Eine Ausnahme von diesem Grundsatz könnte nur dann vorliegen, wenn das Sozialamt nicht innerhalb eines angemessenen Zeitraumes entscheidet und die Anschaffung keinen Aufschub duldet.

▶ Sie können nicht selbst wissen, ob Sie nach Ihren Einkommensverhältnissen Anspruch auf einmalige Beihilfen haben könnten. Stellen Sie einfach einen Antrag auf Gewährung einer Beihilfe für einen bestimmten Bedarf und lassen Sie das Sozialamt rechnen. Anhand des Bescheides können Sie die Berechnung nachvollziehen. Wenn nicht, lassen Sie sich die einzelnen Positionen erklären.

▶ Die Sozialhilfe ist auch als Hilfe zum Lebensunterhalt eine staatliche Leistung mit einem Rechtsanspruch. Wer darauf verzichtet, ist selber schuld.

Beratungshilfe (Rechtsberatung)

1. Um was geht es?

Rechte wahrzunehmen und notfalls auch anwaltlich oder gerichtlich durchzusetzen kann teuer werden. Insbesondere dann, wenn Sie in einem Zivilprozeß die unterlegene Partei geworden sind. Dann haben Sie nämlich die gesamten Anwalts- und Gerichtskosten zu tragen. Die Gerichts- und Anwaltsgebühren richten sich immer nach dem Streit- oder Gegenstandswert. Die eigentliche Gebühr für einen Rechtsanwalt steht aber nicht von vornherein fest. Je nach Schwierigkeit und Intensität der Beratung gibt es einen Spielraum von $1/_{10}$ bis $10/_{10}$ der Gebühr und dabei auch noch Geschäfts-, Besprechungs, Vergleichs- und Erledigungsgebührenanteile.

2. Tips und Hinweise

2.1 Gebührenübersicht

Nach der Bundesrechtsanwaltsgebührenordnung (BRAGO) sind die Ausgangsgebühren wie folgt festgesetzt:

Gegenstandswert – DM –*	Gebühr – DM –
bis 600	50
bis 3 000	210
bis 10 000	595
bis 20 000	945
bis 50 000	1425
bis 100 000	2125

* Dabei gibt es noch Zwischenstufen mit 600 DM, 1000 DM, 2000 DM, 5000 DM und 10 000 DM.

Bei einem Streitwert von 10 000 DM fallen an Gerichts- und bei den Anwaltskosten in erster Instanz mit Beweiserhebung 4900 DM an, die je nach Obsiegen und Unterliegen (auch anteilig) zu tragen sind. Es sollte also schon reiflich überlegt werden, ob gleich die Hilfe des Gerichts in Anspruch genommen werden soll. Zunächst sollte nach Kompromißmöglichkeiten und außergerichtlichen Einigungen gesucht werden.

Wenn es aber um vermeintlich berechtigte Ansprüche oder Forderungen geht, sollen in unserem Staat nicht die Bürger aus finanzieller Not auf ihr gutes Recht verzichten müssen. Um die Chancengleichheit für alle Bürger zu wahren, sichert das Beratungshilfegesetz den Bürgern mit relativ geringem Einkommen eine nahezu kostenlose Rechtsberatung und Rechtsvertretung außerhalb eines gerichtlichen Verfahrens. Der Zugang zu den Gerichten wird finanziell ermöglicht durch die →Prozeßkostenhilfe.

2.2 Für welche Angelegenheiten gibt es Beratungshilfe?

Sie wird gewährt in folgenden Angelegenheiten:

• Zivilrecht (Kaufrecht, Mietsachen, Schadensersatzansprüche, Nachbarschaftsstreitigkeiten, Ehe- und Unterhaltssachen, Erbrecht, Privatversicherungsrecht)
• Arbeitsrecht (Kündigung, Lohnzahlung)
• Verwaltungsrecht (Sozialhilfe, Wohngeld, BAföG, Gewerberecht, Bausachen, Schulrecht)
• Sozialrecht (Rentenangelegenheiten, Arbeitslosenversicherung, Krankenversicherung)
• Verfassungsrecht (Grundrechtsverletzungen)

Wenn Sie einen Versicherungsschutz (Rechtsschutzversicherung) haben oder Anspruch auf Rechtsberatung durch eine Organisation (Gewerkschaft) oder durch eine soziale Einrichtung ist vor der Beratungshilfe zunächst diese Möglichkeit zu nutzen.

2.3 Wie wird Beratungshilfe gewährt?

Sie können sich in rechtlichen Dingen fachkundigen Rat holen und sich auch bei außergerichtlichen Auseinandersetzungen vertreten lassen. Dazu gehen Sie zunächst zum Amtsgericht und schildern dem für die Beratungshilfe zuständigen Rechtspfleger Ihr Problem. Dabei sind auch die persönlichen und finanziellen Verhältnisse anhand eines Antragsformulars darzulegen.

Zu der Höhe Ihres maßgebenden einzusetzenden Einkommens siehe Stichwort →Prozeßkostenhilfe. Als anrechenbares Vermögen zählen nur hochwertige Vermögensgegenstände, die nicht zum Lebensunterhalt oder der beruflichen Existenz benötigt werden. Das Einfamilienhaus bleibt unberücksichtigt.

Soweit das Amtsgericht Ihrem Anliegen mit Auskünften und Hinweisen entsprechen kann, gewährt es selbst die Beratungshilfe. Ansonsten wird ein Berechtigungsschein ausgestellt, mit dem Sie zu einem Rechtsanwalt Ihrer Wahl gehen können. Das geht auch unmittelbar ohne den ersten Weg zum Amtsgericht. Dann muß aber der Rechtsanwalt den Antrag auf Beratungshilfe nachträglich beim Amtsgericht stellen. Jeder Rechtsanwalt ist verpflichtet, die Beratungshilfe zu leisten. Ohne wichtigen Grund darf er sie nicht ablehnen.

2.4 Welche Kosten fallen noch an?

Bei der Beratungshilfe durch das Amtsgericht ist nichts zu bezahlen. Beim Rechtsanwalt ist allerdings nur mit 20 DM alles abgegolten. Den Rest holt sich der Anwalt aus der Landesjustizkasse. Die Gebühr von 20 DM kann aber auch erlassen werden.

2.5 Wo ist die Beratungshilfe zu beantragen?

Wie bereits erläutert sind die Anträge auf Beratungshilfe bei den zuständigen Amtsgerichten, deren Anschriften u. a. im Telefonbuch zu finden sind, und auch bei Rechtsanwälten zu stellen. In den Stadtstaaten Bremen, Hamburg und Berlin gibt es Sonderregelungen. In Hamburg sind die öffentlichen Rechtsauskunfts- und Vergleichsstellen und in Bremen die Arbeitnehmerkammern zuständig. In Berlin können Sie wählen zwischen der öffentlichen Rechtsberatung und der anwaltlichen Beratungshilfe.

Extra-Tips

▶ Wenn Sie ohne Beratungshilfe anwaltlichen Rat in Anspruch nehmen wollen oder müssen, achten Sie auf das Kosten-Nutzen-Verhältnis. Die Gebührensätze sind bis zu einem Gegenstandswert von 600 DM gleich. Ob um 100 DM oder 600 DM gestritten wird, macht keinen Unterschied. Der Weg zum Anwalt lohnt also bei 600 DM schon eher.

▶ Versuchen Sie zunächst in Streitfällen eine außergerichtliche Einigung zum Beispiel vor den unabhängigen Schiedsstellen, die es u. a. im Radio- und Fernsehtechnikerhandwerk, Kfz-Handwerk, Reinigungsgewerbe, Gebrauchtwagenhandel gibt. Achten Sie dabei aber auf mögliche Verjährungsfristen, da diese auch nach Einschalten einer Schiedsstelle weiterlaufen.

▶ Bei Alltagsgeschäften (Kauf, Versicherungen, Geldanlagen) bieten auch die Verbraucherzentralen eine kompetente Beratung in Rechtsfragen an. Daneben gibt es dort auch die sogenannte Rechtsbesorgung, das ist die Erledigung von bestimmten Vorgängen. Diese Sonderberatungen kosten von 5 bis 20 DM bei umfangreicher Rechtsbesorgung. Wenn Sie also keine Beratungshilfe erhalten sollten, haben Sie hier eine erste Adresse. Die vorherige Vereinbarung eines Besprechungstermines ist sinnvoll, denn es gibt auch noch andere, die diese kostengünstige Information und Beratung nutzen.

Berufsunfähigkeitsrente

1. Um was geht es?

Leider erreichen nicht alle Menschen ihr Rentenalter bei voller Gesundheit und Schaffenskraft. Vielfältige Leiden, Behinderungen und Krankheiten können zur vorzeitigen Minderung oder gar zum Verlust der Erwerbsfähigkeit führen. Heutzutage muß jeder fünfte Angestellte und jeder vierte Arbeiter vorzeitig aus dem Berufsleben aussteigen.

Die gesetzliche Rentenversicherung hilft auch dann, wenn Sie Ihren Beruf nicht mehr ausüben oder überhaupt keiner Erwerbstätigkeit mehr nachgehen können. Sie erhalten dann unter bestimmten Voraussetzungen längstens bis zum vollendeten 65. Lebensjahr eine Rente wegen Berufsunfähigkeit. Bei Berufsunfähigkeit zahlt die Rentenversicherung im Durchschnitt etwa 27% des Bruttoeinkommens. Als Betrag sind das im Ergebnis rund 1100 DM monatlich im statistischen Durchschnitt. Für berufsunfähige Normalverdiener kommen etwa 40% des Nettogehaltes zusammen.

2. Tips und Hinweise

2.1 Voraussetzungen

Die Rente wegen Berufsunfähigkeit können Sie nur erhalten, wenn

- die Berufsunfähigkeit von der Rentenversicherungsanstalt (LVA, BfA, Seekasse, Knappschaft) festgestellt wird und
- vor der Berufsunfähigkeit fünf Jahre Wartezeit durch Beitragszei-

ten, Ersatzzeiten oder Zeiten aus einem Versorgungsausgleich erfüllt sind und

• in den letzten fünf Jahren für drei Jahre Pflichtbeiträge für eine versicherte Beschäftigung vorliegen oder die Berufsunfähigkeit durch ein besonderes Ereignis, wie zum Beispiel einen Arbeitsunfall, eingetreten ist.

Wichtig: Berufsanfänger müssen die Mindestbeitragszeit von 5 Jahren nicht erfüllt haben, wenn sie infolge eines Arbeitsunfalles (auch Wegeunfall und Berufskrankheit) vor Ablauf von 6 Jahren nach Beendigung der Ausbildung erwerbsunfähig geworden sind und mindestens in den letzten beiden Jahren vorher für 12 Monate Beiträge geleistet haben.

2.2 Zumutbare Tätigkeiten

Zu beachten ist auch, daß ein gemindertes Leistungsvermögen allein noch nicht ausreicht, sondern immer nur im Vergleich mit anderen Versicherten und deren ähnlichem beruflichen Werdegang beurteilt wird. Es wird danach geprüft, ob eventuell eine andere Tätigkeit ausgeübt werden kann, die den Kräften und Fähigkeiten des Antragstellers entspricht und auch im Hinblick auf die bisherige Berufstätigkeit und die soziale Stellung zumutbar ist. Das ist die mögliche Verweisung auf einen anderen Beruf.

Wird bei der Rentenentscheidung auf eine andere zumutbare Tätigkeit verwiesen, muß von der Rentenversicherungsanstalt berücksichtigt werden, daß derartige Arbeitsplätze in genügender Anzahl vorhanden sind. Überprüfen Sie selbst oder durch Erkundigungen beim Arbeitsamt, ob das auch tatsächlich zutrifft. Es ist allerdings auch ein Beruf zumutbar, für den bereits erfolgreich ausgebildet oder umgeschult worden ist.

In bestimmten Krankheitsfällen können zunächst auch Leistungen der Rehabilitation in Frage kommen.

2.3 Anrechnung von Einkünften

Siehe Stichwort →Hinzuverdienst (Rentenversicherung).

Berufsunfähigkeitsversicherung

1. Um was geht es?

Wer durch Krankheit oder Unfall seine Arbeit aufgeben muß, erleidet oft erhebliche Einkommensverluste. Nicht alle Bezieher der sozialen →Berufs- oder →Erwerbsunfähigkeitsrente haben die Möglichkeit, ihr Renteneinkommen durch einen →Hinzuverdienst aufzubessern, der dann unter bestimmten Voraussetzungen auch noch auf die Rente angerechnet werden kann.

Die soziale Rente wegen Erwerbsminderung liegt im statistischen Durchschnitt bei monatlich 1100 DM für berufsunfähige Frührentner und bei 1600 DM für erwerbsunfähige Rentenversicherte. Junge Berufsanfänger bekommen nur bei Erwerbsunfähigkeit einen geringen Rentenausgleich. Junge Familien, Beamte in den Anfangsjahren und fast alle Selbständigen erhalten wenig oder gar nichts aus der gesetzlichen Rentenversicherung oder der staatlichen Versorgung. Daher ist auch in diesen Fällen eine private Vorsorge besonders angebracht.

2. Tips und Hinweise

2.1 Sinn und Zweck der Berufsunfähigkeitsversicherung

Der Sinn der Berufsunfähigkeitsversicherung besteht darin, bei einem vollen oder teilweisen Verdienstausfall wegen einer Erwerbsminderung die soziale Absicherung durch die gesetzliche Rente oder überhaupt die Einkommensdifferenz bis zum bisherigen Lebensstandard, das wird üblicherweise das Nettoeinkommen sein, aufzustocken. Sie sichert sowohl Krankheits- als auch Unfallfolgen ab.

Dabei hängt die Höhe Ihrer privaten Absicherung ganz von Ihren persönlichen Verhältnissen ab. Junge Berufsanfänger oder junge Familien mit geringeren Einkünften sollten eine hohe Versicherungsrente vereinbaren, da sie noch keinen oder nur geringen gesetzlichen Schutz haben. Ältere können nach Klärung ihres Rentenanspruchs nur den fehlenden Unterschied bis zum gewünschten Einkommen abdecken.

2.2 Welche Versicherungsarten gibt es?

Der private Versicherungsschutz ist nicht ganz billig. Die Kosten hängen von der Art des Vertrages ab. Es gibt die eigenständige Berufsunfähigkeitsversicherung und die Berufsunfähigkeitszusatzversicherung. Diese Vertragsart ist am häufigsten. Sie ist verbunden mit einer Lebensversicherung, das kann eine Kapital- oder Risikolebensversicherung sein. Die Kombination mit einer Kapitallebensversicherung ist am teuersten. Dabei spielt es keine Rolle, ob eine bereits bestehende Kapitallebensversicherung nur um den Invaliditätsschutz ergänzt wird oder gar beide Teile zusammen neu vereinbart werden. Wenn zum Beispiel eine 30jährige Person eine monatliche Rente von 2000 DM haben will, müßten dafür bis zu 3000 DM im Jahr auf den Tisch der Versicherung gelegt werden.

2.3 Wie sind die Versicherungsbedingungen?

Deutlich billiger kommt der Versicherungsschutz in der Kombination mit einer Risikolebensversicherung. Für dieselben Leistungen bei Berufsunfähigkeit können dabei fast 70 % des Beitrages gespart werden. Gegenüber der eigenständigen Berufsunfähigkeitsversicherung gibt es noch den Hinterbliebenenschutz aus der Risikolebensversicherung kostenlos dazu. Als Fazit ist also festzuhalten, daß die Kombination Risikolebensversicherung plus Berufsunfähigkeitszusatzversicherung das beste Preis-Leistungs-Verhältnis hat.

Für den Vertragsabschluß müssen Sie sich auch entscheiden, ab wieviel Prozent der Erwerbsminderung die private Unfallrente gezahlt werden soll. Dabei gibt es die Alternativen, daß bei einer Berufsunfähigkeit ab 50 % die volle Rente fällig wird und darunter noch gar nichts oder daß bereits ab einem geringeren Berufsunfähigkeitsgrad, zum Beispiel ab 25 % oder 30 %, schon eine anteilige Rente und die volle Rente ab 75 % gezahlt wird. Das ist eine rein persönliche Entscheidung. Wenn Sie also bereits mit einer geringeren Invalidität einen Versicherungsschutz haben wollen, ist die Staffelregelung zu empfehlen.

Dabei ist zu beachten, daß die Lebensversicherungspolice lange genug bis zum 60. oder 65. Jahr läuft, weil die Versicherung und auch eine Rentenzahlung mit Ablauf der Lebensversicherung ebenfalls enden. Lassen Sie sich also nicht auf fehlende Zeiten bis zum allgemeinen Rentenalter ein. Die mit einer befristeten Laufzeit von zum Beispiel 10 Jahren verbundene Einsparung bei den Beiträgen wiegt das Risiko einer Berufsunfähigkeit nach Ablauf nicht auf. Ein erneuter Vertrag wäre dann auch wieder mit einer Gesundheitsprüfung verbunden.

Von den verschiedenen Versicherungssystemen sollte die Beitragsverrechnung, bei der die Überschüsse gleich zur Senkung der laufenden Beiträge führen, bevorzugt werden.

2.4 Was ist für den Versicherungsfall zu beachten?

Auch die Versicherungen versprechen viel und halten nicht immer alles. Es gibt eine verhältnismäßig große Zahl von Prozessen wegen einer Berufsunfähigkeitsversicherung. Viele Versicherungsnehmer können ihre Ansprüche erst vor Gericht durchsetzen. Deshalb sollte vor Vertragsabschluß durch einen Vergleich der Versicherungsbedingungen auf kulante Regelungen geachtet werden. Hier bleibt Ihnen nichts anderes übrig, als auch das Kleingedruckte zu lesen. Es kommt zum Beispiel auch darauf an, ob die Versicherung bei einer rückwirkenden Feststellung der Berufsfähigkeit zahlt oder erst ab Feststellungszeitpunkt.

Viel Ärger kann auch die Verweisungsklausel bereiten. Damit kann die private Versicherungsgesellschaft den Berufsunfähigen auf eine vergleichbare und zumutbare Tätigkeit verweisen. Diese Regelung gibt es auch in der gesetzlichen Rentenversicherung, jedoch nur bei Nachweisung eines konkreten Arbeitsplatzes. Bei der privaten Versicherung ist es aber egal, ob es auf dem Arbeitsmarkt für die vergleichbare Tätigkeit überhaupt Stellen gibt. Mit einer qualifizierteren Ausbildung kann eine Verweisung leichter vermieden werden.

2.5 Welche Versicherungen sind günstig?

Die preiswerteste Versicherung nützt nichts, wenn sie sich im Schadensfall vor einer Zahlung drücken will. Das ist nun leider nicht vorhersehbar, so daß Sie bei günstigen Beiträgen auch auf die Kundenfreundlichkeit der kleingedruckten Bedingungen achten sollten. Dann kommt es auch noch darauf an, welche Ausschlüsse und Zuschläge festgesetzt werden. Auch dabei ist das Verhalten der Versicherungen sehr unterschiedlich. Die Zeitschrift „Finanztest" hat in einer Untersuchung anhand eines Modellfalles festgestellt, daß die nach den Vertragsbedingungen kulanten Versicherer preislich nur im Mittelfeld liegen. Es kann also keine eindeutige Empfehlung gegeben werden. Eine Übersicht finden Sie in der Spezialausgabe „Versicherungen" von „Finanztest", die im Zeitschriftenhandel erhältlich ist.

Extra-Tips

▶ Erkundigen Sie sich bei den Versicherungsangeboten nach Sonderregelungen für bestimmte Berufsgruppen. Möglicherweise könnten Sie einen Rabatt für den Beitrag erhalten.

▶ Wichtig ist auch die korrekte Beantwortung von allen Gesundheitsfragen im Versicherungsantrag. Im Schadensfall prüfen die Versicherer die Vollständigkeit Ihrer Angaben. Vergessen Sie also nichts und geben Sie auch vermeintliche Kleinigkeiten zu den Gesundheitsdaten an.

▶ Für Personen, die von der Berufsunfähigkeitsversicherung nicht aufgenommen wurden, gibt es häufig noch die sinnvolle Alternative der Unfallversicherung, die wenigstens auch für Selbständige und Hausfrauen einen Teilschutz bietet.

▶ Lassen Sie sich nicht zu weiteren Zusatzversicherungen, wie Krankentagegeld, Krankenhaustagegeld, Genesungsgeld, Übergangsgeld oder private Pflegeversicherung überreden. Sie sind teuer und für die meisten Menschen wegen der eigenen Möglichkeiten und sonstigen Leistungsansprüche nicht wichtig.

Blindengeld und -hilfe

1. Um was geht es?

Für blinde Personen, die das erste Lebensjahr vollendet haben, wird vom Staat zur pauschalen Abgeltung der blindheitsbedingten Mehraufwendungen ohne Nachweis der tatsächlichen Bedürfnisse im Einzelfall eine Art Versorgungsleistung gewährt. Soweit die Blindheit eine besondere Ursache hat, wie z.B. durch Kriegsereignisse oder Arbeitsunfall, werden Leistungen nach speziellen Rechtsvorschriften gewährt. Beispiele dafür sind das Bundesversorgungsgesetz (Pflegezulage für Kriegsblinde), die gesetzliche Unfallversicherung oder das Lastenausgleichsgesetz.

Kommen Leistungen nach den besonderen Rechtsvorschriften nicht infrage, erhalten Blinde entweder die Blindenhilfe nach dem Bundessozialhilfegesetz oder ein Blindengeld oder Blindenpflegegeld nach den einschlägigen Landesgesetzen.

2. Tips und Hinweise

2.1 Welche Leistungen gibt es?

Die Blindenhilfe oder das Blindengeld wird jährlich nach der Veränderung des aktuellen Rentenwertes der gesetzlichen Rentenversicherung angepaßt. Das ist regelmäßig zum 1. 7. des Jahres der Fall. Ab 1. 7. 97 beträgt der volle Satz 1063 DM. Für Blinde unter 18 Jahre wird die Hälfte gezahlt. Das gilt auch für Blinde in einer Betreuungseinrichtung, wenn die Kosten dieser Unterbringung von öffentlich-rechtlichen Leistungsträgern finanziert werden.

Aufgrund der Leistungen der gesetzlichen Pflegeversicherung erfolgt unter Umständen eine Anrechnung dieser Sozialleistungen für die häusliche Pflege. Bei der Blindenhilfe nach dem Bundessozialhilfegesetz ist eine Anrechnung mit bis zu 70 % vorgeschrieben. Die Anrechnungsregelungen der Bundesländer für ihre Leistungen sind aber unterschiedlich.

2.2 Wie ist das mit der Einkommensanrechnung?

Wichtig ist, daß für die Blindenleistungen der Länder das eigene Einkommen und Vermögen gar keine Rolle spielt. Selbst die Einkommensgrenze für die seltenere Blindenhilfe nach dem Bundessozialhilfegesetz ist mit z.B. über 3000 DM für einen Alleinstehenden ohne Unterkunftskosten noch großzügig.

Extra-Tips

► Blindengeld oder Blindenhilfe können nicht nur Blinde, sondern auch Schwerstsehbehinderte erhalten, wenn die Sehschärfe auf dem besseren Auge nicht mehr als 1/50 beträgt oder eine diesem Schweregrad gleichzuachtende, nicht nur vorübergehende Sehstörung vorliegt.

► Die Kosten eines Blindenführhundes oder einer Blindenschreibmaschine oder sonstiger Hilfsmittel können im Rahmen der Eingliederungshilfe nach dem Bundessozialhilfegesetz übernommen werden.

Bundesschatzbriefe

1. Um was geht es?

Bundesschatzbriefe zählen zu den Bundeswertpapieren. Das sind Sparbriefe und Anleihen, die vom Bund und bundeseigenen Unternehmen herausgegeben werden. Dafür haftet der Staat mit seinem Vermögen, so daß diese Papiere zu den sichersten Geldanlagen überhaupt zählen. Sie sind auch für private Anleger besonders interessant, da sie für jeden erschwinglich schon in Stückpreisen ab 100 DM erworben werden können.

Da börsennotierte Anleihen von Bund, Bahn und Post und auch die Obligationen mit gewissen Kursrisiken verbunden sind und die Finanzierungsschätze als abgezinste Sparbriefe mit 1 und 2 Jahren nur eine kürzere Laufzeit haben, empfehlen sich für die mittelfristige und hundertprozentig sichere Geldanlage die Bundesschatzbriefe.

2. Tips und Hinweise

2.1 Arten der Bundesschatzbriefe

Die Bundesschatzbriefe gibt es in zwei Varianten. Mit dem Typ A werden die Zinsen bei einer sechsjährigen Laufzeit jährlich ausge-

schüttet. Bei dem Typ B dauert die Laufzeit sieben Jahre und die
Zinsen werden nicht jährlich ausgezahlt, sondern gutgeschrieben,
mitverzinst und am Ende ausgezahlt.

Es gibt sie schon in kleiner Stückelung von 100 DM. Dazu gibt es
als besonderen Bonbon das flexible Rückgaberecht mit einer Sperrfrist von einem Jahr und einer Höchstgrenze von 10000 DM je
Monat. Unter diesen Voraussetzungen bekommen Sie Ihr Geld
immer in voller Höhe zurück. Das vorzeitige Rückgaberecht hat
auch einen gewissen Wert, für den Anleger mit anderen Papieren an
der Börse extra zur Kasse gebeten würden. Diese Möglichkeit soll
immerhin einen Vergleichswert von etwa 1 Prozent bei einer Anla-
gesumme von 10000 DM haben.

Diese Papiere erhalten Sie nicht als effektive Stücke, sondern als
Wertrechte. Sie werden seit knapp 30 Jahren vom Bund spesenfrei
ausgegeben und zurückgezahlt.

2.2 Zinsen

Mitte des Jahres 1997 galten folgende Konditionen:

Jahr	Zinssatz	
	Typ A	Typ B
1.	3,00%	3,00%
2.	3,75%	3,75%
3.	4,50%	4,50%
4.	5,25%	5,25%
5.	6,25%	6,25%
6.	7,00%	7,00%
7.	–	7,00%

Rendite Typ A: 4,85%; Typ B: 5,24%.

Die Bundesschatzbriefe sind auch langfristig eine ideale Geldanlage
für die privaten Sparer. In den letzten 20 Jahren haben sie immerhin
eine Rendite von fast 7,5% erzielt. Das ist mehr als bei den meisten
anderen kleineren und hinsichtlich der Flexibilität und Sicherheit
vergleichbaren Geldanlageformen. Sie sind also auch zur privaten
Altersvorsorge zu empfehlen, denn die Rendite liegt noch höher als
bei den meisten Kapitallebensversicherungen.

2.3 Bundesschuldenverwaltung

Zwischen Bonn und den Sparkassen sowie den meisten Banken gibt es eine Vereinbarung über die Funktion der Kreditinstitute als kostenlose Verkaufsstelle. Neben der Gebührenfreiheit gibt es auch eine kostenlose Verwahrmöglichkeit. Während die Eintragung ins Depot bei der Hausbank etwa 0,1 % vom Nennwert bzw. mindestens bis zu 50 DM an jährlichen Gebühren kostet, ist die Eintragung ins Depot der Bundesschuldenverwaltung kostenlos und nicht mit Depotgebühren verbunden. Wenn Sie die Papiere erst später von Ihrer Bank ins Depot der Bundeschuldenverwaltung übertragen lassen wollen, kostet diese Maßnahme aber auch je nach Institut Gebühren bis zu etwa 40 DM.

Die Kreditinstitute haben Antragsformulare für die Aufbewahrung bei der Bundesschuldenverwaltung. Sie sollten daher den Antrag gleich bei der Abwicklung des Kaufauftrages bei Ihrer Bank oder Sparkasse ausfüllen und abgeben. Lassen Sie sich von Ihrer Bank nicht mit Ausreden oder irgendwelchen Erklärungen (Bankgeheimnis, Zinszahlungen, Mindestbeträge) abwimmeln. Sie treffen alle nicht zu. Wenngleich die Abwicklung über die Bundesschuldenverwaltung allerdings umständlicher und langsamer als bei der Hausbank sein mag, so sparen Sie aber insbesondere langfristig unnötige Bankspesen.

Wenn Sie die Papiere bei einer Zweigstelle der Landeszentralbanken kaufen, wird der Auftrag ohnehin an die Bundesschuldenverwaltung weitergeleitet. Sie benötigen dafür nur noch eine Bankbestätigung Ihrer Unterschrift. Sie können sich die Unterlagen aber auch gleich von der Bundesschuldenverwaltung zuschicken lassen.

Die Anschrift:
Bundesschuldenverwaltung, Postfach 1245, 61342 Bad Homburg v.d.H.. Der oft besetzte Telefonanschluß: 06172/1080.

2.4 Steuerpflicht

Wie bei anderen Sparanlagen auch gilt bei den Bundesschatzbriefen, daß die Zinsen steuerpflichtig sind, sobald der Freibetrag überschritten wird. Dabei gilt die Steuerpflicht für das Jahr des Zuflusses der Zinsen. Daher sind die Unterschiede der Zinszahlungen bei den beiden Arten der Bundesschatzbriefe zu beachten. Beim Typ A werden die Zinsen jährlich gezahlt und beim Typ B am Ende der Laufzeit. Somit ist beim Typ B auf die optimale Nutzung der Steuerfreibeträge zu achten, denn die gesamten Zinserträge sind dabei am Ende der Laufzeit zu versteuern. Es dürfte sich daher meistens der Typ A empfehlen, da hierbei während der Laufzeit keine Freibeträge verschenkt werden.

2.5 Dauersparaufträge

Wegen der geringen Stückelung könnten die Schatzbriefe auch zur regelmäßigen Sparanlage genutzt werden. Das ist allerdings bei den Banken und Sparkassen nicht möglich. Es gibt dazu die Alternative, daß ein bestimmter monatlicher Betrag (zum Beispiel 100 DM oder auch mehr) auf ein Sparkonto eingezahlt und einmal im Jahr die Gesamtsumme in Bundesschatzbriefe angelegt wird. Bei den Niederlassungen der Landeszentralbanken geht es dagegen einfacher. Sie können dort Bundeswertpapiere mit Dauerauftrag bestellen. Dazu müssen Sie dort nur einmal einen Vertrag über die Einzelheiten abschließen und können per Dauerauftrag von Ihrer Hausbank die jeweiligen Beträge auf ein bestimmtes Konto der Landeszentralbank überweisen. Die LZB erledigt dann das weitere mit dem Kauf und der Eintragung ins Depot der Bundesschuldenverwaltung.

2.6 Übertragung

Wichtig: Die Bundesschatzbriefe sind jederzeit an Privatpersonen und gemeinnützige und kirchliche Organisationen übertragbar. Damit können zum Beispiel auch Steuerfreibeträge innerhalb einer Familie und von Angehörigen ausgenutzt werden.

Die freie Übertragbarkeit und die jederzeitige Rückgabe nach einem Jahr bedeuten auch eine Möglichkeit, von der vorzeitigen Rückgabe höher verzinster Schatzbriefe zu profitieren. Sie werden allerdings nicht offen gehandelt. Es lohnt sich dann ein guter „Draht" zu Ihrer Hausbank. Wenn Sie also wegen der guten Beziehung Ihre Bundesschatzbriefe bei Ihrer Hausbank ins Depot gelegt und die Gebühren in Kauf genommen haben, sollten Sie bei einer vorgesehenen Geldanlage unbedingt nach Rückgaben von Schatzbriefen anderer Kunden fragen. Dabei dürften die jeweiligen Bedingungen und „Preise" eine Verhandlungssache sein.

Extra-Tip

▶ Die aktuellen Konditionen können Sie beim Informationsdienst für Bundeswertpapiere erfahren. Tel.: 069/19718.
Informationsmaterial können Sie unter der Telefonnummer
069/747711 anfordern.

D

DDR-Unrecht (Rehabilitierung)

1. Um was geht es?

Mit dem zweiten Gesetz zur Bereinigung von SED-Unrecht, daß am
1. 7. 1994 in Kraft getreten ist, wird den Opfern von Verwaltungs-
willkür und Verwaltungsunrecht der ehemaligen DDR und den im
Berufsleben politisch Verfolgten ein Weg eröffnet, sich vom Makel
persönlicher Diskriminierung zu befreien und soziale Ausgleichsleistungen in Anspruch zu nehmen. Schon vorher konnten Personen
nach dem Strafrechtlichen Rehabilitierungsgesetz aus dem Jahr
1992 eine Entschädigung, insbesondere soziale Ausgleichsleistungen
nach Aufhebung der zugrunde liegenden Entscheidung (Rehabilitierung) erhalten, wenn sie durch eine rechtsstaatswidrige strafrechtliche Entscheidung geschädigt worden sind.

2. Tips und Hinweise

2.1 Die Verfahren

Nach den gesetzlichen Regelungen ist zwischen drei Rehabilitie-
rungsverfahren zu unterscheiden. Es gibt

die strafrechtliche Rehabilitierung,
die verwaltungsrechtliche Rehabilitierung und
die berufliche Rehabilitierung.

2.2 Strafverfolgungsmaßnahmen

Die strafrechtliche Entscheidung eines staatlichen deutschen Gerichts im Beitrittsgebiet aus der Zeit vom 8. 5. 1945 bis zum 2. 10.
1990 ist auf Antrag für rechtsstaatswidrig zu erklären und aufzuheben, soweit sie mit wesentlichen Grundsätzen einer freiheitlichen

rechtsstaatlichen Ordnung unvereinbar ist. Das gilt insbesondere, wenn

1. die Entscheidung politischer Verfolgung gedient hat oder
2. die angeordneten Rechtsfolgen in grobem Mißverhältnis zu der zugrunde liegenden Tat stehen.

Die Rehabilitierung (Aufhebung) begründet einen Anspruch auf soziale Ausgleichsleistungen für Nachteile, die dem Betroffenen durch eine Freiheitsentziehung entstanden sind. Ein Anspruch besteht aber nicht, wenn der Betroffene gegen die Grundsätze der Menschlichkeit und der Rechtsstaatlichkeit verstoßen hat. Als Leistungen werden auf Antrag eine Kapitalentschädigung (300 DM bzw. 550 DM je Monat), eine Unterstützungsleistung oder eine Versorgung als Beschädigtenversorgung oder Hinterbliebenenversorgung gewährt. Zuständig sind je nach Leistungsart für die Kapitalentschädigung die Landesjustizverwaltungen, für die Unterstützungsleistungen die Stiftung für ehemalige politische Häftlinge und für die Versorgungsleistungen die Versorgungsämter.

2.3 Verwaltungsentscheidungen

Unter den ähnlichen Voraussetzungen für die Aufhebung der strafrechtlichen Entscheidungen sind auch rechtsstaatswidrige Verwaltungsentscheidungen aufzuheben. Dadurch erhalten die Betroffen Folgeansprüche, wie die Beschädigtenversorgung, die Rückübertragung von Vermögenswerten oder entsprechende Entschädigungen.

Zuständig für die Aufhebungsentscheidungen sind die in den Ländern Berlin, Brandenburg, Mecklenburg-Vorpommern, Sachsen, Sachsen-Anhalt und Thüringen errichteten Rehabilitierungsbehörden.

2.4 Berufliche Benachteiligungen

Anspruch auf Leistungen hat, wer in der Zeit vom 8. 5. 1945 bis zum 2. 10. 1990 infolge einer zu Unrecht erlittenen Freiheitsentziehung oder eines Gewahrsams oder einer hoheitlichen Maßnahme oder einer anderen Maßnahme zur politischen Verfolgung weder seinen bisherigen noch einen sozial gleichwertigen Beruf ausüben konnte. Als Maßnahmen kommen infrage bevorzugte berufliche Fortbildung und Umschulung mit Unterhaltsgeld, Aus-

gleichsleistungen und ein Ausgleich von Nachteilen in der Rentenversicherung. Für Maßnahmen der beruflichen Fortbildung und Umschulung ist
das Arbeitsamt des Wohnsitzes zuständig. Für die Ausgleichsleistungen bei Beeinträchtigung der wirtschaftlichen Lage das örtliche
Sozialamt und für das sonstige Verfahren die Rehabilitierungsbehörden.

Extra-Tips

▶ Sie können nach dem Beruflichen Rehabilitierungsgesetz als
politisch Verfolgter eine pauschale monatliche Ausgleichslei-
stung in Höhe von 300 DM erhalten, wenn Sie auf nicht
absehbare Zeit nicht in der Lage sind, mehr als nur geringfügige Einkünfte durch Erwerbstätigkeit zu erzielen.

▶ Die Ausgleichsleistungen und anderen Entschädigungen bleiben bei anderen Sozialleistungen, deren Gewährung vom
Einkommen abhängig ist, immer unberücksichtigt.

▶ Achtung Fristen! Der Aufhebungsantrag nach dem Strafrechtlichen Rehabilitierungsgesetz ist nach den bisherigen
gesetzlichen Regelungen bis zum 31. 12. 1999 zu stellen und
der Antrag auf Ausgleichsleistungen zur Beruflichen Rehabilitierung bis zum 31. 12. 2000.

Druckkostenzuschüsse

1. Um was geht es?

Die Veröffentlichung von wissenschaftlichen Werken und anderer
Fachliteratur überfordert wegen der verhältnismäßig geringen Auflage und des begrenzten Absatzes oftmals die finanziellen Möglichkeiten des Verfassers oder der Verlage. In diesen Fällen können För-
derungseinrichtungen in Anspruch genommen werden, die insbesondere zu den Druckkosten unter bestimmten Voraussetzungen
Zuschüsse gewähren.

2. Tips und Hinweise

2.1 Allgemeine Voraussetzungen

Druckkostenzuschüsse können für folgende Bücher und Zeitschriften gewährt werden:

- Monographien,
- Dissertationen, jedoch nur mit einem besonderen Prädikat (meist „summa cum laude"),
- Text- und Gesamtausgaben, die nach wissenschaftlichen Grundsätzen editiert und kommentiert sind,
- Quellenpublikationen (Corpora, Denkmäler, Regesten u. a.),
- Wörterbücher für wissenschaftliche Zwecke,
- Wissenschaftliche Bibliographien, deren Veröffentlichung für die Forschung oder Kultur unerläßlich oder besonders bedeutsam ist,
- Jahrbücher,
- Zeitschriften von besonderer Bedeutung oder mit neuen Forschungsergebnissen,
- Übersetzungen unter den gleichen Voraussetzungen,
- Rezensionsblätter mit selbständigen wissenschaftlichen Leistungen.

Nicht gefördert werden:
Dissertationen ohne besondere Auszeichnungen,
Diplom-, Magister- und Examensarbeiten,
Tagungsberichte, Festschriften und Schriften zu einem besonderen Anlaß,
Lehrbücher und populärwissenschaftliche Werke.

Zu beachten ist auch, daß die Auflage nicht über 1000 Exemplare betragen und die Förderung nicht einer allgemeinen Senkung des Ladenverkaufspreises dienen soll.

Wichtig: Die Werke dürfen vor Abschluß des Bewilligungsverfahrens nicht vom Verlag angekündigt werden oder im Druck vorliegen.
Je nach Fördereinrichtung sind aber abweichende Bedingungen möglich. Zum Beispiel können die Druckkostenzuschüsse für Dissertationen auch unter erleichterten Voraussetzungen gewährt werden.

2.2 Höhe der Zuschüsse und Beihilfen

Die Höhe wird jeweils individuell berechnet und richtet sich nach den Fehlbeträgen bei den Herstellungskosten und den Verlagsgemeinkosten sowie dem voraussichtlichen Absatz mit dem Erlös in den ersten beiden Jahren. Der Zuschuß darf die technischen Herstellungskosten nicht übersteigen. Unter bestimmten Voraussetzungen kommt ein pauschaler Zuschuß bis zu 10000 DM in Frage. Für Zeitschriften und ähnliche Werke ist der Druckkostenzuschuß nicht rückzahlbar. Für Bücher müssen Zuschüsse der Deutschen Forschungsgemeinschaft allerdings bei einem bestimmten Absatz mit einer bestimmten Rückzahlungsquote wieder erstattet werden.

2.3 Verfahren und Antragstellung

Je nach Zuschußgeber ist die Antragstellung entweder formlos oder mit einem bestimmten Vordruck vorgesehen. Der Antrag ist jeweils mit Angaben zur Person und zur Publikation sowie mit Unterlagen (Manuskript, Verlagskalkulation, Gutachten u.a.) zum Werk zu versehen. Die einzelnen Voraussetzungen erfahren Sie bei den Förderstellen.

2.4 Welche Stellen gewähren Zuschüsse oder Beihilfen?

Eine abschließende Aufzählung ist hier nicht möglich, da es auch viele private Vereinigungen (z.B. Stiftung Volkswagenwerk, Kastanienallee 35, 30519 Hannover, Telefon 0511/8381-0)) gibt, die Mittel für die Forschung und die Förderung des wissenschaftlichen Nachwuchses zur Verfügung stellen. Der Bund unterstützt allein über 80 verschiedene Institute.

Insbesondere zu nennen sind folgende Einrichtungen:
Förderungs- und Beihilfefonds Wissenschaft der Verwertungsgesellschaft (VG) Wort GmbH, Goethestraße 49, 80336 München, Telefon 089/514 12 77, Fax 089/5 14 12 58.
Deutsche Forschungsgemeinschaft (DFG), Kennedyallee 40, 53175 Bonn, Telefon 0228/885−1, Fax 0228/8852777.
Stifterverband für die Deutsche Wissenschaft, Barkhovenallee 1, 45239 Essen, Telefon 0201/8401−0.
Stiftung der Fa. Boehringer Ingelheim, Bingerstraße 173, 55218 Ingelheim, Telefon 06132/770.

Durchsetzung von öffentlich-rechtlichen Ansprüchen (Verfahren)

1. Um was geht es?

Bei ihrem Handeln sind die Behörden – wir leben bekanntlich in einem Rechtsstaat – an Recht und Gesetz gebunden. So steht es im Grundgesetz. Dort steht auch, daß die Würde des Menschen unantastbar ist und vor dem Gesetz alle gleich behandelt werden müssen. Diese Grundsätze sind auch noch in anderen Gesetzen festgehalten worden, wie z. B. im Sozialgesetzbuch. Dort heißt es u. a., daß das Recht des Sozialgesetzbuches auch ein menschenwürdiges Dasein und die Verwirklichung sozialer Gerechtigkeit sichern soll. Doch wie sieht es in der Praxis aus?

2. Tips und Hinweise

2.1 Verwaltungsverfahrensablauf

Wenn Sie ein bestimmtes Ziel, z. B. eine Leistung oder Genehmigung, erreichen oder sich gegen eine Anordnung wehren wollen, gilt es gewisse Regeln und Verhaltensweisen zu beachten. Im folgenden wird als Beispiel von der Beantragung einer Sozialleistung (das kann Wohngeld, Arbeitslosengeld oder eine andere Leistung sein) ausgegangen.

Für die Beantragung einer bestimmten Leistung fordern Sie die Antragsunterlagen schriftlich bei der zuständigen Behörde an oder besorgen Sie sich diese dort persönlich. Bei dieser Gelegenheit können Sie sich auch gleich nach der für Ihre Bearbeitung zuständigen Person (Sachbearbeitung) erkundigen und sie kennenlernen (aber nicht gleich persönlich werden) und gegebenenfalls Unklarheiten zur Antragstellung beseitigen, denn häufig sind für einen Antrag auch noch verschiedene Anlagen und Vordrucke auszufüllen. Fragen Sie im Zweifel lieber nach. Das kann auch später telefonisch sein. Deshalb sollten Sie sich auch gleich die Telefonnummer mit der Durchwahlnummer notieren. Sollte ein anderes Amt für die weitere Bearbeitung zuständig sein, weil Sie zum Beispiel nur in der Außenstelle eines Arbeitsamtes waren, lassen Sie sich die zuständige Sachbearbeitung nach der Buchstabenrate oder nach anderen Zuordnungen nennen.

Sollten Sie mit der Ausfüllung des Antrages nicht zurechtkommen oder überhaupt in der Angelegenheit überfordert sein, können Sie sich von einem Bekannten oder einer Person Ihres Vertrauens helfen und auch vertreten lassen. Eine solche Vertretung ist nach den Verfahrensregeln möglich und sollte vor der Behörde besonders erklärt werden. Darüber hinaus ist auch die Sachbearbeitung der Behörde nicht nur im Sozialleistungsbereich zur Beratung und Auskunft sowie Hilfe bei der Antragsausfüllung verpflichtet. Letztlich liegt sie auch im Behördeninteresse, da unvollständige Anträge Mehrarbeit bedeuten.

Kommt es dennoch im weiteren Bearbeitungsverfahren zu Rückfragen oder Anforderung von weiteren Unterlagen, sollten Sie diese zügig beantworten oder vorlegen. Wenn Sie Originalunterlagen abgeben, sollten Sie von den wichtigsten Inhalten (z.B. Rentenunterlagen) Kopien machen. Möglicherweise kann das auch die Sachbearbeitung bei der Behörde erledigen, so daß Sie Ihre Unterlagen gleich wieder haben. Fragen Sie einfach höflich nach. Im übrigen – und das gilt auch für das gesamte Verwaltungsverfahren und wird Ihnen nicht neu sein –, kann mit einiger nicht übertriebener Freundlichkeit auch häufig manches erreicht werden.

Zu einer Mitwirkung sind Sie auch gesetzlich verpflichtet. Sie müssen im übrigen alle Tatsachen angeben, die für die Leistung oder Angelegenheit von Bedeutung sein können. Das gilt auch für Änderungen. Die Prüfung, ob etwas von Bedeutung sein kann, sollten Sie dabei der Behörde überlassen. Also lieber etwas mehr, als zu wenig angegeben. Das Verschweigen von wichtigen Angaben könnte auch strafrechtliche Auswirkungen haben.

2.2 Wann ist eine Beschwerde angebracht?

Sollten Sie trotz eines freundlichen und sachlichen Verhaltens überhaupt nicht mit der Sachbearbeitung klarkommen, lassen Sie sich beim Vorgesetzten einen Termin für eine Besprechung Ihrer Angelegenheit geben. Das gilt auch für eine unverhältnismäßig lange Bearbeitungszeit. In bestimmten Fällen kann auch eine Dienstaufsichtsbeschwerde angebracht sein. Dieser formlose Rechtsbehelf, bei dem nur Anspruch auf die Bearbeitung der Beschwerde an sich und nicht auf eine bestimmte Sachentscheidung besteht, ist bei der bearbeitenden Behörde einzulegen. Soweit es um das persönliche Verhalten eines Behördenbediensteten geht, ist nicht die Aufsichtsbehörde, sondern immer die Anstellungsbehörde selbst zuständig. Auch bei einer Dienstaufsichtsbeschwerde bleiben Sie bei Ihren sachlichen Äußerungen. Beschimpfungen führen in der Sache nicht weiter.

2.3 Was ist mit einem vermeintlich fehlerhaften Bescheid?

Auch bei den Behörden sitzen nur Menschen, so daß Bescheide oder Entscheidungen nicht immer richtig sein müssen. Die Gewähr auf eine hundertprozentige Vollkommenheit gibt es nicht. Ist es ein eindeutiger offensichtlicher Fehler, kommt es auf Ihren Widerspruch hin zu einer Richtigstellung. Dabei kann es auch sein, daß der Fehler im Bescheid sofort „ins Auge sticht" und auch jedem Unbeteiligten auffällt. Dann handelt es sich um einen nichtigen Bescheid, der keine Rechtswirkungen entfaltet. Wenn Sie also z. B. eine Rentennachzahlung von 10 Millionen DM statt tatsächlich 1000 DM erhalten sollen.

Aber auch ohne offensichtliche Fehler sollte jeder Bescheid mit bestimmten Regelungen überprüft werden. Das können Sie zunächst selbst erledigen, in dem Sie die Formulierungen und Daten des Bescheides – soweit möglich – mit den Antragsunterlagen vergleichen. Haben Sie Zweifel an der Richtigkeit oder gar eine andere Rechtsauffassung zu einer bestimmten Sachentscheidung, sei es, daß eine bestimmte Ausgabe nicht vom anrechenbaren Einkommen abgesetzt oder der Bewilligungsbeginn zu spät angesetzt wurde, sollten Sie zunächst das Gespräch mit der Sachbearbeitung suchen und um Erklärungen bitten. Das kann aber auch im schriftlichen Verfahren sein. Sie müssen nicht immer gleich persönlich zur Behörde gehen oder fahren. Für dieses Gespräch oder Ihr Schreiben sollten Sie die erklärenden Unterlagen nicht vergessen.

Sollte die Angelegenheit nicht in Ihrem Sinne geregelt werden können, bleibt nur die Möglichkeit des Widerspruchs. Dieser wäre innerhalb eines Monats nach der Bekanntgabe des anzufechtenden Bescheides einzulegen. Achten Sie auf die Frist. Zwischenzeitliche Rückfragen verlängern die Frist nicht; es sei denn, Sie haben diese gleichzeitig als Widerspruch bezeichnet. Der Widerspruch muß nicht, sollte aber begründet werden, damit Ihre Auffassung erkennbar ist.

Der Widerspruch muß auch nicht unbedingt als solcher bezeichnet werden. Es reichen auch andere Formulierungen, wie z. B. Einspruch oder Protest. Dabei muß aber erkennbar sein, daß Sie mit dem Bescheid nicht einverstanden sind. Zu Ihrem Widerspruch erhalten Sie, wenn dem Widerspruch entsprochen wurde, einen Abhilfebescheid oder bei einer Zurückweisung Ihres Widerspruches einen Widerspruchsbescheid. Dieser wird entweder je nach Rechtsnatur der Angelegenheit von der Behörde selbst oder der nächsthöheren Behörde erteilt.

Es sollte auch beachtet werden, daß ein Widerspruch grundsätzlich aufschiebende Wirkung hat. Bei einem belastenden Bescheid ist also die Durchsetzung insoweit noch nicht möglich; es sei denn, die aufschiebende Wirkung wurde in dem Bescheid durch eine Anordnung der sofortigen Vollziehung, die aber nur in bestimmten Fällen zulässig ist, aufgehoben.

2.4 Zum Verfahrensablauf in einer Verwaltungsangelegenheit folgende Übersicht:

Abschnitt	Verlauf der Entscheidung	Fristen
Verwaltungsverfahren	Nach Bearbeitung Regelung durch Bescheid (Verwaltungsakt)	Für Bearbeitung grundsätzlich keine; in bestimmten Gesetzen aber Antrags- oder Erklärungsfristen
	Bürger legt Widerspruch ein	Einen Monat nach Bekanntgabe des Bescheides
Widerspruchsverfahren (Vorverfahren) Gerichtsverfahren	Abhilfentscheidung durch Erstbehörde oder Widerspruchsentscheidung (Zurückweisung) durch Erstbehörde oder nächsthöhere Behörde 1. Instanz: Klage (Verwaltungs- oder Sozialgericht) 2. Instanz: Oberverwaltungs- oder -sozialgericht 3. Bundesverwaltungsgericht oder Bundessozialgericht	Behörde sollte innerhalb von 3 Monaten entscheiden. Sonst gibt es die Möglichkeit der Untätigkeitsklage. Rechtsmittel jeweils einen Monat nach Zustellung der Entscheidung (Urteil)

Zu den Kosten sowie dem Widerspruchs- und Klageverfahren siehe Stichwort → Rechtsschutz in der Verwaltung.

2.5 Noch wichtig:

- Sie haben außerdem Rechte auf Beratung, Aufklärung und Auskunft durch die zuständigen Behörden. Prüfen Sie insbesondere bei für Sie belastenden Bescheiden, ob diese Behördenpflichten auch im zumutbaren Umfang erfüllt worden waren. Ansonsten können Sie auch Anträge rückwirkend nachholen.
- Anträge auf Sozialleistungen können auch bei unzuständigen Behörden abgegeben werden. Diese sind zur unverzüglichen Weitergabe an die zuständige Behörde verpflichtet. Anträge können Sie daher auch bei der örtlichen Gemeindeverwaltung abgeben. Fristen werden dadurch nicht versäumt. Achten Sie aber auf den Bewilligungsbeginn.

E

Eingliederungshilfe für Behinderte (Sozialhilfe)

1. Um was geht es?

Die Leistungen für Behinderte sind noch in vielen verschiedenen Gesetzen geregelt. Ein Teil davon ist die Eingliederungshilfe für Behinderte nach dem Sozialhilferecht. Diese Eingliederungshilfe tritt aber wegen des Nachranges der Sozialhilfe nur dann ein, wenn der behinderungsbedingte Bedarf nicht von einem anderen Leistungsträger erfüllt wird. Vorrangige Leistungsträger sind insbesondere die Unfallversicherungsträger, die Krankenkassen, die Rentenversicherungsanstalten, die Arbeitsämter, die Versorgungsämter und die Hauptfürsorgestellen.

Die Eingliederungshilfe ist zwar eine Sozialhilfeleistung, jedoch gegenüber den anderen Hilfearten hinsichtlich des Einkommens- und Vermögenseinsatzes wesentlich großzügiger. Auch gehen Unterhaltsansprüche nicht auf das Sozialamt über, soweit einem Behinderten ab 21. Jahren Eingliederungshilfe oder Hilfe zur Pflege gewährt wird.

2. Tips und Hinweise

2.1 Wer ist anspruchsberechtigt?

Anspruchsberechtigt sind alle Personen, die nicht nur vorübergehend körperlich, geistig oder seelisch wesentlich behindert sind. Anderen behinderten Personen kann die Eingliederungshilfe gewährt werden.

2.2 Welche Leistungen kommen in Frage?

Es gibt einen ganzen Katalog von Maßnahmen der Hilfen. Im einzelnen:

Hilfeart	Beispiele
Ärztliche Behandlung oder ärztlich verordnete Maßnahmen	Behandlung in Spezialkliniken, Tagesklinik für seelische Behinderte, Therapieeinrichtung für Drogenbenutzer, Untersuchungsmaßnahmen, Therapien, Erholungsmaßnahmen, Kuren
Körperersatzstücke, orthopädische und andere Hilfsmittel	Arm- und Beinprothesen, Hörgeräte, Rollstühle, Blindenschreibmaschinen, Haltevorrichtungen, Hilfe zur Beschaffung Kraftfahrzeug (wenn notwendig), Bedienungseinrichtungen, Personalcomputer
Heilpädagogische Maßnahmen für nicht schulpflichtige Kinder	Sprachheilkindergarten, integrativer Kindergarten, Einrichtungen der Lebenshilfe, Therapeutisches Reiten, Frühförderungsprogramme
Hilfe zu einer angemessenen Schulbildung	Fahrtkosten zur Schule, Schule für Lernbehinderte, Tagesbildungsstätte
Hilfe zur Berufsausbildung oder für eine sonstige angemessene Tätigkeit	Berufsbildungswerke, allgemeine Ausbildungsstätten, Fernunterricht, Praktikum, Hochschule
Hilfe zur Fortbildung, Umschulung oder zum Berufsaufstieg	Berufsförderungswerke
Hilfe zur Erlangung eines geeigneten Platzes im Arbeitsleben	Arbeitstherapie, berufsfördernde Leistungen, technische Hilfen, Umzugskosten
Hilfe bei der Wohnungsbeschaffung und -erhaltung	Beihilfen oder Darlehen für Wohnungsumbau, Einbau Rampe, Treppenlift, Aufzug
Hilfe zur Teilnahme am Leben in der Gemeinschaft	Zuschüsse für Fahrtkosten, Kursgebühren (Volkshochschule), Ferienaufenthalte, Hilfsmittel, Fernsehgerät
Sonstige Maßnahmen	Kosten für Begleitpersonen, Mahlzeitendienste, ambulante Hilfsdienste, Telefonketten, Erholungsaufenthalte
Gelegenheit zur Ausübung einer Beschäftigung	Tagesförderstätte, Werkstatt für Behinderte (Einrichtung nach dem Schwerbehindertengesetz), Einrichtungen der Lebenshilfe

Voraussetzung ist jeweils, daß die Hilfen erforderlich und angemessen sind und nicht von anderen Leistungsträgern gewährt werden können.

2.3 In welchem Umfang ist das Einkommen einzusetzen?

Für den Einkommenseinsatz bei der Eingliederungshilfe gelten drei Einkommensgrenzen. Sie richten sich nach der jeweiligen Hilfeart. Je schwerwiegender die Behinderung und je qualifizierter die Hilfe, um so höher ist das freizulassende Einkommen. Bei den meisten Hilfen gilt die besondere Einkommensgrenze. Sie setzt sich aus folgenden Teilen zusammen: (Stand: bis 30. 6. 98)

Grundbetrag   1545 DM (Ost 1505 DM)

Familienzuschlag für
unterhaltsberechtigte Angehörige je   431 DM (Ost   411 DM)
                                                        z. B. Ehegatte
(Betrag kann je nach Bundesland unterschiedlich sein)

Unterkunftskosten
(Miete oder Hausbelastung)   800 DM zum Beispiel

Gesamtfreibetrag   2776 DM

Soweit das (Netto-) Einkommen über dem Freibetrag liegen sollte, werden noch besondere Belastungen abgesetzt, wie z. b. krankheitsbedingte Aufwendungen, sonstige angemessene Versicherungsbeiträge, Unterhaltszahlungen, Ratenkredite, Pflegekosten usw. Von dem dann noch verbleibenden Einkommensüberschuß werden etwa 60 % bis 80 % als Eigenleistung des Behinderten vom Sozialamt gefordert.

Zur Berechnung des Einkommens siehe Stichwort →Beihilfen (Sozialamt).

Extra-Tips

▶ Für Behinderte unter 21 Jahren in teilstationären Einrichtungen (z.b. Tagesbildungsstätte, Sonderkindergarten, Werkstatt für Behinderte) werden die gesamten Kosten vom Sozialamt unabhänigig von der Einkommens- und Vermögenslage auch der Eltern übernommen. Es ist nur ein relativ geringer Betrag für die sogenannte häusliche Ersparnis zu zahlen. Das gilt auch für sonstige heilpädagogische Maßnahmen und den Hilfen für eine Schulausbildung und einen angemessenen Beruf.

▶ Soweit einem Behinderten ab 21 Jahren Maßnahmen der Eingliederungshilfe gewährt werden, ist vom Sozialamt in der Regel eine besondere Unterhaltsleistung der Eltern nicht mehr zu fordern.

Energiesparmaßnahmen

1. Um was geht es?

Die Privathaushalte verbrauchen in Deutschland immerhin mehr Energie als die gesamte Industrie ohne den Straßenverkehr, so daß sich bereits viele kleine Einheiten an Einsparungen bei den Haushalten im Ergebnis erheblich auswirken können. Auch kleine Abrechnungseinheiten machen sich in der Summe des Gesamtverbrauchs erheblich im Geldbeutel bemerkbar.

2. Tips und Hinweise

2.1 Beispiele

Im folgenden werden Beispiele genannt, bei denen sich mit einfachen Mitteln und geringen oder gar keinen Investitionen in der Summe der Gesamtkosten über das Jahr viele Hundert Mark sparen lassen.

(Bei den Durchschnittswerten zum Einsparungseffekt wird von einem Drei-Personen-Haushalt mit einem normalen Verbrauchsverhalten ausgegangen. Zu der Energie gehören dabei auch Verbrauchsbedürfnisse im weiteren Sinne.)

Art Geräte	Maßnahmen Investitionskosten	Einsparungs- effekt Durchschnitt/Jahr
Energiespar- lampen	Marken-Sparlampen (z.B. 11 W für alt 60 W) gibt es schon für 20 DM oder billiger, zum Teil auch 10 DM. Billigfabrikate taugen nichts, sie sind im Ergebnis teurer. Austausch von z.B. 10 Lampen.	200 DM
Heizkosten	Temperaturabsenkung um 1 Grad (z.B. von 20 Grad auf 19 Grad) spart 6% der Gesamtheizkosten.	150 DM
Wasser	Für Toilettenspülungen wird fast ein Drittel des gesamten Wassers verbraucht. Begrenzer in der Spülung und an den Hähnen senken Verbrauch bis zu 50%.	350 DM
Heizkosten (Eigenheim)	Bei Neubau auf besondere Wärmedämmung achten. Förderung (3200 DM) abzüglich Mehrkosten bleibt noch einmaliger Überschuß von ca. 500 DM. Gilt bis 1. 1. 1999. Außerdem ständige Heizkosteneinsparung.	250 DM
Wasser	Duschen statt Baden. Kostet nur ein Drittel vom Energieverbrauch. Wenn z.B. allein für 3 x Baden die Woche jeweils geduscht wird.	500 DM
Strom	Fernseh- u. Videogeräte oder Hifi-Anlagen werden oft im Stand-by-Betrieb belassen. Technisch hat das keinen Sinn, es kostet nur Strom (beim Video Achtung wegen Abschaltung) Der Verbrauch der Geräte ist sehr unterschiedlich. Z.B. drei Geräte mit je 10 W.	100 DM
Strom	Kühl- und Gefrierschrank werden optimal eingesetzt. D.h. Kühlschrank ohne Gefrierfach in der Küche, Tiefkühltruhe im Keller jeweils mit Öko-Technik statt Kühlschrank mit Gefrierfach und Tiefkühlschrank beide in der Küche.	100 DM
Autowäsche	In Waschanlage nur Einfachwäsche mit Trocknen ohne Schaum und Heißwachs. Dafür 2 x im Jahr Hartwachs selber auftragen.	300 DM
Müll- vermeidung	Durch konsequente Reduzierung auf Restmüll mit 60-Liter-Behälter bei 2wöchiger Leerung	300 DM

Art Geräte	Maßnahmen Investitionskosten	Einsparungs- effekt Durchschnitt/Jahr
Benzin	Durch zurückhaltende und voraus- schauende Fahrweise (kein „Bleifuß", keine Höchstgeschwindigkeit, frühes Hochschalten, Gas rechtzeitig wegneh- men), richtige Motoreinstellung, Luftfil- ter, Zündkerzen in Ordnung, mehr Rei- fenluftdruck, kein Dachgepäckträger usw. läßt sich Benzinverbrauch um bis zu 30% reduzieren. Bei 20000 km pro Jahr (1,60 DM Liter).	900 DM

2.2 Maßnahmen für Hausbesitzer

Darüber hinaus sind für Hausbesitzer die Förderprogramme des Staates für Energiesparinvestitionen interessant. Dazu folgende Übersicht:

Förderung	Erläuterung	Voraussetzung	Wo und Wer?
Energiespar- beratung	Für Beratung durch qualifizierte Person (Ingenieur) bis 900 DM Zuschuß	Baugenehmi- gung vor 1984 erteilt	Bundesamt für Wirtschaft Tel.: 0 61 96/40 40
Solaranlagen	Zinsverbilligte Darle- hen für regenerative Energiequellen	keine	Deutsche Aus- gleichsbank Tel.: 02 28/ 8 31 24 00
Maßnahmen zur CO_2-Minderung (alte Länder)	Zinsverbilligte Darle- hen für Wärmedämm- maßnahmen und Brennwertkessel	Baugenehmi- gung vor 1977 oder mind. 10 Jahre alte Hei- zungsanlage	Kreditanstalt für Wiederaufbau Tel.: 0 69/7 43 10
Modernisie- rungsprogramm (neue Länder)	Zinsverbilligte Dar- lehen für Modernisie- rungen und Energie- sparmaßnahmen	keine	Kreditanstalt für Wiederaufbau
Ökozulage	Neben der Eigenheim- zulage bis 500 DM Zuschuß pro Jahr für energiesparende Tech- niken	Einbau vor 1999; Einkom- mensgrenzen 120000 DM/ 240000 DM (led./verh.)	Finanzamt

2.3 Weitere Möglichkeiten

• Bei Neuanschaffungen, die ohnehin anstehen, besser gleich auf moderne Anlagen (bei Heizung z.B. Gasbrennwertkessel) oder stromsparende Großgeräte (Geschirrspüler, Tiefkühlschrank) umsteigen. Es rechnet sich. Wenn Sie beispielsweise eine ältere Brennstoffanlage (Heizöl) mit einem schlechten Nutzungsgrad gegen eine moderne Anlage austauschen, können Sie beim Verbrauch (Werte für Einfamilienhaus mit 100 qm Wohnfläche) rd. 600 DM jährlich sparen.

• Beim Einbau von Solaranlagen, Wärmepumpen, und Anlagen zur Wärmerückgewinnung gibt es bis 1. 1. 1999 eine staatliche Förderung (Finanzamt) bis 4000 DM.

• Viele energie- und umweltbewußte Maßnahmen, wie Nutzung der Waschmaschine mit niedrigeren Temperaturen (Kochwäsche möglichst vermeiden), Fahrrad- statt Autofahren wenn möglich, Autofahrgemeinschaften für Arbeitsweg, Verzicht auf Haushaltspezialreiniger, früheres Ausschalten von Backofen und Elektroherd mit Nutzung der Restwärme, Kauf von Nachfüllpackungen mit bis zu 50 % niedrigeren Preisen als die Standardpackungen je nach Produkt usw. sind einfach und machen kaum Mühe.

Erbrecht

1. Um was geht es?

Als Erbschaft oder Nachlaß wird das Vermögen als Gesamtheit der Rechtsverhältnisse des Erblassers, die beim Erbfall als Ganzes auf den Erben übergehen, bezeichnet. Nach herrschender Meinung gehören neben den Rechten dazu auch die Schulden des Erblassers (Nachlaßverbindlichkeiten), für die der Erbe grundsätzlich aufzukommen hat. Vererblich sind also vornehmlich die vermögensbezogenen Rechte und Pflichten.

Es wird geschätzt, daß in Deutschland in den nächsten Jahren etwa 1,7 Millionen Erbfälle zu erwarten sind, die sich auf ein Vermögen von etwa 2,6 Billionen Mark freuen können. Wenn Sie also in den nächsten Jahren erben sollten, können Sie im statistischen

Schnitt mit einer Erbschaft von etwa 1,5 Millionen DM rechnen. Leider ist das Vermögen nicht gleichmäßig verteilt. Wenige erben viel und viele erben wenig. Immerhin geht es bei jeder fünften Erbschaft um mehr als 400 000 DM.

2. Tips und Hinweise

2.1 Welches ist die gesetzliche Erbfolge?

Nach dem Gedanken des Bürgerlichen Gesetzbuches sollen diejenigen erben, die dem Verstorbenen am nächsten standen. Dabei unterteilt das Gesetz die Erben nach einer Ordnungsfolge:

- Erben der ersten Ordnung sind die Abkömmlinge, also Kinder, Enkel, Urenkel. Lebt einer davon nicht mehr, treten dessen Abkömmlinge an seine Stelle.
- Erben der zweiten Ordnung sind die Eltern des Verstorbenen und deren Abkömmlinge. Also Vater, Mutter, Geschwister, Neffe, Nichte. Sie kommen nur an die Reihe, wenn keine Erben erster Ordnung mehr leben oder vorhanden sind.
- Erben der dritten Ordnung sind die Großeltern und wieder deren Abkömmlinge. Das sind dann Onkel, Tante, Cousins, Cousinen und deren Abkömmlinge.
- Erben der vierten Ordnung sind die Urgroßeltern und ihre Abkömmlinge.
- Erben der fünften und aller weiteren Ordnungen sind die weiteren Voreltern des Verstorbenen und ihre Abkömmlinge.

Bei alledem gilt als Grundregel: Erben einer früheren Ordnung schließen Erben einer späteren Ordnung aus. Die Eltern erhalten zum Beispiel nichts, wenn die Kinder des Verstorbenen noch leben. Innerhalb einer Ordnung geht die Reihenfolge nach dem Verwandtschaftsgrad.

Übersicht zur gesetzlichen Erbfolge:

	† Erblasser/Erblasserin →Ehegatte eigenes Erbrecht
Erben 1. Ordnung	Kinder, Enkel und weitere Abkömmlinge
Erben 2. Ordnung	Eltern, Geschwister und weitere Abkömmlinge
Erben 3. Ordnung	Großeltern, Onkel und Tante und weitere Abkömmlinge

2.2 Welche Erbrechte hat der Ehegatte?

Dieser spielt eine besondere Rolle. Der Ehegatte erbt immer. Wieviel hängt von den sonstigen Erben und deren Ordnung ab. Sind Erben der ersten Ordnung vorhanden, bekommt der Ehegatte ein Viertel. Bei Erben der zweiten Ordnung und der dritten Ordnung dann die Hälfte. Bei den Erben der dritten Ordnung (Großeltern) werden aber nicht deren Abkömmlinge vom Gesetz bedacht, sondern der Ehegatte dafür. Gibt es keine Verwandten der ersten und zweiten Ordnung und auch keine Großeltern, erbt der Ehegatte alles, wenn denn etwas vorhanden ist.

Bei dem Erbanteil des Ehegatten ist aber noch der Güterstand der Ehe zu beachten. Sie wissen, daß es einen gesetzlichen Güterstand (Zugewinngemeinschaft), die Gütergemeinschaft und die Gütertrennung gibt. Bei der Zugewinngemeinschaft gibt es keine Vereinbarungen. Dabei werden während der Ehe alle Vermögenswerte gemeinsam erworben. Das müßte im Erbfall an sich genau ausgerechnet werden. Dafür gibt es aber eine gesetzliche Vereinfachung, und zwar wird dem Ehegatten als Zugewinnausgleich ein weiteres Viertel der Erbmasse zugerechnet.

Bei der Gütertrennung gibt es für den Ehegatten weiter nichts. Nur wenn Kinder vorhanden sind, wird der Ehegatte wieder besonders bedacht. Die Kinder und der Ehegatte erben dann je zu gleichen Teilen. Bei drei und mehr Kindern behält der Ehegatte immer ein Viertel der Erbmasse.

Nach einer Scheidung sind die Erbansprüche weg. Der geschiedene Ehegatte kann vom verstorbenen Ex-Gatten nur über die eigenen Kinder bei deren Todesfall wieder ein Erbe erlangen.

Zusammenfassung der Erbanteile des hinterbliebenen Ehegatten:

Art des Güterstandes	Bei Erben der 1. Ordnung	Bei Erben 2. Ordnung	Bei Erben 3. Ordnung	weiterer Ordnungen
Zugewinn-gemeinschaft	$1/2$	$3/4$	$3/4$	$1/1$
Gütertrennung	$1/2$ bei 1 Kind $1/3$ bei 2 Kindern $1/4$ bei 3 und mehr Kindern	$1/2$	$1/2$	$1/1$
Güter-gemeinschaft	$1/4$	$1/2$	$1/2$	$1/1$

2.3 Weitere Besonderheiten

Wenn keine Erben auffindbar sind, geht das ganze Erbe an die Gesellschaft, also den Staat. Mit einem Testament kann diese gesetzliche Regelung aber ausgeschlossen werden. Die Hinterlassenschaft kann allen möglichen und unmöglichen natürlichen und juristischen Personen vermacht werden.

Achtung bei Geschenken: Wird das Vermögen durch Schenkungen oder Zuwendungen an Kinder oder Enkel erheblich verringert und wirkt sich dies auf die Erbmasse aus, so ist eine Ausgleichspflicht zu beachten. Im Erbfall wird durch den gesetzlichen Ausgleich für die Schenkung der Erbanteil des vorweg bedachten Kindes insoweit verringert. Das gilt aber nur bei der gesetzlichen Erbfolge, nicht bei einem Testament.

Es gibt außerdem noch einen Ausgleichsanspruch für die Pflege oder die Mitarbeit im Geschäft des Verstorbenen, soweit der Erbe dafür auf eigenes Einkommen verzichtet hat und die Leistungen nicht bezahlt worden sind. Die Höhe richtet sich nach den jeweils erbrachten Leistungen.

2.4 Wie ist das mit einem Testament?

Wer die gesetzliche Erbfolge ausschließen will, regelt seinen letzten Willen durch ein Testament oder einen Erbvertrag.

Wichtig: Ein Testament geht der gesetzlichen Erbfolge immer vor!

Das geht mit einem notariellen Testament oder auch mit einem eigenhändigen Testament. Beim Notar wird ein Testament als Dokument aufgesetzt, maschinell geschrieben und vom Erblasser sowie dem Notar unterschrieben. Dann wird das Testament der Hinterlegungsstelle beim Amtsgericht übergeben. Wenn das gegen Gebühr hinterlegte Testament beim Amtsgericht wieder abgeholt wird, gilt es als widerrufen. Gibt es dann im Erbfall kein anderes Testament, tritt die gesetzliche Erbfolge ein. Das ist alles nicht so teuer. Bei einer Erbmasse von zum Beispiel 100 000 DM kostet der Notar 260 DM und die Hinterlegung beim Amtsgericht 65 DM jeweils plus Mehrwertsteuer.

Am einfachsten ist die handschriftliche Form des Testaments. Auf einem sauberen Blatt Papier kann aufgeschrieben werden, wer was und wieviel von dem Nachlaß erhalten soll. Am besten mit eindeutigen und klaren Zuordnungen.

Alles muß aber handschriftlich geschrieben sein. Mit Computer, Schreibmaschine oder einem Vordruck ist das eigenhändige Testament unwirksam. Auch muß die Unterschrift mit Vor- und Nachnamen lesbar sein. Es empfiehlt sich auch die Angabe von Ort und Datum. Damit können spätere Zweifel bei mehreren Testaments ausgeschlossen werden, denn es gilt immer dasjenige mit dem jüngsten Datum. Änderungen und Ergänzungen sind später auch möglich, aber mit den gleichen Voraussetzungen (Handschrift, Unterschrift, Ort und Datum). Auch das eigenhändige Testament kann beim Amtsgericht hinterlegt werden. Dafür gibt es dann einen Hinterlegungsschein. Das Amtsgericht erfährt immer von einem Todesfall und eröffnet dann das Testament. Mit einer Hinterlegung werden alle möglichen Manipulationen mit dem Testament, zum Beispiel eine Beseitigung oder Veränderung durch (böse) Menschen, vermieden.

Beispiel für ein handschriftliches Testament:

Testament

Hiermit setze ich meine Tochter Wilhelmine, geboren am 31. 12. 1960, zur alleinigen Erbin meines ganzen Vermögens ein. An Vermögen habe ich nur noch ein Sparbuch mit einem Guthaben von 50 000 DM am heutigen Tag.

Berlin, den 31. Dezember 1990

Elisabeth Lustig, geb. Reich

2.5 Was bedeutet ein Erbvertrag?

Wenn die Aufteilung des Nachlasses im einzelnen verbindlich geregelt sein soll, kann ein Erbvertrag zwischen dem Erblasser (noch zu seinen Lebzeiten) und den betroffenen Erben die Verteilung festlegen. Daran sind dann alle gebunden. Es müssen aber nicht alle möglichen Erben einbezogen werden. Wenn zum Beispiel ein Betrieb an den ältesten Sohn vererbt werden soll, kann diese Angelegenheit zur Sicherheit und der weiteren Lebensplanung des Sohnes mit Erbvertrag geregelt werden. Diese Sache muß vor einem Notar bei Anwesenheit der Beteiligten abgeschlossen werden. Der Erbvertrag wird auch in amtliche Verwahrung genommen. Spätere Änderungen sind nur gemeinsam möglich.

Ein Erbvertrag kann auch bei nichtverheirateten Lebenspartnern zu empfehlen sein, wenn einer den anderen beerben soll. Soll dabei

für den Fall der Trennung vorgesorgt werden, kann eine Rücktritts-
klausel vereinbart werden.

2.6 Was ist ein Vermächtnis und eine Auflage?

Eine Person, die nicht erbberechtigt ist, kann ein Vermächtnis erhalten. Der beste Freund des Erblassers soll zum Beispiel die Pfeifen-
sammlung erhalten. Das können letztlich alle möglichen Sachen
sein. Der Empfänger wird aber nicht automatisch Eigentümer; er
muß seinen Anspruch bei den Erben geltend machen. Des weiteren
kann der Erblasser seine Erben oder Vermächtnisnehmer verpflich-
ten, gewisse Gegenleistungen zu erbringen. Dann handelt es sich um
eine Auflage. Zum Beispiel erbt jemand eine Briefmarkensammlung
mit der Auflage, diese in den nächsten fünf Jahren nicht verkaufen
zu dürfen. An diese Auflage ist der Erbe gebunden.

2.7 Was ist der Sinn eines Berliner Testaments?

Wenn sich Eheleute in einem gemeinschaftlichen Testament als
Alleinerben einsetzen und bestimmen, daß die Kinder das Erbe erst
nach dem Tod des überlebenden Ehegatten ohne Regelungen einer
Vor- und Nacherbschaft erhalten sollen, wird von einem Berliner
Testament gesprochen. Der überlebende Ehegatte als Erbe ist dabei
frei in seiner Verfügungsgewalt über das Erbe. Wenn er will, kann
das gesamte Erbe verbraucht werden.

Wenn allerdings der überlebende Ehegatte wieder heiratet, kann
es problematisch werden und Ärger geben. Dieser neue Ehegatte
und die gemeinsamen Kinder sind dann nämlich wenigstens pflicht-
teilsberechtigt. Eine solche Entwicklung kann durch eine Vor- und
Nacherbschaft ausgeschlossen werden. Dann erhalten fremde Erben
nichts aus dem Nachlaß des früheren ersten Ehegatten.

2.8 Wann sollte eine Erbschaft ausgeschlagen werden?

Nicht jede Erbschaft ist mit einem reichen Geldsegen verbunden.
Wenn der liebe Verstorbene nichts als Schulden hinterlassen hat,
sollten Sie sich als Erbe überlegen, ob Sie diese Nachlaßverbindlichkeiten, die sich durch die Bestattungskosten, Gerichtsgebühren und
weitere Forderungen noch erhöhen können, übernehmen wollen.
Wenn nicht, ist Eile angesagt; denn innerhalb von sechs Wochen
besteht nur die Möglichkeit, die Erbschaft auszuschlagen. Diese

Erklärung ist wieder an eine bestimmte Form gebunden. Sie muß nämlich beim Nachlaßgericht oder beim Notar persönlich abgegeben werden. Die Frist beginnt aber nur mit dem Zeitpunkt, an dem Sie wissen, daß und warum Sie Erbe geworden sind.

Wichtig: Wenn Sie eine Erbschaft angenommen und erst später von einer Überschuldung des Nachlasses erfahren haben, können Sie sich mit Unwissen herausreden und die Annahme der Erbschaft anfechten.

Bei undurchsichtigen Verhältnissen kann beim Amtsgericht (Nachlaßgericht) eine Nachlaßverwaltung beantragt werden. Sollte nach deren Abwicklung noch etwas übrig bleiben, steht es den Erben zu.

2.9 Wofür ist ein Erbschein gut?

Ein Erbschein erleichtert den Nachweis, daß Sie Erbe geworden sind. Nicht immer ist klar, wer und in welchem Umfang zu den Erben gehört. Für die Abwicklung der weiteren Formalitäten und Angelegenheiten nach einem Todesfall, wie zum Beispiel Kontoauflösung oder Grundstückumschreibung, wird oft zum Nachweis der Berechtigung für diese Rechtsgeschäfte ein Erbschein verlangt. Mit einem Erbschein können Sie sich als rechtmäßiger Erbe ausweisen.

Der Erbschein ist beim Nachlaßgericht (Amtsgericht) zu beantragen, das für den letzten Wohnsitz des Verstorbenen zuständig ist. Dafür sind viele Unterlagen erforderlich, wie Ausweis, Sterbeurkunde, Familienstammbuch, Testament oder Erbvertrag falls vorhanden. Für bestimmte Angaben ist auch eine Versicherung an Eides Statt vorm Gericht oder Notar erforderlich. Für diese Beurkundungen und die Erteilung des Erbscheins fallen auch Gebühren an. Bei einem Nachlaßwert nach Abzug der Nachlaßverbindlichkeiten von zum Beispiel 10 000 DM sind das jeweils 80 DM oder bei einem Nachlaßwert von 200 000 DM dann jeweils 410 DM plus Mehrwertsteuer beim Notar.

Wenn ein Testament vorhanden ist, wird in den meisten Fällen eine beglaubigte Kopie davon und von dem gerichtlichen Eröffnungsprotokoll als Nachweis für das Erbrecht bei Banken ausreichen. Sie sparen dadurch die Kosten für einen Erbschein.

2.10 Wieviel muß an Erbschaftssteuer gezahlt werden?

Im einzelnen siehe Stichwort →Erbschaftssteuer.

Extra-Tip

▶ Wenn Sie eine Erbschaft wegen vermuteter Überschuldung
ausgeschlagen und erst später von weiteren Vermögenswerten
(Lottogewinn kurz vor dem Tod, versteckte Sparbücher, Bar-
geld im Tiefkühlschrank usw.) erfahren haben, können Sie die
Ausschlagung anfechten, und zwar mit der Begründung, daß
Sie sich über den Inhalt der Erbschaft geirrt hätten.

Erbschaftssteuer

1. Um was geht es?

Rückwirkend zum 1. 1. 1996 wurde die Erbschafts- und Schenkungssteuer aufgrund einer Entscheidung des Bundesverfassungsgerichts geändert. Es wurden die sogenannten Steuerklassen und die
Freibeträge neu festgesetzt. Dazu gibt es auch eine neue Bewertung
des Haus- und Grundbesitzes, die sich für Zwecke der Erbschafts-
und Schenkungssteuer nicht mehr nach den alten Einheitswerten,
sondern nach den Ertragswerten auf der Basis von Mieten für ein
Gebäude richtet. Dennoch bietet das Erbrecht zahlreiche Möglichkeiten einer steuerlich sinnvollen – also steuersparenden – Gestaltung von Vermögensaufteilungen. Sie müssen nur genutzt und dann
auch geregelt werden.

2. Tips und Hinweise

2.1 Steuerklassen und Freibeträge:

Wenn von dem zuständigen Finanzamt der Wert eines Erbes oder
einer Schenkung ermittelt worden ist, richtet sich die Höhe der Erb-
schafts- oder Schenkungssteuer nach der Steuerklasse des Erben,
den je nach Verwandtschaftsgrad geltenden Freibeträgen und dem
Steuersatz.

	Allgemeiner Freibetrag – DM –	Versorgungs- freibetrag – DM –	Hausrats- freibetrag – DM –	Sonstiger Vermögens- freibetrag – DM –
Steuerklasse I Ehegatten	600 000	500 000	80 000	20 000
Kinder und Stief- kinder sowie Enkel, wenn deren Eltern verstorben sind	400 000	bis 5 Jahre: 100 000 10 Jahre: 80 000 15 Jahre: 60 000 20 Jahre: 40 000 27 Jahre: 20 000	80 000	20 000
Enkel	100 000	0	80 000	20 000
Eltern und Groß- eltern (bei Erb- schaft)	100 000	0	80 000	20 000
Steuerklasse II Eltern und Groß- eltern (bei Schen- kungen), Ge- schwister, Neffen, Nichten, Schwie- gereltern, Stief- eltern, Ehegatten der Kinder, Ex-Ehegatte	20 000	0	20 000	0
Steuerklasse III alle sonstigen Begünstigten			20 000	0

2.2 Höhe der Erbschaftssteuer

Wenn nach Abzug der Freibeträge von dem Wert der Erbschaft oder Schenkung noch etwas übrig bleibt, wird dieser Restwert je nach Höhe und Steuerklasse mit der Erbschafts- oder Schenkungssteuer belegt.

Dazu gibt es folgende Steuersätze:

Zu versteuernder Rest- wert (in DM) bis zu	Steuern in Prozent in Steuerklasse		
	I	II	III
100 000	7	12	17
500 000	11	17	23
1 000 000	15	22	29
10 000 000	19	27	35
25 000 000	23	32	41
50 000 000	27	37	47
höhere Beträge	30	40	50

2.3 Bewertung von Haus- und Grundbesitz

Es ist zu unterscheiden nach bebauten und nach unbebauten Grundstücken.

Für bebaute Grundstücke wird nach neuem Recht das 12,5fache der in den letzten drei Jahren vor der Erbschaft durchschnittlich erzielten Jahreskaltmiete. Gab es keine Mieteinnahmen, werden vom Finanzamt die Werte der ortsüblichen Miete angesetzt. Davon wird dann noch ein Abschlag für jedes Jahr von der Bezugsfertigkeit des Gebäudes bis zur Erbschaft von 0,5 % (höchstens 25 %) abgesetzt.

Beispiel: Erbschaft im Jahr 1997 mit einer nicht vermieteten Eigentumswohnung von 100 qm. Bezugsfertigkeit 1990. Angenommene ortsübliche Miete für vergleichbaren Wohnraum mit 11 DM je qm.

Berechnung: 100 qm × 11 DM × 12 Monate × 12,5 = 165 000 DM mit Abschlag für Alter 7 Jahre × 0,5 = 3,5 % = 4950 DM bleibt Restwert von 160 050 DM.

Besonderheit:

Bei Ein- oder Zweifamilienhäuser als Eigenheim wird vom Finanzamt noch ein pauschaler Zuschlag von 20 % des Ausgangswertes hinzugerechnet.

Unbebaute Grundstücke werden mit 80 % des am 1. 1. 1996 gültigen Bodenrichtwertes bewertet. Wenn zum Beispiel der Bodenrichtwert bei 100 DM pro qm liegt, sind für ein 400 qm großes Grundstück 32 000 DM als Steuerwert anzusetzen.

2.4 Reduzierung der Erbschaft durch Ausgaben

Wenn der Wert der Erbschaft festgestellt worden ist, sind noch Belastungen und Nachlaßverbindlichkeiten abzusetzen wie:

Schulden des Erblassers (Mietrückstände, Steuerschulden, Kredite)

Verbindlichkeiten zur Erfüllung des Erbes (Pflichtteilsansprüche, Vermächtnis)

Beratungskosten und Gebühren (Notar, Prozeßkosten, Erbschein, Grundbuch, Testamentsvollstreckung, Beurkundungen, Umschreibung von Grundstücken, Steuerberater)

Bestattungskosten (Todesanzeigen, Bestatter, Trauerfeier, Grabmal, Grabpflege) mit pauschal 20000 DM. Bei höheren Kosten ist Einzelnachweis erforderlich.

2.5 Berechnungsbeispiel

Familienvater stirbt und hinterläßt eine Frau und zwei Kinder. Es ist ein 20 Jahre altes Einfamilienhaus vorhanden und Sparvermögen im Wert von 300000 DM. Es gilt die gesetzliche Erbfolge, da kein Testament vorliegt. Somit erbt die Frau die Hälfte und die Kinder erben je ein Viertel. Die Vergleichsmiete für das Haus beträgt 12000 DM im Jahr.

Wert der Erbschaft	DM
Hausgrundstück	162000
Sparvermögen	300000
Summe des Erbes	462000
Steuerbelastung der Ehefrau	
Erbanteil	231000
ab Freibetrag	600000
ab Versorgungsfreibetrag	500000
somit Erbschaftssteuer	0
Steuerbelastung je Kind	
Erbanteil	115500
ab Freibetrag	400000
somit Erbschaftssteuer	0

Nach altem Recht hätte die Ehefrau auch keine Erbschaftssteuer bezahlen müssen. Die Kinder aber je etwa 75 DM.

Extra-Tips

▶ Eltern sollten zum Vorteil ihrer Kinder ihr Vermögen teilen, so daß es beiden Elternteilen zusammen gehört. Dann können die Kinder zweimal die gesetzlichen Freibeträge nutzen. Einen ähnlichen Vorteil bietet ein gemeinsames Bankkonto, über das beide Ehegatten verfügen können. Im Erbschaftsfall ist dann nur eine Hälfte für die Berechnung der Erbschaftssteuer heranzuziehen.

▶ Das sogenannte Berliner Testament kann für die Kinder wegen der Höhe des immer noch vorhandenen Vermögens und der darauf zu zahlenden Erbschaftssteuer teurer werden als die gesetzliche Erbfolge. Da das Vermögen bei den vorherigen Erbfällen nicht verteilt worden ist, bleibt zum Schluß der Gesamtbetrag nur von einer Person zu versteuern. Es empfiehlt sich also vorher mindestens ein Vermächtnis für das Kind aus dem Vermögen der Eltern. Dieser Wert würde beim Tod eines Elternteiles bereits vom zu versteuernden Nachlaß abgezogen, so daß von den Freibeträgen besser profitiert werden könnte.

▶ Mit Schenkungen zu Lebzeiten können Sie das Erbe verringern und die Erbschaftssteuer reduzieren oder ganz vermeiden. Dabei ist allerdings die Steuerpflicht der Schenkungen nicht zu vergessen. Aber auch für sie gelten Freibeträge, und zwar können diese alle 10 Jahre neu beansprucht werden. Die Eltern können zum Beispiel ihrem Kind alle 10 Jahre 400 000 DM steuerfrei schenken. Die Schenkungen sollten dabei immer in einer Summe erfolgen, damit die Beschenkten gleich von den Erträgen oder Wertverbesserungen profitieren können. Auch wenn die Steuerfreibeträge überschritten werden sollten, empfiehlt sich eine Verteilung zu Lebzeiten, denn mehrere geringere zu versteuernde Beträge sind günstiger als die einmalige Versteuerung des Gesamtbetrages. Insgesamt kann leicht ein Steuervorteil von 50 000 DM erreicht werden.

Erwerbsunfähigkeitsrente

1. Um was geht es?

Seit Beginn der sozialen Rentenversicherung vor mehr als Hundert Jahren gibt es für den Fall eines vorzeitigen Ausscheidens aus dem Erwerbsleben infolge „Invalidität" eine „Invalidenrente". Sie war früher nur als Zuschuß zum allgemeinen Lebensunterhalt gedacht und bietet heute als Rente wegen verminderter Erwerbsfähigkeit entweder als →Berufsunfähigkeitsrente oder als Erwerbsunfähigkeitsrente (EU-Rente) einen fast umfassenden Schutz für den Einkommensausfall.

2. Tips und Hinweise

2.1 Was bedeutet Erwerbsunfähigkeit?

Eine Person ist erwerbsunfähig, wenn sie infolge Krankheit oder Behinderung eine dauernde regelmäßige Erwerbstätigkeit nicht mehr ausüben oder nur noch ein geringes Arbeitseinkommen erzielen kann. Im Gegensatz zur Berufsunfähigkeit muß ein sehr viel größeres Maß an Leistungseinbuße vorliegen.

2.2 Welche allgemeine Wartezeit ist maßgebend?

Vor Eintritt der Erwerbsunfähigkeit muß entweder

die allgemeine Wartezeit von fünf Jahren aus Beitragszeiten, Ersatzzeiten oder Zeiten aus einem Versorgungsausgleich erfüllt sein und in den letzten fünf Jahren vor der Erwerbsunfähigkeit mit drei Jahren Pflichtbeiträgen oder die Erwerbsunfähigkeit durch ein besondere Ereignis, z. B. einen Arbeitsunfall, eingetreten sein

oder

sofern diese Voraussetzungen nicht erfüllt sind, eine Wartezeit von 20 Jahren aus Beitragszeiten, Ersatzzeiten oder Zeiten aus einen Versorgungsausgleich zurückgelegt worden sein. Die Wartezeit von 20 Jahren begründet somit auch einen Rentenanspruch für Geburts- oder Frühbehinderte.

2.3 Was ist mit Selbständigen?

Wer eine selbständige Tätigkeit ausübt, ist im gesetzlichen Sinne nicht erwerbsunfähig. Das gilt auch, wenn unter medizinischen Gesichtspunkten eine Erwerbsunfähigkeit vorliegt. Einen Anspruch können Sie nur dann erreichen, wenn Sie Ihren Betrieb aufgegeben, z. B. durch eine gewerbliche Abmeldung oder Löschung in der Handwerksrolle. Überlegt werden könnte in diesem Zusammenhang die Übertragung des Betriebes zum Beispiel auf den Ehegatten, um in den Genuß der EU-Rente zu kommen und gleichzeitig weitere Betriebseinnahmen zu haben.

Extra-Tips

▶ Wie das mit einem Hinzuverdienst ist, siehe Stichwort →Hinzuverdienst (Rentenversicherung).

▶ Wenn Ihre Erwerbsunfähigkeitsrente bereits vor dem 1. 1. 1996 begonnen hat, gelten die Hinzuverdienstgrenzen für Sie erst ab dem Jahre 2001. Bis dahin können Sie unbeschränkt hinzuverdienen, sofern weiterhin Erwerbsunfähigkeit vorliegt.

▶ Für die Zuerkennung der EU-Rente spielt auch die Arbeitsmarktlage eine maßgebende Rolle. Wenn es der Rentenversicherungsanstalt zusammen mit dem Arbeitsamt nicht gelingen sollte, Ihnen einen Ihrem Leistungsvermögen entsprechenden Teilzeitarbeitsplatz anzubieten, ist eine Erwerbsunfähigkeit anzunehmen. Das gilt auch, wenn eine erfolglose Vermittlung von vornherein schon absehbar ist. Sie haben bei der Arbeitsplatzbeschaffung zwar nach Kräften mitzuwirken, sollten sich jedoch ständig auf Ihre Leistungseinbuße berufen.

Erziehungsgeld

1. Um was geht es?

Für die erste Lebensphase ihres Kindes erhalten Eltern als Anerkennung für die Betreuung und Erziehung sowie zur Verbesserung ihrer wirtschaftlichen Situation Erziehungsgeld von maximal 600 DM monatlich je Kind. Das Erziehungsgeld kann bis zum 24. Lebensmonat des Kindes gezahlt werden. Es ist jeweils für ein Lebensjahr des Kindes zu beantragen. Für das zweite Lebensjahr muß also ein neuer Antrag gestellt werden.

2. Tips und Hinweise

Erziehungsgeld wird unabhänig von der bisherigen Tätigkeit gezahlt. Die Eltern bestimmen, wer das Erziehungsgeld erhalten soll. Sie können sich dabei abwechseln ohne aber eine Verlängerung des Zahlungszeitraumes erreichen zu können.

2.1 Welche Einkommensgrenzen sind maßgebend?

Es gibt Einkommensgrenzen für die Zeit vom 1. bis 6. Lebensmonat und für die Zeit ab dem 7. Lebensmonat.

Für die ersten sechs Lebensmonate darf das anrechenbare Einkommen den Betrag von 100 000 DM pro Jahr für ein Ehepaar mit 1 Kind nicht überschreiten. Das gilt auch für Eltern in einer Lebensgemeinschaft. Für Alleinerziehende beträgt die Grenze 75 000 DM. Diese Grenzen erhöhen sich für jedes weitere Kind um 4200 DM. Wird die maßgebende Einkommensgrenze überschritten, gibt es kein Erziehungsgeld. Auch eine nur geringfügige Überschreitung führt zum Verlust des Anspruchs.

Ab dem siebten Lebensmonat gelten geringere Einkommensgrenzen, und zwar ist für Verheiratete mit einem Kind ein Betrag von 29 400 DM und für Alleinerziehende mit 1 Kind von 23 700 DM maßgebend. Auch hier erhöht sich die Einkommensgrenze um 4200 DM für jedes weitere Kind. Bei einer Überschreitung der Einkommensgrenze gibt es aber noch anteilig Erziehungsgeld. Für jeweils 1200 DM Überschreitung pro Jahr vermindert sich das Erziehungsgeld um 40 DM monatlich. Unter 40 DM werden dann nicht mehr ausgezahlt.

	Kinder	Einkommensgrenze für volles Erziehungsgeld	Einkommensgrenze für gemindertes Erziehungsgeld
Ehepaar Alleinerziehende	1	29 400 DM 23 700 DM	46 200 DM 40 500 DM
Ehepaar Alleinerziehende	2	33 600 DM 27 900 DM	50 400 DM 44 700 DM
Ehepaar Alleinerziehende	3	37 800 DM 32 100 DM	54 600 DM 48 900 DM
Ehepaar Alleinerziehende	4	42 000 DM 36 300 DM	58 800 DM 53 100 DM

2.2 Was zählt zum anrechenbaren Einkommen?

Ausgegangen wird vom Einkommen mit der Summe aller Einkünfte im Sinne des Einkommensteuergesetzes. Beispiele sind: Einkünfte aus nichtselbständiger Arbeit, aus Gewerbebetrieb, aus Kapitalvermögen oder aus Vermietung und Verpachtung. Bei Einkünften aus nichtselbständiger Arbeit werden vom Bruttolohn die nachgewiesenen Werbungskosten, mindestens der Arbeitnehmerpauschbetrag mit zur Zeit 2000 DM, abgezogen. Von der Summe der Einkünfte wird dann noch ein Pauschbetrag in Höhe von 27 % abgezogen (bei Beamten 22 %). Außerdem sind noch absetzungsfähig Unterhaltszahlungen für Kinder, wenn der Antragsteller oder sein Ehegatte oder Partner dafür kein Kindergeld beziehen. Unterhaltszahlungen an andere Personen werden nur berücksichtigt, wenn diese auch steuerlich absetzbar sind.

2.3 Welcher Einkommenszeitraum ist maßgebend?

Für das Erziehungsgeld im 1. bis 12. Lebensmonat ist das voraussichtliche Einkommen im Kalenderjahr der Geburt, für den Anspruch im 13. bis 24. Lebensmonat das Einkommen im folgenden Jahr maßgebend. Läßt sich das voraussichtliche Einkommen nicht nachweisen, gilt das Einkommen aus dem letzten oder vorletzten Kalenderjahr.

2.4 Berechnungsbeispiel:

Eheleute Lustig haben ein 10jähriges Kind, welches am 1. 1. 1997 einen Bruder bekommen hat. Vater Lustig hat ein Jahres-Bruttoeinkommen als Angestellter in Höhe von 60 000 DM. Die Entfernung von der Wohnung bis zur Arbeitsstelle beträgt 30 km. Weitere Einkünfte gibt es nicht.

Berechnung des anrechenbaren Einkommens:
1. Für die ersten sechs Monate wird die Einkommensgrenze (Höchstbetrag 104 200 DM) zweifellos nicht überschritten.
2. Ab dem 7. Lebensmonat gilt eine geringere Einkommensgrenze, und zwar im vorliegenden Beispiel in Höhe von 33 600 DM (für das volle Erziehungsgeld) und bis 50 400 DM (für gekürztes Erziehungsgeld):

Einkommen	60 000 DM
ab Werbungskosten (hier Fahrtkosten: 30 km × 0,70 DM × 230 Tage)	4 830 DM
ab Pauschbetrag (27 %)	14 896 DM
anrechenbar	40 274 DM
Überschreitung untere Einkommensgrenze	6 674 DM

Der Überschreitungsbetrag von 6674 DM wird durch die Stufen-
verminderung von je 1200 DM geteilt, so daß insgesamt sechsmal
der Minderungsbetrag je 40 DM monatlich anzurechnen ist. Es
bleibt danach ein Erziehungsgeldanspruch von 360 DM monatlich
(600 DM abzüglich 240 DM) für die Zeit ab dem 7. Lebensmonat
des Kindes.

2.5 Darf neben dem Erziehungsgeld noch gearbeitet werden?

Es ist lediglich eine Arbeit als Teilzeitbeschäftigung ohne Verlust des
Erziehungsgeldanspruches möglich. Die Teilzeitarbeit darf nicht
mehr als 19 Stunden in der Woche betragen. Das gilt für Arbeitnehmer und auch Selbständige. Beamte dürfen die Hälfte der regelmäßigen Arbeitszeit leisten, die dann weder über- noch unterschrit-
ten werden darf. Das Einkommen aus der Teilzeitarbeit wird leider
angerechnet, so daß eine Neuberechnung des Erziehungsgeldes
dann erforderlich ist.

Es gibt aber auch Ausnahmen in besonderen Härtefällen. Dann
ist eine volle Erwerbstätigkeit zulässig.

2.6 Welche Stelle ist für das Erziehungsgeld zuständig?

Die Zuständigkeiten sind in den Bundesländern leider unterschiedlich geregelt. Fragen Sie bei Ihrer Gemeinde- oder Kreisverwaltung
nach.

Extra-Tip

▶ Sollte sich nach der Bewilligung des Erziehungsgeldes herausstellen, daß das tatsächliche Einkommen niedriger ist als
   das für die Berechnung zugrunde gelegte Einkommen, kann

in Härtefällen eine Neuberechnung des Einkommens beantragt werden. Einen solchen Fall gibt es zum Beispiel, wenn
der Ehegatte arbeitslos geworden ist.

Erziehungsrente

1. Um was geht es?

Die Erziehungsrente soll nach dem Willen des Gesetzgebers eine
eventuelle Versorgungslücke schließen, die durch den Wegfall eines
möglichen Unterhaltsanspruches wegen des Todes des geschiedenen Ehegatten entstanden sein kann. Sie wird in der Systematik
der Rentenversicherung als „Rente wegen Todes" eingeordnet, obwohl sie sich aus der eigenen Versicherung des Berechtigten her-
leitet.

2. Tips und Hinweise

2.1 Neuregelung

Mit dem Rentenreformgesetz 1992 sind die Vorschriften ab 1. 1.
1992 geändert worden. Es kann danach auch ein Anspruch entstehen, der nach bisherigem Recht abgelehnt wurde. Das kann zum
Beispiel bei einer tatsächlich oder fiktiv unterstellten Erwerbstätigkeit oder der Sorge für ein behindertes Kind ab 25 Jahre der Fall
gewesen sein. Es ist seit 1992 nämlich nicht mehr zu prüfen, ob eine
Erwerbstätigkeit zumutbar ist.

2.2 Welche Voraussetzungen müssen erfüllt sein?

• Die Ehe muß nach dem 30. 6. 1977 geschieden worden sein.
• Der geschiedene Ehegatte muß verstorben sein.
• Der Versicherte muß ein Kind erziehen.
• Der Versicherte darf nicht wieder geheiratet haben.
• Es muß bis zum Tod des geschiedenen Ehegatten die allgemeine
  Wartezeit von 5 Jahren erfüllt worden sein.

Für die letzte Voraussetzung gelten auch Ersatzzeiten oder übertragene Rentenanwartschaften. Es kann allein durch die aus einem Versorgungsausgleich erworbene Anwartschaften die Wartezeit erfüllt werden. Ein Versorgungsausgleich bewirkt, daß bei Ehescheidungen nach dem 30. 6. 77 die während der Ehezeit erworbenen Rentenanwartschaften zu gleichen Teilen auf die früheren Eheleute aufgeteilt werden.

2.3 In welchem Umfang wird Einkommen angerechnet?

Auch bei dieser Sozialleistung gilt leider die Regelung, daß Einkommen in einem bestimmten Umfang anzurechnen ist. Dabei wird ein Freibetrag eingeräumt, der jährlich wie die Renten erhöht wird. Ab 1. 1. 1997 sind 1232,09 DM (West) oder 1013,23 DM (Ost) frei. Dazu gibt es einen Zuschlag für jedes waisenberechtigte Kind von 261,35 DM bzw. 214,93 DM. Von dem Einkommensüberschreitungsbetrag werden dann 40 % auf die jeweilige Rente angerechnet. Es gilt grundsätzlich das gleiche wie bei der Witwen-/ Witwerrente.

Extra-Tips

▶ Der Rentenantrag sollte spätestens drei Monate nach Erfüllung der Anspruchsvoraussetzungen gestellt werden, sonst wird die Rente nicht mehr rückwirkend bewilligt.

▶ Eine Wiederheirat führt zum Verlust dieses Rentenanspruchs, ohne daß es eine Abfindung gibt.

Existenzgründung

1. Um was geht es?

Die Möglichkeiten der Existenzgründung sind sehr vielfältig. Das kann ein Handwerk, eine Handelsvertretung, ein Dienstleistungsangebot, ein Unternehmen mit Zukunftstechnologien, ein kleiner Kaufladen oder eine Gutachtertätigkeit sein.
Siehe auch Stichwort →Selbständige Tätigkeit.

2. Tips und Hinweise

2.1 Was ist bei Existenzgründungen zu beachten?

Der Aufbau einer Existenz mit einer selbständigen Tätigkeit ist kein leichtes Unterfangen. Bekanntlich sind schon viele Versuche gescheitert. Durch staatliche Förderungen wird das Vorhaben aber etwas erleichtert.

Wichtig: Vorrangig sollten Sie sich so früh wie möglich beraten lassen. Bei allen Industrie- und Handelskammern sowie Handwerkskammern und Fachverbänden können erste Informationen eingeholt werden. Das gilt auch für das Bundesministerium für Wirtschaft, Postfach 14 02 60, 53057 Bonn (Tel.: 02 28/61 50). Von dort kann die kostenlose Broschüre „Starthilfe: Der erfolgreiche Weg in die Selbständigkeit" bezogen werden. Vor Ort können Sie sich auch bei der Wirtschaftsförderungsstelle der Stadt- oder Kreisverwaltung mit Auskünften und Ratschlägen helfen lassen.

Wenn Sie sich an einen Existenzgründungsberater wenden sollten, erkundigen Sie sich vorher soweit möglich über dessen Seriosität und Unabhängigkeit.
    Für die Beratungen sollten sie bereits ein konkretes Projekt im Auge und ein Konzept mit einer Schätzung über Aufwand und Ertrag aufgestellt haben.

2.2 Auch das Arbeitsamt zahlt!

Als Arbeitsloser können Sie vom Arbeitsamt bei Ihrem Weg in die Selbständigkeit unterstützt werden. Voraussetzung für ein Überbrückungsgeld bis zu sechs Monaten in Höhe der bisherigen Leistungen ist der vorherige Bezug von mindestens 4 Wochen Arbeitslosengeld oder -hilfe sowie eine Bescheinigung einer fachkundigen Stelle, daß die vorgesehene Tätigkeit voraussichtlich eine dauerhafte ausreichende Lebensgrundlage bieten wird. Zum Verfahren berät Sie das Arbeitsamt.
    Vom Arbeitsamt können Sie auch Einstellungszuschüsse erhalten, wenn Sie den ersten beiden Jahren der Anfangsphase Arbeitslose beschäftigen. Es können dann Lohnkostenzuschüsse bis zu 12 Monaten in Höhe der Hälfte des Tariflohns gewährt werden, soweit dem Arbeitsamt ausreichend Mittel zur Verfügung stehen.

Insgesamt können Sie dabei für 6 Arbeitnehmer bis zu 3 Jahren Zuschüsse erhalten.

2.3 Wie ist es mit einer Zusammenarbeit nach dem Franchising-System?

Eine Möglichkeit ist auch die Zusammenarbeit mit einem zuverlässigen Partner. Vorsicht ist aber bei Teilhabergesuchen von Firmen geboten. Dabei wird häufig nur ein Dummer und dessen Geld gesucht. Es lohnt auch nicht auf Kleinanzeigen mit großspurigen Versprechungen und hohen Einkommen zu reagieren. Wenn Sie sich darauf einlassen, haben Sie Ihr Geld bereits, z. B. durch Vorausoder Anzahlungen, verloren.

Eine Alternative kann das sogenannte Franchising-System sein. Nach diesem Konzept werden Sie Partner eines größeren Unternehmens und arbeiten selbständig bei Zahlung einer laufenden Kostenbeteiligung für das Know-how, die Unterstützung und den Namen. Kennen Sie McDonald's? Das ist ein Beispiel dafür. Andere sind Obi, Photo-Porst, Eismann, Foto-Quelle, Schülerhilfe, Studienkreis, First-Reisebüro, Goodyear, Der Teeladen, Sunpoint, Quick-Schuh und Wienerwald. Weitere Informationen beim Deutschen Franchise Verband e.V., Paul-Heyse-Str. 33–35, 80336 München (Tel.: 089/535027).

2.4 Wie kann die Finanzierung aussehen?

Wichtig: In den seltensten Fällen dürfte das vorhandene Eigenkapital für die Investitionen ausreichen. Daher sollten alle Finanzierungsquellen gekannt und ausgenutzt werden. Es handelt sich dabei um zinsfreie oder zinsverbilligte Darlehen. Nach einem Modellbeispiel der Deutschen Ausgleichsbank, das ist eine vom Bund beauftragte Bank, können für ein 400 000 DM Vorhaben folgende Finanzierungsanteile angenommen werden:

Investitionsbedarf: 400 000 DM (Gebäude 250 000 DM, Maschinen 90 000 DM, Fahrzeuge 30 000 DM, Material 30 000 DM.
Voraussetzung für die Finanzierungsförderung und die Darlehensgewährung ist die vorherige Bewilligung. Also vor Genehmigungen zur Finanzierung dürfen keine Aufträge, Verträge oder Lieferscheine unterschrieben werden.

Darüber hinaus gibt es für Existenzgründer auch steuerliche

Finanzierung:

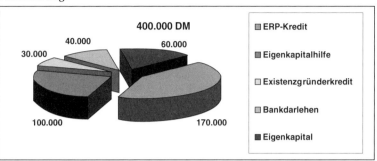

Das Bankdarlehen (hier 40 000 DM) soll mindestens 10 % und das Eigenkapital (hier 60 000 DM) mindestens 15 % der Gesamtsumme betragen.

Erleichterungen. Im Gründungsjahr und in den Folgejahren wird eine Ansparabschreibung von 600 000 DM zur Verbesserung der Eigenkapitalbasis gewährt. Die Ansparrücklage kann bis zu 5 Jahren beibehalten werden. Auch der bisherige Strafzins für eine zweckwidrige Auflösung der Rücklage ist entfallen.

Ergänzung: Sollte für eine Existenzgründung nicht über banküblichen Sicherheiten im erforderlichen Umfang verfügt werden können, kann auch die Deutsche Ausgleichsbank mit einer teilweisen Haftungsfreistellung weiterhelfen. Dafür hat die Bundesregierung für die alten Bundesländer besondere Mittel (1 Milliarde DM) bereitgestellt. Daneben wurde mit dem gleichen Betrag auch das ERP-Aufbauprogramm Ost aufgestockt und mit verbesserten Konditionen ausgestattet.

2.5 Wie erfolgt die Abwicklung?

Wenn es Ernst geworden ist, müssen Sie sich eine Bank oder Sparkasse suchen, bei der auch der sogenannte Gründungssparvertrag abzuschließen ist und über der die Finanzierungsprogramme wie Ansparförderung, Eigenkapitalhilfe, ERP-Kredit oder das Ergänzungsdarlehen der Deutschen Ausgleichsbank zu beantragen sind. Sie müssen sich nach den Formalitäten leider an eine bestimmte Bank oder Sparkasse binden, um die öffentliche Finanzförderung zu erhalten. Dabei werden Sie dieser „Hausbank" bürgen und fast alle Sicherheiten abtreten müssen.

Informationen erhalten Sie auch von der Deutschen Ausgleichsbank, Wielandstraße 2, 53170 Bonn, Tel.: 02 28/83 10.

2.6 Achtung bei den Bankgeschäften!

Um sich nicht vollständig der Bank oder Sparkasse auszuliefern,
sollten Sie deren Aktivitäten und Verhalten besonders beobachten.
Versuchen Sie den Umfang der Bürgschaften zu reduzieren und
freies Kapital zu behalten. Es hat schon Fälle gegeben, in denen die
Banken verzögert die öffentlichen Darlehen oder diese in einer
geringeren Höhe beantragt haben, um mit eigenen und teureren
Krediten den aktuellen Finanzbedarf zu decken.

Sie sollten auch darauf achten, daß der Kontokorrentkredit nicht
zu niedrig und die verlangten Sicherheiten nicht zu hoch angesetzt
werden, da Sie andernfalls in Ihrer Unternehmertätigkeit eingeschränkt werden und zusätzliche Zinsen für weitere Kredite Ihrer
Hausbank nicht auszuschließen sind.

Ergänzung: Von den günstigen Konditionen der Existenzgründer-
darlehen profitierten in 1996 fast 60 000 Jungunternehmer. Sollte
die Hausbank nicht mitspielen wollen, gibt es noch die Möglichkeit
sich eine Beteiligungsgesellschaft zu suchen, die das Finanzierungs-
risiko mit trägt und dafür bis zu 20% am Firmenkapital beteiligt
werden will. Sie trägt so das Risiko mit und profitiert andererseits
aber auch bei einem geschäftlichen Erfolg. Die Beteiligung ist nicht
auf Dauer, sondern auf einige Jahre befristet. Vom Bundesverband
Deutscher Kapitalbeteiligungsgesellschaften erfahren Sie weitere
Einzelheiten und Firmenanschriften. Anschrift: Karolinplatz 10–11,
14052 Berlin, Tel.: 0 30/3 02 91 81.

2.7 Wie wäre es mit einem Verkaufsstand?

Eine verhältnismäßig einfache Maßnahme wäre die Eröffnung eines
Verkaufsstandes für Weihnachtsmärkte, Volksfeste, Flohmärkte
oder Musikveranstaltungen. Alles, was zum Essen angeboten wird,
hat auch immer eine Nachfrage. Ein Verkaufsstand mit Donuts,
Popcorn, Crepes oder Waffeln benötigt ein Startkapital zwischen
7000 DM und 20 000 DM. Die Produkte gibt es bei folgenden Firmen: ORBI Donut und Popcorn GmbH, Fichtenstr. 2, 82061 Neu-
ried (Tel.: 0 89/7 55 10 72); Haase GmbH, Raiffeisenstr. 2, 61191
Rosbach (Tel.: 0 60 03/9 18 09).

Bei den Veranstaltern der verschiedenen Märkte oder Konzerte können Sie sich weiter erkundigen. Im übrigen benötigen Sie nur ein Gesundheitszeugnis, das vom Gesundheitsamt ausgestellt wird, und einen Reisegewerbeschein des Ordnungsamtes Ihrer Gemeinde- oder Kreisverwaltung sowie eventuell von dort auch noch eine Standgenehmigung.

Extra-Tip

▶ Weiterführende Informationen rund um die Existenzgründung finden Sie in dem Beck-Ratgeber „Geschäftsgründung, Niederlassung, Gesellschaft" von Ralph Westerhoff, München 1997.

F

Fahrtkosten (Werbungskosten)

1. Um was geht es?

Die Fahrten zwischen Wohnung und Arbeitsstelle und auch dienstliche Fahrten mit dem eigenen Fahrzeug zählen steuerrechtlich zu den Werbungskosten. Sie sind somit als notwendige Ausgaben bei der Steuererklärung zu berücksichtigen. Als Arbeitnehmer müssen Sie dazu die Anlage „N" der Steuererklärungsvordrucke beachten.

2. Tips und Hinweise

2.1 Fahrten zwischen Wohnung und Arbeitsstätte

Je nach Fahrzeug gibt es unterschiedliche Pauschalbeträge. Auto: 0,70 DM, Motorrad oder -roller: 0,33 DM, Moped und Mofa: 0,28 DM und Fahrrad 0,14 DM. Diese Beträge werden je einfachen Entfernungskilometer pro Arbeitstag angesetzt. Wenn Sie also mit dem Auto zum Beispiel zur 30 Kilometer entfernten Arbeitsstelle fahren, können abgerechnet werden: 30 km $\times$ 0,70 DM $\times$ 230 Arbeitstage = 4830 DM jährlich.

Angefangene Entfernungskilometer dürfen aufgerundet werden. Es spielt auch keine Rolle, ob der Wagen Ihnen oder einer anderen Person gehört. Er kann auch gemietet oder geleast sein.

Wichtig: Wenn Sie geteilte Arbeitszeiten haben, kann der Pauschalbetrag auch zweimal geltend gemacht werden. Es muß sich dabei um eine Unterbrechung von mindestens 4 Stunden handeln.

Bei einer Fahrgemeinschaft kann jeder die Pauschale nur bei Fahrten mit dem eigenen Fahrzeug beanspruchen. Ein Umweg wegen der Kollegen zählt aber mit. Wenn Sie mit Ihrem Ehegatten gemeinsam fahren, wird die Pauschale auch nur einmal oder aufgeteilt berücksichtigt. Bei nur teilweise gemeinsamer Fahrt können die zusätzlichen Kilometer nur dann angesetzt werden, wenn sie unter den insgesamt tatsächlich gefahrenen Kilometern liegen. Die Zählung für jeden einzelnen insgesamt ist nicht möglich.

Behinderte, die im eigenen PKW von Dritten zur Arbeitsstätte gefahren und auch wieder abgeholt werden, können für die sogenannten Leerfahrten die tatsächlichen Aufwendungen oder zweimal den Pauschbetrag geltend machen.

2.2 Was ist bei einem Unfall auf dem Weg von oder zur Arbeit zu beachten?

Die Kosten eines Unfalles auf dem Weg zwischen Wohnung und Arbeitsplatz können ebenfalls geltend gemacht werden, wenn sie nicht von anderen, wie z.b. einer Versicherung oder dem Arbeitgeber ersetzt werden. Die Schuldfrage spielt dabei keine Rolle. Bei Trunkenheit am Steuer wird es aber Probleme nicht nur mit dem Finanzamt geben. Zu den Unfallkosten zählen neben den Reparaturkosten auch die Kosten für einen Mietwagen, einen Kredit, für Anwalts- und Gerichtskosten, einen Abschleppwagen oder Porto und Telefon.

Ein Ansatz für die Wertminderung durch einen Unfall ist grundsätzlich nicht möglich. Sie wird aber berücksichtigt, wenn das Fahrzeug nicht in vollem Umfang repariert worden ist und somit noch einen „Restschaden" hat. Auch darf das Fahrzeug nicht älter als 5 Jahre sein.

Wichtig: Unfallkosten sind in diesem Sinne auch die Ausgaben für Reparaturen auf Ihrem Grundstück, wenn Sie bei der Abfahrt oder Ankunft mit Ihrem PKW z.b. das Garagentor, den Gartenzaun oder das schöne Blumenbeet beschädigt haben und nicht volltrunken waren.

2.3 Dienstfahrten

Soweit diese nicht vom Arbeitgeber in voller Höhe ersetzt werden, zählen sie als Werbungskosten. Für Fahrten mit dem eigenen PKW gibt es pro Kilometer eine Pauschale von 0,52 DM. Für andere Fahrzeuge weniger.

Wichtig: Bei dienstlichen Fahrten können aber auch die tatsächlichen Kosten des Fahrzeuges anteilig abgesetzt werden. Dieser Einzelnachweis lohnt insbesondere bei teureren Autos mit höheren laufenden Kosten und einer geringen Fahrleistung. Also: Je teurer und je weniger gefahren wird, umso eher bringt die Einzelabrechnung Vorteile.

Folgende Kosten können dabei abgerechnet werden:

- Versicherungsbeiträge (Haftpflicht, Vollkasko, Teilkasko, Rechtsschutz)
- Kfz-Steuern und Beiträge Automobilclub
- Betriebskosten (Benzin, Öl, Schmierstoffe)
- Reparaturen und Wartungsarbeiten (Inspektionen, Ersatz- und Verschleißteile, Reinigung, Wagenpflege, TÜV)
- Garagen- und Unterstellkosten
- Zins- oder Leasingraten
- Abschreibung (bis zu 5 Jahre jährlich 20%; Gebrauchtfahrzeug kürzere Nutzung)

So können mit Abschreibung leicht 20 000 DM zusammenkommen. Wenn Sie dann z. B. 20 000 km im Jahr gefahren sind, kostet ein Kilometer nicht 0,52 DM sondern mit 1 DM schon das Doppelte.

Familienferien

1. Um was geht es?

Die Förderung des Familienurlaubs und die Verbesserung des Angebots an familienfreundlichen Urlaubsmöglichkeiten wird von der Bundesregierung als eine wichtige Aufgabe der Familienpolitik angesehen. Es werden daher die Errichtung und Modernisierung von gemeinnützigen Familienferienstätten in den alten und den neuen Bundesländern mit finanziellen Mitteln gefördert. Diese Familienferienstätten berücksichtigen insbesondere die Bedürfnisse der Eltern mit Kindern. Es gibt auch familienpädagogische Beratungsangebote. Viele der Ferienstätten sind behindertengerecht ausgebaut.

Die meisten der Ferienstätten liegen in ausgesprochenen Erholungsgebieten, sozusagen im Grünen zwischen Wald und Wiesen oder auch am Wasser. Sie können recht weit von der nächsten Stadt entfernt sein. Es wird eine Vollpension angeboten, allerdings ist in den Feriendörfern in der Regel eine Selbstverpflegung angesagt.

2. Tips und Hinweise

2.1 Welche Einkommensvoraussetzungen sind maßgebend?

Die Familienferienstätten stehen zu günstigen Bedingungen vor allem kinderreichen und jungen Familien sowie Alleinerziehenden offen. Sie sind also auch für die Familien mit geringem Einkommen und für Familien gedacht, die durch viele Kinder, durch behinderte Kinder oder als Alleinerziehende stärker belastet sind.

Familien mit einem relativ geringen Einkommen können Zuschüsse zu den Aufenthaltskosten erhalten, deren Vergabe in den einzelnen Bundesländern leider unterschiedlich geregelt ist. Die Einkommensvoraussetzungen weichen dabei zum Teil erheblich von einander ab. Es können daher an dieser Stelle nur einige Beispiele genannt werden:

Eine Familie mit zwei Kindern darf zum Beispiel

in Bayern	3050 DM ohne Kindergeld
in Brandenburg	etwa 2400 DM plus Miete
in Mecklenburg-Vorpommern	2500 DM ohne Kindergeld
in Hamburg	2472 DM plus Kaltmiete
in Sachsen	3300 DM (hier brutto!)

jeweils als Nettoeinkommen beziehen. Bei Einkommensüberschreitungen werden zum Teil noch gekürzte Zuschüsse geleistet.

2.2 Wie hoch sind die Zuschüsse?

Die Höhe des Zuschusses ist in den einzelnen Bundesländern ebenfalls nicht einheitlich. Er liegt im Durchschnitt bei etwa 15 DM pro Tag und Familienangehörigen. Dieser Betrag kann Ihnen aber nur als Anhaltswert dienen, da es – wie gesagt – in den Ländern individuelle Regelungen gibt. Für einkommensschwache Familien oder für Behinderte werden zum Teil noch Zuschläge gewährt. Als Ausnahme gibt es im Land Hessen zur Zeit für 1997 überhaupt keine Zuschüsse.

Die geförderte Dauer liegt im Regelfall bei mindestens 14 bis längstens 21 Tagen.

2.3 Antragstellung und Informationen

Fast so unterschiedlich wie die Einkommensregelungen sind in den einzelnen Bundesländern auch die Zuständigkeiten. In den meisten Ländern sind die Anträge bei den Verbänden der freien Wohlfahrtspflege oder auch beim Deutschen Familienverband zu stellen. Die einzelnen Wohlfahrtsverbände, deren Anschriften sie im örtlichen Telefonbuch finden, sind:

Arbeiterwohlfahrt,
Caritasverband,
Deutsches Rotes Kreuz,
Diakonisches Werk,
Paritätische Wohlfahrtsverband.

Die Träger der Familienstätten haben sich in drei Arbeitskreisen zusammengeschlossen. Auch dort können Sie weitere Auskünfte erhalten. Deren Anschriften:

Evangelische Familienerholung im Diakonischen Werk der EKD
Altensteinstraße 51
14195 Berlin (Tel.: 030/83001-450)

Katholischer Arbeitskreis für Familienerholung
Hochkreuzallee 1
53175 Bonn (Tel.: 0228/9591714)

Paritätischer Arbeitskreis für Familienerholung
Arbeiterwohlfahrt Bundesverband
Oppelner Straße 130
53119 Bonn (Tel.: 0228/6685-152)

Die konfessionelle Ausrichtung der zwei Arbeitskreise hat keinen Ausfluß auf die Auswahl der Feriengäste. Alle Ferienstätten sind grundsätzlich für alle Familien da.

Wichtig: Für die Familien-Ferien gibt es einen vom ADAC mit Förderung durch das Familienministerium herausgegebenen Katalog. In diesem Katalog finden Sie die mit öffentlichen Mitteln geförderten Ferienstätten, eine Übersicht über die Zuschüsse der Länder und die Zuständigkeiten, die vom ADAC empfohlenen familiengerechten anderen Ferienorte, die für Familien geeigneten Alpenvereinshütten und die gewerblichen Ferienzentren.

Den Ferienkatalog gibt es kostenlos in den Geschäftsstellen des ADAC und beim Bundesministerium für Familie, Senioren, Frauen und Jugend (BMFSFJ), Postfach, 53107 Bonn.

Stellen Sie bei den vorher genannten Stellen rechtzeitig einen Antrag, da die Landesmittel begrenzt sind. Auf einen Zuschuß besteht nämlich kein Rechtsanspruch.

Extra-Tip

▶ Wenn Ihr Einkommen die Einkommensgrenze überschreiten sollte, könnten noch weitere Ausgaben, wie Werbungskosten oder besondere Belastungen (Kreditraten, Unterhaltszahlungen) das Einkommen verringern, soweit diese Kosten noch nicht berücksichtigt worden sind.

G

Gerichtskosten

1. Um was geht es?

„Im Namen des Volkes…" lauten die Gerichtsurteile. Doch bis es dazu kommt, kann es ein weiter und teurer Weg geworden sein. Wegen der Prozeßflut dauern Gerichtsverfahren in einer Instanz auch schon häufig mehr als ein Jahr. Oft bleibt den Rechtssuchenden aber nichts weiter als der Gang zum Gericht übrig. Vorher sollten Sie sich aber über die Gebühren informieren und das jeweilige Prozeßrisiko. Der Versuch, Recht zu bekommen, kann teuer werden.

2. Tips und Hinweise

2.1 Welche Kosten fallen an?

Die Gerichtskosten richten sich nach der jeweiligen Gerichtsbarkeit. Unterschieden wird zwischen der ordentlichen Gerichtsbarkeit (Zivil- und Strafrecht) und der besonderen Gerichtsbarkeit, wie Finanz-, Arbeits-, Verwaltungs- und Sozialgerichte.

Im folgenden werden die Kosten in einem Zivilprozeß erläutert. Zum Zivilrecht gehören zum Beispiel Angelegenheiten aus Kaufverträgen, Erbschaften, Unterhaltspflichten, Mietverhältnisse, Reiseveranstaltungen, Privatversicherungen oder Schadensersatz.

In diesen bürgerlichen Rechtsstreitigkeiten sind als Gebühr für das Verfahren im allgemeinen drei Gebühren zu entrichten, die für jede Instanz gesondert erhoben werden. Die Gebühren bestimmen sich nach dem Wert des Streitgegenstandes bzw. nach dem Geschäftswert. Dazu kommen gerichtliche Auslagen, wie Schreib-, Post- und Fernmeldegebühren und Zahlungen, die Zeugen und Sachverständige erhalten, die die ganze Sache noch teurer machen können. Für Sachverständigengutachten sind mindestens 800 DM zu kalkulieren, es können aber auch mehrere Tausend DM zusammenkommen.

Da in Zivilprozessen häufig Rechtsanwälte auch schon in der ersten Instanz eingeschaltet sind, dürfen diese Kosten natürlich nicht vergessen werden. Einen Anwaltszwang gibt es allerdings erst für das Landgericht, der zweiten Instanz für einen Berufungsfall über 1500 DM Streitwert oder eine Streitigkeit ab 10000 DM.

2.2 Kostentabelle und einzelne Beispiele

Anhand der folgenden Tabelle können Sie die Prozeßkosten, die für das Gericht an den Staat und für die Anwälte in deren eigene Tasche zu zahlen sind, vergleichsweise erkennen. Diese Kosten sind von den Parteien in dem Umfange zu tragen, in dem der Prozeß verloren wurde. Diese Anteile werden vom Gericht jeweils im Urteil genannt.

Streitwert	Gerichts-gebühr	Gebühren für zwei Anwälte ohne MwSt.	Auslagen	Mindest-Gesamt-betrag	Durch-schnitts-betrag
			DM		
600	150	300	mind. 100	550	600
3000	390	1260	mind. 100	1750	2000
5000	465	1920	mind. 100	2485	2900
10000	705	3570	mind. 100	4375	5000
50000	1965	8550	mind. 100	10615	12000
100000	2865	12750	mind. 100	15715	18000

Die Beträge in den neuen Bundesländern sind etwa 20% niedriger.

Angenommen wird ein Prozeß in der ersten Instanz, in dem beide Seiten durch Anwälte vertreten sind und in dem vom Gericht vor dem Urteil Beweis erhoben wird.

Die Gebühren beginnen bei einem Streitwert von 600 DM. Es ist also egal, ob um 100 DM oder 500 gestritten wird. Bei geringeren Beträgen ist es gleich teuer, so daß dann eine gütliche Einigung mit dem „Gegner" bevorzugt werden sollte.

Bei einem Vergleich auf Vorschlag des Gerichts werden zwei von den drei Gerichtsgebühren erlassen. Sie zahlen dann bei den Gerichtsgebühren nur ein Drittel der in der Tabelle genannten Beträge.

Da für das Verfahren vor dem Amtsgericht kein Rechtsanwalt

erforderlich ist, können Sie auch eine beliebige Person Ihres Vertrauens als Beistand nehmen.

Wichtig: Bei den Kostenüberlegungen sollten Sie auch die Gebührentabelle einbeziehen und den Streitwert möglichst nach den Stufensätzen richten. Zwischen 600 DM und 3000 DM gibt es Stufen von 600 DM, zwischen 3000 DM und 10000 DM von jeweils 1000 DM, zwischen 10000 DM und 20000 DM von jeweils 2000 DM, dann bis 50000 DM von 5000 DM und zwischen 50000 DM und 100000 DM alle 10000 DM.

Sollte ein Prozeß in die zweite Instanz gehen, erhöhen sich die Kosten um rund 120 Prozent. In der dritten Instanz (ab einem Streitwert ab 60000 DM), das ist der Bundesgerichtshof, kostet das Gesamtverfahren insgesamt rund 250% mehr als in der ersten Instanz vor dem Amtsgericht. Bei einem Streitwert von 100000 DM wären dann insgesamt rund 63000 DM Kosten fällig.

Diese Kostenüberlegungen können Sie vergessen, wenn Sie eine Rechtsschutzversicherung haben, soweit sie für den jeweiligen Streitfall eintritt, was aber nicht immer der Fall ist.

Wichtig Sollte Ihr Einkommen nur eine geringe bis mittlere Höhe haben, kann die →Prozeßkostenhilfe beantragt werden. Damit werden die Gerichtskosten und die Kosten für den eigenen Anwalt übernommen. Bei einem verlorenen Prozeß müssen Sie die Kosten des gegnerischen Rechtsanwalts aber immer selbst tragen.

2.4 Besonderheiten

Arbeitsgericht

Ein Rechtsstreit vor den Arbeitsgerichten ist in erster Instanz wesentlich billiger als ein Zivilprozeß. Es fallen zum Beispiel keine Anwaltskosten für die Gegenpartei an, wenn der Prozeß verloren wurde. Anwaltskosten sind nur dann zu bezahlen, wenn Sie sich eines Anwaltes bedienen. Das Gericht erhebt nur eine Einheitsgebühr, die zum Beispiel bei einem Streitwert von

300 DM nur 20 DM beträgt oder bei
3000 DM nur 120 DM oder bei
10000 DM sind es auch nur 400 DM.

Sozialgericht und Verwaltungsgericht

Für Verfahren vor den Sozialgerichten werden normalerweise keine Gebühren erhoben. Das gilt nicht, wenn Kosten durch Mutwillen oder Irreführung durch einen Prozeßbeteiligten verursacht worden sind. Des weiteren sind Verfahren in Sozialstreitigkeiten vor den Verwaltungsgerichten ebenfalls kostenfrei. Dazu zählen Angelegenheiten der Sozialhilfe, des Wohngeldes oder der Ausbildungsförderung nach dem BAföG. Hierbei gehen Sie überhaupt kein Prozeßrisiko ein, wenn Ihnen für Ihren eigenen Anwalt →Prozeßkostenhilfe bewilligt worden ist. Die Beantragung der Prozeßkostenhilfe erledigt dabei auch Ihr Rechtsanwalt.

Geringfügige Beschäftigung

1. Um was geht es?

Die geringfügigen Beschäftigungen bieten vielen Personen die Möglichkeit, ohne Abzug von Steuern und Sozialabgaben Nebenjobs, Aushilfstätigkeiten oder Teilzeitarbeiten auszuüben. Gerade in der heutigen Zeit, in denen die Reallöhne sinken und die Abgaben so hoch wie noch nie sind, dürften viele Haushalte und Alleinstehende zur Sicherung des Lebensunterhaltes auf Nebenjobs angewiesen sein. Immerhin waren im Jahr 1995 etwa 11 % aller Erwerbstätigen geringfügig Beschäftigte.

Die steuer- und sozialversicherungsfreien Beschäftigungen haben allerdings den Nachteil, daß Sie bei einer solchen Beschäftigung weder Steuerfreibeträge und -pauschalen noch Ansprüche aus der Sozialversicherung für die Rente oder bei Arbeitslosigkeit geltend machen können.

2. Tips und Hinweise

2.1 Allgemeine Voraussetzungen

Bei einem Job ohne Lohnsteuerkarte wird der Arbeitslohn vom Arbeitgeber pauschal mit 20 % (bei Aushilfen mit 25 %) versteuert.

Die Lohnsteuer plus Soli-zuschlag und eventuell auch Kirchensteuer zahlt der Arbeitgeber, so daß Sie mit dem Finanzamt nichts mehr zu tun haben. Das Einkommen aus dieser Tätigkeit spielt bei anderen Gelegenheiten, wie Steuererklärung oder Hinzuverdienstgrenzen bei der Rente, keine Rolle mehr. Bei anderen Sozialleistungen, die vom Einkommen abhängig sind, werden aber Einkünfte aus Nebenjobs genauso behandelt wie alle anderen Einkünfte auch. Also: Arbeitslohn aus einer geringfügigen Beschäftigung ist bei anderen Sozialleistungen nicht automatisch anrechnungsfrei.

Manche Arbeitgeber wollen diese Betriebsausgaben aber auf die Arbeitnehmer abwälzen. Sie zahlen einfach weniger Nettolohn aus. Darauf sollten Sie sich aber nicht einlassen und im Zweifel lieber regulär mit Lohnsteuerkarte arbeiten. Die Lohnsteuer müßten Sie dann allerdings mit einer Steuererklärung beim Finanzamt wieder abrechnen. Die Arbeit einer einfachen Steuererklärung sollte Ihnen schon 1000 DM wert sein, denn soviel würde der Arbeitgeber im Jahr wenigstens von Ihrem Lohn von 610 DM einbehalten.

2.2 Welche Begrenzungen gelten bei der geringen Beschäftigung?

Art	Begrenzung
Arbeitszeit für Lohnsteuerpauschalierung	20 Stunden pro Woche 86 Stunden pro Monat
Arbeitslohn	21,35 DM pro Stunde 142,33 DM pro Woche 610,– DM pro Monat
Sozialversicherungsfreie Arbeitszeit	Unter 15 Stunden pro Woche
Sozialversicherungsfreier Arbeitslohn	maximal 610,– DM pro Monat*)

*) Die Beträge für den Arbeitslohn gelten ab 1. 1. 1997. In den neuen Bundesländern beträgt der Höchstverdienst 520 DM pro Monat.

2.3 Welche Regelungen gelten bei einer Aushilfstätigkeit?

Der Arbeitslohn für eine Aushilfe wird vom Arbeitgeber mit 25 % pauschaler Lohnsteuer für das Finanzamt abgegolten. Dabei darf die kurzfristige Beschäftigung steuerrechtlich nicht mehr als 18 zusammenhängende Arbeitstage betragen. Diese befristete Arbeit ist mehrmals im Jahr möglich, wenn die Beschäftigung zu einem unvorhergesehenen Zeitpunkt sofort nötig ist. Auch hier gilt der Höchstsatz von 21,35 DM pro Stunde für den Arbeitslohn. Pro Arbeitstag darf der Aushilfslohn im Schnitt nicht über 120 DM liegen. Für die Sozialversicherungspflicht gilt dabei eine Beschäftigungsdauer von höchstens 2 Monaten oder 50 Arbeitstagen im Jahr, die abgabenfrei bleibt.

Für Aushilfen in einem land- oder forstwirtschaftlichen Betrieb gelten besondere Regelungen. Der Pauschalsteuersatz liegt nur bei 5 %. Monats- oder Wochenlohngrenzen gibt es nicht. Nur der Stundenlohn darf maximal 21,35 DM (für 1997) nicht übersteigen.

2.4 Wann lohnt sich die Arbeit auf Lohnsteuerkarte?

Die reguläre Lohnsteuerzahlung wie bei den üblichen Arbeitnehmern lohnt immer dann, wenn das insgesamt zu versteuernde Einkommen nach Abzug von Freibeträgen, Pauschalen und sonstigen Vergünstigungen noch nicht oder nur im geringen Umfang steuerpflichtig ist. Dann kann die gesamte Lohnsteuer vom Finanzamt wiedergeholt werden. Das sogenannte steuerfreie Existenzminimum beträgt für 1997 12095 DM für Alleinstehende und 24191 DM für Verheiratete (1998: 12365 DM/24731 DM). Unterhalb dieser Beträge werden Einkünfte nicht besteuert. Das betrifft also viele Hausfrauen, Rentner, Schüler und Studenten.

Wenn Sie neben Ihrem Aushilfsjob oder der geringen Beschäftigung keine weiteren Arbeitsstellen haben, dürfte in den meisten Fällen eine Arbeit mit Lohnsteuerkarte lohnen, da die genannten Steuergrenzen zu keiner Steuerpflicht führen. Davon profitiert dann insbesondere Ihr Arbeitgeber, der Ihnen diese Betriebsausgabenersparnis – wie auch immer – honorieren sollte.

Extra-Tips

▶ Auch Teilzeitbeschäftigte (auf 610 DM-Basis im Jahr 1997) haben einen Anspruch auf Gleichbehandlung mit anderen Teilzeit- und Vollzeitkräften. Sie haben insbesondere einen vertraglich nicht abdingbaren Rechtsanspruch auf bezahlten Urlaub, auf Lohnzahlung an Feiertagen und auf Lohnfortzahlung im Krankheitsfall.

▶ Für die geringfügigen Beschäftigungen gilt – obwohl sozialversicherungsfrei – auch die gesetzliche Unfallversicherung.
Sie tritt ein für Unfälle während der Arbeit oder auf dem
Weg zwischen Arbeit und Wohnung. Die Beiträge werden
ausschließlich von den Arbeitgebern übernommen.

▶ Wenn Sie als Aushilfskraft tätig sind und keine weitere
Arbeitsstelle haben, sollten Sie bei einem Verdienst bis 2160
DM im Jahr nach Absprache mit Ihrem Arbeitgeber auf
Lohnsteuerkarte arbeiten. Es wird nämlich dabei noch keine
Lohnsteuer fällig, so daß Ihr Betrieb oder Chef die Lohn-
steuerpauschalierung mit 15 % (etwa 600 DM) spart. Dafür
könnten Sie dann ein paar Stunden weniger arbeiten.

H

Haftpflichtversicherung (private)

1. Um was geht es?

Die private Haftpflichtversicherung ist ein Muß! Im Vergleich der Kosten für die Versicherungsprämie zu der Leistung im Schadensfall, die auch millionenschwere Katastrophen abdeckt, gehört sie außerdem zu den günstigeren Versicherungen. Mit etwa 100 DM im Jahr haben Sie eine volle Risikoabdeckung für Schäden, die Sie verursacht und anderen zugefügt haben.

Die private Haftpflichtversicherung ist also sehr wichtig. Wenn Sie zu dem einen Drittel der Privathaushalte gehören, die diesen Versicherungsschutz nicht haben, sollten Sie sich möglichst bald gegen dieses Schadensrisiko versichern. Die Deckungssumme sollte nicht unter zwei Millionen pauschal liegen.

2. Tips und Hinweise

2.1 Allgemeine Voraussetzungen

Die private Haftpflichtversicherung deckt die wichtigsten Schadensrisiken des alltäglichen Lebens ab. Das können zum Beispiel Schäden sein, die jemand bei Glatteis in einer nicht gestreuten Einfahrt vor Ihrem Einfamilienhaus erleidet oder die Sie bei einer Feier im Haushalt der befreundeten Nachbarsfamilie durch unachtsames Handeln, wie Fallenlassen eines teuren Weinglases, verursachen. Das Loch im Teppich durch eine Zigarette oder Wunderkerze ist auch ein typisches Beispiel.

Die Schäden können aber auch noch gewaltiger sein, wenn Ihr Kind z. B. im Kaufhaus mit einem Feuerzeug durch Anzünden von leicht brennbarem Material testen wollte, wie schnell die Feuerwehr ist. Teuer kann es auch werden, wenn Sie als Fußgänger durch riskantes Verhalten, das kann die rote Ampel sein, die Sie noch für grün gehalten haben oder die Straßenüberquerung, die Sie noch schnell, aber dann doch zu langsam, schaffen wollten, für einen Verkehrsunfall mit einem Massenzusammenstoß gesorgt haben. Dabei können immense Kosten durch Krankenhausaufenthalte, Schmerzensgelder oder Entschädigungszahlen auf Sie zukommen. Mitversichert sind auch Ehepartner und Kinder in der Familienversicherung. Kinder aber nur unverheiratet und bis zum Abschluß der Berufsausbildung. Bei Lebensgemeinschaften muß der Lebensgefährte in dem Versicherungsschein genannt sein. Es reicht dann eine Versicherung, so daß bei zwei Verträgen der jüngere gekündigt werden kann.

2.2 Was ist im Schadensfall?

Im Schadensfall hat der Versicherte eine umfangreiche Mitteilungs- und Aufklärungspflicht gegenüber seinem Versicherungsunternehmen. Der Schaden muß innerhalb einer Woche gemeldet werden. Das gilt auch für Ansprüche, die von den Geschädigten geltend gemacht werden. Unverzüglich sind weiter alle in Zusammenhang mit dem Schaden stehenden Angelegenheiten mitzuteilen. Das können Strafverfahren, gerichtliche Anordnungen, Zwangsmaßnahmen oder ähnliche Maßnahmen sein.

Für die Schadensmeldung ist häufig ein entsprechendes Formular auszufüllen. Sollten Sie dabei ungenaue oder unzureichende Angaben gemacht haben, ist die Versicherung noch nicht zur Weigerung der Schadensregulierung berechtigt. Erst wenn Ihnen vorsätzlich falsche Angaben, also eine Lüge, nachgewiesen werden können, wird die Versicherung Zahlungen ablehnen dürfen.

Nach einem Schaden sollten Sie auch niemals ein Schuldanerkenntnis unterschreiben. Die Klärung der Schuldfrage ist Sache des Versicherungsunternehmens. Bevor dieses überhaupt in die Schadensregulierung eintritt, wird zunächst geprüft, ob Sie als versicherte Kunde überhaupt ersatzpflichtig sind. Notfalls wird diese Frage auch unter Einschaltung von Anwälten und Gerichten geklärt. Die damit verbundenen Kosten trägt aber die Versicherung.

Sollte ein Schaden vorsätzlich herbeigeführt worden sein, zahlt die Versicherung grundsätzlich nicht. Den Vorsatz muß aber die Versicherung beweisen können.

Wichtig: Um den Versicherungsschutz nicht zu verlieren, sollten Sie Ihren Versicherer über wichtige Änderungen in Ihren allgemeinen

Lebensverhältnissen informieren. Das kann ein längerer Auslandsaufenthalt, eine Scheidung oder Heirat, oder ein Wohnortwechsel sein. Im übrigen fragen die Versicherungen mit der jährlichen Rechnung über solche Veränderungen nach. Diese Aufforderung sollten Sie nicht übersehen, da ansonsten eine Vertragsstrafe droht.

2.3 Wie ist das mit einer Kündigung?

Kündigen können Sie, was aber nur für den Wechsel zu einer günstigeren Versicherung zu empfehlen ist, spätestens drei Monate vor dem Laufzeitende. Das Laufzeitende richtet sich nach der vereinbarten Dauer des Vertrages. Nach dem 25. 6. 1994 abgeschlossene Verträge mit einer Laufzeit von 5 Jahren können erst nach diesem Zeitraum und dann jährlich beendet werden.

Auch bei Prämienerhöhungen ist ein Ausstieg möglich. Das gilt uneingeschränkt allerdings nur für nach dem 29. 7. 1994 abgeschlossene Verträge. Bei älteren Verträgen muß die Erhöhung mehr als 5 Prozent oder sogar mehr als 10 Prozent bei vor 1991 unterschriebenen Verträgen betragen. Alternativ gilt auch eine Erhöhung um 25 Prozent bzw. 20 Prozent gegenüber der Erstprämie als Kündigungsgrund.

2.4 Sonderversicherung für besondere Gefahren

Für besondere Gefahren tritt die private Haftpflichtversicherung aber nicht ein. Das gilt auch für besondere Sportarten, wie Jagd- oder Wassersport. Diese Risiken müßten mit speziellen Versicherungen abgedeckt werden. Die wichtigsten sind:

Auto- bzw. Kraftfahrzeughaftpflicht als Pflichtversicherung,
Tierhalter-Haftpflicht,
Haus- und Grundbesitzerhaftpflicht,
Bauherrenhaftpflicht (für größere Bauvorhaben),
Wassersporthaftpflicht (Motorboote, Segelboot; das eigene Surfbrett kann in die private Haftpflicht eingeschlossen werden),
Gewässerschadenshaftpflicht,
Betriebs- und Berufshaftpflicht.

2.5 Günstige Versicherungsangebote

Spezialangebote für junge Leute oder Singles lohnen selten. Für junge Leute gilt immer eine bestimmte Altersgrenze, nach der es teurer wird. Auch Tarife mit einem Selbstbehalt von zum Beispiel 200 DM oder 500 DM sind die geringere Prämie grundsätzlich nicht wert.

Da die Haftpflichtversicherung keine besondere Beratung erfordert, kann eine günstigere Direktversicherung ohne aufwendigen Außen- und Kundendienst gewählt werden. Die Stiftung Warentest hat in einem Vergleich (test Heft 12/1996) folgende günstige Versicherungen ermittelt:

Auto Direkt, Deutsche Allgemeine, General Accident, Haftpflicht Darmstadt, Interlloyd, Limmat, Medien, Patria, WGV Schwäb. Allgemeine. Die Anschriften finden Sie im Anhang.

Die Prämien der genannten Versicherungen liegen für ein Normalangebot nicht über 110 DM jährlich. Die teuersten Versicherungen kosten knapp über 200 DM. Noch günstiger sind Angebote von Versicherungen, die regional oder auf bestimmte Personengruppen beschränkt sind.

Hausratversicherung

1. Um was geht es?

Sie gehört zu den empfehlenswerten Versicherungen, wenn der Hausrat einen größeren Wert hat. Zum Hausrat gehören insbesondere Möbel, Geschirr, Elektrogeräte, Schmuck, Kleidung, Teppiche oder Kunstgegenstände. Eine Hausratversicherung lohnt nicht für Personen, die kaum eigenen Hausrat besitzen. Das können junge oder ältere Menschen sein, die bei ihrer Familie leben. Wenn junge Leute wegen ihrer Ausbildung oder des Wehrdienstes nicht mehr zu Hause wohnen, ist ihr Hausrat bei den Eltern bis maximal 20 000 DM mitversichert.

2. Tips und Hinweise

2.1 Was kostet diese Versicherung?

Die Hausratversicherung ist verhältnismäßig preiswert, dennoch gibt es erhebliche Prämienunterschiede bis zu 200 Prozent bei gleicher Leistung. Sie kostet bei einem Versicherungsbeispiel mit einer

Versicherungssume von 100 000 DM einschließlich Fahrraddiebstahl und Überspannungsschäden zwischen etwas über 100 DM bis zu knapp 300 DM in der günstigsten Tarifzone und zwischen knapp 200 DM bis knapp 600 DM in der teuersten Tarifzone. Die Tarifzonen werden bei den meisten Versicherungen in vier nach Postleitzahlen geordnete Gebiete eingeteilt. Die günstigeren Prämien gelten dabei im allgemeinen auf dem flachen Land. In größeren Städten ist es teurer.

Die günstigsten Prämien gelten allerdings dabei nur für bestimmte Regionen oder für bestimmte Personengruppen. Bei dem uneingeschränkten bundesweiten Angebot liegen die Prämienbeispiele zwischen 160 DM bis 300 DM bzw. 300 DM bis 600 DM in der teuersten Tarifzone.

Zu den günstigsten bundesweiten Anbietern für alle Personen zählen nach einer Untersuchung der Stiftung Warentest („test" Heft 12/96 und „Finanztest" Heft 9/97) folgende Versicherungsunternehmen:

Debeka, DEVK Allgemeine, Europa, Generali, Huk-Coburg Allgemeine, General Accident, Interlloyd, Medien, Sach- und Haftpflichtvers. des Bäckerhandwerks, Plus, Tellit, WGV-Schwäbische. Die Anschriften finden Sie im Anhang.

2.2 Welche Regeln sind zu beachten?

Wichtig ist die Versicherungssumme, denn dieser Wert ist der im Schadensfall von der Versicherung zu leistende Betrag. Sie muß dem Neuwert des jeweiligen Hausrates entsprechen, sonst hat die Versicherung keinen Sinn. Es lohnt nicht eine niedrigere Versicherungssumme wegen des billigeren Beitrages zu vereinbaren, denn dann haben Sie eine Unterversicherung und erhalten von der Versicherung nur eine Leistung im Verhältnis der vereinbarten Summe zum tatsächlichen Neuwert Ihres Hausrates.

Bei vielen Versicherungen kann aber eine Verzichtsklausel zur Unterversicherung vereinbart werden. Dabei werden dann mindestens 1200 DM je qm Wohnfläche versichert. Bei einer 120 qm großen Wohnung zum Beispiel gilt also eine Versicherungssumme von 144 000 DM.

Eine Zusammenstellung der einzelnen Hausratsgegenstände mit dem Neuwert hilft Ihnen für die Ermittlung der Versicherungssumme und im Schadensfall für den Nachweis zur Schadensregulierung. Fotos und Belege über wertvollere Gegenstände sollten aufbewahrt werden.

Wertsachen werden üblicherweise nur bis zu 20 % der Versicherungssumme entschädigt. Werden die Wertsachen nicht in einem Stahlschrank aufbewahrt, gelten folgende Höchstgrenzen, allerdings nicht für Pelze, Teppiche, Kunstgegenstände:

für Bargeld 2000 DM,

für Urkunden und Wertpapiere 5000 DM und

für Schmuck, Edelmetalle, Perlen, Münzen, Briefmarken 40 000 DM.

Hausrat ist auch außerhalb der eigenen Wohnung versichert, und zwar bis zu drei Monaten. Das kann am Arbeitsplatz oder in einer Werkstatt sein. Dafür gilt eine Höchstgrenze von 20 000 DM. Auch Urlaubsgepäck ist weltweit versichert, solange es sich einem Gebäude befindet. Im Mietwagen also zum Beispiel nicht.

2.3 Wann sind Versicherungserweiterungen sinnvoll?

Deckungserweiterungen sind die Einbeziehung von Fahrraddiebstahl, von Überspannungsschäden, von Elementarschäden, eine Glasversicherung sowie die Erhöhung der Entschädigungsgrenze von Wertsachen.

Sie sind allerdings nicht immer sinnvoll. Die Erweiterung auf Fahrraddiebstahl lohnt nur für Haushalte mit mehreren Fahrrädern. Dabei ist der Schaden durch einen versuchten, aber nicht erfolgten Diebstahl nicht versichert. Versichert ist das Fahrrad nach den allgemeinen Bedingungen nur im verschlossenen Einzelkeller. Nach den älteren Versicherungsbedingungen von 1974 (VHB 74) ist ein Fahrraddiebstahl noch bis zu 500 DM ohne Aufpreis mitversichert.

Überspannungsschäden sollten nur in Haushalten mit hochwertigen elektrischen Geräten zusätzlich versichert werden. Dabei werden nur Blitzschäden ersetzt und nicht andere Ursachen.

Wertsachen, deren Anteil 20 % der Versicherungssumme übersteigt, können mit einer Erhöhung der Entschädigungsgrenze versichert werden. Eine Erhöhung um jeweils 5 % der Grenze kostet zwischen 10 % und 20 % der Grundprämie. Kleinere Wertsachen, z. B. Bargeld, Schmuck, Wertpapiere, müssen trotzdem im Stahlschrank aufbewahrt werden. Dieses Gerät sollte mindestens 100 kg schwer sein.

Eine Glasversicherung hat nur Sinn für Haushalte mit großen und relativ teuren Glasflächen, wie z. B. Wintergärten.

Die Schäden durch Überschwemmung, Erdbeben, Erdrutsch, Schneedruck oder Lawinen können ebenfalls zusätzlich versichert werden. Dabei gelten aber zum Teil Selbstbehalte (1000 bis 10 000 DM) und Ausschlüsse. Dieser Schutz wird nicht von allen Versicherungsunternehmen angeboten oder auch für bestimmte Gebiete ausgeschlossen.

Wichtig: Bei einem Umzug haben Sie Versicherungsschutz für zwei Monate auf beide Wohnungen, wenn der Umzug dem Versicherungsunternehmen unverzüglich mitgeteilt worden ist.

2.4 Schadensfall

Im Schadensfall ist der Wert und auch der Besitz der betroffenen Gegenstände nachzuweisen. Hierfür hilft das schon genannte Verzeichnis der wichtigsten Hausratsgegenstände. Für teuren Schmuck, Antiquitäten, Kunstwerke empfehlen sich Anschaffungsbelege oder Wertgutachten.

Schäden sind, wie bei anderen Versicherungen auch, unverzüglich der Versicherung zu melden. Nach den neueren Versicherungsbedingungen ist eine schriftliche Meldung vorgeschrieben. Als Nachweis ist ein Einschreiben mit Rückschein empfehlenswert. Eine Anzeige bei der Polizei ist bei Einbruchdiebstahl oder Raub erforderlich. Dabei sind auch der Polizei die gestohlenen Gegenstände aufzulisten. Hierbei sollten Sie sorgfältig verfahren, denn für nicht genannte vergessene Gegenstände haftet die Versicherung nicht. Als Versicherungsnehmer müssen Sie zur Klärung des Schadens beitragen und zumutbare Untersuchungen durch die Versicherung dulden.

2.5 Schadensbeispiele

Ein Feuer muß ohne einen festen Herd, wie zum Beispiel Ofen, Kamin oder Kerze, entstanden sein oder diese Stelle verlassen haben. Sengschäden, wie Zigarettenbrandfleck im Teppich, sind ausgeschlossen. Das gilt auch für Blitzeinschläge in die Stromleitung mit Schäden an Elektrogeräten. Dafür ist Deckungserweiterung möglich. Eine brennende Gardine über einer Kerze oder ein Weihnachtsbaum mit einem richtigen Feuer sind Versicherungsfälle.

Wenn Gegenstände geklaut worden sind, zahlt die Versicherung nur, wenn die Wohnung verschlossen war. Ein geöffnetes Fenster, auch in Kippstellung, zum Beispiel darf dann nicht sein. Fahrlässiges Verhalten, das Einbrüche begünstigt oder erst ermöglicht, sollte also vermieden werden. Als Raub gilt eine Tat mit Gewalt oder Androhung einer solchen.

Beim Leitungswasser sind nur Schäden aus dem Rohrsystem oder einem angeschlossenen Gegenstand, wie zum Beispiel einer Waschmaschine, versichert. Ein defektes Wasserbett gehört nicht dazu. Auslaufende Aquarien oder überlaufende Badewannen sind ebenso keine Versicherungsfälle.

Sturmschäden werden nur ab Windstärke acht ersetzt. Als Geschädigter sind Sie beweispflichtig. Daten einer Wetterstation können dabei helfen, wenn Ihnen die Versicherung zunächst die Angaben nicht abnimmt.

Extra-Tip

▶ Die Ansprüche verjähren nach zwei Jahren. Ein in diesem Zeitraum später entdeckter zusätzlicher Schaden kann nachgemeldet werden.

Heizkostenabrechnungen

1. Um was geht es?

Die Heizkosten und die sonstigen Mietnebenkosten werden auch als zweite Miete bezeichnet. Wegen der ständig steigenden Betriebskosten haben diese Wohnungsausgaben für die Mieter eine besondere finanzielle Bedeutung erlangt. Im Zeitraum von 1990 bis 1995 stiegen zum Beispiel die Müllgebühren um 113 % oder die Abwassergebühren um 65 %. Die Kostenentwicklung bei den Ausgaben für die Heizung fiel dagegen mit 8 % vergleichsweise harmlos aus. Dennoch sind die Heizkosten mit ihrem Anteil neben der reinen Miete die größte Belastung für die Mieter.

2. Tips und Hinweise

2.1 Auf was ist besonders zu achten?

Nach Schätzungen der Verbraucher-Zentralen sind ein Drittel aller
Heizkostenabrechnungen falsch. Andere Annahmen halten sogar jede zweite Abrechnung für falsch. Es gibt für Sie als Mieter also einen
guten Grund, die Abrechnungen Ihres Vermieters zu überprüfen.

Auf folgendes sollten Sie bei Heizkostenabrechnungen insbesondere achten:

Die Abrechnung muß schriftlich erfolgen und klar, übersichtlich
und nachvollziehbar auch für Laien sein. Sollte Ihnen die Abrechnung nicht verständlich sein, verlangen Sie oder erbitten Sie vom
Vermieter eine klare Aufschlüsselung und Erläuterung der einzelnen
Positionen. Sind Sie zu einer Nachzahlung aufgefordert worden,
wird diese erst bei einer ordnungsgemäßen Abrechnung fällig.

Wenn Ihre Zweifel an den Ausgabepositionen nicht ausgeräumt
werden können, sind Sie berechtigt, Einsicht in die Abrechnungsunterlagen Ihres Vermieters zu nehmen. Sie können sich auch die
Abrechnungsunterlagen als Kopien – notfalls gegen Bezahlung –
zusenden lassen.

Über die Vorauszahlungen oder Abschläge sind Abrechnungen zu
erstellen. Diese müssen im sozialen Wohnungsbau innerhalb von
12 Monaten nach dem Ende der Abrechnungsperiode vorliegen. Bei
anderen Wohnungsarten gibt es diese Frist nicht. Sie wird aber auch
häufig von den Zivilgerichten im Streitfall zugrunde gelegt.

Wichtig: Wenn die Vorlage der Abrechnung über einen längeren
Zeitraum vom Vermieter verzögert worden ist, kann der Anspruch
auf eine Nachzahlung verwirkt worden sein. Sie müßten dann keine
Nachforderung mehr begleichen.

2.2 Welche Aufwendungen darf der Vermieter nicht abrechnen?

Überprüfen Sie in der Abrechnung auch, ob Aufwendungen enthalten sind, die gar nicht abrechnungsfähig sind. Nicht abrechnungs-
fähige Kosten sind insbesondere:

- Einkauf von zu teurem Heizöl. Der Vermieter ist verpflichtet, das
  Heizöl immer kostengünstig einzukaufen. Also nicht in der win-
  terlichen oder kalten Jahreszeit.

- Die Öltankversicherung ist nicht von den Mietern zu bezahlen.
- Das gilt auch für Trinkgelder für die Lieferanten.
- Nicht verbrauchsabhängig berechnete Heizkosten. Es müssen für eine einwandfreie Abrechnung mehr als 50 Prozent der Kosten mit Meßsystemen erfaßt worden sein. Diese Regelung gilt auch für die neuen Bundesländer.
- Verwaltungskosten, wie zum Beispiel Porto, Telefongebühren, Schreibauslagen.
- Leasing-Heizgeräte. Die Gebühren sind insgesamt teurer als der Kaufpreis.
- Stromkosten für die Beleuchtung der Heizungskellerräume.
- Reparaturkosten, wenn sie über 100 DM liegen. Eine neue Gasleitung oder ein neuer Heizöltank sind Sache des Vermieters.
- Instandsetzungskosten sind vom Vermieter zu tragen.
- Heizkosten vor Bezugsfertigkeit. Das sogenannte Trockenheizen eines Neubaus haben nicht die Mieter zu übernehmen.

Als abrechnungsfähig gelten dagegen die folgenden Positionen:

Brennstoffe, Betriebsstrom, Bedienung, Überwachung, Pflege und Einstellung der Anlage, Reinigungskosten für die Heizanlage und den Betriebsraum, Kosten für Messungen, Schornsteinfegerkosten, Betriebskosten für die Verbrauchserfassung, Kosten für die Berechnung und Aufteilung des Verbrauchs.

2.3 Was ist noch zu beachten?

Zu empfehlen sind weiterhin die zeitnahe eigene Ablesung und Notierung des Verbrauchs zum Ablesetermin. Der Ablesetermin muß vom Vermieter mindestens 10 bis 14 Tage vorher angekündigt werden. Sollten die Werte von einer Firma oder einem Wärmemeßdienst abgelesen werden, kontrollieren Sie dennoch, denn deren Angestellte haben häufig wenig Zeit und können auch Fehler machen.

Achten Sie bei sogenannten Vollwartungsverträgen darauf, ob in den Rechnungsbeträgen auch Anteile für Reparaturkosten enthalten sind. Davon können sie bis zu 50 Prozent abziehen.

Sollten nicht nur Mietwohnungen in dem Gebäude, sondern auch gewerblich genutzte Räume liegen, müssen Sie nur anteilig Ihre eigenen Kosten und nicht einen Gesamtdurchschnittswert zahlen.

Für den Ölverbrauch gelten als Anhaltswert 20 bis 25 Liter pro Quadratmeter und Jahr. Die Heiznebenkosten (Strom, Wartung) könnten bei etwa 15 Prozent der Brennstoffkosten liegen.

In den neuen Bundesländern dürfen die Kosten für Zentralheizung nur bis zu einem Betrag von 2,10 DM je Quadratmeter umgelegt werden. Mit Warmwasser ist der Höchstbetrag 2,50 DM/qm monatlich.

Extra-Tip

▶ In Zweifelsfragen können Sie sich günstig von der örtlichen Verbraucherzentrale oder dem örtlichen Mieterverein beraten lassen. Die Adressen finden Sie im Telefonbuch.

Hilfe in besonderen Lebenslagen (Sozialhilfe)

1. Um was geht es?

Zu der Sozialhilfe gehören nicht nur die Hilfe zum Lebensunterhalt, sondern auch die Leistungen der Hilfen in besonderen Lebenslagen, deren Anteil am gesamten Sozialhilfeaufwand bei etwa 60 % liegt.

Während die Aufgabe der Hilfe zum Lebensunterhalt in einer Art Grundsicherung des allgemeinen Lebenshaltungsaufwandes besteht, dient die Hilfe in besonderen Lebenslagen zur finanziellen Absicherung von bestimmten qualifizierten Bedarfssituationen.

2. Tips und Hinweise

2.1 Welche Hilfen leistet das Sozialamt als Hilfe in besonderen Lebenslagen?

Maßgebendes Leistungsgesetz ist das Bundessozialhilfegesetz. Es enthält einen eigenen Abschnitt mit den Hilfen in besonderen Lebenslagen. Danach können folgende Hilfearten gewährt werden:

• Hilfe zum Aufbau oder zur Sicherung der Lebensgrundlage
• vorbeugende Gesundheitshilfe
• Krankenhilfe, sonstige Hilfe

- Hilfe zur Familienplanung
- Hilfe für werdende Mütter und Wöchnerinnen
- Eingliederungshilfe für Behinderte
- Blindenhilfe
- Hilfe zur Pflege
- Hilfe zur Weiterführung des Haushalts
- Hilfe zur Überwindung besonderer sozialer Schwierigkeiten
- Altenhilfe
- Hilfe in anderen besonderen Lebenslagen.

2.2 Beispiele für die einzelnen Hilfearten

- Hilfe zum Aufbau oder zur Sicherung der Lebensgrundlage
  Es ist eine Kann-Leistung des Sozialamtes ohne Rechtsanspruch.
  Beihilfen oder Darlehen zur Existenzgründung mit berechtigten
  Marktchancen oder Förderung der Arbeitsaufnahme.

- Vorbeugende Gesundheitshilfe
  Durchführung von ambulanten oder stationären Vorsorgekuren
  und Mutter-Kind-Kuren. Vorsorgeuntersuchungen gehören auch
  zum Leistungsumfang.

- Krankenhilfe, Hilfe zur Familienplanung, Hilfe für werdende
  Mütter und Wöchnerinnen
  Für nicht krankenversicherte Personen Leistungen ähnlich der
  gesetzlichen Krankenkassen. In bestimmten Fällen auch ergänzende Leistungen für gesetzlich Krankenversicherte bei Festbeträ-
  gen oder Leistungsausschlüsse der Krankenkasse.

- Eingliederungshilfe für Behinderte und Blindenhilfe
  Siehe Stichwort →Eingliederungshilfe und Stichwort →Blinden-
  hilfe.

- Hilfe zur Pflege
  Gewährung von Sach- und Geldleistungen im Leistungsumfang
  der Pflegeversicherung. Außerdem auch Leistungen unterhalb
  deren Voraussetzungen. Das sind Leistungen für Personen, die
  noch nicht erheblich pflegebedürftig sind. Das Sozialamt zahlt
  auch, wenn die gedeckelten Leistungen der Pflegekasse nicht zur
  Bedarfsdeckung ausreichen. Auch die Übernahme von Heimpfle-
  gekosten zählt zu dieser Hilfeart.

• Hilfe zur Weiterführung des Haushaltes
  Darunter fallen Betreuungsmaßnahmen und Haushaltshilfen,
  wenn die bisher haushaltsführende Person dazu vorübergehend
  nicht in der Lage ist.

• Hilfe zur Überwindung besonderer sozialer Schwierigkeiten
  Für bestimmte Personengruppen, wie Nichtseßhafte, Landfahrer,
  Personen ohne ausreichende Unterkunft oder aus Freiheitsentzie-
  hung Entlassene sind besondere Hilfen vorgesehen.

• Altenhilfe
  Sach- und Geldleistungen sollen dazu beitragen, die durch das
  Alter entstehende Schwierigkeiten zu verhüten, zu mildern oder
  zu überwinden. Dafür gibt es einen besonderen Katalog von
  Maßnahmen.

2.3 Welche Einkommens- und Vermögensgrenzen sind maßgebend?

2.3.1 Einkommenseinsatz

Die Gewährung von Sozialhilfe und damit auch von Hilfen in
besonderen Lebenslagen ist in den meisten Fällen vom Einkommen
und Vermögen abhängig.

Bei der Gewährung von Hilfe in besonderen Lebenslagen werden
für den Einkommenseinsatz Einkommensgrenzen festgesetzt. Die
maßgebende Einkommensgrenze richtet sich nach der jeweiligen
Hilfeart. Es gibt drei verschiedene Einkommensgrenzen, deren
Grundbetrag jeweils durch Rechtsverordnung zum 1. 7. des Jahres
festgesetzt werden.

Sie setzt sich wie folgt zusammen:
Grundbetrag + Familienzuschlag für die Angehörigen + Kosten der
Unterkunft.

Derzeit gelten folgende Grundbeträge (bis 30. 6. 98):
Einfache Einkommensgrenze: 1031 DM
                                    (Ost: 1000 DM)

Besondere Einkommensgrenze: 1545 DM
                                    (Ost: 1505 DM)

Außergewöhnliche Einkommensgrenze: 3092 DM
                                    (Ost: 2529 DM)

Der Familienzuschlag für die Haushaltsangehörigen beträgt im Schnitt 431 DM (Ost: 411 DM).
Als Kosten der Unterkunft sind die tatsächlichen Kosten zu berücksichtigen, soweit sie angemessen sind. Dazu zählen Miete und die Ausgaben für ein Haus. Nicht aber die Kosten für die Heizung.

Beispiel: Ehepaar Lustig hat ein Kind und zahlt eine Miete (ohne Heizung) von 800 DM.
Es gilt z. B. die besondere Einkommensgrenze: (Diese ist für die meisten Hilfearten anzusetzen)

Grundbetrag:	1545 DM
Familienzuschläge (2 × 431 DM):	862 DM
Unterkunftskosten:	800 DM
Gesamtbetrag:	3207 DM

Wenn das anrechenbare Einkommen unter diesem Gesamtbetrag liegt, wird vom Sozialamt grundsätzlich der individuelle Bedarf (z. B. Pflegegeld oder Kurkosten) in voller Höhe übernommen. Eine Ausnahme davon gilt nur bei einem geringfügigen Bedarf von einigen DM und bei der vollen Übernahme von stationären Unterbringungskosten. Im letzteren Fall sind Eigenanteile auch aus dem Einkommen unterhalb der Einkommensgrenze zu zahlen.
Zum anrechenbaren Einkommen siehe Stichwort →Beihilfen.

Wichtig: Sollte das Einkommen über der Einkommensgrenze liegen, wird der Überschreitungsbetrag häufig nur teilweise angerechnet. Es werden dann noch besondere Belastungen berücksichtigt. Diese müssen aber von Ihnen besonders geltend gemacht werden, da das Sozialamt selten danach fragt.

Besondere Belastungen können sein:
• Schuldverpflichtungen aus einem vertretbaren Umstand,
• Kosten im Zusammenhang mit Familienereignissen (Geburt, Heirat, Tod, Konfirmation),
• Fahrtkosten für Besuch von Angehörigen in Heimen usw.,
• Aufwendungen für Krankheit, Pflegebedürftigkeit oder Behinderung,
• Unterhaltsleistungen,

- Aufwendungen für die Sicherung und Instandhaltung der Unterkunft,
- Kosten für Fort- und Weiterbildung,
- Versicherungsbeiträge, soweit noch nicht vom Einkommen abgesetzt.

Diese Belastungen verringern Ihr einzusetzendes Einkommen jeweils in voller Höhe dieser Aufwendungen.

2.3.2 Vermögenseinsatz

Beim Vermögenseinsatz bleiben bestimmte Vermögenswerte unberücksichtigt.

Dazu gelten folgende Freibeträge:

Person	Hilfeart		
	Hilfe zum Lebensunterhalt	Hilfe in besonderen Lebenslagen und bei Personen ab 60 Jahre	Blindenhilfe und Schwerstpflegefälle
Haushaltsvorstand / Alleinstehender	2500 DM	4500 DM	8000 DM
Ehegatte	1200 DM	1200 DM	1200 DM
je Kind	500 DM	500 DM	500 DM

Beispiel: Ehepaar, 2 Kinder

Freibetrag Hilfe zum Lebensunterhalt: 4700 DM
(2500 + 1200 + 500 + 500)

Freibetrag Hilfe in besonderen Lebenslagen: 6700 DM oder 10 200 DM.

Als Vermögen bleibt weiterhin ein angemessenes Hausgrundstück unberücksichtigt. Familienheime, deren Wohnflächen die Grenzen des Zweiten Wohnungsbaugesetzes nicht überschreiten, sind immer angemessen und geschützt. Die Quadratmeterzahl liegt bis zu 4 Personen bei 130 qm. Sie kann bei besonderen Bedürfnissen, wie zum Beispiel Pflegebedürftigkeit, auch höher sein.

Extra-Tip

▶ Wenn das Sozialamt bei der Gewährung einer Hilfe in besonderen Lebenslagen Ihr Einkommen teilweise anrechnet, sollten Sie die besonderen Belastungen geltend machen und zusätzlich einen angemessenen Freibetrag wegen Ihrer besonderen Situation. Das Sozialamt ist nämlich verpflichtet, im Rahmen einer Ermessensentscheidung weitere Einkommensteile von der Anrechnung freizulassen. Rechtsgrundlage: § 84 Absatz 1 Bundessozialhilfegesetz.

Hilfe zum Lebensunterhalt (Sozialhilfe)

1. Um was geht es?

Die Sozialhilfe wird auch als letztes Glied in der Kette unseres Sozialleistungssystems bezeichnet. Dieses Prinzip des Nachranges hat heutzutage aber erheblich an Bedeutung verloren, da durch die Kürzungen bei den Lohnersatzleistungen, den Rentenansprüchen und anderen vorrangigen Sozialleistungen immer mehr Menschen auf die Sozialhilfe angewiesen sind. Jeder zwölfte Bundesbürger ist heute von Sozialhilfe abhängig.

Bei der Sozialhilfe sind aber zwei Leistungsarten zu unterscheiden. Es gibt die Sozialhilfe im sogenannten engeren Sinne, das ist die Hilfe zum Lebensunterhalt, und die Sozialhilfe als →Hilfe in besonderen Lebenslagen, wie zum Beispiel die Eingliederungshilfe mit der Kostenübernahme für die Betreuung in einer Werkstatt für Behinderte oder die Hilfe zur Pflege mit der Übernahme von Kosten für die Betreuung in einer stationären Pflegeeinrichtung.

2. Tips und Hinweise

2.1 Wann besteht ein Anspruch auf laufende Hilfe zum Lebensunterhalt?

Mit der Hilfe zum Lebensunterhalt soll das sogenannte Existenzminimum gesichert werden. Diese Aufgabe wird rechtlich als Deckung des notwendigen Lebensunterhaltes unter Wahrung der Menschenwürde (Artikel 1 Grundgesetz, § 1 Bundessozialhilfegesetz) bezeichnet. Die Hilfe kann dabei als laufende und einmalige Leistungen gewährt werden. Siehe auch Stichwort →Beihilfen (Einmalige Leistungen der Sozialhilfe).

Für die Feststellung des Anspruchs ist eine Bedarfsberechnung durchzuführen. Diese ist mit einem Beispiel beim Stichwort →Beihilfen erläutert. Im Rahmen dieser Bedarfsberechnung ist ein Bedarfssatz zu ermitteln, dem das anrechenbare Einkommen gegenübergestellt wird. Sollte das Einkommen geringer sein, gibt es den Unterschiedsbetrag als laufende Leistung der Hilfe zum Lebensunterhalt.

Beispiel:

Gesamtbedarfssatz:	2200 DM
Einkommen:	1000 DM
Hilfe zum Lebensunterhalt:	1200 DM

2.2 Was gehört zum Bedarfssatz bei der Hilfe zum Lebensunterhalt?

Der Bedarfssatz setzt sich aus folgenden Positionen zusammen:

- Regelsatz für die einzelnen Mitglieder der Familie
- Mehrbedarfszuschläge für bestimmte Besonderheiten
- Betrag für die Kosten der Unterkunft (Miete oder Hausbelastung)
- Betrag für die Heizungskosten
- Individuelle Zuschläge (z. B. Krankenversicherungsbeitrag oder Sterbegeldversicherung)

Regelsätze

Die Regelsätze sind nach Altersstufen gestaffelt und werden jeweils zum 1. 7. des Jahres von den einzelnen Bundesländern festgesetzt. In den alten Bundesländern gibt es am häufigsten folgende Beträge (ab 1. 7. 97 bis 30. 6. 98):

Haushaltsvorstand und Alleinstehende:	539 DM
Haushaltsangehörige:	
bis zur Vollendung des 7. Lebensjahres:	270 DM
wenn diese Kinder alleine erzogen werden:	296 DM
vom Beginn des 8. bis zur Vollendung des 14. Lebensjahres:	350 DM
vom Beginn des 15. bis zur Vollendung des 18. Lebensjahres:	485 DM
vom Beginn des 19. Lebensjahres:	431 DM

Die Regelsätze in den neuen Bundesländern liegen bei etwa 95 % dieser Beträge.

Mehrbedarfszuschläge

Sie werden für Personen gewährt, die

1. das 65. Lebensjahr vollendet haben und einen Schwerbehindertenausweis mit dem Merkzeichen „G" besitzen,
2. die unter 65 Jahre alt und erwerbsunfähig sind und auch den Ausweis mit dem Merkzeichen „G" haben,
3. schwanger sind, nach der 12. Schwangerschaftswoche
4. alleine Kinder erziehen, wenn das Kind unter 7 Jahre alt ist oder wenn 2 oder mehr Kinder unter 16 Jahre alt sind,
5. einer kostenaufwendigeren Ernährung bedürfen,
6. behindert sind und bestimmte Leistungen der Eingliederungshilfe für Behinderte erhalten.

In den Fällen der Ziffern 1 bis 3 beträgt der Mehrbedarf 20 % des jeweiligen Regelsatzes. Bei der alleinigen Kindererziehung liegt er je nach Anzahl der Kinder bei 40 % oder 60 % und bei Behinderten bei 40 % des maßgebenden Regelsatzes. Der Ernährungsmehrbedarf wird individuell festgesetzt. Das können zum Beispiel 120 DM monatlich für Zuckerkranke sein.

Kosten der Unterkunft und Heizung

Es werden die tatsächlichen Aufwendungen bis zur Höhe des ortsüblichen Niveaus anerkannt. Bei einem Haus zählen sämtliche Ausgaben ohne Tilgungszahlungen dazu. Das können also alle hausbezogenen Zinsen, Steuern, Abgaben und Versicherungen sein. Bei einer Mietwohnung rechnen auch die Nebenkosten zu den Unterkunftskosten. Wenn Ihre Miete oder Hausbelastung zu hoch sein sollte, wird sie noch für einen angemessenen Zeitraum in voller Höhe berücksichtigt. Das können je nach der örtlichen Situation bis zu 6 Monate sein.

In bestimmten Sonderfällen übernimmt das Sozialamt auch Mietrückstände oder Schulden für Energielieferungen bei Versorgungsunternehmen. Diese Hilfe muß aber zur Sicherung der Unterkunft oder einer vergleichbaren Notlage gerechtfertigt sein.

2.3 Welche Leistungen gewährt das Sozialamt noch?

Das Sozialamt übernimmt unter Berücksichtigung der finanziellen Voraussetzungen auch die Beiträge für eine freiwillige Kranken- und Pflegeversicherung sowie für die Alterssicherung. Auch die Kosten für eine Bestattung werden übernommen, soweit sie dem Verpflichteten nicht zugemutet werden können. Ebenfalls sind die Kosten für die Beratung durch eine Schuldnerberatungsstelle übernahmefähig. Das gilt auch für besondere Maßnahmen zur Schaffung von Arbeitsgelegenheiten. Zu diesen Maßnahmen gibt es örtlich unterschiedliche Richtlinien oder Programme.

2.4 Checkliste für die eigene Berechnung

Anhand der folgenden Checkliste können Sie Ihre eigenen Daten für die Bedarfsberechnung zusammenstellen. Zur Ermittlung des anrechenbaren Einkommens können Sie unter dem Stichwort →Beihilfen nachsehen. Zum Vermögenseinsatz unter dem Stichwort →Hilfe in besonderen Lebenslagen.

Bestandteil	Ihre Daten
Regelsatz Haushaltsvorstand	539 DM
Regelsatz Ehegatte	431 DM
Regelsatz Kind (je nach Alter)	......
Regelsatz Kind	......
Regelsatz Kind und gfls. weitere	......
Mehrbedarf	
z. B. Schwangerschaft	......
z. B. Ernährung	......
z. B. alleinige Erziehung	......
z. B. Alter über 65 Jahre oder erwerbsunfähig und Ausweis mit „G"	......
Kosten der Unterkunft	
z. B. Miete	......
z. B. Hausbelastung	......
Kosten der Heizung	
z. B. laufende Abschläge	......
Sonstiges	
z. B. freiw. Krankenversicherungsbeitrag	......
z. B. Sterbegeldversicherung	......
Gesamtbedarfssatz	<u>......</u>

Extra-Tip

▶ Bei der Gewährung eines Mehrbedarfszuschlages wird vom maßgebenden Regelsatz ausgegangen. Wenn für den eigentlichen Haushaltsvorstand keine Mehrbedarfsvoraussetzungen vorliegen, aber dafür bei dem Ehegatten, sollte die Umstellung beim Haushaltsvorstand geltend gemacht werden. Der Ehegatte mit dem Mehrbedarf bekommt dann als Haushaltsvorstand seinen Mehrbedarfszuschlag und nicht als Haushaltsangehöriger. Je Mehrbedarf sind das über 20 DM monatlich mehr.

Hinzuverdienst (Rentenversicherung)

1. Um was geht es?

Sämtliche Altersrenten können entweder als Vollrente oder unter
Beachtung der jeweiligen Voraussetzungen auch als Teilrente in
Anspruch genommen werden. Als Versicherter können Sie unter
den Teilrenten frei wählen. Voraussetzung ist jedoch, soweit Sie
noch keine 65 Jahre alt sind, die Einhaltung der jeweiligen Hinzuverdienstgrenzen.

Neben den Hinzuverdienstgrenzen für die →Altersrenten gibt es
auch noch Grenzwerte für die →Erwerbsunfähigkeitsrenten und die
→Berufsunfähigkeitsrenten.

2. Tips und Hinweise

2.1 Hinzuverdienst bei Altersrenten

Ein Hinzuverdienst zur Vollrente oder Teilrente ist unter bestimmten Voraussetzungen möglich. Nach Vollendung des 65. Lebensjahres fallen die Beschränkungen weg. Sie dürfen ohne Auswirkung auf
den Rentenanspruch noch arbeiten und Geld verdienen, wie Sie
wollen.

Unter 65 Jahre gibt es kompliziertere Berechnungen der Hinzuverdienstgrenze.

Zur Vollrente dürfen höchstens ein Siebtel der monatlichen
Bezugsgröße (das sind ab 1. 1. 1997 610 DM West und 520 DM
Ost) brutto an Arbeitseinkünften erzielt werden.

Wichtig Der Hinzuverdienst darf im Laufe eines jeden Jahres seit
Rentenbeginn (aber nicht im Monat des Rentenbeginns) in zwei
Monaten bis zum Doppelten des für einen Monat geltenden Wertes
überschritten werden. Also im Jahr 1997 (Rentenbeginn spätestens
1. 10.) in zwei Monaten bis zu jeweils 1220 DM (West) oder
1040 DM (Ost).

Besondere Ausnahme: Frauen in den neuen Bundesländern können bei einem Rentenbezug ab 60 Jahre unbeschränkt hinzuverdienen, wenn ihre Rente nach dem Überleitungsrecht berechnet
wird.

2.2 Die einzelnen Hinzuverdienstgrenzen

Die allgemeine (Mindest-) Hinzuverdienstgrenze gilt, wenn Sie im letzten Kalenderjahr vor Beginn der ersten Altersrente nicht mehr als die Hälfte des Durchschnittsverdienstes aller Versicherten erzielt haben. Also weniger Einkommen als der Durchschnitt hatten.

Diese Grenzen betragen 1997

Teilrente von	West	Ost
$1/3$	1633,45 DM	1343,30 DM
$1/2$	1225,09 DM	1007,48 DM
$2/3$	816,73 DM	671,65 DM

Diese Werte sind als individuelle Hinzuverdienstgrenze dann erhöhend festzusetzen, wenn Ihr letztes Einkommen höher als die Hälfte des allgemeinen Durchschnittsverdienstes war. Am Beispiel eines Versicherten mit genau dem Durchschnittsverdienst aller Versicherten gelten danach für 1997 folgende Grenzen:
Folgende vereinfachte Formel hilft für die Berechnung des Hinzuverdienstes zu Ihrer Teilrente weiter (Werte für 1997):

Teilrente von	West	Ost
$1/3$	3266,90 DM	2686,60 DM
$1/2$	2450,18 DM	2014,95 DM
$2/3$	1633,45 DM	1343,30 DM

Für eine Teilrente von $1/3$:
Ihr Bruttoarbeitsentgelt in 1996 (höchstens 96 000 DM) $\times$ 0,064
= ? (Ihre Hinzuverdienstgrenze)

Für eine Teilrente von $1/2$:
Ihr Einkommen (siehe oben) $\times$ 0,048 = ? (Ihre Hinzuverdienstgrenze)

Für eine Teilrente von $2/3$:
Ihr Einkommen (siehe oben) $\times$ 0,032 = ? (Ihre Hinzuverdienstgrenze)

Für die neuen Bundesländer (Höchstverdienst 1996: 81 600 DM) gelten die Faktoren:

Teilrente von $^1/_3$:   0,052
Teilrente von $^1/_2$:   0,039
Teilrente von $^2/_3$:   0,026

Achtung: Der jeweilige Faktor läßt sich aber nur verwenden, wenn Sie im letzten Kalenderjahr keine Zeiten ohne Beschäftigung (Arbeitslosigkeit, Lohnfortzahlung) hatten.

2.3 Anrechnung von Einkünften bei Berufsunfähigkeitsrenten

Die Rente wegen Berufsunfähigkeit stellt eine Art Lohnersatzfunktion dar. Als Berechtigter sollen Sie zusammen mit anderen Einkünften nicht bessergestellt sein, als vor dem Rentenbezug mit voller Erwerbsfähigkeit. Daher werden Leistungen von anderen Stellen oder eigenes Erwerbseinkommen unter bestimmten Voraussetzungen auf den Rentenzahlbetrag angerechnet.

Seit dem 1. 1. 1996 gelten bestimmte Hinzuverdienstgrenzen, die Sie als Berechtigter beachten sollten, wenn Sie die Rente in voller Höhe erhalten wollen. Dabei gilt grundsätzlich, daß die Rente abhängig von der Höhe des Hinzuverdienstes niedriger wird. Es gibt hierzu drei Grenzwerte:

Zahlung in voller Höhe
in Höhe von zwei Dritteln oder
in Höhe von einem Drittel.

Das Einkommen für die Hinzuverdienstgrenze ist jeweils individuell zu ermitteln. Neben der so berechneten individuellen Hinzuverdienstgrenze gibt es auch eine allgemeine Hinzuverdienstgrenze, um geringverdienende Personen nicht zu benachteiligen. Sie ist immer dann maßgebend, wenn nicht mehr als die Hälfte des Durchschnittsverdienstes erzielt wurde. Die Hälfte bedeutet einen Entgeltpunkt von 0,5.

Für die allgemeine Hinzuverdienstgrenze gelten für 1997 folgende Werte:

BU-Rente als	West (bis – DM –)	Ost (bis – DM –)
Vollrente	1225,09	1007,47
$^2/_3$ Rente	1633,45	1343,30
$^1/_3$ Rente	2041,81	1679,12

Als bisheriger Geringverdiener dürften Sie neben der vollen Berufsunfähigkeitsrente also noch bis zu 1225,09 DM/West oder
1007,47 DM/Ost hinzuverdienen.

Wenn Sie zum Beispiel den Durchschnittsverdienst von allen Versicherten im letzten Kalenderjahr vor der Berufsunfähigkeit erzielt
haben, können Sie die Werte der Tabelle sogar verdoppeln. Das
Durchschnittsentgelt ist für 1996 mit 51 108 DM festgesetzt worden.

Für Personen, deren Berufsunfähigkeitsrente vor dem 1. 1. 1996
begonnen hat, gelten Übergangsregelungen.

2.4 Bei Erwerbsunfähigkeitsrenten

Grundsätzlich können Sie als Bezieher einer EU-Rente keine
Beschäftigung mehr ausüben. Sollte das doch der Fall sein, können
im Monat nicht mehr als ein Siebtel der Bezugsgröße, das ist die
Geringverdienergrenze, als Einkommen erzielt werden. Ab 1. 1.
1997 sind das 610 DM/West und 520 DM/Ost. Wird ein höheres
Einkommen auf Kosten der Gesundheit bei weiterhin vorliegender
Erwerbsunfähigkeit erzielt, wird nur noch die geringere Berufsunfähigkeitsrente gezahlt, für die dann deren Hinzuverdienstgrenzen
zu beachten sind.

Auch hierbei darf die Hinzuverdienstgrenze in 2 Monaten
während eines Kalenderjahres überschritten werden.

I

Informationsbroschüren

1. Um was geht es?

Sie kennen vielleicht den Spruch: Wissen ist Macht, nichts wissen macht auch nichts. Daran sollten Sie sich natürlich nicht halten, denn die richtigen Informationen können viel Geld wert sein. Eine kostenlose und einfache Methode für erste und allgemeine Informationen ist die Nutzung des Angebotes der Bundesregierung mit den einzelnen Ministerien über Informationsbroschüren. Es gibt sie zu zahlreichen und vielfältigen Themen. Auch die jeweiligen Landesregierungen geben Informationshefte und -broschüren heraus.

2. Tips und Hinweise

Folgende Informationsbroschüren können derzeit von der Bundesregierung kostenlos im Einzelfall angefordert werden:

Presse- und Informationsamt der Bundesregierung, Postfach, 53105 Bonn	„Das Mietrecht" „Wohngeld" „Bau- und Wohnfibel" „Wegweiser für Verbraucher" „Schlichten ist besser als Richten" „Informationen für Familien" „Informationen für Arbeitgeber"
Bundesministerium für Arbeit und Sozialordnung, Referat Öffentlichkeitsarbeit, Postfach 500, 53105 Bonn	„Die soziale Pflegeversicherung" „Pflegen Zuhause" „Die Rente" „Mobil-Zeit ab 55" „Berufsförderungswerke" „Berufsbildungswerke" „Medizinische Einrichtungen" „Frühförderung behinderter oder von Behinderung bedrohter Kinder" „Kriegsopferversorgung" „Wegweiser durch das Arbeitsförderungsgesetz"

„Teilzeitarbeit"
„Soziale Sicherung im Überblick"
„Fortentwicklung der Rentenversicherung"
„Arbeitsrecht"
„Kündigungsschutz und Kündigungsfristen"
„Entgeltfortzahlung"
„Das neue Arbeitszeitgesetz"
„Klare Sache – Jugendarbeitsschutz"
„Ratgeber für Behinderte"
„Der Staat hilft den Opfern von Gewalttaten"
„Hilfe im Haushalt"

Bundesministerium für Familie, Senioren, Frauen und Jugend, Referat Öffentlichkeitsarbeit, Postfach, 53107 Bonn

„Der Rote Faden – Informationen für Senioren"
„Ihre Rechte als Heimbewohner"
„Der Heimbeirat"
„Kinder- und Jugendhilfegesetz"
„Erziehungsgeld, Erziehungsurlaub"
„Der Unterhaltsvorschuß"
„Was mache ich mit meinen Schulden?"
„Staatliche Hilfen für Familien"
„Familien-Lastenausgleich"
„Rente für Frauen – Fragen und Antworten"
„Modellprogramm Seniorenbüro"
„Helfen wir uns selbst – Eigeninitiative im Alter"
„Mutterschutz-Leitfaden"

Bundesministerium für Gesundheit, Referat für Presse und Öffentlichkeitsarbeit, Postfach, 53108 Bonn

„Sozialhilfe – Ihr gutes Recht"
„Die gesetzliche Krankenversicherung"
„Informationen zur Krankenkassenwahl"
„Gesundheit in Deutschland – Das Gesundheitswesen"
„Aids-Bekämpfung in Deutschland"
„Gentechnik – Chancen und Risiken"
„Fakten zu Blut und Blutprodukten"

Bundesministerium der Justiz, Referat für Öffentlichkeitsarbeit, Postfach, 53107 Bonn

„Erben und Vererben"
„Guter Rat ist nicht teuer – Beratungshilfe und Prozeßkostenhilfe"
„Das neue Betreuungsrecht"
„Mehr Schutz vor den Tücken des Kleingedruckten"
„Wissenswertes über Verbraucherkredite"
„Mieterschutz bei Eigenbedarf"
„Das Mietrecht"
„Ehe- und Familienrecht"
„Gemeinsam leben ohne Trauschein"

Bundesministerium für Bildung, Wissenschaft, Forschung und Technologie, Referat Öffentlichkeitsarbeit, 53170 Bonn

„BAföG – Ausbildungsförderung"
„BAföG-Darlehen"
„Aufstiegsförderung (Meister-BAföG)"
„Ausbildung und Beruf – Rechte und Pflichten während der Berufsausbildung"
„Berufsbildungsgesetz"

„Die Begabtenförderungswerke"
„Hochschulen in Deutschland"
„Die Fachhochschulen"
„Studienführer für Senioren"
„Weiterbildung in Deutschland"
„Förderfibel – Förderung von Forschung und Entwicklung in kleinen und mittleren Unternehmen sowie von Existenzgründungen"
„Grund- und Strukturdaten"

Bundesministerium für Raumordnung, Bauwesen und Städtebau, Postfach, 53170 Bonn

„Neue Miete und neues Wohngeld – In den neuen Bundesländern"
„Bauen für Einsteiger"
„Die neue Förderung des Wohneigentums"
„Der Weg zur eigenen Wohnung – Tips und staatliche Hilfen"
„Wohnen im Alter"

Bundesministerium der Finanzen, Referat Öffentlichkeitsarbeit, Postfach, 53105 Bonn

„Die Neuregelung der steuerrechtlichen Wohneigentumsförderung"
„Unsere Steuern von A–Z"
„Einkommen- und Lohnsteuer"
„Steuerliche Hilfen in den neuen Bundesländern"
„Vereine, Sport und Steuern"
„Unser Bankwesen"
„Das Versicherungswesen in Deutschland"
„Der Euro – Stark wie die Mark"
„Das Kindergeld"

Bundesministerium für Wirtschaft, Referat Öffentlichkeitsarbeit, Postfach, 53107 Bonn

„Verbrauchsabhängige Abrechnung der Heiz- und Warmwasserkosten"

Bundesministerium der Verteidigung, Referat Öffentlichkeitsarbeit, Postfach, 53003 Bonn

„Informationen über die Unterhaltssicherung für Wehrpflichtige"

K

Kapitallebensversicherung

1. Um was geht es?

Diese Art der Versicherung scheint bei den Deutschen besonders beliebt zu sein. Insgesamt sollen mehr als 80 Millionen Lebensversicherungsverträge bestehen. Dabei sind mehrere Policen pro Person keine Seltenheit. Für die Versicherungsunternehmen offensichtlich ein gutes Geschäft, denn sie kassieren etwa 90 Milliarden Beiträge jährlich mit steigender Tendenz.

2. Tips und Hinweise

2.1 Was ist zu beachten?

Diese Versicherungsart ist wegen ihrer Rentabilität für die Versicherungsgesellschaften praktisch das Lieblingskind der Unternehmen. Sie wird von ihnen daher auch als eine Säule der Altersvorsorge entsprechend beworben und nachdrücklich angeboten.

Als Altersvorsorge gibt es aber auch andere lohnende Alternativen, wie Bundesschatzbriefe, Aktienfonds oder Immobilien. Siehe Stichwort →Altersvorsorge.

Da diese Versicherungsart neben dem reinen Risikoschutz auch zur Kapitalansammlung dient, kommt der später auszuzahlenden Ablaufleistung eine besondere Bedeutung zu. Dieser Betrag kann von den Unternehmen aber nicht garantiert werden. Sicher ist nur die Versicherungssumme, die aber häufig nur die Hälfte der Ablaufleistung ausmacht.

Ein für den Kunden gutes Versicherungsergebnis mit einer hohen Ablaufleistung können die Versicherungen nur dann erreichen, wenn sie kostengünstig arbeiten, das Geld der Kunden gut anlegen, möglichst wenig für Verwaltung und Rückversicherungen ausgeben und dennoch gut wirtschaften und ein gesundes Wachstum haben.

Luxuriöse Verwaltungsgebäude sagen über die Leistungsfähigkeit einer Lebensversicherungsgesellschaft noch wenig aus.

Wichtig: Bei bestehenden Versicherungen können Sie die Ertragswerte verbessern, wenn Sie eine vereinbarte Dynamik beenden, denn mit diesen Beiträgen werden jährlich wieder Risikoanteile und Provisionen abgezogen. Auch Zusatzversicherungen, wie eine Unfalltod- oder Unfallzusatzversicherung, sind bis auf eine Berufsunfähigkeitsversicherung nicht sinnvoll und sollten gekündigt werden. Auch eine jährliche Zahlungsweise lohnt sich, um die Ratenzuschläge zu vermeiden.

2.2 Sehr gute und gute Versicherungsgesellschaften

Auch mit den Kapitallebensversicherungen hat sich die Stiftung Warentest beschäftigt, Nach deren Feststellungen („test" Heft 3/96) schnitten drei Gesellschaften mit sehr gut und 10 Unternehmen mit gut ab.

Dazu gehören mit „sehr gut": Cosmos Direkt, Europa und Hannoversche Leben.

„Gut": Debeka, Dialog, Huk-Coburg, Neue Leben, Öff. Braunschweig (regional), Provinzial Kiel (regional), Süddeutsche, VGH (regional), Westf. Provinzial (regional) und Wüstenrot.

Von den neueren Versicherungsgesellschaften, für die Werte zur Vergangenheit mit Verträgen vor 27 Jahren und zu den länger zurückliegenden Unternehmensdaten noch nicht vorliegen, sind nach den Anbieterprognosen für die Leistung bei Ablauf und bei Rückkauf mit wenigstens einem „guten" und ohne einen „mangelhaften" Wert folgende Gesellschaften festgestellt worden:

Assecura, Deutsche Allgemeine, Delta Direkt, Grundeigentümer, HDI, Neue Bayer. Beamten, Ontos, Quelle, WGV.

2.3 Wie ist das mit den Rückkaufswerten bei einer vorzeitigen Kündigung?

Der vorzeitige Ausstieg, also die Kündigung von Kapitallebensversicherungen ist ein besonderes Problem für den Kunden, denn in den seltensten Fällen lohnt sich eine Kündigung. Häufig ist es auch bei schlechten Versicherungsgesellschaften noch günstiger, den Vertrag weiter zu besparen.

Nur bei Verträgen, die noch nicht mehr als 2 Jahre laufen, ist ein

Ausstieg noch zu empfehlen. Zwar sind die eingezahlten Beiträge oft verloren, jedoch ist der Verlust im Vergleich zu den finanziellen Nachteilen bei einer weiteren Laufzeit von noch fast 30 Jahren geringer.

Bei älteren Verträgen gibt es die Möglichkeit der Beitragsfreistellung, wenn keine Einzahlungen mehr erfolgen sollen. Der Vertrag ruht dabei bis zum regulären Ende. Die Versicherungssumme sinkt dadurch natürlich, es ist aber das bis dahin angesparte Kapital nicht verloren. Die Beitragsfreistellung muß aber nicht immer günstiger sein als eine Kündigung und Wiederanlage des Rückkaufswertes.

Eine weitere Möglichkeit der Vertragsänderung ist mit Einverständnis des Versicherers die Laufzeitverkürzung. Damit kann ein Ende des Vertrages noch während der regulären Dauer erreicht werden. Es sollten aber immer die jeweiligen Versicherungsleistungen bei einem verkürzten und regulären Ende verglichen werden. Es drohen auch steuerliche Verluste, denn die verkürzten Verträge werden in der Regel als Neuabschluß behandelt. Das Finanzamt fordert dann Kapitalertragssteuer.

2.4 Was bewirkt die vorgesehene Steuerreform 1998/1999?

Die Überschüsse für Verträge mit mindestens 12 Jahren Laufzeit sollen nicht mehr komplett steuerfrei bleiben. Es sollen entweder eine jährliche Abgeltungssteuer von 10 % berechnet oder der Zinsanteil bei Vertragsende normal versteuert werden. Das neue Recht soll für Verträge nach dem 23. 1. 1997 gelten. Für Altverträge, die bis Ende 2001 fällig sind, gilt das alte Recht weiterhin.

Die Reformvorschläge sind aber noch keine beschlossene Sache. Jetzt schon Verträge zu kündigen oder beitragsfrei zu stellen, dürfte nicht zu empfehlen sein. Allerdings ist es für Neuabschlüsse besser, die endgültigen Regelungen abzuwarten und dann zu entscheiden. Nach den jeweiligen persönlichen Verhältnissen sollte dann genau überlegt werden, ob nach einer Verringerung von etwa 10 % der Rendite die Kapitallebensversicherung noch lohnt.

Extra-Tip

▶ Wenn Sie Geld benötigen und deswegen den Rückkaufswert einfordern wollen, empfiehlt sich auch ein Gespräch mit dem Versicherer über die Gewährung eines Darlehens. Die Versicherungen sind dazu auch grundsätzlich bereit. Ein solches Policendarlehen ist häufig im Vergleich zu anderen Angeboten mit günstigen Bedingungen verbunden. Insbesondere sind weniger Zinsen als bei einem üblichen Bankdarlehen zu zahlen. Dieses Darlehen kann dann entweder bei Fälligkeit der Lebensversicherung oder auch schon vorher aus anderen Mitteln getilgt werden.

Kfz-Haftpflichtversicherung

1. Um was geht es?

Fast alle Versicherungsunternehmen haben für die Kfz-Haftpflicht im Jahr 1996 den neuen Typklassentarif eingeführt. Die Einstufung wird nicht mehr nach der KW/PS-Zahl, sondern nach der Unfallhäufigkeit und Schadenshöhe der einzelnen Modelle vorgenommen. Die neuen Tarife (ab 1. 7. 1996) gelten zunächst nur für Neu- und Ersatzverträge. Altverträge laufen zu den bisherigen Bedingungen weiter. Allerdings können die Altverträge auf die neuen Bedingungen umgestellt werden. Die Praxis ist dabei unterschiedlich. Es gibt Versicherer, die ihre Kunden angeschrieben haben, und auch solche, die Alt-Verträge nur auf ausdrückliche Nachfrage des Kunden ändern.

2. Tips und Hinweise

2.1 Neue Typklasseneinteilung

Es gibt über 8000 Automodelle, so daß hier an dieser Stelle eine Übersicht zu den neuen Typklassen und die Veränderungen bei allen Modellen nicht möglich ist. Wenn Sie sich für die Unterschiede interessieren, erfahren Sie von Ihrer Kfz-Haftpflichtversicherung, dem Kundenbetreuer oder dem Außendienst die näheren Einzelheiten.

Etwa die Hälfte aller Autobesitzer kann immerhin mit dem neuen

System Versicherungsbeiträge sparen. In der folgenden Kurzübersicht sind in einer Auswahl die Modelle aufgeführt, bei denen ein Wechsel von dem bisherigen auf den neuen Tarif wegen der deutlich günstigeren Einstufung lohnt:

Audi 80 (74 k/W), 100 (85 k/W),	BMW 316i compact (75 k/W), 320i (110 k/W), 325i Cabrio neu (142 k/W), 520i (92, 110 k/W),
Citroen Xantia 1.8 (74 k/W), Evasion D (66 k/W),	Fiat Uno (44, 55 k/W), Punto (44 k/W), Ulysse (89 k/W), Barchetta (96 k/W),
Ford Fiesta neu (55 k/W), Sierra 2.0 (88 k/W), Mondeo (82 k/W), Scorpio 2.0 (85 k/W),	Honda Civic 1.4i (55 k/W), Civic 5 D 1500 (66 k/W),
Hyundai Lantra (66 k/W),	Lada Samara 1500 (53 k/W), Niva (53 k/W),
Lancia Y 1.2 (44 k/W),	Mazda 121 Canvas (53 k/W), MX 3 und MX 5 (79, 96 k/W),
Mercedes-Benz 190 E 1.8 (80 k/W), C 180 (90 k/W), C 250D (83 k/W), 2E 230 (110 k/W),	Mitsubishi Colt 1600 (83 k/W), Lancer 1300 (55 k/W),
Nissan Primera 1.6 (66 k/W),	Opel Corsa B (44 k/W), Astra (55 k/W, Stufenheck 74 k/W, Cabrio 85 k/W), Omega B (100 k/W),
Peugeot 306 (74 k/W),	Porsche 944 (120 k/W),
Renault Clio (55 k/W), Laguna (66 k/W), Espace (79 k/W),	Rover 420 Di (77 k/W),
Saab 900 2.0i (96 k/W),	Skoda Felicia (55 k/W),
Subaru Justy alt (50 k/W), Impreza (66 k/W),	Suzuki Swift 1.0 (39 k/W),
Toyota Starlet (55 k/W), Carina E (79 k/W),	Volvo 850 (125 k/W),
VW Käfer Cabrio (37 k/W), Golf III Cabrio TDI (66 k/W), Passat (110 k/W),	Wartburg (alle)

Es wurde dabei von der Tabelle des Verbandes der Schadensversicherer (VdS) ausgegangen, die für alle Versicherungsunternehmen nicht verbindlich ist. Aufgeführt sind auch nur die Modelle mit einer erheblich billigeren Prämie.

2.2 Vergleichsmöglichkeit

Wenn Sie Ihre derzeitige Prämie mit der von anderen Versicherungsunternehmen vergleichen wollen, sollten Sie die Computer-

Service-Angebote der Fachzeitschriften wie „Test" und „Finanztest" von der Stiftung Warentest, „DM" oder des ADAC nutzen. Die Bedingungen finden Sie in jedem beliebigen Heft der Zeitschriften.

Wenn Ihr PKW nach dem neuen Tarif teurer ist, können Sie beim alten System bleiben. Eine zwangsweise Erhöhung der Prämie durch den Versicherer mit Anpassung an das neue System wird juristisch für unzulässig gehalten. In diesem Fall sollten Sie sich dagegen wehren, indem Sie schriftlich widersprechen und den Vertrag nur unter Vorbehalt weiterführen.

2.3 Kündigung und Beschwerden

Kündigen können Sie immer bei jeder Prämienerhöhung. Als Frist gilt ein Monat zum Ende des Versicherungsjahres, das fast immer der 31. Dezember ist. Eine Dreimonatsfrist bei vor dem 29. 7. 1994 abgeschlossenen Verträgen ist ungültig. Bei Verträgen nach dem 29. 7. 1994 muß aber auf die Kaskoversicherung mit der Kündigungsfrist von drei Monaten geachtet werden.

Wichtig: Bei einem vorgesehenen Wechsel sollten Sie den bisherigen Vertrag erst dann kündigen, wenn Sie den neuen Vertrag vorliegen haben.

Haben Sie Probleme mit Ihrem Versicherer hilft oft eine Beschwerde an das Bundesaufsichtsamt für das Versicherungswesen (BAV), Postfach 15 02 80, 10664 Berlin (Postanschrift) bzw. Ludwigkirchplatz 3–4, 10719 Berlin.

2.4 Prämiennachlässe

Bei einem Vergleich der Versicherungsbedingungen und Kosten sollten Sie auch auf die verschiedenen Preisnachlässe der einzelnen Versicherer achten. In der letzten Zeit sind die unterschiedlichsten Sparangebote eingeführt worden. Dabei können leicht Rabatte von über 25 Prozent zusammenkommen.

Beispiele für Nachlässe sind Alleinfahrer, Garagennutzer, Wenigfahrer, Singles, Langzeitführerschein-Inhaber, Kleinwagenfahrer, Bahncardinhaber. Wenn Rabatte für Sie nicht infrage kommen, sollte ein auch bei der Ausgangsprämie preisgünstiger Versicherer gewählt werden.

Die Nachlässe haben auch nur dann Sinn, wenn sie die Bedingungen einhalten können, denn bei einem Verstoß oder der Nichteinhaltung kann es empfindliche Vertragsstrafen geben. Diese stehen im Kleingedruckten der Versicherungsbedingungen. Ein Alleinfahrer darf z. B. den Wagen nicht verleihen oder ein Wenigfahrer nicht die genannte Kilometergrenze überschreiten. Geringfügige Abweichungen, wie zum Beispiel die Probefahrt bei einer Verkaufsverhandlung des Alleinfahrers oder das Parken auf der Straße mit Garagenrabatt während eines Besuches bei der Verwandtschaft, dürften unschädlich sein. Die Handhabung der Vertragsstrafen ist aber eine Kann-Regelung und liegt somit im Ermessen der Versicherungsgesellschaft. Vorsicht ist aber immer angebracht.

2.5 Günstige Angebote

Der ADAC hält die folgenden vier Unternehmen für erfahrungsgemäß günstige Versicherer: DEVK, HDI, HUK-Coburg, KRAVAG.

Bei einem Vergleich der Versicherungsunternehmen sollten Sie auch immer auf die beiden Kosten der Haftpflicht und der Kasko achten. Nicht alle Versicherer sind in beiden Sparten gleich günstig.

Die Stiftung Warentest („Finanztest" Spezialheft „Versicherungen") hat für die Haftpflichtprämie folgende besonders günstige Versicherungen ermittelt, die mehr als 10 % günstiger als der Durchschnitt sind (ohne die auf Regionen oder Personengruppen beschränkten Angebote):

Dialog, Delfin, HDI, Ontos, Sun Direct*), AIG Europe*), Axa Direct*), WGV Schwäbische Allgemeine.

Anbieter, die zwischen 5 % und 10 % günstiger als der Durchschnitt sind: Alternative, DEVK, Huk-Coburg Allgem., Patria, Signal, Auto Direkt, Europa, Debeka, Garanta.

Alle Anschriften finden Sie im Anhang.

---

*) Diese Versicherungen waren nach eigenen Angaben nur bedingt vergleichbar.

Kindergeld, Kinderfreibetrag

1. Um was geht es?

Mit dem Jahressteuergesetz 1996 wurde beim Kindergeld alles anders. Es wurde von einer Sozialleistung zu einer steuerlichen Förderleistung bzw. Freibetragsregelung verwandelt. Für die Kindergeldgewährung ist nunmehr das Einkommensteuergesetz maßgebend. Das Bundeskindergeldgesetz gilt nur noch für wenige Ausnahmefälle. Die Kindergeldstellen bei den Arbeitsämtern heißen ab 1996 Familienkassen und das Kindergeld wird in der Regel von den Arbeitgebern mit dem Lohn oder Gehalt ausgezahlt. Für erstmalige oder neue Kindergeldzahlungen ist die Familienkasse zuständig. Das gilt auch für Arbeitslose, geringfügig Beschäftigte, Kurzzeitbeschäftigte.

2. Tips und Hinweise

2.1 Allgemeine Voraussetzungen

Kindergeld oder Kinderfreiträge gibt es für eigene Kinder, Enkel-, Stief-, Adoptiv- und Pflegekinder. Für Pflegekinder aber nur, wenn sie dauernd im Haushalt der Pflegeeltern leben und diese mindestens 20 % des gesamten Unterhaltes der Kinder bestreiten. Für Stief- und Enkelkinder wird Kindergeld auch nur gezahlt, wenn sie vom Antragsteller in seinem Haushalt aufgenommen worden sind. Bei alleinstehenden Müttern und Vätern erhält der Elternteil das Kindergeld, bei dem das Kind lebt. Kinderfreiträge werden aber grundsätzlich zur Hälfte verteilt.

Bis zur Vollendung des 18. Lebensjahres wird Kindergeld für alle Kinder gezahlt.

Ausländer erhalten Kindergeld nur, wenn sie eine gültige Aufenthaltsberechtigung oder Aufenthaltserlaubnis besitzen. Ausländerrechtliche Duldungen oder Befugnisse reichen also nicht aus.

2.2 Kinder über 18 Jahre

Für über 18 Jahre alte Kinder gibt es Kindergeld oder Freiträge nur,

- für Kinder während der Schul- oder Berufsausbildung oder des Studiums bis zur Vollendung des 27. Lebensjahres (dabei Verlängerung durch Grundwehrdienst, Zivildienst oder Tätigkeit als Entwicklungshelfer),
- für Kinder ohne Arbeitsplatz bis zur Vollendung des 21. Lebensjahres,
- für Kinder ohne Ausbildungsplatz bis zur Vollendung des 27. Lebensjahres,
- für Kinder im freiwilligen sozialen oder ökologischen Jahr bis zur Vollendung des 27. Lebensjahres,
- für Kinder mit einer Behinderung auch über das 27. Lebensjahr hinaus ohne Begrenzung, wenn die Behinderung schon vor Vollendung des 27. Lebensjahres eingetreten war.

2.3 Eigene Einkünfte des Kindes

Dabei ist jeweils der Wegfall des Kindergeldes zu beachten, wenn das über 18 Jahre alte Kind eigene Einkünfte und Bezüge über 12 000 DM pro Jahr hat. Dieser Betrag ist ein Grenzwert, so daß bereits eine Überschreitung von einem Pfennig zum Verlust des gesamten Kindergeldes für das Kalenderjahr führt.

Sie sollten daher bei eigenen Einkünften Ihrer Kinder im laufenden Jahr prüfen, ob die genannte Grenze mit dem Jahreseinkommen erreicht wird. Notfalls sollten Sie mit gezielten Werbungskosten oder Betriebsausgaben die Einkünfte des Kindes unter den Betrag von 12 000 DM drücken. Bei den Einkünften werden nämlich noch Werbungskosten abgesetzt. Ohne besonderen Einzelnachweis wird der Pauschbetrag von 2000 DM jährlich berücksichtigt, so daß ohne Probleme bei Einkünften aus einer nichtselbständigen Tätigkeit, wie zum Beispiel einer Ausbildungsvergütung, 14 000 DM insgesamt einschließlich Weihnachts- und Urlaubsgeld erzielt werden können.

Die Ausgabe von weiteren Werbungskosten lohnt also erst bei einer Überschreitung dieses Betrages. Dann aber könnten Sie mit relativ geringen Ausgaben das Kindergeld von z. B. 2640 DM retten. Welche Ausgaben dazu gehören, können Sie unter dem Stichwort →Werbungskosten nachlesen.

Mit dem Wegfall des Kindergeldes bzw. des Kinderfreibetrages sind nämlich noch weitere Verluste verbunden, so daß die Einkommensgrenze sorgfältig beachtet werden sollte. Folgende Vergünstigungen können außerdem wegfallen: Kinderzulage bei der Eigen-

heimförderung oder das Baukindergeld bei der Förderung nach
altem Recht, der Haushaltsfreibetrag, der Ausbildungsfreibetrag,
Berücksichtigung bei dem zumutbaren Eigenanteil bei den außergewöhnlichen Belastungen, Steuervorteile für behinderte Kinder, die
die Eltern in Anspruch nehmen können.

Es bringt allerdings nichts, wenn Sie das Einkommen Ihres Kindes gezielt mit einem Verzicht auf zum Beispiel Weihnachts- oder
Urlaubsgeld verringern wollen, da diese Maßnahmen nicht mehr
anerkannt werden.

Bei dem Anspruch auf Kindergeld wird von den Zeitabschnitten
ausgegangen. Der Beginn einer Ausbildung oder das Ende des Studiums zählen also nicht für das gesamte Kalenderjahr, sondern nur
für den jeweiligen Zeitraum. Das gilt auch für die damit verbundenen Einkommensänderungen. Allerdings verringert sich dann auch
der Grenzbetrag von 12 000 DM entsprechend.

2.4 Kinderfreibeträge

Für etwa 90 Prozent der Kindergeldberechtigten ist das Kindergeld
günstiger. Der Kinderfreibetrag (1997: 6912 DM) ist nach Berechnungen des Bundesfinanzministeriums bei folgenden zu versteuernden Jahreseinkommen höher als das Kindergeld:

Anzahl Kinder	Jahreseinkommen	
	Steuer nach Grundtabelle	Steuer nach Splittingtabelle
1	71 226 DM	142 452 DM
2	71 226 DM	142 452 DM
3	86 308 DM	173 016 DM
4	101 250 DM	202 500 DM

Oder bezogen auf einen Monatsverdienst ist zum Beispiel bei einem
Arbeitnehmer in der Steuerklasse III und einem Kind der Kinderfreibetrag erst ab einem Bruttolohn von etwa 13 000 DM günstiger.

2.5 Einspruch einlegen

Mit dem Kindergeld bzw. dem Kinderfreibetrag soll das Existenzminimum gesichert werden. Die geltenden Beträge werden aber vielfach für zu gering gehalten, so daß sich bereits die Finanzgerichte

mit dieser Problematik beschäftigen. Nach Berechnungen des Familienbundes müßte der Freibetrag bei 9072 DM und das Kindergeld bei 289 DM liegen.

Wichtig: Es kann also nur empfohlen werden, schnellstens gegen die Kindergeldfestsetzung Einspruch bei der zuständigen Familienkasse des Arbeitsamtes oder beim Arbeitgeber im Falle des öffentlichen Dienstes einzulegen. Dafür reicht ein Brief mit der sinngemäßen Formulierung:

„Hiermit erhebe ich Einspruch gegen die Festsetzung und Höhe des bisherigen und momentanen Kindergeldes in Höhe von 220 DM für mein Kind/meine Kinder. Den Betrag halte ich nicht für ausreichend. Ich bitte den Einspruch bis zu einer höchstrichterlichen oder endgültigen Entscheidung ruhen zu lassen."

Damit wird ein Anspruch auf rückwirkende Zahlung für die Zeit ab 6 Monate vor dem Einspruch gewahrt. Es ist nämlich fraglich, ob Sie bei einer späteren Erhöhung des Kindergeldes auch ohne Einspruch rückwirkende Zahlungen erwarten können.

Kirchensteuer

1. Um was geht es?

Die Kirchen sind als Körperschaften des öffentlichen Rechts berechtigt, nach Maßgabe der landesrechtlichen Bestimmungen Steuern zu erheben, deren Einziehung den Finanzämtern übertragen werden kann. Wer wegen der steuerlichen Belastung oder aus anderen Gründen aus der Kirche austreten will, kann schriftlich oder zu Protokoll beim Amtsgericht oder beim Standesbeamten den Austritt erklären. Damit wird der Ausgetretene von seinen Verpflichtungen gegenüber der Religionsgesellschaft, insbesondere von den steuerlichen Zahlungen, mit Ablauf des Kalendermonats der Austrittserklärung befreit. Die Änderung der Lohnsteuerkarte sollte dabei nicht vergessen werden.

Wer seine Kirchensteuerpflicht erfüllen und dennoch Steuern sparen will, kann seine Steuerschuld durch Ausnutzung von Freibeträgen mindern.

2. Tips und Hinweise

Der Steuersatz beträgt in den meisten Bundesländern 9 %. In Baden-Württemberg, Bayern, Bremen und Hamburg werden nur 8 % der Einkommensteuer für die Kirchensteuer berechnet.

Wenn Sie in diesen Bundesländern arbeiten, aber im Nachbarbundesland wohnen und bei der Einkommensteuerveranlagung mit 9 % Kirchensteuer zur Kasse gebeten werden, können Sie beim Kirchenkreisamt (nicht beim Finanzamt) einen Erlaß der Kirchensteuer um 1 % auf 8 % beantragen. Bei einem zu versteuernden Einkommen von 100 000 DM sind dabei nach der Grundtabelle zum Beispiel über 300 DM Einsparung drin.

Wichtig: Es gibt aber immer die Möglichkeit, die Kirchensteuer als Sonderausgabe bei der Steuererklärung geltend zu machen. Da für diese Art der Sonderausgaben nur ein pauschaler Freibetrag von 108 DM bzw. 216 DM (ledig, verheiratet) anerkannt wird, lohnt sich der Sonderausgabenabzug immer. Bei 100 000 DM Einkommen werden nach der Grundtabelle etwa 3000 DM und nach der Splitting-Tabelle etwa 2000 DM Kirchensteuer festgesetzt. Beim Abzug als Sonderausgaben sparen Sie dabei etwa 700 DM bzw. 600 DM Einkommensteuer. Auch Nachzahlungen an Kirchensteuern können als Sonderausgaben abgesetzt werden.

Bei einem relativ hohen zu versteuernden Einkommen ab 600 000 DM für Verheiratete können Sie eine Verringerung der Kirchensteuer auf einen Prozentsatz von 3 % bis 4 % des zu versteuernden Einkommens bei der Kirchenbehörde (Diözese, Landeskirche) beantragen. Bei Alleinverdienern lohnt sich diese Antragstellung schon bei einem Einkommen ab etwa 150 000 DM jährlich.

Verhandeln können Sie auch in Fällen mit einer höheren einmaligen Kirchensteuerzahlung, etwa aufgrund einer Abfindungszahlung des Arbeitgebers oder einer Betriebsveräußerung mit einem höheren Überschuß. Die fällige Kirchensteuerschuld könnte vor Zahlung oder Abführung der Kirchensteuer individuell mit einem gewissen Nachlaß vereinbart werden.

Kontoführungskosten (Girokonto)

1. Um was geht es?

Bei den Kontoführungsgebühren gibt es eine kaum zu überblickende Vielfalt von Preisgestaltungen und Berechnungsmethoden. Es gibt beispielsweise Grundpreise, Einzelabrechnungen, Paketpreise, Pauschalgebühren oder Monatsentgelte. Doch auch hier gilt der marktwirtschaftliche Grundsatz, daß die Konkurrenz das Geschäft belebt. Es gibt Kreditinstitute, bei denen zahlen Sie keinen Pfennig für die Kontoführung, wenn Sie gewisse Bedingungen einhalten.

2. Tips und Hinweise

2.1 Angebote der Direktbanken

Die Direktbanken, das sind häufig Tochterunternehmen der Großbanken, werben mit besonders günstigen Gebühren auch für das Girokonto. Sie sind in der Tat bei einem reinen Gebührenvergleich erheblich billiger als die meisten Filial-Banken und Sparkassen.

Bedeutende Direktbanken sind folgende Institute:

Name	Telefonkontakt	Telefon-gebühren
Advance Bank (Bay. Vereinsbank)	01803/330000	24 Pf/Min.
Allgemeine Deutsche Direktbank (DBAG)	069/2722227	Ferntarif
Augsburger Aktienbank (Vereinte Vers. u.a.)	0130/5052	kostenlos
Bank 24 (Deutsche Bank)	01803/240000	24 Pf/Min.
Bank Girotel (Berliner Bank u.a.)	01803/250250	24 Pf/Min.
Comdirect Bank (Commerzbank)	01803/336444	24 Pf/Min.
ConSors (Schmidt Bank)	0130/840940	kostenlos
Direkt Anlage Bank (Bay. Hypo-Bank)	01802/254500	12 Pf einmalig
Quelle-Bank (Quelle-Konzern)	0130/2030	kostenlos

Bei den Direktbanken wird der Geschäftsverkehr per Telefon, Fax, Computer oder Post abgewickelt. Beim Direktbanking sind die Telefongebühren ein besonderer Kostenfaktor. In der obigen Übersicht können Sie diese Kosten vergleichen. Sie sollten auch klären, ob Sie der Bank Unterlagen (z.B. Überweisungen) kostenlos per Freiumschlag zusenden können.

2.2 Vergleichs- und Durchschnittskosten

Die Kontoführungskosten liegen nach einem Vergleich der Zeitschrift „Finanztest" (Heft 4/97) anhand eines Modellkontos für Normalnutzer zwischen 60 DM und 112 DM bei den in der Tabelle genannten Direktbanken. In dem Vergleich sind die Konditionen der Quelle-Bank, der Direkt Anlage Bank und der ConSors nicht berücksichtigt worden.

Vergünstigungen und Rabatte gibt es vielfach auch, wenn Sie Ihr Konto per Homebanking führen. Bei der Bank 24 ist die Kontoführung dann umsonst. Die Comdirect Bank erstattet für jede Transaktion eine Mark. Wenn Sie aber viel mit dem PC erledigen, müssen Sie mit hohen Telefon- und Online-Gebühren rechnen. Eine günstigere Möglichkeit bietet das Homebanking über T-Online. Sie bezahlen nur die Einwahl ins Netz zum Ortstarif und Nutzungskosten von sechs oder zwei Pfennig (abends) pro Minute. Für eine jederzeitige Nutzungs- und Verbindungsmöglichkeit rund um die Uhr dürfte das nicht zuviel sein.

Eine Schwachstelle der Direktbanken ist die persönliche Beratung. Zudem bieten Immobilienfinanzierung und Bausparen nur wenige an.

Im Rahmen der genannten Untersuchung der Zeitschrift „Finanztest" wurde auch festgestellt, daß die Sparda-Banken eine erste Adresse sind, wenn Sie auf die persönliche Ansprache und den Kontakt zum Kundenberater Wert legen. Sie haben nämlich im Vergleich zu den anderen kommerziellen Banken und Sparkassen äußerst günstige Kontoführungspreise. Wenn eine Sparda-Bank in Ihrer Nähe ist, sollten Sie sich über deren Konditionen ausführlicher informieren. Nach der „Finanztest"-Untersuchung haben die Sparda-Banken als Filial-Bank für Wenignutzer das günstigste Angebot. Die Kosten liegen bei nur 10 DM bis 15 DM jährlich.

Das günstige Angebot der Sparda-Banken gilt auch für Normalnutzer. Diese zahlen zwischen 60 DM und 70 DM. Günstiger als Filialbank ist in Deutschland nur noch die BfG Bank. Bei Nutzung des Kontoauszugsdruckers zahlen Sie nichts und bei Zusendung der Auszüge per Post auch nur 12 DM im Jahr. Der monatliche Zahlungseingang muß aber mindestens 2000 DM betragen. Liegt er darunter, zahlen Sie in etwa soviel wie bei anderen Banken und Sparkassen auch, nämlich ungefähr 150 DM.

Für den durchschnittlichen Vielnutzer sind die Sparda-Banken ebenfalls günstig. Die Kosten sind mit dem Normalnutzer vergleichbar. Billiger sind bei den Durchschnittsgebühren für Vielnutzer nur noch die BfG-Bank mit 12 DM (mindestens 2000 DM Geldeingang monatlich), die HSB Hypo Service Bank mit 12 DM (nur wenn Durchschnittsguthaben 5000 DM) und die Bayerische Hypo mit 18 DM (Durchschnittsguthaben mindestens 2.500 DM).

Für Homebanking oder Telefonbanking sind am günstigsten: Bank 24, Comdirect, Sparda-Banken, BfG Bank, Allgemeine Deutsche Direktbank.

2.3 Bargeldversorgung

Für viele ist auch die Versorgung mit Bargeld vom Geldautomaten wichtig. Die damit verbundenen Kosten dürften bei Abhebungen von institutsfremden Automaten in der nächsten Zeit noch steigen. Die Sparkassen wollen von fremden Kunden wenigstens sieben oder acht DM kassieren. Das Automatennetz der Direktbanken ist jedoch ganz unterschiedlich ausgebaut. Kunden der Bank 24 oder der Comdirect können kostenlos die Automaten der Deutschen Bank bzw. der Commerzbank nutzen. Bei der Allgemeinen Deutschen Direkt Bank können Sie mit der im Preis enthaltenen Visa-Kreditkarte an jedem Geldautomaten kostenlos Bargeld abheben.

2.4 Sparmaßnahmen vor Bankwechsel

Vor einem Wechsel Ihrer Bank sollten Sie klären, welche Nachlässe Ihnen zum Beispiel für Telefonbanking oder Homebanking eingeräumt werden. Das gilt auch für sonstige Rabatte oder günstigere Pauschalpreise unter Hinweis auf einen von Ihnen überlegten Wechsel zu einer Direktbank. Dieser Hinweis kann durchaus zu einem Entgegenkommen bei den Gebühren und sonstigen Konditionen, z.B. einer anstehenden Objektfinanzierung, führen. Daneben können auch noch andere Maßnahmen Kosten senken, wie z.B. die Nutzung des Kontoauszugsdruckers, die Vereinbarung von Paketpreisen statt Einzelabrechnung ab etwa 160 Buchungen pro Jahr, die Nutzung des Geldautomaten und Vermeidung von Fremdautomaten, Konto im Guthaben führen, Dispolimit nicht überschreiten, höhere Guthaben umschichten in besserverzinsliche Anlagen.

2.5 Gebührenrückerstattung

Wenn Ihre Bank oder Sparkasse in den letzten Jahren Gebühren für Barzahlungen am Schalter kassiert hat, können Sie eine Erstattung dieser Kosten verlangen. Voraussetzung ist ein Konto mit Einzelpreisabrechnung, also ohne eine jährliche Pauschalgebühr. Daueraufträge, Überweisungen oder Abhebungen am Geldautomaten zählen nicht dazu.

Der Bundesgerichtshof hat nämlich bereits 1996 entschieden, daß bei Girokonten mindestens fünf bare Ein- und Auszahlungen pro Monat gratis sein müssen. Viele Banken erstatten deswegen eine Pauschale zwischen ungefähr 50 bis 90 DM pro Jahr. Machen Sie diese Rückerstattung geltend. Lassen Sie sich nicht mit Fristen abwimmeln. In einem solchen Fall gilt die allgemeine Verjährungsfrist von 30 Jahren. Notfalls müssen Sie Ihre Kontoauszüge der letzten Jahre (seit Einzelabrechnungsverfahren) durchsehen und die gezahlten Buchungsgebühren sowie die baren Ein- und Auszahlungen notieren und die Aufstellung Ihrer Bank vorlegen.

2.6 Das Girokonto zum Nulltarif?

Auch das gibt es. Allerdings in den meisten Fällen nur unter bestimmten Voraussetzungen, wie Mindestumsatz, Mindestguthaben, zeitliche Befristung, eingeschränkten Barabhebungen oder nur bei Nutzung des Auszugsdruckers. Die jeweiligen Voraussetzungen sollten Sie vorher klären. Die Kontoführung für 0 DM können Sie mit eventuellen Einschränkungen bei folgenden Banken haben:

Advance Bank, American Express Bank, Bank 24, Bayer. Hypo- und Wechselbank, BfG Bank, HSB Bank. Die Anschriften der Banken finden Sie im Anhang.

Es kann aber auch sein, daß Sie bei einer Bank nur geringe Gebühren zahlen und dafür eine Verzinsung Ihres Guthabens auf dem Girokonto erhalten. Insoweit lohnt sich schon die Mühe mit den Angebotsvergleichen.

Extra-Tip

▶ Achten Sie darauf, daß Wertstellungstermine (nicht die Buchungstermine) immer zeitnah mit den Einzahlungen verbunden sind. Der Bundesgerichtshof hat entschieden, daß Wertstellungen noch am Tag des Eingangs erfolgen müssen. Das gilt zumindest für eingehende Überweisungsbeträge. Verlangen Sie ggf. eine Erstattung der zuviel berechneten Zinsen.

Krankenversicherung

1. Um was geht es?

Die gesetzliche Krankenversicherung als Teil unserer vor mehr als hundert Jahren entstandenen Sozialversicherung leidet mehr denn je unter einem enormen Kostendruck. Im Jahr 1995 beliefen sich die Gesamtverluste auf rund 15 Mrd. DM, die durch Beitragserhöhungen und Rücklagen auf etwa die Hälfte gesenkt werden konnten. Mit gesetzlichen Regelungen wird seit einigen Jahren auf die Kostenbremse gedrückt. Neben früheren Struktur- und Reformgesetzen gibt es zur Zeit Neuordnungsgesetze zur gesetzlichen Krankenversicherung.

2. Tips und Hinweise

2.1 Seit 1997 gelten folgende Neuregelungen:

Arzneimittel: Zuzahlungen zu verordneten Arznei- und Verbandsmitteln je nach Packungsgröße 9, 11 oder 13 DM für Arzneien. Dabei wird nach Packungsgrößen N1, N2 und N3 unterschieden. Verbandsmittel 9 DM.

Brillen: Zuschuß von 20 DM für das Brillengestell wurde gestrichen.

Beitragssatz: Die Beitragssätze sind um 0,4 Prozentpunkte gesenkt worden. Allerdings haben einige Kassen noch kurz vorher ihre Beiträge um zum Beispiel 0,5 % angehoben.

Kuren: Dauer nur noch drei Wochen. Verlängerung nur, wenn aus gesundheitlichen Gründen dringend erforderlich. Der Abstand verlängert sich auf 4 Jahre zwischen den Kuren. Zuzahlung pro Tag 25 DM/West und 20 DM/Ost für stationäre Vorsorge und Rehabilitation. Anschlußrehabilitation und Mutterkur 17 DM.

Krankengeld: Es beträgt nur noch 70 % des Brutto- oder maximal 90 % des Nettoverdienstes. Krankengeld wird nach Ende der Lohnfortzahlung, also in der Regel nach 6 Wochen oder dem 42. Krankheitstag gezahlt.

Kurse: Die Finanzierung von Kursen oder Trainingsmaßnahmen, wie z. B. Aerobic-Kurse, Meditationstraining oder Yoga-Übungen durch die Krankenkassen wurde gestrichen. Das gilt auch für Vorsorgemaßnahmen wie Rückengymnastik oder Ernährungsberatung.

Zahnbehandlung: Der bisherige prozentuale Zuschuß bei Zahnersatz einschließlich Zahnkronen wird durch Festzuschüsse ersetzt. Weiterhin sind keine Pflichtleistung die Zahnimplantate (z. B. Stiftzähne). Für ab dem 1. 1. 1979 Geborene gibt es keinen Zuschuß mehr für Zahnersatz. Ausnahmen sind Unfälle, Mißbildungen oder krankheitsbedingte Veränderungen.

Wichtig: In der gesetzlichen Krankenversicherung gelten auch weiterhin die sog. Sozial- und Überforderungsklauseln. Zu den teilweise oder vollständigen Befreiungen siehe Stichwort →Zuzahlungen (Krankenversicherung).

2.2 Informationen

Die Krankenkassen sind gesetzlich verpflichtet, ihre Mitglieder über Satzungsänderungen zu unterrichten. Soweit Sie von Ihrer Kasse noch keine Verbands- oder Mitgliederzeitschrift erhalten, in der solche und andere Informationen enthalten sind, sollten Sie eine ständige Zusendung verlangen. Die Kassen sind im übrigen – wie andere Sozialleistungsträger auch – nach dem Sozialgesetzbuch zur Aufklärung und Information der Leistungsberechtigten verpflichtet.

2.3 Wie können Versicherte ihre Beiträge beeinflussen?

Um die Belastungen aus der Erhöhung der Zuzahlungen und Eigenanteile sowie den Leistungseinschränkungen teilweise auszugleichen, gibt es verschiedene Möglichkeiten.

Seit 1996 können die Versicherten ihre Krankenkasse frei wählen. Der Wechsel ist risikolos. Die Kassen müssen jeden gesetzlich Versicherten nehmen, der aufgenommen werden will. Bei nächster Gelegenheit kann die Kasse dann wieder gewechselt werden. Es kommt dabei auch nicht auf den Beruf an.

Die Betriebs- oder Innungskrankenkassen können aber für sich entscheiden, ob sie sich für alle Krankenversicherten „öffnen" oder auf ihre Region, Firma oder Branche beschränkt bleiben wollen. Zu einer bundesweiten Öffnung entschließen sich immer mehr Betriebskrankenkassen und Innungskrankenkassen. Über den Ehegatten kann jeder Versicherte auch in die nicht geöffneten BKK oder IKK.

2.4 Fast gleiche Angebote

Die Angebote sind bei allen gesetzlichen Krankenkassen fast identisch. Der Leistungsumfang ist zu etwa 90 % gesetzlich festgelegt. Es gibt allerdings immer mehr Kassen, die mit Zusatzangeboten und einem besseren Service werben. Vor einem Wechsel sollte daher bei Ihrer bisherigen und der vorgesehenen Kasse nach einem Extra-Service und Zusatzleistungen gefragt werden. Wenn Sie Wert auf eine persönliche Beratung und Betreuung legen, sollten Sie sich nach Geschäftsstellen in Ihrer Nähe erkundigen.

2.5 Beitragsunterschiede

Es kommt also auf den Beitragssatz Ihrer derzeitigen Krankenkasse an. Der monatliche Unterschied kann bei einem Bruttoeinkommen von 6000 DM immerhin bis zu 160 DM oder fast 2000 DM pro Jahr allein für Sie und die gleiche Summe nochmal für Ihren Arbeitgeber bedeuten.

Pflichtversicherte (Monatseinkommen 1997 unter 6150 DM/ West bzw. 5325 DM/Ost) können alle 12 Monate wählen. Es muß dann bis zum 30. 9. des Jahres die Kündigung bei der bisherigen Kasse sein, um ab dem 1. 1. des nächsten Jahres zur neuen Kasse zu gehören. Dabei muß innerhalb der Frist der bisherigen Kasse die Versicherung bei einer anderen Kasse nachgewiesen werden. Die

neue Mitgliedsbescheinigung sollte also unverzüglich der alten
Kasse und auch dem Arbeitgeber vorgelegt werden.

Freiwillig gesetzlich Versicherte können jeweils zwei Monate zum
Monatsende kündigen. Also ist ein mehrmaliger Wechsel im Jahr
möglich. Das ist insbesondere dann vorteilhaft, wenn die neue
Kasse nach dem Wechsel auch die Beiträge erhöht hat oder nicht
den Erwartungen entspricht.

2.6 Günstige Krankenkassen

Die günstigsten Beiträge haben in der Regel die Betriebskrankenkassen. Informieren Sie sich, welche Betriebskrankenkassen es in
Ihrer Region gibt. Die BKK sind meist für alle Versicherten in dem
jeweiligen Bundesland zugänglich.

Von den bundesweit geöffneten Krankenkassen hatten Anfang
1997 die niedrigsten Beitragssätze die folgenden Kassen:

Bundesinnungskrankenkasse Gesundheit (Beitragsunterschied zwi-
schen West und Ost),
Betriebskrankenkasse Conpart, Betriebskrankenkasse Zollern-Alb
(auch Beitragsunterschied West/Ost),
Betriebskrankenkasse für Heilberufe. Die Anschriften finden Sie im
Anhang.

Krankenzusatzversicherungen

1. Um was geht es?

Eine Möglichkeit, um bessere Leistungen im Krankheitsfall zu
erhalten, bietet die private Zusatzversicherung. Mit einer Aufstockung und Ergänzung des gesetzlichen Versicherungsschutzes
können Sie damit zum Privatpatienten werden.

Die Zusatzversicherungen sind um so gefragter, je mehr die
gesetzlichen Kassen ihre Leistungen einschränken und die Zuzahlungen erhöhen. Für private Zusatzversicherungen sollte aber die
Notwendigkeit reiflich überlegt werden. Ein Muß ist dieser zusätzliche Versicherungsschutz nicht, denn der Standardschutz der
gesetzlichen Krankenversicherung reicht immer noch aus und die
Beiträge für die Zusatzversicherungen sind auch nicht gering.

2. Tips und Hinweise

2.1 Welche Angebote gibt es?

Es werden verschiedene Zusatzversicherungen angeboten, die im wesentlichen folgende Merkmale haben:

Krankenhauszusatzversicherung mit Kostenübernahme für Ein- oder Zweibettzimer, Chefarztbehandlung, freie Krankenhauswahl. Kosten für z.B. einen 33jährigen Mann zwischen 50 und 93 DM monatlich und für eine gleichaltrige Frau zwischen 60 und 112 DM.

Krankenhaustagegeld mit Zahlung eines bestimmten Betrages, z.B. bis 50 DM täglich, zur Deckung von Mehrausgaben für Telefon oder Fahrtkosten. Für die „Modellperson" sind dafür bis zu 25 DM monatlich zu zahlen. Die Notwendigkeit einer solchen Versicherung muß infrage gestellt werden.

Krankentagegeld als Festbetrag von zum Beispiel von 50 DM je Krankheitstag nach Ende der Lohnfortzahlung. Wer die Differenz des Krankengeldes in Höhe von 90 % des letzten Nettoverdienstes bis zum vollen Verdienst teilweise ausgleichen will oder muß, zahlt für die private Versicherung für 50 DM täglich z.B. bis zu 21 DM als Mann oder bis zu 31 DM als Frau monatlich jeweils im Alter von 33 Jahre.

Zahnzusatzversicherung mit teilweiser Deckung der Restkosten. Wenn die Hälfte der nicht von der Krankenkasse übernommenen Zahnersatzkosten privat abgesichert wird, kostet dieser Schutz im Modellfall für einen Mann monatlich bis zu 28 DM und für eine Frau bis zu 50 DM.

Die Zahnersatzversicherung übernimmt die nicht von der gesetzlichen Kasse getragenen Kosten des Zahnersatzes für die Jahrgänge ab 1979 und jünger. Für Kinder unter 14 Jahren kostet die Deckung von 50 bis 60 Prozent bis 8 DM und für Jugendliche bis 18 Jahre bis 23 DM monatlich. Bei Vergleichen sollte beachtet werden, ob ab 14 Jahren ein höherer Beitrag fällig wird oder der Kindertarif bleibt.

2.2 Günstige Versicherungsunternehmen

Die Versicherungen werden häufig auch im Paket angeboten. Die Stiftung Warentest hat bei den Zusatz- und Ergänzungsversicherungen folgende elf günstige Versicherungsunternehmen ermittelt („test" 4/97):

Alte Oldenburger, Deutscher Ring, Hallesche Nationale, LKH, LVM, Iduna/Nova, Münchner Verein, Süddeutsche, Union KV, Universa, Victoria.

Extra-Tip

▶ Die Stiftung Warentest bietet einen Computerservice per Fragebogen zur Ermittlung von günstigen Angeboten unter Berücksichtigung der individuellen Verhältnisse an. Diese Aktion kostet 15 DM oder 25 DM. Den Fragebogen erhalten Sie bei Stiftung Warentest, Computer-Infodienst, 10773 Berlin. Das geht auch telefonisch: 01 80-2 32 13 13.

Kreditkarten

1. Um was geht es?

Fast 14 Mio. Deutsche haben eine, und es versorgen sich immer mehr mit der Plastikwährung. Das Geschäft mit den Plastikkärtchen boomt. Die meisten Akzeptanzstellen in Deutschland haben Eurocard und Visa.

2. Tips und Hinweise

2.1 Kosten

Kreditkarten sind heute schon umsonst zu haben. Bei der Augsburger Aktienbank kostet die Eurocard Gold nichts. Bei der Allgemeinen Deutschen Direktbank und der BfG Bank gibt es die Visa Card nur in Verbindung mit einem Girokonto zum Nulltarif. Bei der Deutschen Bahn gibt es die Bahncard ohne Preisaufschlag auch als Visa-Karte.

Andere Unternehmen bieten günstige Einstiegspreise für das erste Jahr. Zum Beispiel nimmt der Diners Club seit 1997 erst ab dem zweiten Jahr den normalen Preis von 145 DM. Die BHW-Bank verlangt im ersten Jahr nur 20 DM für die Visa-Karte und für ADAC-Mitglieder gibt es die Doppelkarte von Visa und Eurocard für ein Jahr zum Preis von 44 DM.

Sie sollten aber daran denken, daß alle Kreditinstitute und Gesellschaften für die Nutzung der Karte Gebühren berechnen. Diese Gebühren sind sehr unterschiedlich.

2.2 Preiswerte Karten

Insgesamt preiswerte Visa-Karten gibt es außer bei den Instituten mit der kostenlosen Ausgabe noch bei der BHW-Bank, der Saar-Bank (Cosmos-Visa), der Bayerischen Landesbank (Huk-Visa), der Postbank und der Noris Verbraucherbank (Multi-Card Visa).

Die Eurocard ist unter Berücksichtigung der einzelnen Nutzungsgebühren am günstigsten bei den großen Banken, wie Deutsche Bank, Commerzbank, Dresdner Bank und Postbank. Das gilt auch für die örtlichen Sparkassen und Banken, wenn die Provision für Auslandsumsätze nicht über 1,0 % liegt und die für Abhebungen am Geldautomaten nicht über 10 DM.

2.3 Sonstige Gebühren

Bargeld per Kreditkarte aus dem Geldautomaten ist in der Regel teuer. Zumeist werden mindestens 10 DM je Auszahlung berechnet. Ausnahmen sind die Allgemeine Deutsche Direktbank. Deren Kunden können weltweit alle Visa-Geldautomaten kostenlos nutzen. Die BHW-Bank berechnet auch nichts, wenn das Kartenkonto ein Guthaben hat.

Eine Gebührenfalle sind auch die Auslandsprovisionen. Wenigstens 1,0 % werden bei jeder Zahlung im Ausland kassiert. Die höchste Provision von 2,39 % nimmt die Barclays Bank für die Eurocard und Visa Classic. Die Provision von 1,0 % berechnen Amex, Bayerische Landesbank, Commerzbank, Deutsche Bank, Dresdner Bank, Lufthansa Air Plus, Postbank, Saar Bank, Santander Direkt Bank (nur für Gold Doppel), und Volkswagen-Bank.

Wichtig: Die Berechtigung zur Auslandsprovision ist umstritten. Der Bundesgerichtshof wird noch über deren Zulässigkeit entscheiden. Bis dahin sollten Sie vorsorglich den Auslandsprovisionsberechnungen widersprechen und eine Rückerstattung dieser Gebühren verlangen.

Unterschiedlich sind auch die Kontoabrechnungen der Kreditinstitute. Die Monatsabrechnung mit Abbuchung per Lastschrift vom Girokonto haben die meisten Eurocards sowie American Express und Diners Club. Dabei haben Sie vom Kauf bis zur Abbuchung einen kostenlosen Kredit. Die meisten Visa-Karten werden allerdings entweder sofort oder wahlweise in Raten mit Kreditzinsen abgerechnet. Diese können bis zu fast 17% betragen wie bei Kunden der Citibank oder Deutschen Bahn.

2.4 Haftung

Die Kreditkarten sind ein relativ sicheres Zahlungsmittel. Sobald der Verlust der Karte angezeigt wurde, haften Sie nicht mehr für die Schäden. Wird die Karte schon vor der Verlustanzeige benutzt, beträgt die Haftungssumme nur bis zu 100 DM. Dennoch sollten Sie aufpassen und sich nicht grobe Fahrlässigkeit vorwerfen lassen können, da die Kartengesellschaften zunehmend die Haftungsregelungen einschränken. Lesen Sie dazu das Kleingedruckte.

Wichtig: Aus Sicherheitsgründen sollten Sie beachten, daß die Karte nach einem Verlust oder Diebstahl sofort telefonisch und dann schriftlich gesperrt wird. Blankobelege sollten nicht unterschrieben werden. Soweit unvermeidlich, wie z.B. in Hotels, spätere Abrechnung mit unterschriebenen Beleg verlangen. Die Kartenabrechnung sollte auch immer sorgfältig geprüft und bei fehlerhaften Buchungen sofort beanstandet werden. Griffbereit sollten immer die Kreditkartennummer und die Telefonnummer des Sperrdienstes sein.

Telefonnummern für die Sperre: Visa: 069/66305333; Eurocard: 069/79331910; American Express: 069/97971000; Diners Club: 069/260350; EC-Karte: 069/740987.

Extra-Tip

▶ Die kostenlosen oder preiswerten Standardkarten reichen als Zahlungsmittel völlig aus. Zusätzliche Versicherungen, die mit den teuren Gold, Platin oder Premiumkarten verbunden sind, dürften häufig überflüssig und sinnlos sein.

Kreditzinsen

1. Um was geht es?

Wo sind die niedrigsten Zinsen für fremdes Geld zu bezahlen? Das ist die Frage der Kreditnehmer. Zumindest die Schuldner und Häuslebauer freuen sich über niedrige Zinsen.

Da sich die Höhe der Zinsen nach der jeweiligen aktuellen Kapitalmarktlage richtet, können im Rahmen dieser Hinweise nur grundsätzliche Informationen und Tendenzen genannt werden. Für Hinweise zu den Baukrediten (Hypothekendarlehen) siehe Stichwort →Baufinanzierung.

2. Tips und Hinweise

2.1 Wie sind die Angebote zu vergleichen?

Wichtig: Wer bei Krediten Zinsen sparen will, sollte unbedingt mehrere Angebote einholen und vergleichen. Dabei dürfen aber nur Angebote mit gleicher Laufzeit und gleichem Kreditbetrag gegenübergestellt werden. In der Regel ist dann das Angebot mit dem niedrigsten Effektivzinssatz auch das Angebot mit der niedrigsten Gesamtbelastung.

Angebotsvergleiche mit unterschiedlichen Laufzeiten führen zu veränderten Gesamtbelastungen. Durch eine Verlängerung der Laufzeit kann zum Beispiel der Effektivzins gesenkt werden. Doch Vorsicht, damit erhöhen sich im Ergebnis die Gesamtkosten des Kredites, da Sie mehr Zinsen zahlen.

Da die Banken und Sparkassen mit den Ratenkrediten, auch Konsumentenkredite genannt, gute Geschäfte machen, vergeben sie bei entsprechender Kreditwürdigkeit auch gerne Kredite an Neukunden. Sie sollten also bei einem Kreditbedarf nicht nur Ihre Hausbank fragen, sondern auch bei anderen Instituten Angebote einholen. Das können Sie auch unpersönlich mit Telefon oder Fax machen. Häufig kann bei Ihrer Hausbank aber auch der Hinweis auf andere Angebote zu einem Nachlaß bei den Zinsen führen. Wenn Sie vergleichen, dann gilt wie schon gesagt, als wichtiges Vergleichsmerkmal der Effektivzinssatz.

Da durch verschiedene Berechnungsmethoden und Darstellungen

der Zinssatz, zum Beispiel als Monatszinssatz oder mit Bearbeitungsgebühren und Provisionen sowie mit Restschuldversicherun-
gen, manipuliert werden kann, sollte nur der Effektivzins herangezogen werden.

2.2 Lohnt sich eine Überziehung des Kontos (Dispo-Kredit)?

Als Alternative für ein übliches Bankdarlehen kann auch die Überziehung des Girokontos infrage kommen, wofür keine Bearbeitungsgebühren zu zahlen sind. Sie eignet sich aber nur als Hilfe für
eine kurzfristige Liquiditätsüberbrückung, denn als Finanzierung
für größere Anschaffungen mit einer längeren Tilgungsdauer ist die
Überziehung zu teuer. Außerdem müssen Sie dabei eine gewisse
Selbstdisziplin in Ihrem Ausgabeverhalten wahren, denn der Über-
ziehungsausgleich sollte wegen der nicht festgesetzten Raten immer
gleichbleibend beachtet werden.

2.3 Kündigungsfristen

Wichtig ist, daß die Konsumentenkredite jederzeit mit einer drei-
monatigen Frist nach Ablauf von sechs Monaten seit Vertragsabschluß gekündigt werden können. Eine vorzeitige Ablösung lohnt
aber nur selten, denn die Bearbeitungsgebühren und Provisionen
werden nicht zurückerstattet. Wenn Sie allerdings unerwartet zu
Geld gekommen sind und eine Geldanlage nicht mehr Zinsen bringt
als der noch laufende Kredit kostet, lohnt sich eine Kündigung und
Rückzahlung der Restschuld.

2.4 Umschuldung

Aufpassen sollten Sie, wenn Ihnen die Bank oder Sparkasse bei
einem weiteren Kredit vorschlägt, den alten Kredit mit zu übernehmen und umzuschulden. Daran verdient nur die Bank, weil sie
dafür neue Bearbeitungsgebühren fordern kann. Wenn allerdings
mit der Umschuldung keine weiteren Kosten verbunden und die
aktuellen Zinsen auch niedriger als die alten Werte sind, sollten Sie
das Angebot annehmen.

2.5 Ratenzahlung bei Großversandhäusern ungünstig?

Für Kunden von Großversandhäusern kann sich ein Vergleich der Ratenzahlungskosten mit den Kosten für einen separaten Kredit lohnen. Der Zinssatz für die Ratenzahlung beim Versandhaus ist häufig höher als der Effektivzins für einen Normalkredit. Bei einer Kaufsumme von 10 000 DM und einer Laufzeit von drei Jahren können Sie leicht etwa 1000 DM Zinsen sparen, wenn Sie bei Ihrer Bank oder der Bank des Großversandhauses dafür einen Kredit aufnehmen.

2.6 Günstige Angebote

Nach einem Vergleich der Stiftung Warentest (Heft 2/97) waren die günstigsten überregionalen Anbieter (Ende 1996) in der Reihenfolge nach dem niedrigsten Zinssatz folgende Kreditinstitute (Beispiel: 20 000 DM, Laufzeit 36 Monate):

Bank Girotel, Hannover
Postbank, Bonn
Allgemeine Deutsche Direktbank, Frankfurt am Main
SKG-Bank, Saarbrücken
Dresdner Bank, Frankfurt am Main*)
Commerzbank, Frankfurt am Main*)
BFG Bank AG, Frankfurt am Main
Santander Direktbank, Frankfurt am Main

Bei den genannten Instituten lag der Effektivzinssatz jeweils unter 11 %.

Es haben aber auch mehrere regionale oder lokale Kreditinstitute noch bessere oder gleiche Bedingungen gehabt. Dafür Beispiele: Vereins- und Westbank Hamburg, Stadtsparkasse Dresden, Hypo-Service Bank Leipzig, Kölner Bank von 1867 eG, Stadtsparkasse Köln, Hamburger Sparkasse, Sparda-Bank Köln, Stadtsparkasse Magdeburg, Volksbank Magdeburg, Stadtsparkasse München. Hier lohnt sich der Vergleich vor Ort.

Es kann davon ausgegangen werden, daß diese Kreditinstitute auch bei einer allgemeinen Veränderung des Zinsniveaus zu den günstigen Anbietern zählen.

---

*) Die Angebote der Dresdner Bank und der Commerzbank können regional unterschiedlich sein.

2.7 Sind die Zinssätze der Autobanken wirklich günstig?

Eine Besonderheit sind die vermeintlich günstigen Zinssätze der Autobanken oder Vertragsbanken der Autofirmen.

Auf den ersten Blick ist ein Zinssatz von 1,9 % natürlich verlockend. Es ist aber zu berücksichtigen, daß höhere Anzahlungssummen, wie z.B. 25 % des Kaufpreises, verlangt werden und daß meist der volle Listpreis gezahlt werden muß. Beim Autohändler können Sie aber sonst einen Rabatt aushandeln, der im Ergebnis beim Vergleich der Gesamtkosten mit einem Normalkredit häufig noch günstiger sein kann. Dabei gilt das Prinzip: je länger die Laufzeit des Kredites und je geringer der Jahreszins der Autobank, um so höher muß der Rabatt des Autohändlers sein.

Wenn zum Beispiel der normale Ratenkredit über 36 Monate läuft und einen Zinssatz von 11 % hat, reicht im Vergleich mit einem Zinssatz der Autobank von 2,9 % ein Rabatt beim Autohändler von 8,5 %. Jeder höhere Rabatt wäre im Vergleich ein günstigeres Ergebnis.

Kündigungsschutz (Arbeitsrecht)

1. Um was geht es?

Das Arbeitsrecht garantiert einen gesetzlichen Schutz des Arbeitnehmers gegenüber dem Arbeitgeber. Maßgebend ist insbesondere das Kündigungsschutzgesetz. Dieses berührt aber nicht die Möglichkeit der Auflösung eines Arbeitsvertrages im beiderseitigen Einverständnis.

2. Tips und Hinweise

Es wird unterschieden zwischen ordentlichen (fristgebundenen) und außerordentlichen (fristlosen) Kündigungen.

2.1 Ordentliche Kündigung

Mit einem Vereinheitlichungsgesetz im Jahr 1993 wurden die bis dahin unterschiedlichen Regelungen für Arbeiter und Angestellte zusammengefaßt. Für die Kündigungsfristen gilt der Grundgedanke einer Abhängigkeit der Frist von der Dauer der Betriebszugehörigkeit.

Die Grundkündigungsfrist beträgt vier Wochen (§ 622 Abs. 1 BGB). Die verlängerten Fristen für eine Kündigung durch den Arbeitgeber beginnen nach zweijähriger Betriebszugehörigkeit mit einem Monat zum Monatsende. Je nach Dauer der Beschäftigungszeit wird nach 20jähriger Betriebszugehörigkeit die Höchstdauer der Frist von sieben Monaten zum Monatsende erreicht.

Beispiele:

Beschäftigungsdauer ab 25. Lebensjahr	Frist (jeweils zum Monatsende)
5 Jahre	2 Monate
10 Jahre	4 Monate
15 Jahre	6 Monate

Ausnahmeregelungen gelten für die Probezeit (Frist zwei Wochen), für Aushilfsangestellte und für Betriebe mit nicht mehr als zwanzig Arbeitnehmern. Auch durch Tarifverträge können abweichende Regelungen vereinbart werden.

Wichtig: Auch eine fristgerechte Kündigung gegenüber einem Arbeitnehmer ist bei einer ununterbrochenen Beschäftigung von mehr als 6 Monaten rechtsunwirksam, wenn sie sozial ungerechtfertigt ist. Das gilt insbesondere, wenn die Auswahlrichtlinien oder die Möglichkeit anderweitiger Beschäftigung nicht berücksichtigt worden sind. Die Kündigung muß in der Person oder dem Verhalten des Arbeitnehmers liegen.

Bei einer betriebsbedingten Kündigung müssen die zu Entlassenden nach sozialen Gesichtspunkten ausgewählt werden.

Der Kündigungsschutz gilt allerdings nicht in Betrieben mit höchstens 5 Arbeitnehmern und nicht gegenüber leitenden Angestellten und sog. Repräsentanten, wie einem Geschäftsführer oder Vorstandsmitglied.

2.2 Kündigungsschutzklage

Wenn Sie mit einer ordentlichen oder außerordentlichen Kündigung oder auch einer Änderungskündigung nicht einverstanden sind, müssen Sie binnen 3 Wochen nach Zustellung der Kündigung beim Arbeitsgericht Klage auf Feststellung erheben, daß das Arbeitsverhältnis durch die Kündigung nicht aufgelöst sei. Sollte die Klagefrist unverschuldet versäumt werden, kann das Arbeitsgericht sie trotzdem zulassen.

Sie können als Arbeitnehmer auch binnen einer Woche beim Betriebsrat Einspruch einlegen. Der Betriebsrat versucht dann mit dem Arbeitgeber eine Verständigung herbeizuführen, wenn er den Einspruch für begründet hält.

Wichtig: Eine Kündigung ist unwirksam, wenn ein vorhandener Betriebsrat vor der Kündigung nicht angehört worden ist.

Vom Arbeitsgericht oder den weiteren Instanzen ist endgültig festzustellen, ob das Arbeitsverhältnis durch die Kündigung aufgelöst worden ist oder nicht. Bei einer für unwirksam gehaltenen Kündigung muß der Arbeitnehmer weiterbeschäftigt werden. Wird vom Arbeitgeber die vom Arbeitnehmer angebotene Arbeitsleistung nicht angenommen, muß der Verdienstausfall ersetzt werden.

2.3 Abfindungen

Wenn dem Arbeitgeber oder dem Arbeitnehmer die Fortsetzung des Arbeitsverhältnisses aber nicht zuzumuten ist, hat das Arbeitsgericht dieses auf Antrag aufzulösen und den Arbeitgeber zur Zahlung einer Abfindung zu verurteilen.

Für die Abfindung kann ein Betrag bis zu 12 Monatsverdiensten festgesetzt werden. Bei älteren Arbeitnehmern (50 Jahre und älter) mit einem längeren Arbeitsverhältnis können bis zu 15 oder 18 Monatsverdiensten zuerkannt werden. Die Höchstsummen gibt es bei mindestens 15 bzw. 20jähriger Beschäftigungszeit. Diese Abfindungssummen können Sie als Anhaltswerte auch bei Absprachen über die Auflösung des Arbeitsverhältnisses heranziehen.

Im übrigen werden Abfindungen mit einem bestimmten Anteil auf das Arbeitslosengeld angerechnet. Dieser Anteil liegt zwischen 30 % und 70 % je nach Alter des Arbeitnehmers und der Dauer der Betriebszugehörigkeit.

Für Massenentlassungen gilt ein zusätzlicher Kündigungsschutz.

Dafür ist u. a. ein Sozialplan im Zusammenwirken mit dem Betriebsrat aufzustellen, wofür es aber auch wieder Einschränkungen gibt.

2.4 Fristlose Kündigung

Diese ist nur zugelassen, wenn ein wichtiger Grund vorliegt und
dem anderen Teil die Fortsetzung des Arbeitverhältnisses nicht
zugemutet werden kann. Sie muß binnen 2 Wochen seit Kenntnis
des Grundes erklärt werden und den Grund dabei auch angeben.

2.5 Einzelne Beispiele:

- Eine Putzfrau verließ gegen den Willen des Chefs während der
  Arbeit die Firma, um sich um ihren erkrankten kleinen Sohn zu
  kümmern. Sie kehrte erst am übernächsten Tag in die Firma
  zurück.
  – Die fristlose Kündigung wurde vom LAG Köln (7 Sa 690/93)
  aufgehoben. Anspruch auf Freistellung aus diesem Anlaß.

- Eine Angestellte nahm ihren Hund mit zur Arbeit.
  – Das ist nicht zulässig, so das LAG Frankfurt am Main.

- Ein Arbeitnehmer äußerte sich am Arbeitsplatz ständig in einer
  üblen Weise über Ausländer.
  – Kündigung ist rechtmäßig laut AG Siegburg (4 Ca 1766/93).
  Fürsorgepflicht auch gegenüber ausländischen Mitarbeitern.

- Trotz Krankschreibung wegen einer Armschädigung wurde ein
  Mitarbeiter vom Chef mehrmals bei Arbeiten im eigenen Garten
  erwischt.
  – Die fristlose Kündigung ohne Abmahnung wurde vom LAG
  Köln (2 Sa 1106/93) für rechtens gehalten, da bei Arbeitsun-
  fähigkeit nicht nur gelegentliche Gartenarbeiten vertragswidrig
  sind.

- Ein langjährig (über 30 Jahre) Beschäftigter betrank sich erstmals
  am Arbeitsplatz und begann eine Schlägerei.
  – Kündigung wegen eines einmaligen Fehlverhaltens in dieser
  Form war nicht gerechtfertigt, so das Bundesarbeitsgericht
  (2 AZR 188/93).

- Ein Mitarbeiter mit einer neunjährigen Betriebszugehörigkeit
  fehlte einen Tag unentschuldigt.

– Die fristlose Kündigung wurde vom LAG Düsseldorf aufgehoben. Es sei nur eine Abmahnung gerechtfertigt (12 TaBV 82/93).

• Nach einem Streit mit seinem Chef drohte der Arbeitnehmer, sich krankschreiben zu lassen.
  – Dafür darf gekündigt werden, so AG Frankfurt am Main (4 Ca 594/96).

• Ein Krankgeschriebener wurde im Cafe beim Kartenspielen erwischt.
  – Keine Kündigungsrechtfertigung entschied das AG Frankfurt am Main, da keine Bettruhe verordnet (4 Ca 6044/95).

Extra-Tip

▶ Ein mit einem dauernden Arbeitsverhältnis gekündigter Arbeitnehmer hat auf Verlangen Anspruch auf Freistellung durch den Noch-Arbeitgeber für eine angemessene Zeit zur Stellensuche. Zeit und Dauer sind unter Abwägung der beiderseitigen Interessen zu bestimmen. Für die Freistellung ist der Lohn in voller Höhe zu zahlen. Siehe § 629 BGB. Diese Vorschrift ist zwingend und kann nicht ausgeschlossen werden.

L

Lebensgemeinschaften

1. Um was geht es?

Wenn Sie mit einem Partner oder einer Partnerin zusammenleben wollen, ohne gleich zu heiraten, sollten Sie sich im gegenseitigen Interesse und auch im Verantwortungsbewußtsein für den anderen Partner frühzeitig genug auch mit den rechtlichen Risiken einer nichtehelichen Lebensgemeinschaft befassen.

2. Tips und Hinweise

2.1 Wohnung

Der Vermieter kann einen Mietvertrag mit beiden Partnern einer Lebensgemeinschaft abschließen oder nur mit einem Partner und die Aufnahme des anderen in die Wohnung dulden. Häufig dürfte es von Vorteil sein, wenn beide Partner den Mietvertrag abschließen. Sie können dann beide als Mieter sich auf den Mieterschutz berufen und ihr Hausrecht geltend machen. Andererseits kann der Vermieter seine Ansprüche, z. B. auf Mietzahlungen, gegen beide richten.

Für die Auflösung des Mietvertrages ist zu beachten, daß der Vertrag nur gemeinsam gekündigt werden kann, wenn beide Partner Mieter sind. Umgekehrt muß bei einer Kündigung durch den Vermieter dieser gegenüber beiden kündigen. Wenn die Partner sich über die Kündigung nicht einigen können und einer in der Wohnung bleiben will, ist der andere trotzdem weiter aus dem Mietvertrag verpflichtet.

Wenn ein Partner bereits Mieter ist und den anderen in die Wohnung aufnehmen will, muß der Vermieter die Aufnahme dulden, wenn ihm dies zuzumuten ist. Unzumutbar ist zum Beispiel eine Überbelegung einer Wohnung, also das ständige Wohnen von 2 Personen in einer kleinen Ein-Zimmer-Wohnung.

Stirbt der Partner als alleiniger Mieter gibt es allerdings ein Eintrittsrecht in den Mietvertrag, § 569a Abs. 2 BGB. Nach einer Entscheidung des Bundesverfassungsgerichts ist diese Regelung für Familienangehörige auch auf den Partner einer nichtehelichen Lebensgemeinschaft anzuwenden.

2.2 Haushaltsführung oder Mitarbeit

Wenn ein Partner für den anderen Arbeitsleistungen erbringt, sei es im Haushalt oder im Betrieb, werden Ansprüche auf Arbeitslosenunterstützung oder in der gesetzlichen Rentenversicherung beeinträchtigt sein. Ein Ausgleich dieser Nachteile, die häufig erst bei einer Auflösung der Lebensgemeinschaft bemerkt werden, ist oft nicht möglich.

Um Nachteile zu vermeiden, dürfte in vielen Fällen ein ausdrücklicher Arbeitsvertrag mit allen sozialversicherungsrechtlichen und steuerrechtlichen Folgen der sicherste Weg für den dienstleistenden Partner sein.

2.3 Kinder

Eine Reform des Kindschaftsrechts ist derzeit in Arbeit. Bis zu einer Neuregelung gilt noch folgendes:

Ein Kind, das vor einer Ehe oder später als 302 Tage nach Auflösung oder Scheidung einer Ehe geboren wird, ist nichtehelich. Das gilt auch für ein Zusammenleben der leiblichen Eltern. Ist die Mutter des Kindes noch nicht länger als 302 Tage geschieden, gilt der Ehemann der Mutter als Vater des Kindes. Der leibliche Vater muß dann zunächst die Ehelichkeit des Kindes durch Klage anfechten, was aber nur innerhalb bestimmter Fristen möglich ist.

Um die Rechtswirkungen der Vaterschaft bei einem nichtehelichen Kind herbeizuführen, muß die Vaterschaft mit einer formellen Erklärung anerkannt werden. Das Kind – vertreten durch das Jugendamt – muß dem zustimmen. Beide Erklärungen müssen öffentlich beurkundet werden. Das geschieht in der Regel vor dem Jugendamt. Der leibliche Vater hat aber trotz Vaterschaftsanerkenntnis nach dem bisherigen Recht nicht das elterliche Sorgerecht. Es steht bei nichtehelichen Kindern allein der Mutter zu. Das Sorgerecht der Mutter kann aber durch die gesetzliche Amtspflegschaft des Jugendamtes eingeschränkt sein.

2.4 Unterhaltsansprüche

In einer nichtehelichen Gemeinschaft gibt es keine Unterhaltsansprüche. Davon besteht nur eine Ausnahme: wenn die Frau gleichzeitig Mutter eines gemeinsamen nichtehelichen Kindes ist. Der Vater hat dann nämlich der Mutter für die Dauer von höchstens 4 Monaten vor und bis zu 12 Monaten nach der Entbindung Unterhalt zu gewähren.

2.5 Erbrecht

Auch einen gesetzlichen Erbanspruch gibt es nicht unter den Partnern einer nichtehelichen Gemeinschaft. Es ist allerdings die Erbeinsetzung durch Testament oder Erbvertrag möglich. Auch kann ein Vermächtnis zugeteilt werden. Ein gemeinschaftliches Testament können aber nur Ehegatten errichten.

Zu beachten sind aber die gesetzlichen Erbansprüche von den Angehörigen der Partner. Sie haben zumindest die Pflichtteilsrechte.

2.6 Sozialleistungen

Die Berücksichtigung der Lebensgemeinschaften ist grundsätzlich so geregelt, daß sie nicht besser gestellt werden als Ehegatten. Bei vielen Leistungen, wie in der Krankenversicherung, der Rentenversicherung oder dem Beihilferecht des öffentlichen Dienstes, gibt es Ansprüche nur im Fall einer Ehe.

Bei anderen Leistungen wiederum wird die Lebensgemeinschaft wie ein Ehepaar behandelt, um so Vorteile zu vermeiden. Bei geringen Einkünften eines Partners könnte dieser für sich allein zum Beispiel einen Anspruch auf Wohngeld, Arbeitslosenhilfe oder Sozialhilfe haben. Dieser Vorteil wird durch die gemeinsame Berücksichtigung beider Partner aber verhindert. Ob eine eheähnliche Gemeinschaft aber tatsächlich vorliegt, muß in diesen Fällen von der Sozialleistungsbehörde nachgewiesen werden können.

2.7 Steuerrecht

Die Partner werden auch im Steuerrecht nicht wie ein Ehepaar behandelt. Sie können also nicht den günstigeren Splitting-Tarif beanspruchen, sondern werden als Alleinstehende besteuert. Kinder- und Haushaltsfreibeträge können aber grundsätzlich zur Hälfte in

Anspruch genommen werden. Auch sind die üblichen Sonderausgaben und Werbungskosten zu berücksichtigen.

2.8 Trennung

Bei einer Trennung gibt es nicht wie im Eherecht eine Gesamtauseinandersetzung, sondern die Zuordnung im Einzelfall nach den allgemeinen Regeln des Eigentumsrechts nach dem BGB.

Wenn beide Partner ein Haus erworben oder gebaut und gemeinsam finanziert haben, jedoch nur ein Partner als Eigentümer im Grundbuch eingetragen ist, wird die Aufteilung schwierig. Wer Ersatz beanspruchen will, muß den gemeinsamen Willen beweisen, den Vermögensgegenstand nicht nur gemeinschaftlich zu schaffen, sondern auch das gemeinsame Eigentum haben zu wollen.

2.9 Empfehlungen

Nicht alle Lebensumstände und Fälle im Zusammenleben müssen mit Vertragsformularen geregelt werden. Regelungen können aber insbesondere sinnvoll sein

- bei einer Mitarbeit im Betrieb oder in der Firma des Partners,
- bei einer überwiegend alleinigen Haushaltsversorgung und Kindererziehung, während der andere berufstätig ist,
- bei wertvollen gemeinsamen Anschaffungen und Abschlüssen von privaten Rentenversicherungen und Lebensversicherungen,
- bei Kontoführungen mit Vollmachten und bei Testamenten und Erbverträgen.

Häufig sind auch notarielle Beurkundungen oder Beglaubigungen erforderlich, so daß für diese Fragen ein fachkundiger Rat durch Rechtsanwälte oder Steuerberater eingeholt werden sollte.

M

Mieterhöhungen

1. Um was geht es?

Es werden für etwa 2 Millionen Wohnungen jährlich die Mieten
erhöht. Da die Mietkosten in vielen Fällen einen hohen Anteil am
Haushaltsbudget haben, sollten Mieterhöhungsverlangen sorgfältig
von den Mietern geprüft werden. Viele Erhöhungen sind einfach
falsch und unberechtigt. Wenn Sie die Spielregeln kennen, können
Sie viel Geld sparen.

2. Tips und Hinweise

2.1 Erhöhungsvoraussetzungen

Nach dem geltenden Mietpreisrecht werden drei Wohnungsarten
unterschieden:

- Freifinanzierte Wohnungen.
- Altwohnungen in den neuen Ländern und in Ostberlin (bis zum
  3. 10. 1990 errichtete Wohnungen).
- Preisgebundene Wohnungen (Sozialwohnungen).

Für freifinanzierte Wohnungen werden die Mieten beim Abschluß
des Mietvertrages grundsätzlich frei vereinbart. Das ist jedoch nicht
beliebig zulässig. Nach dem Wirtschaftsstrafgesetz darf die Miete
nicht mehr als 20 % über der ortsüblichen Miete liegen. Diese
Grenze darf nur bei höheren laufenden Kosten des Vermieters überschritten werden und dann auch nur bis zu 50 % der ortsüblichen
Vergleichsmiete.

Für eine wirksame Mieterhöhung gibt es zunächst zwei Voraussetzungen:

- die schriftliche Aufforderung des Vermieters mit Begründung (Mieterhöhungsverlangen) und
- Ihre Zustimmung als Mieter.

2.2 Begründung und Fristen

Die Mieterhöhung muß zudem begründet und fristgemäß verlangt werden. Der Vermieter muß mindestens eine Frist von 2 Monaten zwischen Zugang des Erhöhungsverlangens beim Mieter und dem Datum der Mieterhöhung beachten. Die Erhöhung ist unwirksam, wenn diese Frist nicht eingehalten wird. Sie brauchen einfach nicht zu zahlen. Allerdings kann die Erhöhung zu späteren Terminen nachgeholt werden.

Wichtig: Stimmen Sie der Mieterhöhung zu, wird die höhere Miete ab Beginn des dritten Monats fällig, der auf den Zugang des Erhöhungsverlangens folgt. Stimmen Sie nicht zu, kann Ihr Vermieter binnen 2 Monaten nach Ablauf der Überlegungsfrist auf Zustimmung klagen. In der ersten Instanz entscheidet dann das Amtsgericht über das Erhöhungsverlangen.

Zur Begründung der Mieterhöhung kann der Vermieter insbesondere zwischen drei Varianten wählen:

- Er kann auf die ortsübliche Miete nach einem sogenannten Mietspiegel verweisen. Diese werden häufig von den Gemeinden und den Vermieter- und Mieterverbänden erstellt. Gibt es keinen Mietspiegel darf auf vergleichbare Gemeinden verwiesen werden.
- Der Vermieter kann auch ein Gutachten eines neutralen öffentlich bestellten oder vereidigten Sachverständigen vorlegen.
- Er kann aber auch drei identifizierbare Vergleichswohnungen benennen, für die bereits höhere Mieten bezahlt werden. Die Vergleichswohnungen dürfen auch dem Vermieter gehören.

2.3 Grenzen der Mieterhöhung

Bei der Mieterhöhung hat der Vermieter außerdem zwei Grenzen zu beachten:

- Die neue Miete darf den ortsüblichen Mietwert nicht übersteigen. Das sind die Mieten für Wohnräume vergleichbarer Art, Größe und Ausstattung in den letzten vier Jahren.
- Auch darf die sogenannte Kappungsgrenze nicht überschritten

werden. Diese Wertgrenze soll Mieter mit einer unterhalb des ortsüblichen Wertes liegenden Miete vor allzu häufigen und wiederholten Erhöhungen schützen. Berechnungsbasis ist jeweils die drei Jahre vor der Mieterhöhung gezahlte Miete. Die Kappungsgrenze beträgt 20 % bei bis zum 31. 12. 1980 fertiggestellten Wohnungen, wenn das Mieterhöhungsverlangen bis zum 31. 8. 1998 zugeht oder der neue Mietzins ohne Betriebskostenanteile 8 DM je qm übersteigt. Liegt die Miete darunter, darf die neue Miete ohne Betriebskostenanteil 9,60 DM je qm nicht übersteigen. Die 9,60 DM sind der Wert von 8 DM plus 20 % Kappungsgrenze.

Beispiel:

Der Mieter zahlt für eine 1980 errichtete Wohnung eine Miete von 10 DM je qm. Die ortsübliche Vergleichsmiete liegt bei 13 DM je qm. Dafür gilt eine Kappungsgrenze von 20 %. Der Vermieter darf also innerhalb von drei Jahren die Miete höchstens um 20 % von 10 DM, also 2,00 DM, erhöhen. Dabei liegt die erhöhte Miete von 12 DM DM je qm immer noch unter dem ortsüblichen Wert von 13 DM.

In allen anderen Fällen gelten 30 % als Kappungsgrenze.

Beispiel:

Ein Mieter zahlt 7,50 DM Miete je qm. Ortsüblich sind 10 DM. Dank der Kappungsgrenze von 30 % darf die Miete von 7,50 DM je qm nicht auf den ortsüblichen Wert von 10 DM, sondern nur um 2,25 DM auf 9,75 DM angehoben werden.

Wurde die Kappungsgrenze von 20 % oder 30 % ausgeschöpft, muß der Vermieter bis zur nächsten Erhöhung mindestens drei Jahre warten. Das gilt nicht für Modernisierungen oder gestiegenen Betriebskosten.

Wichtig: Sobald also der Vermieter die niedrigere der beiden Grenzen erreicht hat, ist Schluß mit Mieterhöhungen. Mehr müssen Sie als Mieter nicht zahlen.

Die Zustimmung zur Mieterhöhung können Sie auch nur teilweise geben. Diese Teilzustimmung ist dann zu empfehlen, wenn die Mieterhöhung an sich klar ist, aber der Erhöhungsanteil nicht. Wenn der Vermieter also mehr haben will, als Sie zahlen wollen. Es kann dann sein, daß der Vermieter auf einen Rechtsstreit wegen der Differenz aus seiner verlangten und der von Ihnen bestätigten Miete verzichtet.

2.4 Empfehlung: Wohnflächenüberprüfung

Sie sollten im übrigen die Größe Ihrer Wohnung hinsichtlich der im Mietvertrag angegebenen Quadratmeter überprüft haben. Der Vermieter hat die Größe oftmals nur geschätzt oder mehrmals Zimmergrößen aufgerundet. Es lohnt sich, mit dem Metermaß genau nachzumessen. Das gilt insbesondere für Dachgeschoßwohnungen. Wenn die Höhe des Zimmers oder des Flures nur ein bis zwei Meter beträgt, darf die Fläche nur zur Hälfte angerechnet werden. Auch die Flächen von Balkonen oder Terrassen zählen nur halb. Jede Fläche unter einem Meter zählt nicht als Wohnfläche. Auch Türdurchgänge, kleine Einbauschränke (unter 0,5 qm) und Fensternischen mit weniger als 13 cm Tiefe zählen nicht.

Wenn Sie danach eine geringere Wohnfläche haben, stimmen Sie der Erhöhung, soweit sie ansonsten angemessen ist, nur für die tatsächlichen Wohnflächenquadratmetern zu. Bei einer Differenz von zum Beispiel 2 qm und einer Miete von 10 DM je qm sparen Sie in 10 Jahren immerhin 2400 DM. Ob Sie allerdings für die in der Vergangenheit zuviel gezahlte Miete die künftigen Mietzahlungen insoweit kürzen dürfen, ist juristisch umstritten.

2.5 Beispiele für ortsübliche Durchschnittswerte

Einige Beispiele für ortsübliche Mieten von Wohnungen mit 70 qm in normaler Lage im Jahr 1997:

Berlin/West:	11,50 DM (–)	Hamburg:	14,50 DM (–)
Schwerin	6,80 DM (+)	Rostock:	7,50 DM (+)
Kiel	12,50 DM (–)	Bremen	11,00 DM (o)
Hannover	10,50 DM (–)	Dortmund	11,00 DM (+)
Köln	15,00 DM (o)	Kassel	9,00 DM (o)
Halle	9,75 DM (–)	Leipzig	11,50 DM (–)
Dresden	13,00 DM (–)	Frankfurt/Main	14,00 DM (–)
Nürnberg	9,70 DM (–)	Karlsruhe	11,00 DM (o)
Stuttgart	14,00 DM (–)	Passau	9,00 DM (o)
Freiburg	13,00 DM (–)	München	15,00 DM (–)

(Anmerkung: „o" = Tendenz gleichbleibend; „+" = steigend; „–" = fallend)

2.6 Was ist eine Staffelmiete?

Dabei können Vermieter und Mieter die Mieterhöhungen bereits vorher durch Vereinbarung festlegen. Das einzelne Mieterhöhungsverfahren nach dem Vergleichsmietensystem entfällt dann. Es wird vereinbart, wann künftig die Miete um wieviel DM steigt. Die Vereinbarung ist für höchstens 10 Jahre zulässig. Zwischen den Erhöhungen muß mindestens 1 Jahr liegen. Die Monatsmieten und die Erhöhungsbeträge müssen in DM-Beträgen angegeben werden.

Extra-Tip

▶ Für eine Mieterhöhung darf Ihr Vermieter die Zustimmung nur verlangen, wenn die Erhöhung nicht durch Mietvertrag ausgeschlossen und die bisherige Miete seit einem Jahr unverändert ist.

Mietkündigungsschutz

1. Um was geht es?

Das Mietrecht gehört zum bürgerlichen Recht und somit sind Mietverträge nach dem Grundsatz der Vertragsfreiheit auch frei gestaltbar. Im einzelnen gelten die §§ 535 bis 580 des Bürgerlichen Gesetzbuches und außerdem die Vorschriften des Gesetzes zur Regelung der Miethöhe. Als Mieter haben Sie nicht nur Pflichten, sondern auch Rechte.

2. Tips und Hinweise

2.1 Schutzbestimmungen

Es gibt eine Reihe von Schutzbestimmungen, die durch den Mietvertrag nicht abgeändert werden können.

Dazu gehören insbesondere:

- Kündigungsschutz einschließlich Sozialklausel,
- Bestimmungen des Gesetzes zur Regelung der Miethöhe und Schutz bei Modernisierungen durch den Vermieter,
- Mietminderungen,
- fristlose Kündigung des Mieters bei Nutzungsverweigerung der Wohnung durch Vermieter und bei gesundheitsgefährdender Beschaffenheit der Wohnung,
- Mitnahme eingebauter Einrichtungen beim Auszug, wenn kein angemessener Ausgleich vom Vermieter,
- teilweise Untervermietung bei berechtigtem Interesse des Mieters,
- Regelungen zur Mietkaution,
- Aufrechnung durch Mieter wegen Ersatzansprüche aus Mängeln der Wohnung,
- fristlose Kündigungsgründe des Vermieters,
- Kündigungsrechte des Mieters bei unbefristeten Verträgen,
- Wahlrecht der Angehörigen nach dem Tod des Mieters zur weiteren Nutzung.

2.2 Kündigungsschutz

Die Frage des Kündigungsschutzes stellt sich nicht bei Zeitverträgen oder Aufhebungsverträgen, so daß auf diese Regelungen nicht weiter eingegangen wird.

Wenn Sie einen unbefristeten Mietvertrag haben, die Miete regelmäßig zahlen und Ihre Mieterpflichten nicht verletzen, können Sie grundsätzlich ewig in der Wohnung bleiben.

Eine Kündigung ist nur dann zulässig, wenn der Vermieter ein berechtigtes Interesse an der Beendigung des Mietverhältnisses hat. Das ist nach dem BGB dann der Fall,

- wenn Sie die Vertragspflichten erheblich verletzt haben,
- wenn der Vermieter einen Eigenbedarf geltend machen kann,
- wenn der Vermieter an einer angemessenen wirtschaftlichen Verwertung des Grundstücks gehindert ist und erhebliche Nachteile drohen
- wenn nicht zum Wohnen bestimmte Nebenräume zum Wohnen ausgebaut werden sollen und die Kündigung nur für diese Räume gilt.

Andere Gründe sind auch denkbar. Sie müssen aber immer ähnlich schwerwiegend wie die genannten Gründe sein.

2.3 Wie ist das mit dem Eigenbedarf?

Der Eigenbedarf ist der Kündigungsgrund Nummer 1 in Deutschland. Dazu wird geschätzt, daß etwa 95 % dieser Kündigungen nur vorgetäuscht sind. Es gilt also für die Mieter die einzelnen Voraussetzungen genauer zu kennen, denn die meisten Kündigungen sind gar nicht gültig.

Wichtig: Bei einer Kündigung wegen Eigenbedarfs sollte selbst bei einer frist- und formgerechten Kündigung auf die Begründung des Vermieters geachtet werden. Oft sind diese Gründe nicht nachvollziehbar oder nicht stichhaltig, so daß die Kündigung unwirksam ist.

Überlegen Sie als Mieter zunächst, ob die vorgebrachten Gründe schlüssig, vernünftig und einleuchtend sind. Wenn das der Fall sein sollte, überprüfen Sie noch die Erklärungen auf ihre Richtigkeit. Ob zum Beispiel tatsächlich der Sohn des Vermieters als bisheriger Haushaltsangehöriger die Wohnung erhält und nicht eine andere Person oder ob die Wohnung für eine Person nicht unangemessen groß ist.
  Die Kündigungen sind beispielsweise laut Gerichtsentscheidungen in folgenden Fällen unwirksam:

* Der Vermieter schreibt, die Wohnung werde dringend für die eigene Nutzung benötigt. Das reicht nicht. Auch ein Nachschieben von Gründen würde die Kündigung nicht wirksam machen (BVerfG 2 BvR 1035/92).
* Wenn der Vermieter seinem 20jährigen Sohn eine etwa 140 qm große Fünf-Zimmer-Wohnung überlassen will. Das ist unvernünftig und der Wohnbedarf weit überhöht. (LG München 14 S 7197/90). So auch eine Vierzimmerwohnung von 107 qm für eine 22jährige Studentin (BVerfG 1 BvR 440/90).
* Auch wenn der Sohn des Vermieters mit seiner Frau und einem Kind aus einer etwa 100 qm großen eigenen Wohnung nun in die 74 qm große Mietwohnung ziehen soll, wird kein angemessener Eigenbedarf anerkannt (LG Frankfurt am Main 2/11 S 410/88).
* Wenn im selben Mietshaus eine vergleichbare Wohnung leersteht oder aus einem größeren Wohnungsbestand des Vermieters eine andere Wohnung bald frei wird, ist kein Eigenbedarf anzuerkennen (BVerfG 1 BvR 308/88).

Auch bei einer widersprüchlichen Argumentation des Vermieters sollten Sie als Mieter aufpassen:

Wenn zum Beispiel beim Abschluß des Mietvertrages schon die nun als Gründe für den Eigenbedarf genannten Umstände dem Vermieter bekannt waren, wird eine solche Kündigung nicht akzeptiert. Wenn zum Beispiel der Vermieter nach einem Jahr mit der Begründung kündigt, daß seine (seinerzeit schwangere) Tochter nun mit ihrem Kleinkind eine Wohnung benötige. Wenn der Eigenbedarf also schon beim Abschluß des Mietvertrages absehbar gewesen ist, kommt der Vermieter mit einem späteren Eigenbedarfsbegehren nicht durch. Das gilt auch, wenn in der Zwischenzeit andere Wohnungen neu vermietet worden sind.

2.4 Formen und Fristen der Kündigung

Wichtig: Es kommt insbesondere darauf an, ob die Form und die Frist eingehalten worden ist. Die Kündigung muß schriftlich erfolgen und vom Vermieter unterschrieben sein. Bei mehreren Vermietern (siehe Mietvertrag) von allen. Ist ein Rechtsanwalt eingeschaltet, muß eine Originalvollmacht beigefügt sein, es sei denn, sie wurde bereits in einer früheren Angelegenheit vorgelegt. Außerdem muß der Grund der Kündigung besonders erklärt werden.

Die Fristen richten sich nach der Mietdauer. Sie sind gesetzlich vorgeschrieben. Es darf im Mietvertrag nur zugunsten des Mieters davon abgewichen werden. Je länger das Mietverhältnis bereits besteht, desto länger ist die Kündigungsfrist:

- bis 5 Jahre: 3 Monate
- zwischen 5 und 8 Jahren: 6 Monate
- von 8 bis 10 Jahren: 9 Monate
- ab 10 Jahren: 1 Jahr

Die Kündigung muß spätestens am dritten Werktag eines Monats zugehen, um die jeweilige Frist einzuhalten. Ansonsten wird der Auszugstermin um einen Monat verschoben.

2.5 Was bedeutet die Sozialklausel?

Der Mieterschutz geht aber noch weiter. Auch bei einer berechtigten Kündigung und Beachtung aller Form- und Fristvorschriften, können Sie sich mit Hilfe der Sozialklausel noch gegen eine Kündigung wehren.

Sie müssen dann mit dem Argument der Kündigung widersprechen und die Fortsetzung des Mietverhältnisses verlangen, daß sie für Sie und ggf. Ihre Angehörigen eine besondere Härte darstellt. Widerspruch und Fortsetzungsverlangen sind grundsätzlich mehrmals nacheinander möglich.

Der Widerspruch muß schriftlich erklärt werden und bei mehreren Mietern von allen unterschrieben sein. Dem Vermieter muß der Widerspruch grundsätzlich zwei Monate vor Ablauf der Kündigungsfrist zugegangen sein. Der Vermieter muß den Mieter auch auf diese Möglichkeit des Widerspruchs hinweisen. Wird dieser Hinweis unterlassen, kann der Mieter auch noch später widersprechen, und zwar bis im ersten Termin eines eventuellen Räumungsprozesses.

In der bisherigen Rechtsprechung sind folgende Gründe für einen Widerspruch anerkannt worden:

- Hohes Alter, Gebrechlichkeit, Invalidität, Schwangerschaft, schwere Erkrankung. Eine Härte liegt auch vor, wenn ein angemessener Ersatzwohnraum nicht zu zumutbaren Bedingungen beschafft werden kann.

Bei einem Rechtsstreit muß das Gericht die Interessen des Vermieters und die des Mieters gegeneinander abwägen und einstufen. Ob und wie lange das Mietverhältnis verlängert wird, hängt von den persönlichen Verhältnissen des Mieters ab. Je schwerwiegender seine Widerspruchsgründe sind, um so besser die Chancen auf eine Verlängerung des Mietverhältnisses.

Extra-Tip

▶ Sollte sich später herausstellen, daß die als Eigenbedarfsbegründung vorgegebenen Verhältnisse tatsächlich nicht eingetreten sind, können Sie als Mieter Schadensersatz verlangen. Der Vermieter muß dabei für alle durch den Umzug entstandenen Kosten aufkommen und eventuell auch die Differenz einer höheren Miete für einige Jahre ersetzen.

Mietminderungen

1. Um was geht es?

Als Mieter haben Sie als Gegenleistung für die monatliche Miete das Recht auf eine fehlerfreie Wohnung. Für die Beseitigung von Schäden, die nicht der Mieter verursacht hat, ist immer der Vermieter verantwortlich. Kommt er dieser Pflicht nicht nach, kann der Mieter den vereinbarten Mietzins mindern. Um eine Mietminderung mit Erfolg umzusetzen, sind aber bestimmte Voraussetzungen zu beachten.

2. Tips und Hinweise

Es müssen nicht gleich schwerwiegende Wohnungsmängel, wie ein Totalausfall der Warmwasserversorgung oder der Heizungsanlage sein. Als Mangel zählt schon, wenn die Wohnung nicht wie üblich genutzt werden kann. Alle Zimmer und die Kellerräume und das Treppenhaus müssen in einem ordnungsgemäßen Zustand sein. Die technischen Anlagen müssen einwandfrei funktionieren.

2.1 Mängelanzeige

Wenn etwas nicht in Ordnung ist oder nicht funktioniert, sollten Sie zunächst Ihren Vermieter oder die Hausverwaltung unverzüglich telefonisch informieren und schnelle Abhilfe verlangen. Aus Beweisgründen sollten Sie im Beisein eines Zeugen anrufen und dem Vermieter den Mangel auch schriftlich mitteilen. Erwarten Sie Schwierigkeiten, sollten Sie die Mängelanzeige schriftlich per Einschreiben mit Rückschein an Ihren Vermieter richten.

Der Vermieter muß den angezeigten Mangel innerhalb einer angemessenen Frist beseitigen. Je schwerer der Mangel, desto kürzer die Beseitigungsfrist. Eine Frist von drei Tagen ist zum Beispiel bei einem Heizungsausfall bei Minustemperaturen zu großzügig.

2.2 Wann kommt eine Ersatzvornahme infrage?

Wenn der Vermieter den Mangel trotz Information nicht innerhalb eines angemessenen Zeitraumes beseitigt, muß er gemahnt werden.

Er befindet sich dann in Verzug und der Vermieter kann den Mangel selbst beseitigen oder die Beseitigung veranlassen. Die Kosten sind anschließend vom Vermieter zu ersetzen. Sie können auch mit den nächsten Mietzahlungen aufgerechnet werden. Es sind aber immer nur die angemessenen und notwendigen Kosten zu ersetzen. Wenn Sie als Mieter bei einem undichten Fenster gleich ein neues Fenster einbauen lassen, dürfte diese Maßnahme unangemessen sein.

Sie sollten Ihren Vermieter immer schriftlich unmißverständlich auf Ihre vorgesehenen Maßnahmen hinweisen. Insbesondere in dem ersten Mahnschreiben sollte er darüber informiert werden.

2.3 Wie ist das mit Schadensersatz?

Wenn durch einen Wohnungsmangel außerdem ein Schaden entstanden ist, haftet der Vermieter auch dafür. Er muß dann die erforderlichen Kosten für die Schadensbeseitigung erstatten. Wenn zum Beispiel bei einem Heizungsausfall ein Heizlüfter gekauft werden mußte, kann dem Vermieter die Rechnung vorgelegt werden. Voraussetzung ist aber, daß der Vermieter über den Mangel informiert worden ist und trotz Mahnung nichts veranlaßt hat.

2.4 Wann kann die Miete gemindert werden?

Wenn der Vermieter seinen Pflichten nicht nachkommt, kann er vom Mieter verklagt werden. Es gibt aber auch eine einfachere Möglichkeit, den Vermieter unter Druck zu setzen, nämlich die Mietminderung.

Die Miete kann immer dann gekürzt werden, wenn die Nutzungsmöglichkeit der Wohnung spürbar eingeschränkt ist und der Mieter den Mangel nicht selbst verschuldet hat. Ob der Vermieter für den Mangel verantwortlich ist, spielt keine Rolle. Eine Mietminderung ist daher auch möglich, wenn in der Nachbarschaft eine größere Baustelle eingerichtet wurde. Wegen Lärm- und Schmutzbelästigungen kann die Miete gekürzt werden.

Die Kürzung muß sich dabei in Höhe der Nutzungsminderung bewegen. Es ist nur noch der tatsächliche Mietwert der mangelhaften Wohnung zu zahlen. Darüber können die Meinungen auseinandergehen. Die Miete darf auch nur für den Zeitraum des Mangels gemindert werden. Wenn der Mangel nur für einen halben Monat bestand, darf auch nur die Hälfte der Monatsmiete gemindert werden.

Bei einer Minderung ist zunächst von der Grundmiete auszugehen. Viele Gerichte berücksichtigen aber auch die regelmäßigen
Neben- und Heizkostenvorauszahlungen.

Eine Minderung ist aber ausgeschlossen, wenn der Mieter den
Mangel beim Vertragsabschluß bereits kannte oder er ihn anstands-
los über mehrere Monate geduldet hat. Bei einer späteren Mieterhöhung kann aber ein bekannter Mangel beanstandet werden, da
insoweit die ursprüngliche Miete und der Wohnungswert nicht
mehr stimmen.

Wichtig: Wenn Sie allerdings zwei Mieten einbehalten haben, sollten Sie aufpassen. Es kann dann der Vermieter kündigen. Es empfiehlt sich dann eine vorher angekündigte Beseitigung auf eigene
Kosten des Mieters, die sog. Ersatzvornahme, und Aufrechnung der
Kosten mit der künftigen Kaltmiete. Die einbehaltene Miete nach
Reparatur des Mangels ist vom Mieter nicht zurückzuzahlen. Auch
wenn der Vermieter damit nicht einverstanden ist, er darf die
Summe auch nicht von der Mietkaution abziehen. Dafür benötigt er
immer Ihre Zustimmung.

2.5 Beispiele für Mietminderungen nach bisherigen Gerichtsentscheidungen

(Anmerkung: Die Entscheidungen betreffen Einzelfälle und können
in ähnlichen Fällen auch anders ausgehen. Sie können daher nur als
Orientierungshilfe dienen.)

Minderungsquote	Mängelsituationen
0 Prozent (keine Kürzung)	Haushaltsübliche Kochgerüche im Treppenhaus Vermieter läßt mehrere Bäume fällen Spinnen in einer Parterrewohnung
5 Prozent	Unzureichender Schallschutz, deutliche Schrittgeräusche aus darüberliegender Wohnung Stock- und Schimmelflecken im Bad Undichte und nicht zu öffnende Oberfenster Bleigehalt im Trinkwasser, der erst nach Laufzeit bis 60 Sekunden unter Grenzwert fällt Störung des Fernsehempfangs wegen Beseitigung Gemeinschaftsantenne Zu schwache Heizung (Dezember und März)
10 Prozent	Kein Warmwasser (vier Wochen) Abstellfläche statt vereinbarten abgeschlossenen Keller Zu schwache Heizung (Januar/Februar)

Minderungsquote	Mängelsituationen
	Lärmbelästigungen beim Dachausbau (Kreissäge, Bohrmaschine) Rostiges Leitungswasser Vermeidbarer Kinderlärm während Ruhezeiten Lärm durch Gaststätte im Haus Wasserschäden an Decke und Wänden durch überschwemmte Fremdwohnung Ständiger Garagentor-Lärm durch nachts heimkehrende Nachbarn Spülgeräusche (WC) von Nachbarn mit Schallpegel über 35 dB(A)
15 Prozent	Terrasse wegen Bauarbeiten nicht benutzbar Geruchsbelästigungen aus benachbarter Pizzeria Ausfall Warmwasserboiler im Bad Dusche funktioniert nicht
20 Prozent	Lärmbelästigung durch Mitmieter Heizung mit 18 Grad statt 20 Grad Celsius Schimmelpilz im Wohn- u. Schlafzimmer, Bad Lärm durch Tanzschule im Haus nach 22 Uhr Verweigerung der vertraglichen Nutzung von Wasch- und Trockenraum sowie Garten Kothaufen vom Nachbarhund im Treppenhaus
25 Prozent	Lärm und Erschütterung durch Bauarbeiten (Unterhaltung nicht möglich) Taubenhaltung auf dem Nachbargrundstück Baulärm nach 17 Uhr und am Wochenende Kriminelle Bedrohung durch Nachbarn Nachbarwohnung wird als Bordell genutzt
30 Prozent	Diskothekenlärm nachts Wohnzimmer bei Einsturzgefahr wegen Wasserschadens unbenutzbar Heizung im Winter nur 15 Grad
50 Prozent	Totalausfall der Heizung im Winter Küche und Toilette unbenutzbar Asbestfasergefahr bei Betrieb des Elektro-Nachtspeicherofens Formaldehydbelastung der Wohnung zwischen 0,13 und 0,21 ppm
80 Prozent	Wohnungsüberschwemmung mit Versandung und unerträglichem Gestank
100 Prozent	Vollständiger Stromausfall wegen Kabelbrandes Ausfall der Heizung, Löcher in der Decke

Mietnebenkosten

1. Um was geht es?

Die Mietexperten gehen davon aus, daß jede zweite Abrechnung über die Mietnebenkosten falsch ist. Insbesondere sollen von den Vermietern nichtabrechnungsfähige Nebenkosten und manche Positionen doppelt berücksichtigt werden.

Wenn Sie also nicht zuviel zahlen wollen, sollten Sie Ihre Nebenkostenabrechnungen genauer überprüfen.

2. Tips und Hinweise

2.1 Allgemeine Voraussetzungen

Zunächst sollten Sie auf einzelne formelle Voraussetzungen achten. Dazu gehören die Schriftform und die Verwirkung.

Die Abrechnung der Nebenkosten muß schriftlich erstellt und im übrigen übersichtlich und verständlich sein. Jeder Laie muß in der Lage sein können, die Abrechnungen gedanklich und inhaltlich nachzuvollziehen. So auch ein Urteil des Bundesgerichtshofes (Az.: VIII ZR 298/80).

Wenn einzelne Positionen nicht verständlich sind, brauchen Sie nicht zu zahlen, bevor der Vermieter nach Ihrer Aufforderung die Kosten eindeutig erklärt und aufgeschlüsselt hat. Ein Nachzahlungsbetrag wird erst bei einer ordnungsgemäßen Abrechnung fällig. Sie haben bei einzelnen Unstimmigkeiten auch das Recht, Abrechnungsunterlagen des Vermieters, wie Gebühren- und Steuerbescheide oder Rechnungen, einzusehen.

Überprüfen Sie auch die Auflistung der einzelnen Positionen und den Verteilerschlüssel. Es dürfen zum Beispiel nicht Kosten für leerstehende Wohnungen oder gleiche Anteile für Gewerberäume berücksichtigt werden.

Wegen der Abrechnungsprobleme darf der Vermieter das Mietverhältnis nicht kündigen. Er kann Sie als Mieter höchstens auf Zahlung vor dem Amtsgericht verklagen, was aber nur bei der Vorlage von Beweisen Erfolg haben dürfte.

2.2 Fristen

Ein Anspruch des Vermieters auf eine Betriebskostennachzahlung kann verwirkt sein, wenn die Abrechnung sich über einen längeren Zeitraum hingezogen hat und der Vermieter annehmen durfte, daß die Angelegenheit erledigt sei und keine Forderungen mehr gestellt würden.

Wichtig: Im übrigen gilt, daß nur die Kosten im vertraglich festgelegten Abrechnungszeitraum von 12 Monaten abgerechnet werden dürfen und daß die Abrechnung spätestens ein Jahr nach Ende der Abrechnungsperiode dem Mieter vorliegen muß. Diese Regelung gilt zwar nur für den sozialen Wohnungsbau, sie wird von den Gerichten aber meist auch bei den anderen Wohnungsarten berücksichtigt. Sollten Sie innerhalb dieses Zeitraumes keine Abrechnung haben, setzen Sie dem Vermieter eine Nachfrist und drohen an, nach Verstreichen der Nachfrist die Vorschüsse für die Nebenkosten einzubehalten.

2.3 Welche Betriebskosten sind vom Mieter zu zahlen?

Betriebskosten sind im wesentlichen:
Grundsteuer, Kosten für Wasser, Entwässerung, Heizungsanlagen, Warmwasserversorgungsanlagen, Aufzug, Straßenreinigung, Hausreinigung, Ungezieferbekämpfung, Schornsteinreinigung, Gartenpflege, Beleuchtung, Sach- und Haftpflichtversicherung, Hauswart, Wascheinrichtungen, Gemeinschaftsantenne und Breitbandkabelnetz.

Ob und inwieweit diese Kosten auf die Vermieter umgelegt werden können, richtet sich nach den Vereinbarungen des Mietvertrages. Eine eindeutige gesetzliche Regelung gibt es insoweit nicht.

Von den Mietern zu zahlen sind grundsätzlich immer die Kosten der Beleuchtung, die Grundsteuer, die Versicherungen, die Heizungs- und Warmwasserkosten auch mit Nebenkosten, wie Strom, Wartung und Messung sowie der Verbauch von Wasser und die Abwassergebühren.

2.4 Keine Betriebskosten

Andere als die genannten üblichen Betriebskosten dürfen grundsätzlich nicht auf die Mieter umgelegt werden. Beispielsweise sind sämtliche Instandhaltungskosten und Reparaturkostenumlagen, Verwal-

tungskosten, Vereinsbeiträge, Trinkgelder für Anlieferungen, Kosten
für Neuanlage des Gartens oder Bankgebühren nicht von den Mietern zu zahlen. Es spielt dabei keine Rolle, was im Mietvertrag
steht. Es ist auch nicht zulässig, auf die Endsumme noch die Mehrwertsteuer aufzuschlagen, da sie üblicherweise in den einzelnen
Positionen enthalten ist.

Aufgepaßt werden sollte auch

- bei Wartungsverträgen, da hier oft Kostenanteile für Reparaturen
  enthalten sind, die nicht die Mieter zu tragen haben,
- bei Hausmeisterkosten, wenn diese auch Verwaltungsaufgaben
  und kleine Reparaturen erledigen, denn dieser Aufwand des Vermieters fällt nicht unter die Betriebskosten, so daß Abzüge
  gemacht werden können,
- bei Gartenpflege oder Treppenhausreinigung, da diese nicht extra
  zu zahlen sind, wenn bereits Hausmeisterkosten abgerechnet
  werden,
- bei Feuerlöscher-Wartungen, da diese Kosten auch in den Heizkostenabrechnungen enthalten sein können,
- bei Beleuchtungskosten für eine Tiefgarage, wenn Sie gar keinen
  Stellplatz haben.

Zu zahlen sind die Betriebskosten selbstverständlich nur dann, wenn
dies ausdrücklich im Mietvertrag vereinbart worden ist. Aus dieser
Vereinbarung muß genau hervorgehen, welche einzelnen Kosten vom
Mieter (anteilig) zu zahlen sind. Sollte eine genaue Auflistung fehlen,
können Sie die Zahlung verweigern. Unklar ist zum Beispiel die Formulierung: „die üblichen Nebenkosten nach Verbrauch".

2.5 Wirtschaftlichkeit und Durchschnittswerte

Im übrigen müssen die abgerechneten Betriebskosten den Grundsätzen einer wirtschaftlichen Betriebsführung entsprechen. Die angefallenen Kosten müssen also notwendig und angemessen sein. Also
zum Beispiel keine überhöhten Personalkosten für einen mit dem
Vermieter befreundeten Hausmeister.

Die einzelnen Nebenkosten hängen immer ab von den individuellen Wohnverhältnissen und den persönlichen Gewohnheiten. Dennoch sollten Ihre Abrechnungsanteile nicht höher sein als folgende
Spitzenwerte: (Beispiele mit Kosten pro Quadratmeter Wohnfläche
und Jahr)

Abfallbeseitigung, Müllabfuhr	7,00 DM
Versicherungen	3,50 DM
Straßenreinigung	1,00 DM
Gartenpflege	1,00 DM
Eingangs-, Keller- und Treppenbeleuchtung	1,00 DM
Hausmeisterkosten	6,00 DM
Wassergeld mit Abwasser:	12,00 DM

Extra-Tip

► Bei Problemen mit den Nebenkostenabrechnungen können Sie sich an die örtlichen Stellen der Verbraucherzentralen oder des Deutschen Mieterbundes wenden. Die Anschriften stehen im Telefonbuch.

Müttergenesungskuren

1. Um was geht es?

Viele Frauen sind durch Kinder, Haushalt und Beruf einer mehrfachen Belastung ausgesetzt. Für sie gibt es deshalb Kuren in speziellen Einrichtungen, die neben der medizinischen Behandlung auch eine psychologische Betreuung und psychosoziale Unterstützung umfassen.

2. Tips und Hinweise

2.1 Allgemeine Voraussetzungen

Diese Kuren für Mütter stehen allen Frauen offen, die Kinder erziehen oder erzogen haben. Dabei spielen die persönlichen finanziellen Verhältnisse keine Rolle. Sie werden gewährt, um einer Schwächung der Gesundheit entgegenzuwirken oder um eine Krankheit zu erkennen, zu heilen, zu verhüten oder die Beschwerden zu lindern.

Das Müttergenesungswerk bietet Kuren für Frauen auch gemeinsam mit ihren Kindern an. Voraussetzung ist, daß das Kind ebenfalls erkrankt oder gesundheitlich gefährdet ist oder daß eine vorübergehende Trennung von Mutter und Kind wegen Gefährdung
des Kurzieles nicht möglich ist.
Die Verlängerung der Kurintervalle und die Verkürzung der
Regelkurdauer von vier auf drei Wochen gelten auch für Müttergenesungskuren. Eine Verlängerung ist aber immer aus gesundheitlichen Gründen möglich. Es sollte daher schon vor der Kur eine
Bewilligung für eine vierwöchige Kur erreicht werden, zumal diese
gerade bei Mutter-Kind Kuren angezeigt ist.

2.2 Durchführung der Kuren

Wegen der Durchführung einer Kur können Sie sich an Ihre Krankenkasse wenden oder auch an die örtlichen Verbände der freien
Wohlfahrtspflege, die beraten und Kurplätze vermitteln können
sowie auch bei den Finanzierungsfragen helfen. Die Anschriften von
der Arbeiterwohlfahrt, der Caritas, dem Diakonischen Werk, dem
DRK oder dem Paritätischen Wohlfahrtsverband finden Sie im örtlichen Telefonbuch.

2.3 Zuschuß der Krankenkasse und sonstige
Kostenregelungen

Die Kuren werden für gesetzlich Versicherte von den Krankenkassen entweder voll oder zum Teil finanziert. Bei einer Teilfinanzie-
rung können die Restkosten durch das Sozialamt und in Notfällen
durch Mittel des Müttergenesungswerkes gedeckt werden. Das
Sozialamt übernimmt aber nur unter Berücksichtigung bestimmter
Einkommensgrenzen die Kosten.
Wenn während der Kur der Mutter ein Kind unter 12 Jahren
oder ein behindertes Kind zu Hause versorgt werden muß,
gewähren die Krankenkassen unter bestimmten Voraussetzungen
eine Haushaltshilfe.
Müttergenesungskuren gelten als stationäre Kuren, so daß ein Anspruch auf Entgeltfortzahlung besteht. Als Ausnahmeregelung werden für diese Kuren keine Urlaubstage angerechnet. Ab 1. 7. 97 sind
allerdings die kalendertäglichen Zuzahlungen erhöht worden. Nunmehr sind wie im Krankenhaus je Tag 17 DM/West und 14 DM/Ost
zu zahlen. Es gilt keine Begrenzung der Zuzahlung auf 14 Tage je

Kalenderjahr. Zuzahlungen für Krankenhausaufenthalte werden aber angerechnet.

Die Krankenkassen versagen immer mehr Frauen mit Kindern den Zuschuß zur Mütterkur. Darauf haben Sie als Mutter unter Berücksichtigung der gesundheitlichen Voraussetzungen aber einen Rechtsanspruch. Die jeweilige Krankenkasse kann nach ihrer Satzung nur die Höhe des Zuschusses bestimmen. Dieser kann aber auch nicht beliebig sein, sondern muß sich nach den Regelungen der jeweiligen Satzung richten und somit in gleichen Fällen auch gleich hoch sein. Lassen Sie sich im Zweifelsfall die Satzung aushändigen.

Ansprüche können durchgesetzt werden zunächst mit einem Widerspruchsverfahren und dann mit einem Klageverfahren vor dem Sozialgericht.

Mutterschutzregelungen

1. Um was geht es?

Das Mutterschutzgesetz gilt für alle Frauen, die in einem Arbeitsverhältnis stehen. Also auch für Teilzeitbeschäftigte, Hausgehilfinnen, Heimarbeiterinnen oder Auszubildende. Nicht darunter fallen Selbständige und Hausfrauen. Für Beamtinnen gelten die besonderen Bestimmungen des Beamtenrechts.

2. Tips und Hinweise

2.1 Arbeitsrecht und Kündigungsschutz

Als werdende Mutter stehen Sie unter einem besonderen Kündigungsschutz. Während der Schwangerschaft und in den ersten vier Monaten nach Entbindung ist eine Kündigung durch Ihren Arbeitgeber ungültig, wenn ihm die Schwangerschaft oder Entbindung bekannt war oder innerhalb von zwei Wochen nach Zugang der Kündigung mitgeteilt wurde. Davon gibt es nur wenige Ausnahmefälle, die zudem der Zustimmung einer bestimmten Landesbehörde bedürfen.

Für Frauen, die in einem Haushalt mit hauswirtschaftlichen, erzieherischen oder pflegerischen Aufgaben in einer die Arbeitskraft voll beanspruchten Weise beschäftigt sind, gilt ab dem 1. 1. 1997 der gleiche Mutterschutz. Die früheren Einschränkungen sind entfallen. Der Arbeitgeber sollte unterrichtet werden, sobald Gewißheit über eine Schwangerschaft besteht. Dieser ist wiederum zur Mitteilung an das zuständige Gewerbeaufsichtsamt verpflichtet. An diese Behörde können Sie sich auch wenden, wenn es um Beschwerden über Ihren Arbeitgeber oder allgemeine Fragen zum Mutterschutz geht.

Wichtig: Sollte der Arbeitgeber verbotswidrig gekündigt haben, sollten Sie schriftlich (per Einschreiben mit Rückschein) gegen die Kündigung protestieren und sich beim Gewerbeaufsichtsamt beschweren. Sie haben Anspruch auf Weiterzahlung des Arbeitsentgeltes auch ohne Beschäftigung. Davon ausgenommen sind nur die Zeiten der Schutzfristen von 6 Wochen vor und 8 Wochen nach der Entbindung, für die es Mutterschaftsgeld gibt.

Eine Kündigung auf eigenen Wunsch ist während der Schwangerschaft und während der Schutzfrist nach der Entbindung ohne Einhaltung einer Frist zum Ende der Schutzfrist ohne weiteres möglich. Der Anspruch auf Erholungsurlaub wird durch die Mutterschutzfristen nicht gekürzt.

Das Ende der Schutzfrist von acht Wochen nach der Entbindung bzw. 12 Wochen bei Früh- oder Mehrlingsgeburten bedeutet nicht das Ende des Mutterschutzes. Dieser Schutz setzt sich im Rahmen des Erziehungsurlaubs nach dem Bundeserziehungsgeldgesetz fort. Auf den Erziehungsurlaub nach Ende der Schutzfrist kann aber verzichtet und die Arbeit wieder aufgenommen werden. Wird der Erziehungsurlaub in Anspruch genommen, darf auch während dieser Zeit vom Arbeitgeber nicht gekündigt werden.

2.2 Verbotene Arbeiten

Werdende Mütter dürfen nicht mit schweren körperlichen Arbeiten und gesundheitsschädlichen Tätigkeiten beschäftigt werden. Verboten sind auch Akkordarbeiten. Über die verbotenen und nicht zumutbaren Arbeiten gibt es noch weitere spezielle Regelungen.

Wichtig: Ein Verdienstausfall durch eine andere Tätigkeit oder teilweise Nichtbeschäftigung aufgrund der Schutzvorschriften ist vom Arbeitgeber auszugleichen. Das gilt auch für Einbußen durch verbotene Akkord- und Fließbandarbeit. Für Mütter, die stillen, können nach Wiederaufnahme ihrer Tätigkeit bestimmte Pausen ohne

Verdienstausfall und ohne Abzug von der Arbeitszeit beansprucht werden. Bei einer Arbeitszeit von 8 Stunden wären das zweimal eine halbe Stunde oder einmal eine Stunde.

2.3 Leistungen der Krankenkasse

Werdende Mütter, die in der gesetzlichen Krankenversicherung sind, haben Anspruch auf folgende Leistungen:

- Vorsorgeuntersuchungen,
- ärztliche Betreuung und Hebammenhilfe,
- Versorgung mit Arznei-, Verband- und Heilmitteln,
- stationäre Entbindung,
- häusliche Pflege,
- Haushaltshilfe,
- Mutterschaftsgeld oder Entbindungsgeld.

Für die Zahlung des Mutterschaftsgeldes müssen bestimmte Vorversicherungs- bzw. Vorbeschäftigungszeiten erfüllt sein. Im Normalfall wird Mutterschaftsgeld in Höhe des letzten durchschnittlichen Nettoverdienstes gezahlt. Liegt der Tagessatz über 25 DM zahlt der Arbeitgeber die Differenz als Zuschuß zum Mutterschaftsgeld.

Wichtig: Arbeitnehmerinnen, die privat krankenversichert oder in der gesetzlichen Krankenversicherung familienversichert sind, erhalten vom Bundesversicherungsamt (Reichpietschufer 74–76, 10785 Berlin) ein Mutterschaftsgeld von höchstens 400 DM. Außerdem bleibt der Zuschuß des Arbeitgebers zum sonst üblichen Mutterschaftsgeld unverändert. Er muß also den über 25 DM liegenden Differenzbetrag zum durchschnittlichen Netto-Tagessatz zahlen.

Das Mutterschaftsgeld ist steuer- und sozialabgabenfrei. Es wird immer netto ausgezahlt. Die Mitgliedschaft in der sozialen Renten-, Kranken-, Arbeitslosen- und Pflegeversicherung bleibt während des Mutterschaftsgeldes bestehen.

Extra-Tip

▶ Werdende Mütter, die keinen Anspruch auf Mutterschaftsgeld haben, erhalten von der Krankenkasse ein Entbindungsgeld von 150 DM.

P

Pflegeheimaufnahme

1. Um was geht es?

Wenn aus persönlichen Gründen, ob nun gesundheitlich oder gesellschaftlich bedingt, ein Umzug in ein Altenpflegeheim infrage kommt, sollten dazu bestimmte Voraussetzungen vorher geklärt sein. Neben der Hauptentscheidung über die Art der Einrichtung und Betreuung empfiehlt sich dann an dem konkreten Objekt die Frage, was bietet das Haus oder die Einrichtung für mein Geld? Neben den herkömmlichen Pflegeheimen wird noch eingeteilt in Altenwohnheime und Altenheime. Die Grenzen können jeweils fließend sein. Als modernere Alternative gibt es auch das sogenannte Betreute Wohnen auf Mietbasis, bei dem je nach Bedarf die einzelnen benötigten Leistungen hinzugekauft werden können oder die Tagespflege (Tagesklinik) als sogenannte teilstationäre Betreuung.

2. Tips und Hinweise

2.1 Auswahl des Heimes

Für den Interessenten ist die Entscheidung für eine bestimmte Einrichtung nicht einfach. Der Markt bietet ein verschiedenartiges Angebot. Es gibt traditionelle Häuser und auch Einrichtungen von einer hochwertigen und teueren Art. Dabei werden auch die unterschiedlichsten ergänzenden Leistungen angeboten. Die Wahl für eine bestimmte Einrichtung sollte erst nach einer ausführlichen Durchsicht der Angebotsunterlagen (Prospekte, Informationsbroschüren, Leistungsbeschreibungen, Vertragsentwürfe) getroffen werden.

Für die Aufnahme in einer bestimmten Einrichtung gibt es grundsätzlich keine Beschränkungen. Im Grundgesetz ist die Freizügigkeit garantiert, so daß sich jeder im Rahmen der gesetzlichen Bestimmungen frei bewegen und auch an einem bestimmten Ort aufhalten darf. Die Häuser benötigen für ihren Betrieb nunmehr keine Erlaubnis mehr. Sie haben allerdings umfangreiche Anzeigepflichten gegenüber der zuständigen Heimaufsichtsbehörde.

Es kann nach der Einrichtungsart sein, daß eine Einrichtung die Aufnahme einer bestimmten Person ablehnen muß. Es darf z. B. ein reines Seniorenwohnheim keinen schwer pflegebedürftigen Menschen aufnehmen. Sollte das Sozialamt außerdem auch für die Kosten (mit) aufkommen müssen, muß der Aufenthalt in einer bestimmten Art von Einrichtung nach den privaten Verhältnissen der jeweiligen Person notwendig sein und das Sozialamt sollte mit der Einrichtung eine Entgeltvereinbarung abgeschlossen haben. Zur Kostenübernahme siehe auch Stichwort →Pflegeheimkosten.

Fragen Sie oder Ihre Angehörigen nach folgenden Leistungen und Bedingungen:

- den Wohnangeboten,
- den Pflegemöglichkeiten,
- der medizinischen Versorgung,
- den weiteren Dienstleistungen,
- den Freizeitangeboten,
- den einmaligen oder laufenden Zusatzkosten,
- den eventuellen Vorauszahlungs- und Darlehenskonditionen,
- einer Besichtigung des Hauses,
- einem Probewohnen,
- den Wartezeiten und Einzugsvoraussetzungen,
- den Rücktrittsregelungen,
- der Erlaubnis oder den Anzeigeunterlagen nach dem Heimgesetz.

Vor der Entscheidung für ein bestimmtes Heim erkundigen Sie sich bei der Heimaufsichtsbehörde über das Heim und vereinbaren Sie ein Probewohnen. Sollten von dem Betreiber Zuschläge oder Sonderzahlungen „unter der Hand" vorgeschlagen werden, lassen Sie die Finger von diesem Haus.

2.2 Wie wird der Heimaufenthalt vertraglich geregelt?

In einem Heimvertrag sind die gegenseitigen Rechte und Pflichten zu regeln. Es gibt Musterverträge, die aber nicht immer in allen Dingen den gesetzlichen Bestimmungen entsprechen. Sie können einen Ver-

trag zur weiteren Prüfung der Heimaufsichtsbehörde vorlegen. Diese
Stelle befindet sich bei Ihrer Stadt- oder Kreisverwaltung.

Bestandteile des Heimvertrages sind z.B. Vereinbarungen über die
Dauer, die Kündigung, die Betreuung bei Pflegebedürftigkeit, die
Kostenanteile für die einzelnen Leistungsarten, die Erhöhung der
Heimkosten oder der einzelnen Kostenarten sowie eventuell zu
gewährende Wohndarlehen oder Vorauszahlungen.

Für pflegeversicherte Heimbewohner ist im Heimgesetz eine Son-
derregelung geschaffen worden. Danach sind in den Heimverträgen
die Positionen „allgemeine Pflegeleistungen", „Unterkunft und Verpflegung" sowie „Zusatzleistungen" im einzelnen gesondert zu
beschreiben und die Entgelte für diese Positionen gesondert anzugeben. Daneben sind nach den Regelungen des Pflegeversicherungs-
gesetzes die Investitionsaufwendungen gesondert zu berechnen und
vom Heimbewohner zu bezahlen, soweit es keine anderweitige Förderung z.B. durch das jeweilige Bundesland gibt.

Wichtig: Für die Angelegenheiten und Interessen der Heimbewohner gibt es in den Häusern die Heimbeiräte, die sich aus den Heimbewohnern zusammensetzen. Sie haben ein Mitspracherecht und
werden von den Heimbewohnern gewählt oder in kleinsten Einrichtungen bestellt. Auch Probleme der einzelnen Bewohner können
dem Heimbeirat vorgetragen werden.

2.3 Wo gibt es Informationen?

Über Ihre Rechte als Heimbewohner informiert Sie die zuständige
Heimaufsichtsbehörde. Die Heimaufsicht ist auch zuständig für die
Überwachung der Altenpflegeheime und insbesondere für die Wahrung der Interessen und Bedürfnisse der Heimbewohner. Diese Stelle
ist bei Ihrer Stadt- oder Kreisverwaltung eingerichtet.

Extra-Tip

▶ Es ist nach dem Heimgesetz nicht zulässig, daß sich das Heim
bzw. der Heimbetreiber über die vereinbarten Heimkosten
(einschl. Darlehen) hinaus irgendwelche Versprechungen oder
Vermögensvorteile geben läßt. Wenn Sie sich darauf eingelas-
sen haben sollten, wie z.B. Erbschaften oder Spenden, nehmen Sie diese zurück. Solche Vereinbarungen sind nichtig (gel-

ten also nicht), weil sie gegen geltendes Recht verstoßen. Auch wenn Sie unbedingt wollen, daß alles bei den bisherigen Verhältnissen bleibt und Sie besondere Vorteile haben, sollten Sie diese Zusagen oder Zuwendungen reiflich überprüfen. Es ist, wie gesagt, ein unzulässiges Verhalten des Heimes.

Pflegeheimkosten

1. Um was geht es?

Für die Kosten der Betreuung in einem Pflegeheim oder einer ähnlichen Einrichtung werden Leistungen der sozialen Pflegeversicherung ohne Berücksichtigung Ihrer Einkommens- und Vermögensverhältnisse gewährt. Soweit diese Leistungen und Ihre eigenen Mittel nicht ausreichen sollten, die Kosten aufzubringen, werden vom Sozialamt die Kosten übernommen.

2. Tips und Hinweise

2.1 Leistungen der sozialen Pflegeversicherung

Für eine Übergangszeit bis Ende 1997 gibt es je nach Schwere der Pflegebedürftigkeit eine Pauschalleistung von 2000 DM, 2500 DM oder 2800 DM (in Härtefällen 3300 DM). Siehe auch Stichwort →Pflegeversicherung.

Wichtig: Wenn Sie in einem nicht als Pflegeeinrichtung anerkannten Altenheim wohnen, können Sie dennoch Pflegegeld von der Pflegekasse beanspruchen, wenn Sie mindestens erheblich pflegebedürftig sind (ab 400 DM bis 1300 DM mtl.).

Zur Deckung der Heimkosten gibt es außerdem noch die im Pflegeversicherungsgesetz vorgesehene Förderung der Investitionskosten durch die Bundesländer. Dazu haben die Bundesländer leider keine einheitlichen Landesregelungen getroffen. Fragen Sie in Ihrem Heim oder beim zuständigen Sozialamt nach den jeweiligen Regelungen.

2.2 Wann zahlt das Sozialamt die Heimkosten?

Wenn die erforderlichen Kosten nicht durch die Leistungen der vorrangigen Pflegeversicherung und durch das eigene Einkommen gedeckt sind, übernimmt das Sozialamt die Kosten ganz oder teilweise. Dazu zahlt das Sozialamt ein sogenanntes Taschengeld in Höhe bis zu etwa 240 DM monatlich (Stand: 1997/98) zur beliebigen Verwendung.

Die Höhe der übernahmefähigen Heimkosten hängt auch davon ab, ob das örtliche Sozialamt als sogenannter Hauptkostenträger mit der Pflegeeinrichtung eine Pflegesatzvereinbarung abgeschlossen hat. Sollte das nicht der Fall sein, ist das Sozialamt nur zur Übernahme der vom Heim geforderten Kosten verpflichtet, wenn diese Kosten angemessen sind. Eine Übersicht zu den Heimkosten der in Ihrer Nähe vorhandenen Alten- und Pflegeheime erhalten Sie bei der Heimaufsichtsbehörde oder Pflegesatzstelle Ihrer Stadt- oder Kreisverwaltung.

2.2.1 Einkommens- und Vermögenseinsatz

Es bleibt das Einkommen belassen, das unter einer bestimmten Einkommensgrenze liegt. Es wird also nicht das gesamte Einkommen zur Deckung der Heimkosten vom Sozialamt gefordert, sondern nur ein bestimmter Überschreitungsbetrag und lediglich ein individuell berechneter Kostenbeitrag.

Vermögenswerte bleiben bis auf einen Freibetrag von mindestens 4500 DM (bei Alleinstehenden) frei. Bei Schwerstpflegebedürftigkeit sind es 8000 DM. Bei einem Ehepaar kommen jeweils 1200 DM hinzu. Weitere Einzelheiten siehe Stichwort →Hilfe in besonderen Lebenslagen.

2.2.2 Beispiel für den Einkommenseinsatz bei einem Ehepaar:

Renteneinkommen des Ehemannes 3000 DM. Ehefrau wegen erheblicher Pflegebedürftigkeit (Stufe I) im Heim, hat selbst kein Einkommen. Miete 800 DM monatlich. Krankenzusatzversicherung 100 DM mtl. Unterhalt für ledige und alleinerziehende Tochter 200 DM mtl.

Einkommen:	
sozialhilferechtlich anrechenbar	3000 DM
abzüglich Versicherung	100 DM
bleiben	2900 DM

Einkommensgrenze:	
Ehemann	1545 DM (Freibetrag) (bis 30. 6. 98)
Ehefrau	431 DM (Freibetrag) (bis 30. 6. 98)
Miete	800 DM
Belastungen (hier: Unterhalt)	200 DM
zusammen	2976 DM

Danach liegt das anrechenbare Einkommen unter der Einkommensgrenze, so daß kein Einkommensbeitrag gefordert werden darf. Allerdings bleibt bei einer Heimunterbringung wegen des Wegfalls der häuslichen Kosten für die Ehefrau ein Kostenbeitrag in individueller Höhe zu zahlen. Er könnte je nach den örtlichen Richtlinien des Sozialamtes z. B. bei 340 DM mtl. liegen. Das wären dann 80 % des Freibetrages für die Ehefrau.

In den neuen Bundesländern ohne Berlin gilt z. Z. für den Ehemann ein Freibetrag von 1505 DM und für die Ehefrau von 411 DM im Durchschnitt.

Wichtig: Sollte das Einkommen teilweise über der Einkommensgrenze liegen, achten Sie darauf, daß vom Überschreitungsbetrag höchstens 40 % bis 60 % vom Sozialamt gefordert werden. Das Sozialamt hat bei der Entscheidung über die Höhe des Einkommenseinsatzes einen Entscheidungsspielraum und muß diesen begründen. Außerdem sollten Sie überlegen, ob noch besondere Belastungen von Ihnen zu tragen sind, da diese in bestimmten Fällen vom Einkommensüberschreitungsbetrag abzusetzen sind. Beispiele dafür sind: Ratenzahlungen, Krankheitskosten, Unterhalt, Wohnungsinstandsetzung.

2.3 Wie ist das mit der Sozialhilfe und früheren Vermögensübertragungen?

Wenn Sie über der Freigrenze liegendes eigenes Vermögen dem Zugriff des Sozialamtes entziehen wollen, sind Übertragungen (Schenkungen oder ähnliche Vereinbarungen) auf andere Personen nur dann unschädlich, wenn seitdem mindestens 10 Jahre vergangen sind.

Wenn bereits in der Vergangenheit Pflegeleistungen erbracht worden sind, kann dafür auch später vor einem Notar ein Übertragungsvertrag mit einer genauen Regelung der gegenseitigen Beziehungen und Pflichten geschlossen werden, um eine Unentgeltlichkeit der Übertragung auszuschließen. Also eine Übertragungsregelung als Gegenleistung im Sinne einer Vergütung und nicht nur eine Belohnung für Pflegetätigkeiten, zu deren Erbringung keine gesetzliche Verpflichtung bestand.

Ein solcher Vertrag kann auch vorsorglich für den künftigen Fall einer Kostenübernahme durch das Sozialamt abgeschlossen werden. Es kommt dabei immer auf die gewollte und vereinbarte Entgeltlichkeit der Pflege durch den Berechtigten an. Das Sozialamt müßte im Streitfall die völlige Unentgeltlichkeit der Übertragung beweisen. Da ein gesetzlicher Anspruch auf Pflege auch unter Verwandten gerader Linie nicht besteht, dürfte ein solcher Beweis nur schwer zu erbringen sein. Es muß aber immer ein notariell beurkundeter Vertrag sein.

2.4 Was ist bei Heimkostenerhöhungen zu beachten?

Achten Sie bei Heimkostenerhöhungen auf eine schriftliche und individuelle Begründung zur Erhöhung des Heimentgeltes. Es muß sich um eine ausreichende Begründung und nicht nur um eine allgemeine Formulierung handeln.

Wichtig: Eine Erhöhung ist nur zulässig, wenn sich die bisherige Berechnungsgrundlage geändert hat und das Entgelt insgesamt angemessen ist. Auch hierbei sollten Sie sich im Zweifelsfall an die zuständige Heimaufsicht wenden. Sind die Voraussetzungen für eine Erhöhung möglicherweise nicht erfüllt, zahlen Sie mit schriftlicher Erklärung nur unter Vorbehalt.

In Bayern haben zum Beispiel Senioren dadurch Erstattungen der von ihnen gezahlten Heimkosten durch das Heim gerichtlich durchsetzen können, daß sie sich auf die Unwirksamkeit der Erhöhungserklärungen berufen haben, weil die Begründungserfordernis nicht erfüllt war. In einem Einzelfall waren das immerhin 15 000 DM, die vom Heim zurückgezahlt werden mußten. Ein solches Verfahren hat natürlich nur dann Aussicht auf Erfolg, wenn Begründungsmängel vorliegen könnten.

2.5 Wo gibt es Informationen?

Die Kostenübernahme regeln Sie mit dem örtlichen Sozialamt. Dieses ist Dreh- und Angelpunkt in fast allen Angelegenheiten. Häufig gibt es dort auch eine besondere Beratungsstelle für ältere Menschen und ihre Angehörigen. Dort erfahren Sie auch, ob und in welchem Umfang die Angehörigen als Unterhaltspflichtige herangezogen werden. Auch dieses Amt befindet sich bei Ihrer Gemeinde- oder Kreisverwaltung.

Die Leistungen der Pflegeversicherung werden von den Pflegekassen gewährt. Die für Sie zuständige Pflegekasse ist bei Ihrer Krankenkasse eingerichtet.

Pflegeversicherung

1. Um was geht es?

Die Einführung der sozialen Pflegeversicherung wurde von der Bundesregierung 1995 als große soziale Errungenschaft gefeiert. Sie war auch überfällig, denn seit mehr als 20 Jahren hatten Sozialexperten die soziale Absicherung des allgemeinen Lebensrisikos der Pflegebedürftigkeit gefordert.

In der Praxis hat die Pflegeversicherung aber häufig die Erwartungen enttäuscht. Nach Feststellungen des AOK-Bundesverbandes reichen die Leistungen der Pflegeversicherung bei der häuslichen Pflege nur für etwa die Hälfte der Pflegebedürftigen aus. Von den Pflegeheimbewohnern soll etwa jede vierte Person nicht leistungsberechtigt sein.

Insgesamt sollen rund 1,5 Millionen Menschen Leistungen aus der Pflegeversicherung erhalten. Darunter etwa 400 000 Pflegebedürftige in stationären Einrichtungen.

2. Tips und Hinweise

Die Pflegeversicherung wurde stufenweise eingeführt. 1. 1. 1995: Beginn der Beitragszahlung. 1. 4. 1995: Beginn der Leistungen zur häuslichen Pflege. 1. 7. 1996: Beginn der Leistungen zur stationären Pflege.

2.1 Leistungsübersicht (Monatsbeträge):

Pflegestufe	Leistungen bei ambulanter Pflege			Leistungen bei teil-stationärer Pflege	Leistungen bei voll-stationärer Pflege**)
	Pflege-geld	Sach-leistung	Kurzzeit-pflege*)	Kosten-über-nahme bis zu	Pflege-satz bis zu
Stufe I (erheblich)	400 DM	750 DM	2800 DM	750 DM	2000 DM
Stufe II (schwer)	800 DM	1800 DM	2800 DM	1500 DM	2500 DM
Stufe III (schwerst)	1300 DM	2800 DM (Härtefälle bis 3750 DM)	2.800 DM	2100 DM	2800 DM (Härtefälle bis 3300 DM)

*) Die Leistungen für die Kurzzeitpflege oder Verhinderungspflege gibt es bis zu höchstens vier Wochen im Jahr.
**) Die stationären Leistungen sind in dieser Höhe bis 31. 12. 1997 vorgesehen.

2.2 Voraussetzungen für die einzelnen Stufen

Stufe I als erhebliche Pflegebedürftigkeit
– Pflegebedarf mindestens einmal täglich bei der Körperpflege, der Ernährung oder der Mobilität für wenigstens zwei Verrichtungen aus einem oder mehreren Bereichen und zusätzlich mehrmals die Woche Hilfen bei der hauswirtschaftlichen Versorgung.
– Hilfebedarf für die Grundpflege und die hauswirtschaftliche Versorgung pro Tag mindestens 1,5 Stunden, davon mehr als 45 Minuten für die Grundpflege

Stufe II als schwere Pflegebedürftigkeit
– Pflegebedarf mindestens dreimal täglich zu verschiedenen Zeiten bei der Grundpflege und mehrmals die Woche bei der hauswirtschaftlichen Versorgung.
– Hilfebedarf für die Grundpflege und die hauswirtschaftliche Versorgung pro Tag mindestens 3 Stunden, davon mindestens 2 Stunden für die Grundpflege.

Stufe III als schwerste Pflegebedürftigkeit
– Pflegebedarf mindestens täglich rund um die Uhr, auch nachts, bei der Grundpflege und mehrmals die Woche bei der hauswirtschaftlichen Versorgung.
– Hilfebedarf für die Grundpflege und die hauswirtschaftliche Versorgung pro Tag mindestens 5 Stunden, davon mindestens 4 Stunden für die Grundpflege.

2.3 Ambulante Leistungen

In der häuslichen Pflege können das Pflegegeld bei einer Pflege durch Angehörige und die Sachleistung bei einer Pflege durch professionelle Pflegedienste miteinander kombiniert werden. Das Pflegegeld wird in diesen Fällen prozentual um die bezogene Sachleistung vermindert. Den Umfang der Anteile bestimmen die Pflegebedürftigen selbst. Es kann zum Beispiel für die Entlastung der pflegenden Angehörigen für das Wochenende jeweils ein Pflegedienst beauftragt werden. Das Pflegegeld reduziert sich dann insoweit anteilig.

Bei häuslicher Pflege gibt es außerdem noch die Leistungen für die Tages- und Nachtpflege, die Kurzzeit- und die Verhinderungspflege, für Pflegehilfsmittel und technische Hilfen, für die soziale Absicherung der Pflegepersonen und Zuschüsse für die Wohnungsanpassung.

Bei der Tages- oder Nachtpflege werden wohnortnahe Pflegeeinrichtungen tage- oder stundenweise in Anspruch genommen. Die Leistungen der Kurzzeitpflege sind gedacht für vorübergehende stationäre Pflege nach Krankenhausaufenthalten, in Krisen- oder Übergangssituationen, wie zum Beispiel Ausfall der Pflegeperson oder Umbau der Wohnung. Im Falle von Krankheit, Urlaub oder anderen wichtigen Hinderungsgründen der Pflegeperson können für eine Ersatzpflege die Kosten übernommen werden. Diese Verhinderungspflege und die Kurzzeitpflege gibt es nur bis zu vier Wochen pro Jahr und nur bis zu 2800 DM.

Pflegehilfsmittel werden bis zu 60 DM monatlich übernommen. Übernommen werden auch die Kosten für Maßnahmen zur Verbesserung des Wohnumfeldes des Pflegebedürftigen bis zu 5000 DM pro Maßnahme.

2.4 Beiträge für die gesetzliche Rentenversicherung

Des weiteren zahlt die Pflegekasse auch die Beiträge an die gesetzliche Rentenversicherung für die Alterssicherung der Pflegepersonen. Die Höhe der Beiträge richtet sich nach der Pflegestufe und dem wöchentlichen Pflegeaufwand. Die Höhe der Beiträge liegt derzeit zwischen 230 DM und 690 DM monatlich.

Mit einem Jahr Beitragsleistung kann ein monatlicher Rentenanspruch zwischen rund 12 DM und 38 DM erreicht werden.

2.5 Vollstationäre Leistungen

Die Leistungen der Pflegekassen für die vollstationäre Pflege in anerkannten oder zugelassenen Pflegeeinrichtungen sind übergangsweise bis 31. 12. 1997 pauschaliert worden. Ab dem 1. 1. 1998 wird eine Änderung gelten.
Durch die Pflegeversicherung wird der bisher einheitliche Pflegesatz mindestens aufgeteilt in

- die allgemeinen Pflegeleistungen,
- die Kosten für Unterkunft und Verpflegung (die sogenannten Hotelkosten),
- die Zusatzleistungen,
- die nicht durch öffentliche Förderung gedeckten Investitionskosten.

Soweit die Pflegebedürftigen nach Abzug der Pflegekassenleistung und des eventuell vom jeweiligen Bundesland geförderten Investitionskostenanteiles die verbleibenden Restkosten nicht selber tragen können, kann die Übernahme der Differenzbeträge beim Sozialamt beantragt werden.

Beispielsberechnung:

Gesamtheimkostenentgelt: 5200 DM monatlich mit Pflegekostenanteil von 2800 DM, Hotelkostenanteil von 1600 DM und Investitionskostenanteil von 800 DM.
   Dazu werden bisher 2800 DM zum Beispiel bei Stufe III von der Pflegekasse gezahlt. Soweit es keine Landesförderung für die Investitionskosten gibt, sind also noch 2400 DM selbst zu tragen. Hinzu kommt bei einem Sozialhilfeanspruch das Taschengeld (Fachausdruck: Barbetrag) bis zu rund 240 DM monatlich.

Die Pflegeversicherung ist also keine Vollabsicherung, sondern nur eine Teilleistung für den rein pflegebedingten Bereich.

2.6 Informationen

Die Bundesregierung hat ein Bürgertelefon für Fragen zur Pflegeversicherung eingerichtet. Unter der Rufnummer 0130/6281 können Sie gebührenfrei weitere Informationen erhalten. Broschüren zur Pflegeversicherung gibt es beim Bundesministerium für Arbeit und Sozialordnung, Rochusstraße 1, 53123 Bonn und beim Kuratorium Deutsche Altershilfe, An der Pauluskirche 3, 50677 Köln. Die Broschüre des Kuratoriums Deutsche Altershilfe befaßt sich mit den wichtigsten Fragen über die Hilfe und Pflege im Alter zu Hause. Sie ist bei der genannten Anschrift schriftlich zu bestellen und kostet je Exemplar 1,50 DM zuzüglich 1,50 DM Versandkosten gegen Vorkasse in Briefmarken. Für größere Bestellungen gelten Staffelpreise.

Extra-Tip

▶ Die Feststellung der Pflegebedürftigkeit wird vom Medizinischen Dienst der Krankenversicherung vorgenommen. Dessen Begutachtungspraxis ist vielfach beanstandet worden. Es empfiehlt sich eine Anwesenheit der Angehörigen und auch vom Pflegefachpersonal bei der Untersuchung und Begutachtung durch den Medizinischen Dienst. Dabei sollten diesem auch Hinweise auf den Pflegeumfang und die Pflegetätigkeiten gegeben werden. Hilfreich können auch Unterlagen mit Aufzeichnungen zu den einzelnen Pflegeverrichtungen sein. Dazu gibt es sogenannte Pflegetagebücher von den Pflegekassen. Sollten Sie mit der Einstufung nicht zufrieden sein, können Sie bei der Pflegekasse Widerspruch einlegen und auch vor dem Sozialgericht klagen. Die Verfahren kosten keine Gebühren.

Pflichtteilsanspruch

1. Um was geht es?

Wenn Sie in einem Testament die Erbfolge regeln wollen, können Sie als Erblasser nicht völlig frei über Ihren Nachlaß verfügen. Es sind zwar alle möglichen Aufteilungen des Nachlasses denkbar, jedoch müssen die gesetzlichen Erben immer ihren Pflichtteil erhalten.

Zur Erbfolge und weiteren Bestimmungen siehe Stichwort → Erbrecht.

2.   Tips und Hinweise

2.1 Welche Anteile haben die Pflichtteilsansprüche?

Dieser Anspruch beträgt immer die Hälfte des gesetzlichen Erbes.
Der Pflichtteilsberechtigte wird aber nicht zum Miterben, sondern
erhält seinen Anteil von den Erben durch eine Geldzahlung; die
Erben müssen ihn also auszahlen.

In ganz bestimmten Fällen kann aber auch der Pflichtteil durch
den Erblasser entzogen werden. Dabei muß der Grund der Entzie-
hung angegeben werden. Wenn sich der Berechtigte eines Verbre-
chens oder schweren vorsätzlichen Vergehens gegen den Erblasser
oder dessen Ehegatten schuldig macht oder ihm nach dem Leben
trachtet, oder wenn er die dem Erblasser gegenüber obliegende
gesetzliche Unterhaltspflicht böswillig verletzt oder ähnliche Verfeh-
lungen begeht. Durch Verzeihung des Erblassers kann die Unwür-
digkeit erlöschen.

Wichtig: Im übrigen haben Pflichtteilsberechtigte einen Ergänzungs-
oder Restanspruch, wenn der Nachlaß vor dem Erbfall durch eine
Schenkung an andere vermindert und nicht so viel hinterlassen worden ist, daß der Pflichtteil bei Hinzuziehung der Schenkung gedeckt
worden wäre. Gegen die Erben kann dann eine entsprechende
Ergänzung des Pflichtteils verlangt werden. Das gilt auch, wenn ein
Erbteil oder Vermächtnis hinterlassen wurde, das nicht die Höhe
des Pflichtteils erreicht.

Beispiel: Herr Lustig hinterläßt zwei Kinder, einen Sohn und
eine Tochter. Der Sohn erhält laut Testament alle Wertpapiere
im Wert von 400 000 DM und die Tochter alle Sparbücher im
Wert von 100 000 DM. Als gesetzliche Erben sind beide zur
Hälfte erbberechtigt, also mit je 250 000 DM. Die Hälfte davon
für den Pflichtteil beträgt 125 000 DM. Die Tochter kann also
die Erbschaft ausschlagen und den Pflichtteil mit dem Restanspruch in Höhe von 25 000 DM, also insgesamt 125 000 DM,
von ihrem Bruder verlangen.

2.2 Wer kann einen Pflichtteil verlangen?

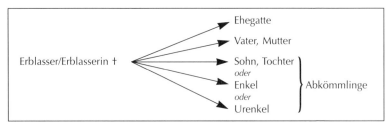

Andere Angehörige haben keinen Pflichtteilsanspruch. Dazu gehören: Geschwister, Neffen und Nichten, Onkel und Tante und die Großeltern.

Extra-Tip

▶ Ein Pflichtteilsanspruch ist innerhalb von drei Jahren von dem Zeitpunkt an, in welchem von dem Eintritt des Erbfalls und der Pflichtteilsverfügung Kenntnis erlangt worden ist, geltend zu machen. Spätestens innerhalb von 30 Jahren nach dem Erbfall.

Private Rentenversicherung

1. Um was geht es?

Die statistische Durchschnittsrente mit der Rentenberechnung nach dem Einkommen aller Rentenversicherten liegt bei 2135 DM/West oder 1727 DM/Ost. Nur 36 % aller Renten bei den Männern liegen über dem Durchschnittsbetrag. In Ostdeutschland sind es nur 11 %. Je nach Einzelfall entstehen mehr oder weniger große Versorgungslücken. Hier ist also trotz der staatlich geregelten Sozialversicherung auch die private Vorsorge angesagt. Eine der Möglichkeiten ist die private Rentenversicherung. Zu den übrigen Möglichkeiten siehe Stichwort →Altersvorsorge.

2. Tips und Hinweise

2.1 Allgemeine Voraussetzungen

Sie ist zum Renner der Versicherungsbranche geworden. Das bedeutet aber noch lange nicht die beste oder optimalste Möglichkeit der Altersvorsorge, denn diese Form hat auch Nachteile. Sie funktioniert im Prinzip wie eine Kapitallebensversicherung nur ohne Todesfallschutz. Sie zahlen einmalig oder laufend Beiträge ein, wofür Sie eine lebenslange Rente erhalten.

Sie ist gegenüber der Kapitallebensversicherung ertragreicher und kommt eher infrage für Alleinstehende, die keine Angehörigen zu versorgen haben (fehlender Todesfallschutz) oder für Kranke, die bei einer Lebensversicherung höhere Zuschläge zahlen müßten.

Bedenken sollten Sie aber immer, daß auch eine Rente aus der privaten Versicherung nicht in voller Höhe sicher ist. Es wird von den Versicherungsunternehmen nämlich nur ein Teil der Rente garantiert. Es hängt von der Geschäftsführung der jeweiligen Versicherung ab, wieviel neben der Garantierente als Gewinnbeteiligung ausgezahlt wird. Es kann nicht ausgeschlossen werden, daß von der in Aussicht gestellten Rente nur 50 % übrig bleiben.

Wichtig: Es kommt also auf die Wahl eines ertragsstarken Versicherungsunternehmens an. Die Stiftung Warentest („Finanztest" Spezial „Versicherungen") hat über einen Zeitraum von acht Jahren die Versicherungsunternehmen hinsichtlich Geldanlage, Ertragszahlungen und Verwaltungskosten verglichen.

Zu den zehn ertragsstärksten Unternehmen zählen danach: Cosmos Direkt, Debeka, Dialog, Europa, Hannoversche Leben, Landeslebenshilfe, Neue Leben, Volkswohl Bund, Westfälische Provinzial und Wüstenrot.

Soweit eine private Rentenversicherung in Betracht kommt, stehen zwei Möglichkeiten zur Wahl. Die aufgeschobene Variante und die Sofortrente nach einer Einmalzahlung.

2.2 Empfehlungen

Wer in jungen Jahren schon an eine Altersvorsorge denkt und gleichzeitig seine Familie finanziell absichern will, für den kommt eine Kapital-Lebensversicherung in Betracht. Dabei kann schon mit verhältnismäßig geringen Beiträgen über 20 oder 30 Jahre lang eine beträchtliche Summe für den Zeitpunkt des Rentenbeginns erzielt werden. Sie können so mit z. B. 250 DM mtl. bei einem Eintrittsalter von 35 Jahren und einer Laufzeit von 30 Jahren zwischen etwas über 200 000 DM bis etwas über 300 000 DM je nach Versicherungsunternehmen als Versicherungsleistung erreichen. Siehe auch →Kapital-Lebensversicherung.

Sollten Sie mitten im Berufsleben stehen und für den Fall einer Berufsunfähigkeit oder eines Todes versicherungsrechtlich vorgesorgt haben, wäre eine aufgeschobene Rentenversicherung zu bevorzugen. Also die Vereinbarung von regelmäßigen Beitragszahlungen über eine bestimmte Dauer mit einem Anspruch auf eine lebenslange Rente mit der Wahl einer einmaligen Kapitalauszahlung. Wenn Sie zu den rentennahen Jahrgängen gehören, könnten Sie sich durch eine Einmalzahlung (z. B. aus einer Lebensversicherung oder Erbschaft) einen lebenslangen zusätzlichen Rentenanspruch sichern. Dabei sollte eine Rentengarantiezeit vereinbart werden.

Extra-Tip

▶ Sie sollten nicht Ihr gesamtes Vermögen in eine Rentenversicherung für eine Sofortrente einzahlen, da Sie dadurch Ihr Vermögen weggegeben hätten und bei Bedarf nicht mehr über größere Geldsummen verfügen können.

Prozeßkostenhilfe

1. Um was geht es?

Die Prozeßkostenhilfe (PKH) ist von der Beratungshilfe zu entscheiden. Während die →Beratungshilfe Kosten in Form der außergerichtlichen Rechtsberatung durch einen Anwalt übernimmt, dient die Prozeßkostenhilfe in Form der Befreiung oder der Ratenzahlung von Gerichts- und eigenen Anwaltskosten dazu, die Chancengleichheit im Recht auch für Menschen mit geringerem Einkommen zu gewährleisten.

Unter Berücksichtigung bestimmter Belastungen und Ausgaben können nicht nur bei Geringverdienern die wirtschaftlichen Voraussetzungen noch erfüllt sein.

Einen Anspruch hat also derjenige, der einen Prozeß führen muß und die dafür erforderlichen Kosten nicht aufbringen kann und außerdem nach Einschätzung des Gerichtes auch Aussichten hat, den Prozeß zu gewinnen. Die Prozeßkostenhilfe wird demnach nicht bei einer mutwillig erscheinenden Klage bewilligt.

2. Tips und Hinweise

2.1 Allgemeine Voraussetzungen

Die Prozeßkostenhilfe gilt nur für die eigenen Gerichts- und Anwaltskosten. Wenn Sie den Prozeß verlieren, müssen Sie auch bei einer Bewilligung der PKH grundsätzlich die Kosten Ihres Gegners bezahlen. Das gilt nur nicht für arbeitsgerichtliche Streitigkeiten.

Welche Kosten mit einem Prozeß verbunden sind, können Sie auch unter dem Stichwort →Gerichtskosten nachlesen.

Für die Bewilligung der PKH ist ein Antrag erforderlich, in dem der Streit unter Angabe der Beweismittel darzustellen ist. Dem Antrag ist ein Vordruck mit einer Erklärung über die persönlichen und wirtschaftlichen Verhältnisse beizufügen.

Bei der Prüfung der wirtschaftlichen Voraussetzungen ist zwar vom Bruttoeinkommen auszugehen, es kann jedoch für Berechnungsvergleiche vereinfachend das Nettoeinkommen angesetzt werden, von dem außerdem noch bestimmte Freibeträge abzusetzen sind.

Die Freibeträge richten sich nach bestimmten Einkommensgrenzen des Bundessozialhilfegesetzes und verändern sich jährlich entsprechend der Entwicklung der Renten. Sie werden jeweils zum 1. Juli jeden Jahres angepaßt.

2.2 Einkommensfreibeträge und Einkommenseinsatz

Bis zum 30. 6. 1998 gelten folgende Freibeträge:

- Einkommensfreibetrag der Partei (Kläger)   660 DM
- Freibetrag für Ehegatten   660 DM
- Unterhaltsfreibeträge für Kinder je   464 DM

- Freibetrag für Erwerbstätige maximal   282 DM
- Werbungskosten (Fahrtkosten,   individuell
  Arbeitsmittel etc.)
- Versicherungsbeiträge (Hausrat,   angemessene Höhe
  Haftpflicht, Unfall)
- Wohnkosten (Miete, Nebenkosten,   volle Höhe
  Heizung)
- Besondere Belastungen   angemessene Höhe
  (z. B. Krankheitskosten, Unterhalt, Kredite)

Die Summe aus diesen Freibeträgen und Belastungen ist dem tatsächlichen Nettoeinkommen, dazu gehören zum Beispiel auch Kindergeld, Wohngeld, Arbeitslosengeld, nicht jedoch Erziehungsgeld, gegenüberzustellen.

Ist das Nettoeinkommen geringer als der Gesamtfreibetrag oder wird der Gesamtfreibetrag nur bis zu 30 DM monatlich überschritten, besteht nach den Einkommensverhältnissen Anspruch auf Prozeßkostenhilfe. Bei einer höheren Einkommensüberschreitung werden je nach Höhe des Überschreitungsbetrages noch Ratenzahlungen bis zu 48 Monatsraten bewilligt.

Beispiel: Für einen Vergleich mit Ihrem Einkommen können Sie nach folgender Tabelle verfahren:

Art	Fest- oder Beispielsbetrag – DM –	Eigener Betrag – DM –
Grundfreibetrag Partei	660,00	660,00
Ehegatte (ohne Einkommen, sonst individuell))	464,00	?
Freibeträge je Kind	z. B. 2 Kinder unter 18 Jahre je 464 = : 928,00	?
Freibetrag Erwerbstätige max. 281,70 DM; bei Einkommen unter 1080 DM individuell weniger	Einkommen netto 4000,00 DM = maximal: 282,00	?
Werbungskosten, wie Fahrtkosten (je km Entfernung 10 DM mtl.), Arbeitsmittel, Gewerkschaftsbeitrag, doppelte Haushaltsführung	Entfernung Wohnung zur Arbeitsstelle 20 km mit eig. PKW = :200,00; Arbeitsmittel pauschal = : 10,00; zusammen = : 210,00	?
Versicherungsbeiträge, wie Hausrat, Haftpflicht, Unfall, Berufsunfähigkeit, Risiko-Leben, freiw. Krankenvers.	Beispielsweise zusammen: 50,00	?

Art	Fest- oder Beispielsbetrag – DM –	Eigener Betrag – DM –
Wohnkosten	Miete 1000,00; Neben-kostenabschläge 100,00; Heizung 200,00; zusammen = : 1300,00	?
Besondere Belastungen	Notwendiger Kredit 200,00; Raten Zahnersatz 150,00; Unterhalt Sohn Auslands-studium 200,00; zusammen: 550,00	?
	Gesamtbetrag: 4444,00	Gesamtbetrag: ?

Für eine Familie mit einem Nettoeinkommen aus Erwerbstätigkeit von 4000 DM mtl. und Kindergeld für 2 Kinder in Höhe von z.Z. 440,00 DM mtl. besteht also Anspruch auf Prozeßkostenhilfe, wenn die in der Tabelle als Beispiele genannten Ausgaben und Belastungen anfallen.

Die dargestellten Voraussetzungen gelten auch für die Bewilligungen der →Beratungshilfe.

2.3 Informationen

Die jeweils aktuellen Beträge für die Einkommensberechnung erfahren Sie bei Ihrem Rechtsanwalt oder Ihrer Rechtsanwältin und bei den Amtsgerichten.

R

Rechtsschutz in der Verwaltung

1. Um was geht es?

Nach der herkömmlichen Staatslehre gibt es in einer Demokratie drei Staatsgewalten, nämlich die Gesetzgebung (Legislative), die Rechtsprechung (Judikative) und die Verwaltung (Exekutive). Wenn Sie Ansprüche gegen den Staat geltend machen wollen – sei es Sozialleistungen oder Baugenehmigungen oder Steuerrückzahlungen –, müssen Sie sich zunächst in der Regel an die Verwaltung wenden. Die Verwaltung wiederum wird dann durch Verwaltungsbehörden tätig. Soweit in diesem Verhältnis zwischen dem Bürger und der Behörde kein Einvernehmen erreicht werden kann, gibt es für den Bürger zur Durchsetzung seiner Ansprüche die Möglichkeiten des gesetzlichen Rechtsschutzes.

2. Tips und Hinweise

2.1 Wie ist das mit den Rechtsstreitverfahren?

Wenn der Staat durch die Verwaltung den Wünschen und Vorstellungen seiner Bürger nachkommt, gibt es ein Einvernehmen und für den Bürger ist die Welt insoweit in Ordnung. Es gibt aber auch Fälle, in denen die Bürgerin oder der Bürger nicht der gleichen Meinung wie die zuständige Behörde ist. Auch dafür hat der Gesetzgeber vorgesorgt. Nicht nur der eigentliche Ablauf im Verwaltungsverfahren ist geregelt, sondern auch das Streitverfahren und das Verfahren vor den Gerichten. Dieses System kann in drei Stufen eingeteilt werden:

das Verwaltungsverfahren,
das Widerspruchsverfahren (Vorverfahren) und
das Gerichtsverfahren.

Siehe auch Übersicht unter dem Stichwort →Durchsetzung von öffentlich-rechtlichen Ansprüchen.

Diese Stufen haben in den verschiedenen Sachbereichen allerdings unterschiedliche Bezeichnungen. Für viele Bereiche der Verwaltung gilt das Allgemeine Verwaltungsverfahrensgesetz (z. B. Baurecht, Gewerberecht, Umweltschutz, Schulwesen, Polizeirecht, Wasserrecht, Naturschutz). Für einige Bereiche gibt es eigene Verfahrensgesetze, wie z. B. dem Sozialleistungsbereich mit dem Verwaltungsverfahren nach dem Sozialgesetzbuch oder dem Steuerrecht mit der Abgabenordnung. Die Strukturprinzipien und Grundsätze sind aber in allen gleich.

Wenn es zum Streitfall kommt, ist im Verwaltungsverfahren zunächst ein sogenanntes Vorverfahren als Widerspruchs- oder Einspruchsverfahren durchzuführen. Dabei kann die Behörde zunächst dem Widerspruch abhelfen und damit dem Anliegen des Bürgers doch noch entsprechen oder wenn nicht, muß sie ihn bei weiterer Ablehnung entweder der nächsthöheren Behörde zur Entscheidung vorlegen oder selbst einen Widerspruchsbescheid erteilen. Ob die Erstbehörde oder die Aufsichtsbehörde den Widerspruchsbescheid erteilt, richtet sich jeweils nach der Art der staatlichen Aufgabe.

Wichtig: Es sollte auch beachtet werden, daß ein Widerspruch grundsätzlich aufschiebende Wirkung hat. Bei einem für Sie belastenden Bescheid ist also die Durchsetzung insoweit noch nicht möglich; es sei denn, die Behörde hat die aufschiebende Wirkung in dem Bescheid durch eine sogenannte Anordnung der sofortigen Vollziehung aufgehoben. Diese Anordnung ist aber nur in bestimmten Fällen zulässig und kann auch angefochten werden.

2.2 Was ist mit einem verspäteten Widerspruch?

Nach Ablauf der Widerspruchsfrist wird ein Bescheid bestandskräftig. Er kann dann nicht mehr mit Erfolg angefochten werden. Ausnahme ist ein nichtiger Bescheid. Ein verspäteter – also nach Fristablauf – eingelegter Widerspruch wird als unzulässig zurückgewiesen. Nur in seltenen Fällen, wenn der Bescheid tatsächlich auch rechtswidrig ist, kann die Behörde auch noch bestandskräftige Bescheide aufheben. Ansonsten gilt der Fristablauf nur nicht, wenn Sie die Frist unverschuldet versäumt haben. Das können Krankheit oder urlaubsbedingte Abwesenheit sein. Aber auch in diesen Fällen ist der Widerspruch innerhalb von zwei Wochen nach diesem Ereignis mit einem Antrag auf Wiedereinsetzung in den vorigen Stand nachzuholen.

2.3 Einschaltung der Gerichte

Gegen die abschließenden Entscheidungen der Behörden im Vorverfahren kann bei den zuständigen Gerichten Klage eingereicht werden. Dann wären Sie mit Ihrem Fall also bei der anderen Staatsgewalt, der von der Verwaltung unabhängigen Rechtsprechung.

Das sind die Gerichte der besonderen Gerichtsbarkeit. Dazu gehören die Verwaltungsgerichte, die Sozialgerichte und die Finanzgerichte. Außerdem gibt es noch Arbeitsgerichte, Patentgerichte und Disziplinargerichte. Bei welchem Gericht jeweils Klage eingelegt werden kann, steht in der Rechtsbehelfsbelehrung am Schluß des Widerspruchsbescheides.

Die Verwaltungsgerichte sind dabei nicht nur zuständig für die reinen Verwaltungsangelegenheiten wie z.B. Baurecht, Gewerberecht oder Ausländerrecht, sondern auch für einige Zweige des Sozialleistungsrechts, wie Sozialhilfe, Wohngeld und Ausbildungsförderung. Die Sozialgerichte müssen sich mit den sonstigen Sozialleistungsstreitverfahren befassen und die Finanzgerichte mit den Steuerstreitverfahren. Dazu gibt es dann weitere Instanzen, wie die Obergerichte und das jeweilige Bundesgericht. In der Verwaltungsgerichtsbarkeit sind das die Oberverwaltungsgerichte bzw. Verwaltungsgerichtshöfe und das Bundesverwaltungsgericht.

2.4 Mit welchen Kosten muß gerechnet werden?

Ein Widerspruchsverfahren ist zumindest im Sozialleistungsbereich mit keinen Risiken und Kosten verbunden. Ihre Telefongebühren, Schreibauslagen oder Fahrtkosten mal vergessen. Aber auch dafür können Sie Ersatz verlangen, wenn Ihr Widerspruch erfolgreich war. Achten Sie darauf, daß die Behörde bei einer Abhilfeentscheidung auch die Übernahme Ihrer notwendigen Kosten zusichert. Wenn das nicht der Fall sein sollte, weisen Sie die Behörde darauf hin.

Das gleiche gilt auch für die Gerichtsverfahren im Bereich der Sozialleistungen. Es fallen keine Gerichtskosten an. Dabei spielt es keine Rolle, ob das Verwaltungsgericht (z.B. für Sozialhilfe und Wohngeld) oder das Sozialgericht (z.B. für Arbeitslosengeld oder Rentenversicherung) zuständig ist. Es müssen auch nicht die Kosten der Behörde als Gegenseite übernommen werden, da bei diesen Stellen insoweit keine abrechnungsfähigen Kosten angefallen sind.

Wichtig: In Sozialleistungsangelegenheiten kostet Sie ein Rechtsstreit nichts.

Daher sollten Sie in nach Ihrer Meinung berechtigten Fällen auch nicht klein beigeben und auf einen Widerspruch oder eine Klage verzichten. Dabei kommt es auch nicht auf die richtigen amtlichen Formulierungen an. Wichtig ist, daß die Widerspruchsstelle oder das Gericht erkennen kann, was Sie wollen. Es reicht dabei aus, wenn Sie Ihr Schreiben an die Behörde mit „Widerspruch" und an das Gericht mit „Klage" überschreiben. Auch die Ermittlung des Sachverhaltes ist von Amts wegen Aufgabe der Behörde und des Gerichts.

2.5 Was ist mit den Kosten für einen Rechtsanwalt?

Wenn Sie einen Rechtsanwalt hinzuziehen, werden diese Kosten im Widerspruchsverfahren oder Klageverfahren – soweit Sie Recht bekommen – nur erstattet, wenn die Hinzuziehung eines Anwaltes notwendig war.

Notwendig ist die Hinzuziehung eines Anwaltes nach herrschender Rechtsauffassung immer dann, wenn sich ein vernünftiger Bürger mit gleichem Bildungs- und Erfahrungsstand bei der gegebenen Sachlage eines Rechtsanwaltes oder sonstigen Bevollmächtigten bedient hätte. Die Zuziehung ist auch immer dann notwendig, wenn es Ihnen nach den persönlichen Verhältnissen und der Schwierigkeiten der Sache nicht zuzumuten war, das Verfahren selbst zu führen.

Einfache Richtigstellungen oder Klärungen von Tatsachen ohne besondere juristische Schwierigkeiten können danach von den Bürgern selbst erledigt werden. Insoweit ist zu empfehlen, zunächst immer selbst bei der Behörde persönlich oder schriftlich nachzufragen, um den guten Willen bei der Rechtsverfolgung zu zeigen. Einen Rechtsanwalt können Sie dann immer noch einschalten. Dabei gilt es aber Fristen für Widerspruch und Klage zu beachten.

Extra-Tips

▶ In dringenden Angelegenheiten kann auch ohne Widerspruchsverfahren eine Eilentscheidung des zuständigen Gerichts beantragt werden. Aber nur dann, wenn Ihnen nicht zugemutet werden kann, die abschließende Entscheidung im normalen Verfahren abzuwarten. Das kann zum Beispiel in

Fällen einer teilweisen oder vollständigen Ablehnung von beantragter Sozialhilfe sein.

▶ Ein weiteres Recht ist die Anhörung. Vor belastenden Entscheidungen ist Ihnen grundsätzlich bis auf bestimmte Ausnahmefälle, die Gelegenheit zur Äußerung zu geben. Ohne Anhörung ist ein entsprechender Bescheid fehlerhaft. Die Anhörung kann allerdings von der Behörde nachgeholt werden.

▶ Für die Wahrung der eigenen Interessen kann in bestimmten Fällen auch eine Akteneinsicht erforderlich sein. Die Behörde ist bis auf wenige Ausnahmefälle verpflichtet, Ihnen oder dem Anwalt Einsicht in die das Verfahren betreffenden Akten zu geben, soweit dies für die Vertretung Ihrer Interessen erforderlich ist.

Reise- und Urlaubskosten

1. Um was geht es?

Die Tourismusbranche wirbt für die wertvollsten Wochen des Jahres mit verlockenden Reiseangeboten. Nicht jeder Urlaub verläuft aber zur vollsten Zufriedenheit. Manche Urlaubsenttäuschungen lassen sich aber durch vorherige Informationen im Reisebüro und die Kenntnis der Bedeutung von Katalogformulierungen vermeiden. Eine weitere Enttäuschung dürfte spätestens dann festzustellen sein, wenn die Urlaubsnachbarn oder andere Personen für denselben Aufenthalt mehrere Hundert DM weniger bezahlt haben.

Zur Erstattung von Reisekosten siehe Stichwort →Reisekostenminderung.

2. Tips und Hinweise

2.1 Preisvergleiche anstellen oder besser anstellen lassen!

Auch bei den Urlaubskosten läßt sich sparen. Bei gleichen Angeboten sind Preisunterschiede bis zu 30 % keine Seltenheit. Bei nur ähnlichen Hotels aber den selben Orten haben Experten auch Differenzen von 100 % festgestellt. Sie sollten vor der Buchung also die Reisekataloge wälzen und die Preise für Ihr Urlaubsziel sorgfältig vergleichen. Nach dem Motto: „Billiger in die Sonne". Clevere Urlauber nehmen sich dabei als Vorfreude auf den Urlaub auch ein bißchen Zeit. Allerdings ist der Preisdschungel für manchen abschreckend und auch nicht immer durchschaubar. Sie sollten sich dann wenigstens von Ihrem Reisebüro konkret das günstigste Angebot für das von Ihnen ausgesuchte Urlaubsziel nennen lassen. Nicht alle sind aber dazu in der Lage, weil sie entweder nicht sorgfältig genug arbeiten, keine Zeit haben, selbst überfordert oder nicht unabhängig sind oder keine Computerprogramme nutzen können.

Wichtig: Die sicherste Methode, die zudem auch noch relativ billig ist, sind die Preisvergleiche der Computer-Aktionen von verschiedenen Zeitschriften oder von Preisagenturen. Dabei werden anhand eines Fragebogens mit Ihren persönlichen Reisewünschen die günstigsten Angebote herausgesucht. Sie finden die Hinweise und Coupons für den Computer-Service in den einschlägigen Reisefachzeitschriften oder den Verbrauchermagazinen. Eine Auswertung kostet etwa 20 DM. Manchmal sind sie auch kostenlos.

Nicht teurer als bei den Computeraktionen sind die Auskünfte der Preisagenturen. Diese können Sie telefonisch wie folgt erreichen: Markt Control, Duisburg 0203/554248 oder Institut für Freizeitanalysen, Bochum 01808/325920.

Im übrigen ist Tatsache, daß es keinen einheitlich billigsten Veranstalter gibt. Die Veranstalter rechnen mit Mischkalkulationen, was dazu führen kann, daß sie mal billiger und mal teurer als andere sind. Außerdem spielen die Zimmerkontingente, die Reisezeiten und die Fluggesellschaften eine Rolle.

2.2 Was ist mit Last-Minute-Reisen?

Diese Reisen müssen nicht immer billiger als vergleichbare Angebote sein. Auch bei regulären Reisen gibt es Sonderangebote. Die Last-Minute-Reisen dürfen auch nur frühestens 14 Tage vor der Abreise gebucht werden. Sonst ist eine Werbung mit dieser Bezeichnung nicht zulässig. Auch hier hilft die gezielte Suche und Nachfrage. Günstig sind insbesondere Fernstrecken, weil es häufig

Restplätze sind. Soweit möglich, sollten Sie den Preis mit dem Originalangebot im Katalog vergleichen. Wenn es sich aber um einen vom anderen Veranstalter übernommenen Restbestand handelt, ist diese Kontrolle leider nicht möglich.

2.3 Weitere Einzelhinweise

Flughafenwechsel. Nicht immer ist die Abreise vom nächstgelegenen Flughafen am billigsten. Der Vergleich mit den Reisekosten ab einem anderen Flughafen kann durchaus lohnen. Auch über die Grenzen hinweg in Holland, Belgien oder Frankreich kann günstiger geflogen werden. Allerdings sollten zusätzliche Anreisekosten und der Zeitaufwand berücksichtigt werden.

Wenn Sie nicht mit jeder Fluggesellschaft fliegen wollen, sollten Sie sich die zugesagte Airline bei der Buchung schriftlich bestätigen lassen. Nur dann können Sie sich mit Erfolg weigern, in das Flugzeug einer anderen Gesellschaft zu steigen. Das gilt auch, wenn eine bestimmte Gesellschaft im Reisekatalog als einzige Airline genannt und in den Buchungsunterlagen bestätigt wurde.

Achten Sie auf das Beratungsniveau Ihres Reisebüros. Für ein längeres Gespräch sollte ein Termin vereinbart werden. Bereiten Sie sich mit Fragen und Ihren Wünschen darauf vor. Wenn Ihnen nur ein Veranstalter empfohlen werden sollte, ist Vorsicht angebracht, denn dann können besondere Provisionen für das Reisebüro eine Rolle spielen.

Preiserhöhungen nach der Buchung sind vor der Reise nur möglich, wenn vier Monate vergangen sind.

2.4 Was bedeutet die Katalog-Sprache?

Manche Formulierungen sollen gewisse Mängel verdecken. Die Ehrlichkeit und Offenheit der Katalogbeschreibungen nimmt zwar zu, dennoch gibt es immer wieder spezielle Verschleierungen. Beispiele:

- „Abwechslungsreiches Programm oder großes Unterhaltungsangebot" = Nachts Disco-Lärm.
- „Ruhig gelegen" = Hier ist überhaupt nichts los. Vollkommen einsam.
- „Zentrale Lage" = Inmitten der City und dem Verkehr.
- „Direkt am Meer" = Kann Felsenküste oder Hafeneinfahrt sein.

- „Im neu erschlossenen Gebiet" = Bauarbeiten zu erwarten. Staub und Lärm.
- „Hotel liegt gegenüber der Strandpromenade" = Dazwischen stark befahrene Straße.
- „Naturbelassener Strand" = Keine Säuberung, Strand bleibt verdreckt.
- „Individueller Transfer" = Allein mit Taxi fahren, kein Reiseleiter.
- „Direktflug" = Kein Nonstop-Flug.

Die Veranstalter sind verpflichtet, in ihren Katalogen auf negative Punkte hinzuweisen. Sollten zugesagte Eigenschaften nicht erfüllt oder besondere Beeinträchtigungen vorgekommen sein, können Sie Anspruch auf eine Reisepreisminderung haben.

2.5 Was ist beim Rücktritt zu beachten?

Vor dem Reisebeginn können Sie jederzeit vom Reisevertrag zurücktreten. Wenn der Veranstalter keinen Ersatz findet, kann er von Ihnen eine Entschädigung verlangen. Dafür ist meist in den Allgemeinen Reisebedingungen eine Staffel vorgesehen. Die jeweilige Höhe ist jedoch umstritten. Als Vergleich können folgende Werte aus der Rechtsprechung dienen:

Bis 30 Tage vorher:	4 %
28. bis 22. Tag vorher:	8 %
21. bis 15. Tag vorher:	25 %
14. bis 7. Tag vorher:	40 %
6 Tage vorher:	50 %

2.6 Welche Reiseversicherungen sind wichtig?

Wichtig sind nur die Auslandsreise-Krankenversicherung, wenn Sie diesen Versicherungsschutz noch nicht haben, und die Reiserücktrittskostenversicherung. Alle anderen Versicherungen für Reisegepäck, Reisehaftpflicht oder Reiseunfälle sind unnötig. Diese Schadensfälle sind entweder bereits durch andere Versicherungen, wie zum Beispiel Hausrat, zum Teil abgedeckt oder es gibt besondere Haftungsausschlüsse. Kombinationsversicherungen lohnen also nicht.

Für die Auslandsreise-Krankenversicherung sind Jahresverträge sinnvoller als Kurzverträge.

Wenn Sie mit dem eigenen Auto eine längere Urlaubsreise vorhaben, kann noch ein Auslandsschutzbrief empfohlen werden, der zwischen 50 bis 150 DM pro Jahr kostet. Damit werden die Kosten bei einer Panne oder einem Unfall, wie Abschleppen, Mietwagen, Rücktransport oder Hotelübernachtungen abgedeckt.

2.7 Was bringt die Mark im Ausland?

Die Kaufkraft der Mark ist in vielen Ländern gegenüber 1996 zurückgegangen. Folgende Länder sind noch günstig:

Italien (1,08 DM), Spanien (1,09 DM), Ungarn (1,11 DM), Tunesien (1,15 DM), Türkei (1,33 DM).

Relativ teuer sind Norwegen (0,70 DM), Dänemark (0,75 DM), Schweiz (0,79 DM), Finnland (0,86 DM).

(Quelle: Stiftung Warentest, „test" 6/1997).

Extra-Tip

▶ Der Sicherungsschein gibt Ihnen im Falle des Konkurs des Veranstalters ein Recht auf Rückbeförderung oder Kostenerstattung. Dieser Schein mit einer Originalerklärung einer Bank oder Versicherung muß Ihnen spätestens bei Zahlung der Hauptsumme ausgehändigt werden. Wenn Sie mehr als 10 % oder mehr als 500 DM angezahlt haben, auch schon vorher.

Reisekostenminderung

1. Um was geht es?

Wenn Sie für eine Urlaubsreise mehrere Tausend DM ausgegeben und sich während der Reise über manche Mängel geärgert haben, können Sie sich hinterher in bestimmten Fällen für die entgangenen Urlaubsfreuden zumindest teilweise vom Reiseveranstalter in Geld entschädigen lassen.

2. Tips und Hinweise

2.1 In welchen Fällen gibt es Geld zurück?

Vom Frankfurter Landgericht wurden verschiedene Fälle mit Nachlässen zusammengestellt. Diese Beispiele können in konkreten Fällen als Anhaltspunkte oder Orientierungshilfe dienen. Sie sind aber nicht verbindlich. Von den Gerichten wird immer der individuelle Einzelfall entschieden.

2.2 Einzelne Beispiele

Mängelart	Minderung (vom Reisepreis ohne Versicherungen) – % –
Transport	
Verschiebung Abflug über 4 Stunden	5 (für weitere Stunden anteilig vom Tagespreis)
Fehlender Transfer	Ersatz Transportkosten
Niedrigere Klasse im Flugzeug	10–15
Übliche Unterhaltung (Filme) fehlen beim Flug	5
Fehlende Verpflegung im Flugzeug	5
Unterkunft	
Abweichung vom gebuchten Hotel	10–25
Abweichende Art der Unterbringung	5–15
Doppel- statt Einzelzimmer	20
Dreibett- statt Einzelzimmer	25
Fehlender Balkon oder Meerblick fehlt	5–10
Eigenes WC fehlt	15
Klimaanlage fehlt oder Stromausfall	10–20
Ungeziefer	10–50
Wasserversorgung ausgefallen	10
Fahrstuhl defekt	5–10
Reinigung schlecht	10–20
Service Totalausfall	25
Erheblicher Lärm am Tag	5–25
Erheblicher Lärm in der Nacht	10–40
Verpflegung	
Totalausfall	50
Speisen verdorben	20–30
Lange Wartezeiten	5–15
Selbstbedienung statt Kellner oder schmutziges Geschirr	10–15
Essen in Schichten	10

Mängelart	Minderung (vom Reisepreis ohne Versicherungen) – % –
Sonstiges	
Fehlender oder verschmutzter Swimmingpool	10–20
Fehlende Reiseleitung z.B. Studienreisen	20–30
Fehlendes Restaurant oder Supermarkt	5–20
Strandliegen oder Sonnenschirme oder Kinder--betreuung fehlen	5–10
Baden im Meer nicht möglich	10–20
Keine zugesagten Angebote (Reiten, Surfen, Segelschule, Tauchen)	5–10
Zeitverlust Umzug in ein anderes Hotel	Reisepreis für 1 Tag
Umzug im selben Hotel	Reisepreis für $^1/_2$ Tag

Wenn die Reise erheblich beeinträchtigt oder gar unzumutbar geworden ist, können Sie den Reisevertrag kündigen. Bei einer rechtmäßigen Kündigung muß der Veranstalter den Reisepreis zurückzahlen, wobei er für einen mängelfreien Teil einen Kostenanteil einbehalten darf. Darüber hinaus ist er aber auch zum Schadensersatz wegen des nutzlos vergangenen Urlaubes verpflichtet. Das können 100 DM pro Tag sein. Zur Frage, wann ein Aufenthalt unzumutbar ist, gehen die Auffassungen auseinander. Wenn eine Preisminderung um 50 % angemessen wäre, dürfte dieser Fall vorliegen.

Wichtig: Der Mangel ist vor Ort bei dem Vertreter des Veranstalters zu rügen. Dabei ist auch eine Abhilfe zu verlangen. Die Beschwerde beim Reiseleiter muß also sein. Zur Beweissicherung empfehlen sich Fotos, Videoaufnahmen, Aufzeichnungen und Zeugenbestätigungen. Die Ansprüche sind innerhalb eines Monats nach dem Ende der Reise beim Veranstalter anzumelden. Zur Sicherheit per Einschreiben mit Rückschein.

Reklamationsrechte (Handwerk)

1. Um was geht es?

Ein Kapitel für sich können die Rechnungen von Handwerkern sein. Viele sind einfach zu hoch oder überhaupt nicht durchschaubar. Es empfiehlt sich für die Kunden, nach klaren Regeln zu verfahren und die Kosten sowie die Arbeiten vorher genau zu vereinbaren.

2. Tips und Hinweise

2.1 Schriftform und Auftrag

Die beste Vorsorge ist ein schriftlicher Vertrag mit einem genauen Auftrag. Der Auftrag sollte so konkret wie möglich sein. Der Handwerker darf bei einem klar formulierten Auftrag dann keine anderen Reparaturleistungen erbringen. Diese sogenannten aufgedrängten Reparaturen müssen nicht bezahlt werden. Andere Vereinbarungen in den allgemeinen Geschäftsbedingungen, z.B. des Kfz-Handwerks, sind nach einem Urteil des Bundesgerichtshofes ungültig. Wenn also der Installateur neben der undichten WC-Spülung auch noch den tropfenden Wasserhahn am Waschbecken ohne Auftrag repariert, brauchen Sie nicht zu zahlen.

2.2 Lohnt eine Festpreisvereinbarung?

Sollten Sie sich mit dem Handwerker auf einen Festpreis einigen können, läßt sich zumindest der Ärger mit der Rechnungshöhe vermeiden. Es lassen sich aber nicht alle Handwerker auf einen Festpreis ein, denn häufig können die erforderlichen Arbeiten nicht in etwa abgeschätzt werden. Dennoch lohnt sich eine gewisse Hartnäckigkeit Ihrerseits mit dem Versuch, einen Festpreis auszuhandeln. In diesem Preis ist immer die Mehrwertsteuer enthalten. Sie darf also bei der Endrechnung nicht aufgeschlagen werden.

Wenn Sie einen Auftrag ohne Preisvereinbarung erteilen, kann der Handwerker höchstens die übliche Vergütung verlangen. Was üblich ist, können Sie vor Ort bei der zuständigen Handwerksinnung erfahren. Dabei gibt einen Stundenverrechnungssatz mit gewissen Spannen. Hinzu kommen die Kosten für Material und Fahrteinsatz. Für die Überprüfung benötigen Sie eine detaillierte Rechnung.

2.3 Was ist mit einem Kostenvoranschlag und was kostet dieser?

Kostenvoranschläge sind zunächst unverbindlich. Nach der Rechtsprechung sind jedoch wesentliche Überschreitungen nicht erlaubt. Wenn sich während der Reparaturarbeiten herausstellt, daß die Kosten höher liegen werden, gibt es also zwei Alternativen.

Wenn die Kostenüberschreitung gering ist, müssen die Mehrkosten vom Kunden bezahlt werden. Gering ist danach immer eine Überschreitung bis zu 10 Prozent. Manchmal auch bis zu 20 oder 25 %. Gesetzliche Werte gibt es nicht.

Bei einer höheren Überschreitung muß der Kunde vorher benachrichtigt werden. Dann haben Sie zu entscheiden, ob der Auftrag zu den höheren Kosten ausgeführt werden soll oder ob die Arbeiten abgebrochen und damit beendet werden sollen. Die bis dahin angefallenen Kosten müssen aber übernommen werden. Ob die Beendigung der Arbeiten sinnvoll ist oder die höheren Kosten nicht doch bestätigt werden, muß also im Einzelfall entschieden werden.

Wird der Kunde bei höheren Kosten nicht vorher informiert, ist der Handwerker zum Schadenersatz verpflichtet. Gemeint ist der Schaden, der durch die Verletzung der Benachrichtigungspflicht entstanden ist. Sie sollten dann argumentieren, daß Sie der Überschreitung nicht zugestimmt und den Auftrag an einen preiswerteren Handwerker gegeben hätten.

Wichtig: Der Kostenvoranschlag kann auch mit einem Auftrag zum Festpreis verbunden werden. Lassen Sie sich diese Vereinbarung auf dem Kostenvoranschlag bestätigen. Nachträgliche Preissteigerungen sind dann – auch wenn die Geschäftsbedingungen das vorsehen sollten – nicht erlaubt.

Wird kein Reparaturauftrag erteilt und der Aufwand für den Kostenvoranschlag in Rechnung gestellt, müssen Sie nur zahlen, wenn dies ausdrücklich vereinbart worden ist oder die Bezahlung in der jeweiligen Branche üblich ist. Was üblich ist, können Sie bei der zuständigen Handwerksinnung oder auch bei Konkurrenzfirmen erfahren.

2.4 Was ist mit mißlungenen Reparaturen?

Nach dem Gesetz wird zwischen dem Kunden und dem Handwerker ein Werkvertrag abgeschlossen. Der Handwerker muß das vereinbarte „Werk" herstellen. Wenn das dem Handwerker nicht gelingen sollte, hat er seine vertragliche Pflicht nicht erfüllt und der Kunde muß nicht zahlen. Es sei denn, es wurde nur eine Überprüfung vereinbart. Wichtig ist also auch hierfür ein klar formulierter Auftrag.

Wichtig: Wenn das „Werk", also die Leistung des Handwerkers, fehlerhaft ist oder nicht die zugesicherten Eigenschaften hat, können Sie als Kunde eine Nachbesserung auf Kosten des Handwerkers verlangen. Dabei empfiehlt sich die Ankündigung, daß sie nach Ablauf der Frist einen verspäteten Versuch des Handwerkers nicht mehr akzeptieren. Wenn die Nachbesserung nicht innerhalb einer angemessenen Frist, das können ein bis zwei Wochen sein, erfolgt, können Sie den Mangel selbst beseitigen lassen und vom Handwerker Kostenersatz fordern. Eine Frist ist dann nicht erforderlich, wenn die Nachbesserung verweigert wird oder gar unmöglich ist.

Wenn auch die Nachbesserung erfolglos war, muß bei einem guten Willen des Handwerkers auch noch ein zweiter oder gar dritter Versuch dem Handwerker zugestanden werden. Wenn dann aber immer noch alles erfolglos geblieben ist, können Sie, wie im Fall der generellen Weigerung des Handwerkers zur Nachbesserung, entweder vom Vertrag zurücktreten, das ist die Wandlung, oder den Preis herabsetzen, das ist die Minderung.

Die Reduzierung des Preises dürfte bei leichteren Mängeln eher infrage kommen. Es kann allerdings auch eine Reduzierung bis auf Null möglich sein, wenn die Leistung des Handwerkers für den Kunden gänzlich ohne Wert ist.

Bei einer Wandlung wird die Angelegenheit bis zum Anfang rückabgewickelt. Sie und der Handwerker müssen beide die bereits erlangten Leistungen des anderen zurückerstatten. Der Rücktritt sollte überlegt werden, denn oftmals ist eine Preisminderung oder gar eine Selbstabhilfe mit Kostenerstattung sinnvoller. Was nützt das halb reparierte Auto oder Radio? Wenn Sie es doch noch benutzen wollen, müssen Sie sich anderweitig um eine Instandsetzung bemühen.

Schadensersatz vom Handwerker können Sie immer dann auch ohne Rücktritt oder Preiskürzung verlangen, wenn der Fehler durch

Nachbesserung nicht zu beheben ist oder vom Handwerker verschuldet worden ist. Wenn zum Beispiel nach einer Bremsenreparatur am Auto die Radmuttern nicht festgezogen wurden und dadurch ein Unfall passierte, sind alle damit zusammenhängenden Schäden vom Handwerker zu ersetzen.

2.5 Achtung: Verjährungsfristen!

Bei den Werkverträgen gilt nicht die allgemeine Verjährungsfrist von 30 Jahren, sondern eine wesentlich kürzere Frist von 6 Monaten. Sie müssen innerhalb dieser Frist Ihre Ansprüche gegen den Handwerker geltend machen. Die Frist beginnt mit Ihrer Abnahme des vom Handwerker erstellten „Werkes". Während einer Nachbesserung oder Überprüfung eines Mangels läuft die Frist nicht weiter. Das ist aber gleich nach dem Ende dieser Maßnahmen wieder der Fall.

Bei Handwerkerarbeiten an einem Grundstück beträgt die Frist 12 Monate. Bei Arbeiten an einem Gebäude, den sogenannten Bauwerken, gar 5 Jahre. Bei den Bauwerken muß es sich um eine feste Verbindung mit dem Gebäude handeln. Darüber kann es im Einzelfall unterschiedliche Auffassungen geben.

Wenn es um Schadenersatz von Folgeschäden geht, ist aber wieder die allgemeine Verjährungsfrist von 30 Jahren maßgebend. Diese Fristen können nicht abgekürzt werden.

2.6 Verzögerungen

Verzögerungen sind für den Kunden immer ärgerlich. Dennoch können Sie nicht gleich bei einer Verspätung mit einer Selbstabhilfe einen anderen Handwerker beauftragen oder Schadensersatz verlangen.

Sie müssen den Handwerker zunächst in Verzug setzen. Das ist im juristendeutsch die schuldhafte Nichtleistung trotz Fälligkeit und Mahnung. Sie müssen also Ihren Handwerker mit einer Mahnung, die am besten schriftlich sein sollte, zur Erledigung des vereinbarten „Werkes" auffordern. Er kann dann seiner Pflicht immer noch nachkommen. Wenn nicht, können Sie eine letzte Frist einräumen oder vom Vertrag zurücktreten oder Schadensersatz verlangen. Es empfiehlt sich, Ihre Absichten dem Handwerker immer klar und deutlich zu schreiben. Beispiel: „... Nach erfolgloser Mahnung und Ablauf der Nachfrist werde ich Schadensersatz verlangen..."

Eine Mahnung ist aber dann nicht erforderlich, wenn für die Leistung ein bestimmter Zeitpunkt vereinbart worden war.

2.7 Weitere Hinweise

Für die Nichteinhaltung von Fristen ist der Handwerker dann nicht verantwortlich, wenn er die Verzögerung nicht selbst verschuldet hat. Eine schwere Krankheit, ein Unfall oder ein Erdbeben liegen insoweit nicht in seinem Verantwortungsbereich. Allerdings organisatorische Mängel, wie schlechtes Personal oder Krankheitsausfälle.

Fahrt- und Wegekosten dürfen nicht so hoch wie Arbeitszeiten berechnet werden. Sie sollten etwa 10 % niedriger sein als die Werte für die Arbeitszeiten.

Der Einsatz von teuren Spezialgeräten darf nur dann berechnet werden, wenn die Geräte verwendet wurden und nicht zur üblichen Grundausstattung des Betriebes gehören. Bei der Aufstellung der Arbeitszeit sind Aufrundungen nicht zulässig. Es darf also nicht zum Beispiel eine angefangene halbe Stunde als volle halbe Stunde angesetzt werden. Andere Regelungen im Kleingedruckten gelten nicht. Allerdings dürfen Arbeitszeiten nach Bruchteilen einer Stunde bemessen werden. Eine Arbeitseinheit zum Beispiel sechs Minuten.

2.8 Schlichtungsstellen

Bevor Sie zum Rechtsanwalt oder vor Gericht gehen, sollten Sie die Einschaltung einer Schlichtungsstelle überlegen. Die Gebühren sind relativ gering und Sie sind nicht an den Schiedsspruch gebunden. Es gibt für fast jeden Zweig einen sogenannten Schiedsmann oder eine Schlichtungsstelle. Die Anschriften erfahren Sie bei den Verbraucherzentralen oder den örtlichen Handwerksinnungen. Wenn die Stelle allerdings nur mit Verbandsvertretern Ihres Gegners besetzt sein sollte, empfiehlt sich entweder eine unabhängige Schiedsperson oder gleich der Rechtsanwalt oder das Gericht.

Extra-Tip

▶ Lassen Sie sich bei Reklamationen nicht einfach auf die Regelungen der allgemeinen Geschäftsbedingungen verweisen. Häufig gilt das Kleingedruckte aufgrund von Urteilen der Rechtsprechung gar nicht (mehr) oder Sie müßten vorher auf bestimmte Umstände hingewiesen worden sein. Auch dürften Sie über die Geschäftsbedingungen nicht immer in der ausreichenden Form informiert worden sein. Achten Sie also auch darauf, was Sie mit Ihrer Unterschrift bestätigen.

Reklamationsrechte (Kaufvertrag)

1. Um was geht es?

Die Garantierechte der Kunden sind im Bürgerlichen Gesetzbuch grundsätzlich klar geregelt. Was heißt aber schon volle Garantie? Mit allgemeinen Geschäftsbedingungen wollen Händler häufig die Gewährleistung einschränken. Doch auch als Verbraucher haben Sie Rechte.

2. Tips und Hinweise

2.1 Gesetzliche Ansprüche

Die gesetzliche Garantiezeit beträgt 6 Monate. Wenn bei neu gekauften Waren innerhalb der ersten 6 Monate ein Fehler festgestellt wird oder etwas kaputt geht, haben Sie als Kunde folgende Rechte:

- Wandlung: Sie geben die Ware zurück und erhalten dafür Ihr Geld wieder.
- Umtausch: Bei Serienprodukten tauschen Sie das kaputte Gerät gegen ein neues heiles Stück.
- Minderung: Dabei behalten Sie die Ware und verlangen einen Teil des Kaufpreises zurück.

Im Fall eines Mangels oder Fehlers steht es Ihnen vollkommen frei, für welche Möglichkeit Sie sich entscheiden. Das kann Ihnen der Händler oder das Unternehmen als Verkäufer nicht vorschreiben.

2.2 Nachbesserungsrechte

Allerdings wird in vielen Kaufverträgen, insbesondere bei technischen Geräten (Waschmaschine, Computer, Auto), nur das Recht auf Nachbesserung eingeräumt. Diese Einschränkung ist zulässig, wenn die allgemeinen Geschäftsbedingungen das so vorsehen und Sie als Kunde vor dem Kaufvertrag darauf hingewiesen worden sind. In Kaufhäusern sollten Sie auf einen deutlichen Aushang der allgemeinen Geschäftsbedingungen achten. Ist ein solcher nicht vorhanden, kann sich der Verkäufer auch nicht darauf berufen.

Das Nachbesserungsrecht des Verkäufers gilt aber nicht unbeschränkt. Nach zwei oder drei mißlungenen Versuchen können Sie als Kunde wieder die weitere Abwicklung bestimmen. Auch bei einer Nachbesserung hat der Verkäufer für die Kosten aufzukommen. Das gilt auch für Fahrt-, Arbeits- und Materialkosten. Sie müssen nur Mehrkosten tragen, wenn Sie die Ware an einen anderen Ort als Ihre Wohnung oder Ihren Betrieb gebracht haben und die Kosten aus diesem Grund auch höher sind. Von den Gerichten werden den Händlern für höherwertige Waren häufig drei Versuche der Nachbesserung eingeräumt. Die Rechtsprechung dazu ist aber nicht einheitlich. Es gibt auch Gerichtsentscheidungen, die dem Käufer die Rückgabe (hier Computer) und die Rückforderung des Kaufpreises sofort zubilligen. So Amtsgericht Mannheim (Az.: 1 C 1033(95).

Es gibt aber auch Fälle, in denen ist nur eine einzige Nachbesserung für den Kunden zumutbar. Beispiele: Wenn es sich bei der ersten Nachbesserung um eine Pfuscharbeit handelt, sie nur vorgetäuscht war, der Kunde dringend auf die Ware angewiesen ist, die Einsendung der Ware notwendig ist oder die Ware bis zu acht Wochen zur Reparatur bereitstand.

Wichtig ist, daß die jeweiligen Reparaturzeiten auch kurz bemessen sind.

2.3 Besonderheit der Reklamationsfrist

Wichtig: Bei der Garantiefrist müssen Sie noch auf eine Besonderheit achten, das ist die gesetzliche Verjährungsfrist von 6 Monaten ab Entdeckung des Mangels. Dazu ein Beispiel:

Sie haben einen Computer mit einer Garantiezeit von 12 Monaten gekauft. Das Gerät versagt drei Monate nach Kauf seinen Dienst. Der Händler tauscht ein Teil aus, das aber auch nicht richtig funktioniert, so daß nach weiteren 3 Monaten der Händler das Gerät nochmals zur Reparatur zurücknimmt. Die Reparatur ist wieder erfolglos geblieben. Weitere vier Monate verstreichen mit Reklamationen und weiterem Hin und Her. 10 Monate sind nunmehr vergangen und vor Ablauf der eingeräumten Garantiefrist von 12 Monaten klagen Sie vor dem Gericht auf Wandlung, also Rückgängigmachung des Kaufvertrages, weil Sie sich mit dem Verkäufer nicht einigen können.

Wie würde der Rechtsstreit ausgehen?

Das Gericht würde Ihre Klage abweisen und Sie hätten auch noch die Gerichts- und Prozeßkosten zu tragen. Warum? Weil Sie die sechsmonatige Frist ab Entdeckung des Fehlers oder Mangels nicht beachtet haben. Diese Frist läuft unabhängig von der eigentlichen Garantiezeit. Sie haben also ab Kenntnis des Fehlers nur sechs Monate Zeit, Ihre Ansprüche vor dem Gericht geltend zu machen. Danach sind die Ansprüche zwar immer noch berechtigt, aber verjährt.

Was können Sie gegen diese Verjährungsfrist tun?

Sie können den Lauf der Verjährungsfrist stoppen, wenn Sie dem Verkäufer die Ware zur Mängelüberprüfung geben und dieser die Überprüfung zusagt. Juristisch wird die Verjährung dann „gehemmt". Die Frist läuft während dieser Zeit nicht weiter. Als Nachweis sollten Sie sich einen Reparaturzettel oder eine ähnliche Bestätigung geben lassen. Erst wenn der Verkäufer die Beseitigung des Mangels oder das Prüfungsergebnis mitteilt oder die Beseitigung verweigert, läuft die Frist weiter.

Die Verjährung ist also gehemmt, solange die Überprüfung der Ware dauert. Werden vom Händler wichtige Teile ausgetauscht, beginnt die sechsmonatige Gewährleistungsfrist von vorne. Wird ein Fehler erst kurz vor Ablauf der Garantiezeit entdeckt, haben Sie aber immer noch sechs Monate Zeit Ihre Ansprüche durchzusetzen.

2.4 Was gilt sonst noch?

Bei Schlußverkäufen gelten die gleichen Rechte ohne Einschränkung. Die Ansprüche dürfen vom Verkäufer nicht deshalb abgelehnt werden, weil die Ware verbilligt abgegeben worden ist. Das gilt nur dann nicht, wenn auf einen Mangel besonders hingewiesen und der Preis deswegen herabgesetzt worden ist. Ware ohne Fehler muß nicht umgetauscht werden. Hierbei kommt es auf die Kulanz des Verkäufers an. Größere Kaufhäuser nehmen in der Regel unversehrte Ware zurück und geben das Geld wieder heraus. Verpflichtet sind sie dazu aber nicht.

Im Kleingedruckten der allgemeinen Geschäftsbedingungen dürfen die Gewährleistungsansprüche nicht völlig ausgeschlossen oder nur auf den Hersteller beschränkt sein. Auch dürfen die Kosten der Nachbesserung nicht dem Kunden auferlegt werden.

Die Haftung für zugesicherte Eigenschaften darf nicht eingeschränkt werden.

Besondere Garantien gegen extra Bezahlung lohnen meistens
nicht. Zum Beispiel 100 DM mehr für die Hifi-Anlage und dafür 24
statt 12 Monate Garantie müssen nicht sein. Im allgemeinen gilt:
was im ersten Jahr nicht kaputtgegangen ist, hält auch noch im
zweiten Jahr.

Wenn die Vertragsbedingungen so klein gedruckt sind, daß sie
kaum gelesen werden können, sind sie ungültig.

Die Bestätigung des Kunden bei einer Möbellieferung, daß die
Möbel einwandfrei angekommen sind, ist als Klausel ungültig, da
dies vom Kunden nicht abschließend beurteilt werden kann.

Wichtig: Ausländische Garantien sind häufig kürzer. Wenn es die
Ware auch offiziell in Deutschland gibt, gelten die hiesigen Regelungen.

Der Service der Hersteller kann häufig besser sein als der Kundendienst der Händler. Viele Hersteller bieten während der Garantiezeit
besondere Leistungen, wie z. B. Ersatzfahrzeug bei Reparatur des
PKW, sofortiger Ersatz oder reibungsloser Umtausch. Also prüfen,
ob am besten gleich beim Hersteller reklamiert werden sollte.

2.5 Wann gibt es Schadensersatz?

Nach dem seit 1990 geltenden Produkthaftungsgesetz haftet der
Hersteller nicht nur für einwandfreie Ware, sondern auch für alle
Schäden, die beim Käufer durch ein mangelhaftes Produkt entstanden sind. Auch bei Verletzungen sind die Hersteller dran. Die Haftung bezieht sich dabei nicht nur auf das Produkt, sondern auch auf
die Bedienungsanleitung. Wenn also fehlerhafte, unsinnige oder
unverständliche Anleitungen zu Schäden oder Unfällen geführt
haben, ist der Hersteller zum Ersatz aller Schäden verpflichtet.

Die Haftungszeit dauert bis zu 10 Jahre nach dem Kauf. Für Produkte vor 1990 gilt das Gesetz aber nicht. Für die Durchsetzung
empfiehlt sich ein spezialisierter Anwalt.

Die Haftung der Hersteller ist beschränkt auf 160 Millionen DM.
Schäden unter 1125 DM müssen die Kunden selber tragen. Das gilt
auch für landwirtschaftliche Erzeugnisse, die nicht weiter verarbei-
tet wurden. Für schlechte Milch oder ein faules Ei gibt es also keinen Schadensersatz.

Beispiele für Produkthaftungen:
- Undichte Waschmaschine mit Kurzschluß und Feuer. Ersatz aller Schäden, z.B. der Wohnungseinrichtung und der Kosten des Feuerwehreinsatzes.
- Falsches Kleidungsetikett und Verfärbung der ganzen Wäsche. Ersatz des gesamten Schadens durch den Hersteller.
- Brand durch defekten Fernseher. Der Hersteller bezahlt die damit verbundenen gesamten Kosten.
- Konstruktionsfehler bei Kraftfahrzeugen. Hersteller sind für alle Folgeschäden haftbar. Daher auch vorsorgliche Rückrufaktionen.
- Explosion einer Sprudelflasche und Verlust eines Auges. Zahlung Schmerzensgeld von einer halben Million DM und monatliche Rente von 500 DM.
- Defekte Leiter und Sturz. Zum Beispiel Ersatz des Verdienstausfalles bei einem Handwerker.

2.6 Was ist bei Lieferverzögerungen?

Wenn der Händler seine Verpflichtung aus dem Kaufvertrag, also die Lieferung der Ware, nicht pünktlich erfüllt, muß er zunächst gemahnt und ihm eine Nachfrist gesetzt werden. Ein geplatzter Liefertermin reicht für einen Schadensersatz oder einen Rücktritt vom Kaufvertrag noch nicht aus.

In der Mahnung muß der Händler bestimmt und eindeutig zur Lieferung aufgefordert werden. Die Mahnung sollte schriftlich und per Einschreiben erfolgen. Auch sollte der zu liefernde Gegenstand so genau wie möglich bezeichnet werden.

Wichtig: Eine Mahnung ist dann nicht erforderlich, wenn für die bestellte Ware ein konkreter und verbindlicher Liefertermin genannt worden ist. Das muß klar und eindeutig aus dem Kaufvertrag hervorgehen.

Wenn der Händler nicht reagiert oder den neuen Nachliefertermin nicht einhält, können Sie von ihm Ihren Schaden einfordern, soweit der Händler nicht schuldlos ist. Es ist dabei Sache des Händlers zu beweisen, daß er an der nicht rechtzeitigen Lieferung nicht schuld ist. Er muß alle Schäden des Kunden ersetzen, die durch die nicht rechtzeitige Lieferung entstanden sind. Das können Leihgebühren, Telefonkosten, Zinsen oder Fahrtkosten sein.

Nach dem erfolglosen Verlauf der Nachfrist können Sie wählen, ob Sie vom Vertrag zurücktreten oder Schadensersatz verlangen wollen. Entweder brauchen Sie nicht mehr zu zahlen bzw. bekommen Sie Ihr Geld zurück oder erhalten Ihre Ausgaben zum Beispiel für ein teureres Ersatzgerät erstattet. Eine danach noch gelieferte Ware müssen Sie nicht mehr abnehmen. Sie müssen dem Verkäufer auch keine weiteren Kosten ersetzen, egal was er von Ihnen verlangen sollte.

Rentenversicherungsbeiträge

1. Um was geht es?

Mit der gesetzlichen Rente wird nicht immer der bisherige Lebensstandard beibehalten werden können. Neben den privaten Vorsorgemöglichkeiten (siehe auch Stichwort →Altersvorsorge) kann der gesetzliche Rentenanspruch auch durch freiwillige Beiträge und Höherversicherungsbeiträge verbessert werden. Ob sich das lohnt, richtet sich nach den Verhältnissen des Einzelfalles.

2. Tips und Hinweise

2.1 Wann lohnen sich freiwillige Beiträge?

Auch hierauf gibt es leider keine allgemein gültige Antwort. Die Landesversicherungsanstalten nennen als häufigste und wesentlichste Fallgestaltungen sieben Beispiele, in denen – soweit möglich – eine freiwillige Versicherung zweckmäßig ist:

- Sie haben früher irgendwann ein paar Beiträge gezahlt. So können Sie sich einen Rentenanspruch sichern.
- Sie scheiden aus ihrer Beschäftigung aus. So können Sie sich Ihren Anspruch auf Rente wegen Berufs- oder Erwerbsunfähigkeit sichern.
- Sie haben weniger als 15 Jahre Beiträge. Dann können Sie einen Anspruch auf Leistungen zur Rehabilitation erwerben.
- Sie haben schon fast 35 Jahre zusammen. So können Sie früher Rente erhalten.
- Es geht Ihnen nicht nur um die Rente an sich, sondern auch um die Höhe. So können Sie Ihre spätere Rente steigern.

- Wenn Ihnen längere beitragsfreie Zeiten angerechnet werden, können Sie deren Wert erhalten.
- Wenn Sie längere Zeit relativ niedrige Pflichtbeiträge gezahlt haben, können Sie eine höhere Bewertung erreichen.

Die Höhe der Rentensteigerung richtet sich dabei nach dem gezahlten Betrag. Wenn z. B. der Durchschnittsbeitrag (1996: 792,96 DM × 12 = 9515,52 DM) eingezahlt würde, erreichen Sie in etwa einen Entgeltpunkt und der macht im ersten Halbjahr 1998 47,44 DM/West oder 38,38 DM/Ost monatlich aus. Nach spätestens rund 17 Jahren (ohne Rentensteigerungen) hat sich also die Einzahlung rentiert. Wie alle rentenanspruchsbezogenen Leistungen kommt es also auf die persönliche Einschätzung zum erwarteten Lebensalter an. Leben Sie lange, macht die Rentenversicherung ein schlechtes und Sie machen dagegen ein gutes Geschäft.

2.2 Bringt eine Höherversicherung tatsächlich 10 % Rendite?

Das stimmt. Die Höherversicherung ist allerdings nur für Personen möglich, die vor dem 1. 1. 1942 geboren sind oder vor dem 1. 1. 1992 schon Beiträge zur Höherversicherung entrichtet haben. Diese Beiträge können zusätzlich zu freiwilligen oder Pflichtbeiträgen geleistet werden. Es ist möglich, zwischen dem Mindestbeitrag und dem Höchstbeitrag bezogen auf einen Monat zu zahlen. Die aus den Beiträgen zur Höherversicherung ermittelten Rententeile sind allerdings von den Rentenanpassungen ausgeschlossen. Sie werden also in unveränderter Höhe gezahlt.

Bei einem Alter ab z. B. 56 Jahre macht der Steigerungsbetrag monatlich 0,8333 Prozent des Beitrages aus. Das bedeutet immerhin eine Verzinsung von etwa 10 %, und zwar auf Lebenszeit.

Wichtig: Die freiwilligen und Höherversicherungsbeiträge müssen bis zum 31. März des Folgejahres gezahlt werden. Bei Erhöhung des Rentenbeitragssatzes (das war z. B. zum 1. 1. 1997 auf 20,3 %) sollten Sie darauf achten, die Beiträge noch bis zum 31. 12. des laufenden Jahres zu entrichten, da Sie sonst die Beitragserhöhung auch noch zu zahlen haben. Das sind am Beispiel der Erhöhung zum 1. 1. 1997 beim niedrigsten Monatsbeitrag immerhin fast 130 DM (bis zu 1056 DM) für keinen Pfennig mehr Rente. Bei einer Sen-

kung des Beitragssatzes sollten Sie gegenteilig überlegen. Denn dann
wäre die Zahlung im Folgejahr (bis 31. 3.) günstiger.

2.3 Lohnen sich Beitragszahlungen für den Nachteilsausgleich bei vorzeitiger Inanspruchnahme?

Die Rentenabschläge bei vorzeitiger Altersrente können ganz oder
teilweise durch Beitragszahlungen ausgeglichen werden. Die
Beiträge hierfür können vor der Inanspruchnahme der vorzeitig
beginnenden Rente, also zum Beispiel schon während einer Teilzeitarbeit, oder auch nach dem Rentenbeginn bis zur Vollendung des
65. Lebensjahres gezahlt werden.

Sie erreichen jedoch beträchtliche Summen. Es kosten zum Beispiel die Beiträge zum Ausgleich eines monatlichen Abschlages von
100 DM bei einem um ein Jahr vorgezogenen Rentenbeginn bereits
etwa 22 500 DM. Nach der Begründung zu dem Gesetz wird davon
ausgegangen, daß diese relative hohe Belastung der Versicherten
durch tarifliche oder betriebliche Beitragserstattungen vermieden
oder gemildert werden kann.

Bei den eingezahlten Summen hat sich der Ausgleich erst nach
etwa 21 Jahren gelohnt. Dabei wurde eine Verzinsung noch gar
nicht berücksichtigt.

Die einmal gezahlten Beiträge für den Rentenausgleich erhalten
Sie von Ihrer Rentenversicherungsanstalt nie mehr wieder. Erstattungen sind gesetzlich nicht vorgesehen, wenn Sie es sich anders
überlegt haben sollten. Die Ausgleichsbeiträge erhöhen dann allerdings die ungekürzte Rente.

Noch einzelne Beispiele für die Ausgleichszahlung zum Rentenabschlag (Rentenwerte bis 30. 6. 97):

Rentenabschlag monatlich – DM –	Zahlung (DM) für Ausgleich des Rentenabschlages bei vorzeitiger Rente von		
	1 Jahr	3 Jahre	5 Jahre
50	11 276	12 187	13 257
100	22 552	24 373	26 513
150	33 830	36 560	38 770
200	45 105	48 746	53 026
400	90 211	97 493	106 053

Extra-Tip

► Die Ausgleichszahlung bei einer vorzeitigen Inanspruchnahme der Rente ist insgesamt für Sie eine unwirtschaftliche Geldangelegenheit. Wenn Sie zum Beispiel das Geld für einen Ausgleich von 50 DM in Höhe von 13257 DM bei 5 Jahren vorzeitiger Rente mit einer Einmalzahlung im Alter von 54 Jahren (das sind dann 6 Jahre Laufzeit bis zur Rente ab 60 Jahre) in Bundesschatzbriefe anlegen, reicht das Geld etwa 30 Jahre lang für einen monatlichen Betrag von 50 DM. Bei einer Einzahlung in die Rentenkasse rechnet sich·die Ausgleichszahlung erst nach etwa 22 Jahren. Sollten Sie vorher sterben, haben noch nicht einmal die Erben etwas von dem Geld. Außerdem sind Sie bei einer eigenen Geldanlage flexibler und können beliebig über Ihr Vermögen verfügen. Wenn Sie zum Beispiel die 50 DM nicht mehr monatlich benötigen sollten, können Sie sich von dem Rest auch eine schöne Reise gönnen.

Risiko-Lebensversicherung

1. Um was geht es?

Die reine Form der Lebensversicherung nur mit einem Vermögensschutz für die Hinterbliebenen ist eine der wichtigen Versicherungen, insbesondere für junge Familien, für Personen, die Angehörige zu versorgen haben und für Bauherren. Sie bietet Kindern, Ehegatten oder anderen Angehörigen finanziellen Schutz für den Fall, daß der Hauptverdiener unerwartet stirbt. Das gilt auch für einen Selbstmord, wenn seit Vertragsabschluß mindestens drei Jahre vergangen sind.

Diese Versicherungsverträge werden von den Versicherungsunternehmen weit weniger als die Verträge mit einem zusätzlichen Sparplan, das sind die Kapitallebensversicherungen, verkauft. Auf diese Sparte entfallen nur etwa ein Viertel aller Neuabschlüsse.

2. Tips und Hinweise

2.1 Was bedeutet die Risikolebensversicherung?

Die Lebensversicherung als reine Risikoversicherung wird von den Versicherungsgesellschaften und ihren Mitarbeitern nicht so gerne angeboten, da an ihr nicht viel zu verdienen ist. Für die Versicherungen ist die Kapitallebensversicherung das bessere Geschäft. Dadurch sollten Sie sich aber nicht beeinflussen lassen. Wenn Sie Ihre Familie oder die Angehörigen für den Fall Ihres Todes ausreichend absichern wollen, ist zunächst die Risikolebensversicherung der passende Schutz. Sie bietet große Sicherheit zum günstigen Preis. Eine Kapitallebensversicherung mit der gleichen Versicherungssumme kostet etwa das Zehnfache.

Wichtig sind die Versicherungssumme und die Laufzeit.

Für die finanzielle Absicherung im Todesfall sollte die Versicherungssumme nicht zu niedrig angesetzt werden. Als Anhaltswert wird für eine Familie mit kleinen Kindern etwa das Fünffache des Jahreseinkommens angenommen. Bei Familien mit älteren Kindern und bei nicht berufstätigen Ehepartnern reicht das drei- oder vierfache Jahreseinkommen.

Die Laufzeit sollte sich nach dem jeweiligen Alter und dem Zeitpunkt der möglichen eigenen Versorgung richten. Wenn die Kinder sich selber ernähren können oder ausreichendes Vermögen vorhanden ist oder angemessene Rentenanwartschaften bestehen, dürfte eine weitere finanzielle Absicherung durch eine Risikolebensversicherung nicht mehr erforderlich sein. Für einen Dreißigjährigen dürfte daher höchstens eine Laufzeit von 30 Jahren infrage kommen. Ausreichend könnte häufig auch eine Absicherung bis zum 50. oder 55. Lebensjahr sein.

2.2 Versicherungsarten

Auch bei der Art dieser Versicherung gibt es zwei Möglichkeiten. Das Bonussystem und die Beitragsverrechnung.

Beim Bonussystem wird die Auszahlungssumme im Todesfall durch die Überschüsse erhöht. Diese Summe kann aber nicht garantiert werden. Daher dürfte die Alternative mit der Beitragsverrechnung die sicherere Sache und bessere Art sein.

Bei der Form mit der Beitragsverrechnung gibt es eine garantierte Versicherungssumme. Der vom Versicherer angenommene Überschuß senkt die Beiträge, die aber auch wieder je nach Wirtschaftslage des Unternehmens steigen können.

Wichtig: Die Risikolebensversicherung kann im übrigen auch in den ersten 10 Jahren in eine Kapitallebensversicherung umgewandelt werden, wenn diese Option zu Vertragsbeginn vereinbart wurde. Eine erneute Gesundheitsüberprüfung ist dann nicht erforderlich.

2.3 Günstige Versicherungsgesellschaften

Bei der Auswahl kann ohne weiteres nach den Kosten vorgegangen werden. Die beitragsgünstigen Versicherungen sind also die erste Wahl. Nach Feststellungen der Fachzeitschrift Finanztest (Spezialheft „Versicherungen") lagen die Beiträge für einen 30jährigen Mann bei einer Vertragslaufzeit von 10 Jahren zwischen unter 100 DM und über 300 DM jährlich. Bei 30 Jahren Laufzeit zwischen 170 DM und 570 DM. Für Frauen sind die Versicherungen noch günstiger.

Für einen Vertrag über eine Versicherungssumme von 100 000 DM (Form der Beitragsverrechnung) mit 30 Jahren Laufzeit für einen 30jährigen Mann lagen folgende Versicherungen mit ihren Jahresprämien unter 300 DM:

Cosmos, Ontos, Europa, Neue Bayer. Beamten, Delfin, Deutsche Allgemeine, Hannoversche Leben, WGV, Huk-Coburg, Futura.

Die Anschriften der Versicherungen finden Sie im Anhang.

Rundfunkgebührenbefreiung

1. Um was geht es?

Die einzelnen Bundesländer gewähren nach den landesrechtlich festgelegten Voraussetzungen eine Befreiung von der Rundfunk- und Fernsehgebührenpflicht. Die Anträge sind in der Regel an die örtlichen Sozialämter zu richten, die die Anträge mit einem Bestätigungsvermerk und Vorschlag an die zu entscheidende jeweilige Landesrundfunkanstalt weitergeben. Die Gebührenbefreiung wird aus gesundheitlichen und wirtschaftlichen Gründen erteilt.

2. Tips und Hinweise

2.1 Gesundheitliche Voraussetzungen

Soweit bestimmte gesundheitliche Voraussetzungen liegen, haben Sie Anspruch auf eine Gebührenbefreiung ohne Rücksicht auf die wirtschafltichen Verhältnisse. Auf die Höhe des Einkommens und Vermögens kommt es dann nicht mehr an.

Die gesundheitlichen Voraussetzungen können je nach den landesrechtlichen Regelungen bei folgenden Personen vorliegen:

• Sonderfürsorgeberechtigte nach dem Bundesversorgungsgesetz,
• Blinden oder wesentlich sehbehinderten Personen,
• Hörgeschädigten ohne ausreichende Verständigung mit Hörhilfe,
• Behinderte mit einem Grad von 80 (MdE), wenn sie nicht ständig an öffentlichen Veranstaltungen teilnehmen können,
• Pflegebedürftige mit Leistungen nach dem Pflegeversicherungsgesetz, dem Bundessozialhilfegesetz, der Kriegsopferfürsorge oder dem Lastenausgleichsgesetz.

2.2 Wirtschaftliche Voraussetzungen

Ohne bestimmte gesundheitliche Voraussetzungen kann die Gebührenbefreiung aber auch nach den wirtschaftlichen Verhältnissen erteilt werden. Je nach den Landesrichtlinien können diese Voraussetzungen ohne weitere Prüfung bei Personen vorliegen, die Hilfe zum Lebensunterhalt nach dem Bundessozialhilfegesetz oder Arbeitslosenhilfe beziehen.

Darüber hinaus gibt es die Gebührenbefreiung auch für Personen mit geringen Einkünften nach einer bestimmten Einkommensgrenze. Am Beispiel einer Landesregelung kann dazu folgende Berechnung vorgenommen werden, die sich an der sozialhilferechtlichen Bedarfsberechnung orientiert:

1. Für den Haushaltsvorstand der eineinhalbfache Regelsatz,
2. für jeden Haushaltsangehörigen den einfachen Regelsatz,
3. für 65jährige oder Bezieher einer Erwerbsunfähigkeitsrente ein Zuschlag von 30 % des Regelsatzes
4. den Kosten der Unterkunft (ohne Heizung und Stromkosten)
5. angemessene Versicherungsbeiträge und Werbungskosten.

Diesem Gesamtbetrag wird das Nettoeinkommen gegenübergestellt.

Sollte das Einkommen geringer als der Gesamtbedarfssatz sein, liegen die wirtschaftlichen Voraussetzungen vor.

Beispielsberechnung:

Ehepaar (65 und 60 Jahre), Miete ohne Heizung 800 DM mtl., Versicherungsbeiträge (Hausrat, Haftpflicht, Unfall) 100 DM mtl.

Ab dem 1. 7. 97 gelten durchschnittlich folgende Werte:

Ehemann	809 DM	(539 DM × 1,5)
Ehefrau	431 DM	(Haushaltsangehörige)
Mehrbedarf (65 Jahre)	162 DM	(30% von 539 DM)
Miete	800 DM	
Versicherungen	100 DM	
Gesamt	2302 DM	

Das Ehepaar dürfte in diesem Fall also ein Nettoeinkommen bis zu dem Betrag von monatlich 2302,00 DM beziehen, um eine Befreiung von den Rundfunkgebühren zu erhalten.

S

Schüler- und Studentenjobs

1. Um was geht es?

Wenn Schüler oder Studenten einer Beschäftigung nachgehen, gelten grundsätzlich die gleichen Voraussetzungen wie für die anderen Arbeitnehmerinnen und Arbeitnehmer auch. Daher sollte auch auf die Rechte und Pflichten im Rahmen des Sozialversicherungs- und des Steuerrechts geachtet werden.

Insbesondere Studenten werden nach wie vor als gute Arbeitskräfte von der Wirtschaft geschätzt. Eine gute Allgemeinbildung, Flexibilität und spezielle Fähigkeiten durch eine Berufsausbildung oder den Zivildienst sprechen für sie.

2. Tips und Hinweise

2.1 Allgemeine Voraussetzungen

Jugendliche dürfen erst mit Vollendung des 14. Lebensjahres einer bezahlten Arbeit nachgehen. Kinderarbeit ist bekanntlich verboten. Bei Schulpflichtigen ab 14 Jahre ist zu beachten, daß sie nur während der Ferien für insgesamt 4 Wochen im Jahr arbeiten dürfen. Bei einem Ferienjob darf außerdem nicht mehr als 40 Stunden in der Woche und nicht während der Nacht, das ist in diesem Fall der Zeitraum von 20 Uhr bis 6 Uhr, sowie am Wochenende nur in Ausnahmefällen malocht werden.

Für die Steuerpflicht und die Beiträge zur Sozialversicherung – auch für die Arbeitslosenversicherung – gelten für Schüler die gleichen Bestimmungen wie für alle Arbeitnehmer. Für die kurzfristigen (aushilfsweisen) oder geringfügigen Beschäftigungen siehe somit die Erläuterungen unter dem Stichwort →Geringfügige Beschäftigung. Also sozialversicherungsfreie Beschäftigung bis zu 2 Monaten oder 50 Arbeitstage, ohne daß es auf den Verdienst ankommt. Das gilt auch für Studenten.

Bei höheren Einkünften sollte daran gedacht werden, daß bei Einkünften unter ungefähr 1400 DM monatlich in der Steuerklasse I vom Arbeitgeber keine Steuern an das Finanzamt abzuführen sind.

2.2 Rentenversicherungspflicht ab 1. 10. 1996

Wichtig: Wer länger als zwei Monate pro Jahr mehr als 15 Stunden pro Woche arbeitet oder mehr als 610 DM/West oder 520 DM/Ost (Werte für 1997) verdient, muß Rentenversicherungsbeiträge zahlen. Diese Regelung gilt für Arbeitsverhältnisse, die nach dem 30. 9. 1996 begonnen worden sind. Für die vor diesem Zeitpunkt begonnenen Arbeitsverhältnisse mit weniger als 20 Stunden Arbeit pro Woche gilt Vertrauensschutz und somit Rentenversicherungsfreiheit.

Rentenversicherungsfrei bleiben also lediglich geringfügige Beschäftigungen. Mehrere kurzfristige Beschäftigungen und mehrere geringfügig entlohnte Jobs werden jeweils zusammengerechnet.

Die neue Rentenversicherungsregelung kann auch vorteilhaft sein, da die Zeiten der Schulausbildung und des Studiums für die Rente nur noch maximal drei Jahre beitragsfrei berücksichtigt werden. Diese Lücken können durch freiwillige Beiträge aufgefüllt werden, die bei einem Arbeitsverhältnis als Pflichtbeiträge aber vom Arbeitgeber zur Hälfte bezahlt werden

2.3 Steuern sparen

Wenn Studenten der Lohnsteuerpflicht unterliegen, können sie sich durch den Nachweis der Berufsausbildungskosten die Lohnsteuer vom Finanzamt ganz oder teilweise wiederholen. Es muß lediglich der Pauschbetrag bei den Sonderausgaben von 108 DM (Verheiratete 216 DM) überschritten werden.

Extra-Tip

▶ Studenten dürfen nicht schlechter behandelt werden als andere Teilzeitbeschäftigte. Die Versicherungsfreiheit von Studenten ist kein Grund, ihnen die tariflichen oder gesetzlichen Arbeitnehmerrechte vorzuenthalten. Das gilt auch für Erholungsurlaub, Arbeitsbefreiung oder Schichtzulage. In diesem Sinne hat das Bundesarbeitsgericht entschieden.

Selbständige Tätigkeit

1. Einleitung (Um was geht es?)

Von den verschiedensten Möglichkeiten der selbständigen Tätigkeit wird im folgenden auf zwei Arten näher eingegangen. Es sind dies

• die Nebentätigkeiten und
• der Betrieb als Kleingewerbe.

Mit einer selbständigen Tätigkeit eröffnen sich viele Möglichkeiten, Steuern zu sparen. Es können zum Beispiel sonst privat genutzte Gegenstände mit den Anteilen der beruflichen Nutzung steuermindernd abgesetzt werden. Viele Voraussetzungen, insbesondere zur Steuerpflicht, spielen eine Rolle. Zur selbständigen Tätigkeit als Existenzgrundlage siehe Stichwort →Existenzgründung.

2. Tips und Hinweise

2.1 Wie ist das mit den Nebentätigkeiten?

Bei geringeren Tätigkeiten siehe Stichwort →Geringfügige Beschäftigung und bei dem steuerlich auch lohnenden Nebenjob in der Firma des selbständigen Ehegatten siehe Stichwort →Arbeitsverträge mit Ehegatten.

Es spielt zunächst keine Rolle, ob Sie eine Nebentätigkeit spaßeshalber, aus steuerlichen oder rein finanziellen Gründen ausüben. Wenn Sie als Arbeitnehmer durch eine Nebentätigkeit insgesamt mehr als 800 DM Einkünfte haben, werden Sie einkommensteuerpflichtig. Eine Ausnahme ist die geringfügige Beschäftigung mit der pauschalen Lohnsteuerzahlung. Bei den Einkünften zwischen 800 DM und 1600 DM gibt es noch einen Freibetrag, der bei einem Gewinn über 1600 DM ganz wegfällt.

Als Nebentätigkeiten zählen dabei alle Beschäftigungen, die nicht mehr als ein Drittel einer Vollzeittätigkeit dauern. Es muß kein Hauptberuf ausgeübt werden, so daß auch für Hausfrauen, Studenten oder Rentner die steuerlichen Regelungen der Nebentätigkeit gelten.

Wenn Sie noch einen Hauptberuf haben sollten, kann eine Nebentätigkeit beim Arbeitgeber meldepflichtig sein. Das gilt für den öffentlichen Dienst und für eine ausdrückliche Regelung im Arbeitsvertrag.

2.2 Besondere Aufwandspauschale von 2400 DM jährlich

Für eine bestimmte Art von Nebentätigkeiten gibt es den sogenannten Übungsleiter-Freibetrag. Danach ist eine Aufwandsentschädigung bis zu 2400 DM jährlich steuerfrei. Die Tätigkeit muß dabei nebenberuflich, was auch ohne Hauptberuf sein kann, für bestimmte Auftraggeber, wie Bund, Länder, Gemeinden, Kirchen, gemeinnützige Vereine, Stiftungen, Kammern oder Sozialleistungsträgern ausgeführt werden und zu folgenden Arten gehören:

- Übungsleiter, Sporttrainer, Chorleiter, Dirigent, Lehrer, Kursleiter, Prüfer, Vortragende, Betreuer bei Mütterberatung, Seelsorge oder Selbsthilfegruppen, Aus- und Fortbilder, Volkshochschuldozenten, Lehrpersonen, Alten- und Krankenbetreuer, künstlerische Betätigung (z. B. Musiker).

Wenn allerdings die nebenberuflich bedingten Ausgaben höher als 2400 DM sind, kann der tatsächliche Betrag abgesetzt werden.

Wichtig: Für alle sonstigen nebenberuflichen Tätigkeiten gibt es den besonderen Freibetrag nicht. Es gilt dann das übliche Prinzip, daß die mit der Erzielung des Einkommens verbundenen notwendigen Ausgaben absetzungsfähig sind. Wenn es Ihnen also gelingt, Ihren diesbezüglichen Gewinn nach Abzug der Ausgaben auf unter 800 DM zu bringen, bleiben die Einkünfte steuerfrei.

2.3 Welche Möglichkeiten bieten sich für einen Zweitjob noch an?

Es kommt dabei nicht unbedingt auf Ihre Kenntnisse, Eignungen und Neigungen an. Eine Anlernung dürfte häufig kein Problem sein. Ein Versuch sollte allemal probiert werden. Von den verschiedensten Beispielen eine Auswahl:

- Heimarbeit, Schreibhilfen, Interviewer von Meinungs- und Marktforschungsinstituten, Statisten bei Film und Fernsehen, Apotheken-Lieferanten, Fahrradkurier, Kinderbetreuung, Tätigkeit über Zeitarbeitsfirmen, Verkaufsaushilfen, Fahrer von Bringdiensten, Beratungstätigkeiten, Fotomodelle, Zauberkünstler, Versicherungsvermittler, Fotograf, Gartenpflege- und Kleinreparaturdienste, Kleintierzucht, Schriftstellerei, Secondhand-Laden, Flohmarktstände, Hausverkauf von Haushalts- und Kosmetikartikeln (Tupperware, Avon) und sonstigen Sachen, Zeitungszustellung, Wachdienst, Tagesmutter, Altenbetreuung, Taxifahrer.

2.4 Was ist bei einem Kleingewerbe oder einer freiberuflichen Tätigkeit zu beachten?

Als Freiberufler sind Sie überhaupt nicht und als gewerblicher Unternehmer nur dann zu einer kaufmännischen Buchführung verpflichtet, wenn Ihr Jahresumsatz mehr als 500 000 DM oder das Betriebsvermögen mit dem Einheitswert mehr als 125 000 DM oder der Jahresgewinn mehr als 48 000 DM beträgt. Bei diesen Summen dürfte es sich aber auch nicht mehr um ein Kleingewerbe handeln, so daß für diese Art der selbständigen Tätigkeit – ob mit oder ohne Hauptberuf – zunächst nur die einfache Einnahme-Überschuß-Rechnung für die Gewinnermittlung und die Steuererklärung ausreicht.

Wichtig: Als Betriebsausgaben können dabei alle durch die Tätigkeit veranlaßten Ausgaben angesetzt werden. Das sind zum Beispiel auch die anteiligen Kosten für das Arbeitszimmer im Haus oder die darauf entfallende Miete, die Kosten für den auch gewerblich genutzten PKW einschließlich Abschreibungen oder auch die Anteilskosten für Telefon, Fax und Computer.

Beachtet werden sollten die Grenzen für die Gewerbe- und die Umsatzsteuerpflicht. Die Gewerbesteuer fällt bei Erträgen bis zu 48 000 DM oder einem Gewerbekapital bis zu 120 000 DM nicht an. Die Umsatzsteuerpflicht besteht nicht, wenn der Vorjahresumsatz 32 500 DM und der Umsatz im laufenden Jahr voraussichtlich 100 000 DM nicht übersteigt. Es besteht dann auch keine Möglichkeit der Vorsteuererstattung. Zur Klärung der Frage, ob ein Verzicht auf die Umsatzsteuerbefreiung für die Dauer von 5 Jahren, auch Option zur Regelbesteuerung genannt, lohnen würde, sollte insbesondere bei einem Handel mit Waren ein Steuerberater eingeschaltet werden.

Ansonsten kann ein Kleingewerbe oder eine Nebentätigkeit allen Möglichkeiten der zulässigen Steuergestaltung dienen. Beispiele dafür sind:

• Anmietung eines Büroraumes (statt Arbeitszimmer) im Haus des Ehegatten und damit mögliche Absetzung aller anteiligen Ausgaben bei den Einnahmen aus Vermietung und Verpachtung beim Ehegatten. Im Ergebnis haben Sie beide die Büromiete als (Betriebs-) Ausgaben abgesetzt und als Mieteinnahmen nur noch den nach Abzug der anteiligen Ausgaben verbleibenden Reinerlös.

• Kosten des PKW einschl. Abschreibungen als Betriebsausgaben. Der private Nutzungsanteil kann dabei vereinfachend mit etwa 30 % bis 35 % angesetzt werden.

• Zahlungsverschiebungen als Abschlags- oder Vorauszahlungen zur Erhöhung der laufenden Betriebsausgaben für die Nutzung von Steuerfreibeträgen. Eine solche Maßnahme bietet sich beispielsweise an, wenn Ihr Gewinn aus einer Nebentätigkeit oder anderen Einkunftsart geringfügig über 1600 DM liegen und damit voll versteuert würde. Wenn Sie noch Miete oder Zinsen bereits für das nächste Jahr oder dem Handwerker schon einen Abschlag zahlen, können Sie leicht unter den steuerpflichtigen Betrag von 800 DM (bzw. 1600 DM) kommen und müssen gar keine Steuer zahlen.

• Die Kosten für die Beschäftigung von Ehegatten oder Kindern sind Betriebsausgaben. Dazu zählen insbesondere der Lohn und die Steuern sowie gegebenenfalls die Sozialabgaben. Das Finanzamt erkennt aber nur Beschäftigungen mit regulären Verträgen an. Für die Lohnzahlungen an den Ehegatten reicht notfalls ein gemeinsames Konto.

• Wenn Sie sich zum Schreiben von Reiseberichten entschließen sollten, können Sie Ihre Reisen in nahe oder ferne Länder als Betriebsausgaben absetzen. Dazu kommen alle mit dieser „Betriebsfahrt" zusammenhängenden Ausgaben. Sie müßten aber schon eine gewisse Ernsthaftigkeit des Vorhabens belegen können. Sie könnten zum Beispiel ein Manuskript an mehrere Verlage senden.

2.5 Hobby als Gewerbebetrieb?

So einfach geht das natürlich nicht. Wenn Sie aus Ihrer Liebhaberei oder dem Hobby ein Gewerbe machen wollen, sind zunächst die üblichen Formalitäten zu beachten. Sie müssen das Gewerbe anmelden, den Betrieb dem Finanzamt mitteilen und Aufzeichnungen über die Einnahmen und Ausgaben führen.

Sinn dieser Maßnahme ist die Absetzung von Ausgaben, die möglichst höher als die erzielten Einnahmen sind. Dann kann der Verlust insoweit bei Ihren übrigen Einkünften Ihre Steuerlast verringern. Das Finanzamt erkennt allerdings nicht jede Tätigkeit mit Dauerverlusten über einen längeren Zeitraum an. Was nun ein längerer Zeitraum ist, kann nicht eindeutig gesagt werden. Die Auffassungen darüber sind nicht einheitlich. Sie müßten zur Vermeidung von Schwierigkeiten schon eine Gewinnerzielungsabsicht belegen können. In den ersten Jahren werden aber durchaus Verluste aus Ihrer Tätigkeit akzeptiert.

Sie sollten also darauf achten, daß nicht der Anschein einer Liebhabertätigkeit erweckt wird, denn die Kosten eines Hobbys sind reines Privatvergnügen. Es muß auch damit gerechnet werden, daß das Finanzamt bei langjährigen Verlusten rückwirkend die Steuervorteile, also Verlusteinkünfte, streicht und somit eine Nachversteuerung durchführt, die ins Geld gehen kann.

Folgende Beschäftigungen können aber durchaus auch als gewerbliche Tätigkeit vom Finanzamt unter Beachtung der genannten Voraussetzungen akzeptiert werden:

• Schriftstellerei, wenn sie sich an einer Druckauflage orientiert
• Kleintierzucht, wenn es nicht unbedingt Exoten ohne Nachfrage sind
• Malerei und Töpferei zum Verkauf
• Reisejournalist mit Erstellung von Manuskripten
• Sammeln von Briefmarken oder Münzen nur, wenn sie in größerem Umfang auch verkauft werden.

Sonderausgaben

1. Um was geht es?

Sonderausgaben sind eine der vielen Möglichkeiten des Steuernsparens. Für die unbeschränkt abzugsfähigen Sonderausgaben setzt das Finanzamt lediglich eine Pauschale von 108 DM bei Ledigen und von 216 DM bei Verheirateten an. Alle weiteren Ausgaben wirken sich also positiv auf Ihre Steuerfestsetzung aus. Allerdings gehören dazu nicht die beschränkt abzugsfähigen Ausgaben, das sind die Versicherungsbeiträge. Diese dürften oft durch die sogenannte Vorsorgepauschale abgegolten sein. Siehe dazu Stichwort →Vorsorge-aufwendungen.

2. Tips und Hinweise

2.1 Was zählt zu den Sonderausgaben?

Zu den Sonderausgaben, die keine beschränkt abzugsfähige Vorsor-geaufwendungen sind, zählen:

- Unterhaltszahlungen an den geschiedenen oder dauernd getrennt lebenden Ehegatten bis 27000 DM, wenn dieser der Besteuerung der erhaltenen Beträge zugestimmt hat
- Renten und dauernde Lasten
- Kirchensteuer
- Zinsen auf Steuernachzahlungen, Stundungs- und Aussetzungs-zinsen
- Berufsausbildungskosten
- Hauswirtschaftliches Beschäftigungsverhältnis
- Privatschulbesuch des Kindes (30%)
- Steuerberatungskosten
- Spenden

2.2 Unterhaltszahlungen

Für die Absetzung dieser Ausgaben ist Voraussetzung, daß der emp-fangene Expartner die Zahlungen als Einkünfte (Anlage KSO) angibt und gegebenenfalls versteuert. Dazu muß er oder sie sich ausdrück-lich auf der Anlage „U", die für diesen Sonderausgabenabzug auszu-füllen ist, bereit erklären. Für den Expartner ist aber Vorsicht gebo-ten, da durch diese offiziellen Unterhaltszahlungen Ansprüche auf andere Sozialleistungen (Wohngeld, BAföG) oder Vergünstigungen (Wohnungsbauprämie) wegfallen können. Die Unterhaltszahlungen können auch als Freibetrag in die Lohnsteuerkarte eingetragen wer-den und so das laufende Nettoeinkommen erhöhen.

2.3 Renten und dauernde Lasten

Neben den Altenteilslasten in der Landwirtschaft ist diese Art des Sonderausgabenabzuges insbesondere beim Kauf eines Eigenheimes auf Rentenbasis interessant. Als Kaufpreis zahlen Sie dann eine Leibrente, deren Ertragsanteil jedes Jahr als Sonderausgabe abgesetzt werden kann. Diese Möglichkeit ist eine Ausnahme von dem Grundsatz, daß bei selbstgenutzten Einfamilienhäusern keine laufenden Lasten abgesetzt werden können. Daneben können außerdem die üblichen Eigenheimförderungen in Anspruch genommen werden. Der Kauf auf Rentenbasis ist insbesondere unter Verwandten ein attraktiver Immobilienerwerb. Dabei sind jedoch bestimmte Formalitäten zu beachten, so daß ein Anwalt oder Steuerberater hinzugezogen werden sollte.

2.4 Kirchensteuer

Der Abzug der Kirchensteuer ist in voller Höhe möglich und führt dadurch ebenfalls zu einer Steuerersparnis. Wenn Sie zum Beispiel 1000 DM Kirchensteuer gezahlt haben, können Sie bei einem Grenzsteuersatz von 35 % gute 350 DM zurückbekommen. Siehe auch Stichwort →Kirchensteuer.

2.5 Zinsen auf Steuernachzahlungen

Wenn Sie dem Finanzamt Zinsen zahlen müssen, können Sie diese als Sonderausgaben absetzen. Das sind insbesondere Zinsen auf Steuernachzahlungen, Stundungszinsen oder Aussetzungszinsen für Steuern, die im Einspruchsverfahren zurückgestellt wurden. Verspätungszuschläge oder Zinsen für hinterzogene Steuern werden jedoch nicht als Sonderausgaben anerkannt.

2.6 Berufsausbildungskosten

Kosten für die Ausbildung in einem noch nicht ausgeübten Beruf werden nur bis zur Höhe von 1800 DM und bei auswärtiger Unterbringung bis zu 2400 DM anerkannt. Zu den Ausbildungskosten zählen Studien-, Prüfungs- und Kursgebühren, Schreibmaterial, Fachliteratur und Fahrtkosten.

Wenn es sich um berufliche Fortbildungsveranstaltungen handeln sollte, wird häufiger der Abzug als Werbungskosten günstiger sein, da es hierbei keine Begrenzung gibt. Siehe auch Stichwort →Werbungskosten.

Auch die Kosten für ein →Arbeitszimmer zählen zu den Ausbildungskosten. Sie können also einmal im Rahmen des Höchstbetrages der Ausbildungskosten dafür 1800 DM absetzen und wegen der beruflichen Nutzung nochmal 2400 DM als Werbungskosten. Voraussetzung dafür ist, daß das häusliche Arbeitszimmer sowohl für die Ausbildung als auch für den Beruf genutzt wird.

2.7 Beschäftigung einer Haushaltshilfe

Für die sozialversicherungspflichtige Beschäftigung einer Haushaltshilfe können nunmehr bis zu 18 000 DM jährlich als Sonderausgaben geltend gemacht werden. Es gibt aber keinen Sonderausgabenabzug bei einer geringfügigen Beschäftigung. Damit würden Sie aber auch Arbeitgeberpflichten übernehmen, die allerdings die Krankenkasse mit einer Einzugsermächtigung für Sie erledigen würde.

Dafür gibt es den sogenannten Haushaltsscheck, der bei allen Krankenkassen, Arbeitsämtern, Banken und Sparkassen erhältlich ist.

Wichtig: Rein steuerlich betrachtet lohnt die reguläre Beschäftigung einer Haushaltshilfe kaum. Im Vergleich der Gesamtkosten aus Steuern (Klasse V) und Sozialabgaben zu einer Lohnzahlung in bar von z. B. 1000 DM mtl. ohne Steuern und Sozialabgaben gibt es erst ab einem zu versteuernden Einkommen des Arbeitgebers von etwa 400 000 DM einen Einsparungseffekt. Günstiger sieht dieser Vergleich aus, wenn die Haushaltshilfe die Steuerklasse I (ledig, ohne Kind) hätte. Dann tritt bereits bei einem zu versteuernden Einkommen von 100 000 DM beim Arbeitgeber ein Steuervorteil ein.

2.8 Privatschulbesuch

Das Schulgeld für den Besuch von Schulen, die wie die Waldorfschule als Ersatzschulen anerkannt sind, kann bis zu 30 % abgesetzt werden. Die restlichen 70 % können Sie als →außergewöhnliche Belastungen geltend machen, wenn Sie für den Schulbesuch eine besondere Begründung haben.

2.9 Steuerberatungskosten

Neben den Honoraren für Steuerberater und Steuerfachanwälte werden auch die Beiträge für Lohnsteuerhilfevereine und ähnliche Einrichtungen anerkannt. Dazu zählen auch die Fahrten für die Beratungen. Ebenso können Fachbücher und die Software von Steuerprogrammen abgesetzt werden. Wenn die Steuerberatungskosten über 1000 DM liegen, müssen sie in Sonderausgaben und Werbungskosten aufgeteilt werden. Liegen sie darunter können Sie wählen. Wenn Sie noch nicht die Werbungskostenpauschale von 2000 DM mit Ihren Ausgaben erreicht haben, ist die Absetzung als Sonderausgaben immer günstiger.

2.10 Spenden

Bei den Spenden gelten für den Sonderausgabenabzug unterschiedliche Maßstäbe.

Spenden und Mitgliedsbeiträge an politische Parteien und Wählervereinigungen werden bis zu 3000 DM bei Ledigen und bis zu 6000 DM bei Verheirateten pro Jahr mit der Hälfte der Zahlung als Sonderausgaben abgesetzt. Spenden, die darüber hinausgehen, können nochmals bis zu den genannten Beträgen dann in voller Höhe von der Steuer abgezogen werden.

Für kirchliche, religiöse und gemeinnützige Zwecke können Spenden bis zu maximal 5 % vom Gesamtbetrag der Einkünfte steuermindernd geltend gemacht werden. Bei wissenschaftlichen, mildtätigen und kulturellen Zwecken erkennt das Finanzamt bis zu 10 % vom Gesamtbetrag der Einkünfte als Spenden an. Eine Spendenbescheinigung muß fast immer der Steuererklärung beigefügt werden. Nur bei Spenden bis zu 100 DM können Sie auch ohne auskommen.

Wichtig: Wenn Sie an einen Verein, wie den Sport-, Heimat-, Tierzüchter- oder Karnevalsverein, spenden wollen, ist eine direkte Zahlung nicht abzugsfähig. Sie müssen dazu eine Körperschaft des öffentlichen Rechts einschalten. An diese Stelle, das kann z.B. die Gemeindeverwaltung sein, spenden Sie mit der Auflage, die Spende an den bestimmten Verein weiterzuleiten.

Extra-Tip

▶ Wenn Sie als Vereinsmitglied für z.B. Ihren Sportverein Aufwendungen hatten, können Sie diese nicht ohne weiteres von der Steuer absetzen. Das geht nur, wenn Ihnen der Verein in dieser Höhe die Auslagen, wie z.B. Fahrkosten erstattet. Dafür geben Sie Ihrem Verein über die Gemeinde oder den Landessportbund eine Spende in gleicher Höhe. Damit hat der Verein sein Geld wieder und Sie haben Ihre Aufwendungen durch die Spende steuerlich voll abgesetzt.

Sozialer Wohnungsbau

1. Um was geht es?

Für den Bau oder den Kauf eines Hauses oder einer Eigentumswohnung reichen die eigenen Mittel nicht immer aus. Zu dem Eigenkapital müssen häufig Fremdmittel aufgenommen werden. Dabei können dann staatliche Finanzierungs- und Steuerhilfen zur Realisierung des Vorhabens eine Unterstützung sein. Neben den Steuervergünstigungen, siehe dazu auch Stichwort →Bauförderung, gibt es als staatliche Hilfen die öffentlichen Baudarlehen und Aufwendungshilfen als Darlehen oder Zuschüsse.

2. Tips und Hinweise

2.1 Allgemeine Voraussetzungen

Es wird dabei nach dem 1. Förderweg und dem 2. Förderweg unterschieden. Unter den 1. Förderweg fallen die Haushalte, die die Einkommensgrenzen nach dem II. Wohnungsbaugesetz nicht überschreiten. Für die Maßnahmen des 2. Förderweges kommen die Haushalte infrage, deren Einkommen nicht mehr als 60 % über diesen Grenzen liegt.

Im 1. Förderweg werden insbesondere kinderreiche Familien, Alleinerziehende, ältere Menschen und Schwerbehinderte gefördert. Folgende Förderungen gibt es:

- Öffentliche Baudarlehen zu besonders günstigen Bedingungen, zum Teil auch zinslos
- Familienzusatzdarlehen
- Aufwendungshilfen (Darlehen oder Zuschüsse)
- Landesbürgschaften zur Sicherung von nachrangigen Hypothekendarlehen.

Diese Förderungen gibt es in der Regel auch nur für Neubauten.

2.2 Welche Einkommensgrenzen sind maßgebend?

Grundsätzlich darf das Gesamteinkommen des Haushaltes folgende Beträge nicht überschreiten:

Haushaltsgröße	Jahresbetrag (DM)
1 Person	23 000
2 Personen	33 400
3 Personen	41 400
4 Personen	49 400

Für jedes weitere Haushaltsmitglied kommt ein Freibetrag von 8000 DM hinzu.

Maßgebend ist das Bruttoeinkommen. Davon werden abgesetzt:

- Werbungskosten bei Arbeitnehmern oder Betriebsausgaben bei Selbständigen in Höhe von mindestens 2000 DM ohne Nachweis. Höherer Betrag mit Nachweis.
- Pauschalabzug von je 10 % für Steuern vom Einkommen, Beiträge zur Rentenversicherung und Beiträge zur Krankenversicherung. Also bis zu 30 % Abzug. Bei Personen, die weder Steuern noch Sozialversicherungsbeiträge zahlen, werden pauschal 6 % vom Einkommen abgesetzt.
- Weitere Abzüge für Unterhaltszahlungen, berufstätige Alleinerziehende mit Kind (1800 DM), Kindern mit Einkünften im Alter von 16 bis 25 Jahren (1200 DM), Schwerbehinderte je nach Grad der Behinderung (4200 DM bis 9000 DM), junge Ehepaare bis 5 Jahre nach Eheschließung (8000 DM).

Berechnungsbeispiel: Ehepaar Lustig ist seit 2 Jahren verheiratet und hat ein Kind. Vater Lustig hat Einkommen von 60000 DM und Mutter Lustig von 20000 DM.

Einkommen Vater	60 000 DM
Einkommen Mutter	20 000 DM
ab Werbungskosten Vater (z. B.)	5 000 DM
ab Werbungskosten Mutter (Mindestbetrag)	2 000 DM
ab Pauschalabzug Vater (30 %)	18 000 DM
ab Pauschalabzug Mutter (30 %)	6 000 DM
ab Freibetrag Jungehepaar	8 000 DM
bleibt Gesamteinkommen	41 000 DM

Da die Einkommensgrenze von 41 400 DM nicht überschritten wird, erhält das Ehepaar Lustig die Förderungen im 1. Förderweg.

2.3 Voraussetzungen für den 2. Förderweg

Diese Förderungen sind geringer als im 1. Förderweg. Es werden dabei Aufwendungsdarlehen oder Aufwendungszuschüsse in abnehmender Höhe gewährt. Auch mit diesen Mitteln soll die laufende Belastung für den Bau oder den Kauf eines Hauses verringert werden. Die Darlehen werden in der Regel bis zum Ablauf des 16. Jahres zins- und tilgungsfrei gewährt. Danach sind sie zu verzinsen und zurückzuzahlen. Es wird davon ausgegangen, daß bis zu diesem Zeitpunkt die Bauspardarlehen mit ihrer höheren Tilgung abgelöst worden sind, so daß keine höhere Belastung eintritt.

Wichtig: Die Einkommensgrenzen können bei dieser Förderung um bis zu 60 % überschritten werden. Im genannten Beispiel könnte die Familie Lustig also ein Gesamteinkommen unter Berücksichtigung der Absetzungsbeträge von 66 240 DM statt 41 400 DM haben.

2.4 Wohnungsgrößen

Die öffentlichen Mittel gibt es nur für den Bau von Wohnungen innerhalb bestimmter Wohnflächen. Für den 1. Förderweg gelten folgende Grenzwerte:

* Familienheime mit einer Wohnung   130 qm
* Familienheime mit zwei Wohnungen   200 qm
* Eigentumswohnungen   120 qm.

Dabei soll bei einem Vierpersonenhaushalt eine Wohnfläche von 90 qm nicht überschritten werden. Diese Wohnfläche verringert oder erhöht sich um je 10 qm pro Person. Diese Grenzen erhöhen sich unter bestimmten Voraussetzungen (z.B. Behinderung, Pflegebedürftigkeit).

2.5 Zuständigkeiten und Verfahren

Für die Durchführung des sozialen Wohnungsbaus sind die Bundesländer zuständig. Sie setzen auch die Kriterien für die Vergabe der Mittel fest. Es gibt also neben den allgemeinen Bedingungen in den einzelnen Bundesländern leider unterschiedliche Voraussetzungen. Es wird daher empfohlen, sich frühzeitig mit der zuständigen Bewilligungsstelle in Verbindung zu setzen. In der Regel darf mit dem Bau auch erst begonnen werden, wenn die Bewilligung vorliegt.

Während des Verfahrens sollten Sie sich wegen Ihrer Finanzierungsplanung schon vorab nach der Förderzusage erkundigen. Die zuständige Stelle erfahren Sie bei Ihrer Stadt- oder Kreisverwaltung. In den sogenannten Stadtstaaten sind besondere Stellen zuständig. Berlin: Investitionsbank, Bundesallee 210, 10719 Berlin. Hamburg: Hamburgische Wohnungsbaukreditanstalt, Besenbinderhof 31, 20097 Hamburg. Bremen: Amt für Wohnung und Städtebauförderung, Breiten Weg 24–26, 28195 Bremen.

2.6 Belegung von Sozialwohnungen

Die mit öffentlichen Mitteln geförderten Sozialmietwohnungen unterliegen einer Belegungs- und Mietpreisbindung und dürfen nur an Wohnberechtigte zu einer preisgebundenen Miete, das ist die sogenannte Kostenmiete, vermietet werden.

Den sogenannten Wohnberechtigungsschein gibt es bei der Stadt- oder Kreisverwaltung. Dafür gelten die vorher genannten Einkommensgrenzen für den 1. Förderweg im sozialen Wohnungsbau. Diese Grenzen können bis zu 5 % überzogen werden. Auch dazu gibt es in den einzelnen Bundesländern unterschiedliche Regelungen.

Extra-Tip

▶ Wenn Sie in einer Sozialwohnung mit einer Kostenmiete leben, achten Sie darauf, daß bei einer Verminderung der laufenden Aufwendungen des Vermieters auch die Miete entsprechend herabgesetzt wird.

Sparzinsen

1. Um was geht es?

Von hohen Zinsen können private Geldanleger bei der derzeitigen Kapitalmarktlage und den Sparangeboten der Banken und Sparkassen nur träumen. Nur bei Geldanlagen mit einem sehr hohen Risiko lassen sich stolze Renditen erzielen. Im folgenden geht es nur um sichere Geldanlagen.

2. Tips und Hinweise

2.1 Vorsicht vor dubiosen Angeboten

Es kann auch mit sicheren Anlagen gegenüber den Sparbuchzinsen etwa das Dreifache an Zinsen herausgeholt werden. Im Jahr 1997 konnten für Geldanlagen ohne Verlustrisiko knapp sechs Prozent Zinsen kassiert werden. Sollten Ihnen vermeintlich sichere Geschäfte mit ungefähr dem doppelten Zinssatz angeboten werden, dürfte an der Sache etwas faul sein.

Immer wieder fallen Geldanleger auf dubiose Angebote rein. Es kann also nur vor Leichtsinn, Leichtfertigkeit, Geldgier und Informationsdefiziten gewarnt werden.

2.2 Was bringen Sparbuchzinsen?

Ungefähr ein Viertel des privaten Geldvermögens der Deutschen liegt auf Sparbüchern. Das sind immerhin über eine Billion DM. Damit können die Banken und Sparkassen gute Geschäfte machen. Wenn Sie Ihr Geld unbedingt auf dem Sparbuch lassen wollen, wofür zumindest die Sicherheit und die schnelle Verfügbarkeit sprechen, sollten Sie wenigstens eine Sondersparform, die als Bonus- oder Extra-Sparen angeboten wird, vereinbaren. Sie können damit einen deutlich über dem Zins für Spareinlagen mit dreimonatiger Kündigungsfrist liegenden Ertrag erzielen.

Folgende Banken haben Mitte des Jahres 1997 mit mindestens 3% für die normalen Sparbuchkonditionen einen deutlich höheren Sparzins angeboten als allgemein üblich:

BMW-Bank, München, Heidemannstr. 164, 80788 München,
   Tel.: 0 89/ 31 84 31;
Noris-Verbraucherbank, 90310 Nürnberg, Tel.: 01 30/85 86 00;
NordFinanz, Martinistraße 46, 28195 Bremen, Tel.: 04 21/3 07 50;
CTB-Bank von Essen, Huyssenallee 100, 45128 Essen,
   Tel.: 04 21/3 07 50;
Wüstenrot Bank, Tel.: 0 71 41/16 99 22

Wenn Sie Ihr Sparbuch auflösen wollen, fragen Sie nach den Auflösungsgebühren. Sollte Ihre Bank oder Sparkasse nicht darauf verzichten, lassen Sie einen Kleinstbetrag von 1 DM auf dem Sparbuch stehen und kümmern sich dann nicht weiter darum.

2.3 Tagesgeldkonten

Eine interessante Alternative sind bei einer täglichen Verfügbarkeit die Tagesgeldkonten der Direktbanken. Diese Banken ohne Geschäftsfilialen werben mit günstigen Konditionen. Sie sollten deren Angebote unbedingt mit denen Ihrer Hausbank vergleichen. Es dürfte auch den Geschäftsbeziehungen zu Ihrer Hausbank nichts schaden, wenn Sie bei der Konkurrenz ein Sparkonto hätten. Auch einzelne innovative Banken bieten Spezialangebote an. Es lohnt sich, auf Werbeanzeigen zu achten. Die BMW-Bank (Tel.: 0 89/31 84 31) zum Beispiel hat für jederzeit kündbares Tagesgeld mit einem um etwa 0,5 Prozent über dem Durchschnitt liegenden Zinssatz bei einer Anlage ab 7500 DM geworben. Mit einem anderen Angebot lockte die Volkswagen-Bank. Neben 3 % Zinsen gab es nach Ende der Laufzeit von 1 bis 6 Jahren einen Bonus von 50 % auf die Zinserträge und damit eine Gesamtrendite von 5,17 %. Eine Auswahl der Direktbanken finden Sie unter dem Stichwort →Kontoführungskosten.

2.4   Geldanlagen mit einer Laufzeit

2.4.1 Sparbriefe

Neben Sparbüchern und Sparverträgen bieten fast alle Geldinstitute auch Sparbriefe mit einer bestimmten Laufzeit an. Sie gibt es schon in kleiner Stückelung ab 100 DM und eignen sich daher auch für Sparer, die keine größeren Beträge anlegen wollen oder können.

Sparbriefe sind Wertpapiere, die oft im Depot bei der Bank verwahrt werden. Viele Geldinstitute verlangen für die eigenen Sparbriefe keine Depotgebühren.

Die Laufzeit der Sparbriefe kann zwischen einem Jahr und sechs Jahren liegen. Eine Kündigung ist grundsätzlich ausgeschlossen. Wenn Sie unbedingt Geld benötigen, käme nur eine Beleihung der Sparbriefe infrage. Das kostet aber Sollzinsen. Ansonsten könnten Sie wegen einer vorzeitigen Rückzahlung nur auf die Kulanz der Bank hoffen. Wenn Sie also Wert auf Flexibilität legen, sind Sparbriefe ab zwei Jahren Laufzeit ohne Rückgabemöglichkeit nicht die beste Wahl.

Auch der Bund gibt Sparbriefe heraus. Das sind die Finanzierungsschätze und die Bundesschatzbriefe. Diese können bereits nach einem Jahr zurückgegeben werden. Siehe auch Stichwort → Bundes-schatzbriefe.

2.4.2 Anleihen

Davon zu unterscheiden sind Anleihen. Sie werden auch Obligatio-nen oder Schuldverschreibungen genannt. Diese Art der Wert-papiere bringt meist etwas bessere Zinsen als Sparbriefe oder Spar-verträge. Meist haben die Anleihen einen festen Zinsbetrag während der Laufzeit. Die Anleihen werden an der Börse gehandelt und können jederzeit gekauft und verkauft werden. Im Gegensatz zu den Spareinlagen gibt es aber keine Einlagensicherung. Bundes-anleihen haben jedoch praktisch kein Bonitätsrisiko, auch Schuld-nerrisiko genannt. Achten Sie auf sogenannte mündelsichere Wert-papiere. Deren Zins- und Tilgungszahlungen werden vom Bund oder einem Bundesland garantiert. Während der Laufzeit haben Sie aber keine Garantie für einen bestimmten Verkaufspreis, da sich das Zinsniveau am Kapitalmarkt ändert und die Anleihe beim Preis dann marktgerecht kalkuliert wird.

Viele Kreditinstitute langen bei den Gebühren für einen An- oder Verkauf von Anleihen ordentlich zu. Insbesondere Kleinanleger können durch Mindestgebühren unverhältnismäßig belastet wer-den, was zu einer erheblichen Minderung der Rendite führen kann. Bundeswertpapiere sind allerdings spesenfrei erhältlich.

2.4.3 Pfandbriefe

Eine sichere Alternative sind auch Pfandbriefe. Sie bieten als durch Grundstücke und Immobilien gesicherte Anleihen die höchste Sicherheit eines Wertpapieres. Es gibt sie auch als empfehlenswerte sogenannte Jumbo-Pfandbriefe der Hypotheken-Banken. Bei einer Laufzeit von etwa 5 Jahren liegen sie etwas unter der Gesamtrendite von Bundesschatzbriefen.

2.4.4 Bausparen

Bei einem relativ niedrigen Zinsniveau lohnt für Renditesparer auch das Bausparen, wenn die Prämien und Sparzulagen ausgenutzt wer-den können. Es sollte beim Bausparen insbesondere auf die richtige Dimension, das heißt die Bausparsumme, geachtet werden. Bei einer optimalen Gestaltung ließ sich innerhalb bestimmter Summen nach

den Bedingungen des Jahres 1997 eine noch bessere Rendite als bei
den Bundesschatzbriefen oder anderen Sparbriefen erzielen. Allerdings laufen die Bausparverträge etwa sieben Jahre. Siehe auch
Stichwort → Bausparen.

2.5 Die sichersten Geldanlagen im Überblick und im Vergleich mit den Konditionen in 1997:

Art	Zinssatz % / Jahr*)	Laufzeit	Verfügbarkeit
Sparbuch	um 2,0	unbefristet	z.B. monatliche Kündigung
Tagesgelder	2,5-3,3	bis auf weiteres	jederzeit
Festgelder	2,25-3,0	30 Tage	nach Ablauf
Festgelder	3,0-3,75	12 Monate	nach Ablauf
Spareinlagen mit fester Kündigung	3,0-5,25	1 bis 5 Jahre	je nach Kündigungsfrist
Finanzierungsschätze des Bundes	3,20-3,47	1 oder 2 Jahre	nach Ablauf
Bundesschatzbriefe	4,85-5,24	6 oder 7 Jahre	nach dem ersten Jahr, bis max. 10000 DM/ Monat
Bundesanleihen	bis zu 5,78	bis zu 10 Jahre	vorzeitiger Verkauf zum Tageskurs möglich
Pfandbriefe	um 5,0	meist 5 Jahre	vorzeitiger Verkauf zum Tageskurs möglich

*) Der Zinssatz hängt auch häufig von der Höhe der Geldeinlage ab.

Wichtig: Angebotsvergleiche! Bei jeder Art von Geldanlage sollten Sie die verschiedenen Angebote vergleichen und sich dabei
jeweils den Effektivzins oder die Gesamtrendite nennen lassen. Nur
so lassen sich auch Sparverträge mit Sonderkonditionen wie „Zins-
Plus" oder „Extra-Bonus" mit anderen Sparformen vergleichen.
Wenn Sie sich für eine Geldanlage mit einer mehrjährigen Bindung
ohne vorzeitige Verfügungsmöglichkeit entscheiden wollen, sollten
Sie als Maßstab immer die Vergleichsrendite der Bundesschatzbriefe
bei gleicher Laufzeit nehmen. Dazu sollte Ihr Angebot eine um etwa
0,5 Prozentpunkte höhere Rendite haben, um den Verlust der Flexibilität wertmäßig auszugleichen. Die aktuellen Konditionen der
Bundesschatzbriefe erfahren Sie unter Tel.: 069/19718.

Extra-Tips

▶ Eine Rendite, die über der von entsprechenden Bundesanleihen liegt, bringt das Fördergebietsdarlehen. Sie stellen mindestens 10000 DM für 10 Jahre der Kreditanstalt für Wiederaufbau (KfW), Palmengarten 5–9, 60325 Frankfurt,
Tel.: 069/743 10, zur Verfügung. Dafür bekommen Sie zwar
nur einen relativ geringen Nominalzins, der jeweils kurzfri-
stig festgelegt ist, aber zugleich können Sie 12% der Darlehenssumme von Ihrer Steuer absetzen. Dadurch ergibt sich
die gegenüber Bundesanleihen mit gleicher Laufzeit etwa bessere Rendite. Zudem verringern sich Kirchensteuer und Soli-
zuschlag. Diese Rendite verbessert sich insgesamt noch weiter, wenn Sie die Freibeträge für die Kapitalerträge bereits
ausgeschöpft haben, da dafür nur die relativ geringe Nomi-
nalverzinsung maßgebend ist. Weitere Informationen bei der
KfW oder der Deutschen Ausgleichsbank, Wielandstraße 2,
53170 Bonn, Tel.: 0228/8310.

▶ Erteilen Sie Ihrer Bank oder Sparkasse bei jeder Geldanlage
einen Freistellungsauftrag, denn sonst werden von Ihrem
Zinsgewinn gleich Steuern einbehalten.

Steuerbescheide

1. Um was geht es?

Ein Drittel aller Steuerbescheide soll falsch sein. Außerdem sollen
80% aller Einsprüche als begründet anerkannt werden. Für den kri-
tischen und pfiffigen Steuerzahler ein deutliches Zeichen dafür, daß
die Bescheide des Finanzamtes zu den Einkommensteuererklärun-
gen sorgfältig überprüft werden sollten.

2. Tips und Hinweise

2.1 Allgemeine Überprüfungshinweise

Fertigen Sie von Ihrer Einkommensteuererklärung und das gilt auch
für andere Steuererklärungen immer eine Durchschrift oder Kopie
an. Wenn Sie den Steuerbescheid erhalten haben, sollten Sie dann
anhand der Kopie alle Daten vergleichen. Dazu zählen auch die einfachen Angaben, wie die Höhe des Arbeitslohns, der gezahlten
Lohnsteuer, des Soli-zuschlages und eventuell der Kirchensteuer.
Danach sollten Sie Ihre Angaben zu den geltend gemachten Ausgaben und Belastungen mit den Beträgen des Steuerbescheides vergleichen. Auch die möglichen steuerlichen Freibeträge, z. b. für
Kinder, unterstützte Angehörige oder Behinderte, sollten nicht vergessen werden. Diese Überprüfung ist allerdings nicht immer einfach. Diese Positionen werden im Bescheid meist nach den Sonderausgaben angegeben.

Stellen Sie eine Abweichung von Ihren Angaben fest, müßte dazu
im Steuerbescheid eine Begründung unter der Überschrift „Erläuterungen" enthalten sein. Sollte die Begründung fehlen, dürfte nicht
alles richtig gelaufen sein, denn Abweichungen sind vom Finanzamt
zu begründen.

2.2 Wann sollte Einspruch eingelegt werden?

Insbesondere wenn die Abweichung zu Ihrem Nachteil ist, sollten Sie
noch innerhalb eines Monats nach Erhalt des Bescheides Einspruch
einlegen. Es sei denn, der Unterschied ließ sich eventuell durch eine
telefonische Rückfrage eindeutig klären. Sollte das aber nicht der Fall
sein, bleiben Sie vorsorglich beim Einspruch, zumal mündliche Aussagen der Bediensteten des Finanzamtes und anderer Behörden nicht
bindend sind. Es zählt nur, was Sie schwarz auf weiß haben.

Der Einspruch kann schriftlich per Brief oder Fax eingelegt werden. Sind Sie mit Ihrem Ehegatten Adressat des Bescheides, sollten
Sie beide unterschreiben. Ihre Begründung können Sie auch nachrei-
chen. Ein mündlicher Einspruch ist zur Niederschrift beim Finanzamt auch möglich.

Ein Einspruch entbindet Sie aber nicht von einer eventuell vom
Finanzamt festgesetzten Nachzahlung. Wenn Sie nichts zahlen wollen, müssen Sie die Aussetzung der Vollziehung mit Ihrem Einspruch beantragen.

2.3 Was ist bei einem verspäteten Einspruch?

Nach Ablauf der Frist von einem Monat seit der Bekanntgabe ist ein Einspruch grundsätzlich unzulässig. Das gilt nicht, wenn Sie die Frist ohne Verschulden versäumt haben. Dann sollten Sie innerhalb von zwei Wochen nach dem Verzögerungsgrund die sogenannte Wiedereinsetzung in den vorigen Stand beantragen und begründen. Es wird zum Beispiel die Fristversäumnis bis zu einer sechswöchigen Urlaubsreise noch anerkannt.

2.4 Sind Änderungen auch später noch möglich?

Auch zu bestandskräftigen Bescheiden, so werden diese nach Ablauf der Einspruchsfrist und möglichen Nachfrist genannt, sind in bestimmten Fällen noch Änderungen zu Ihrem Vorteil möglich. Ein Bescheid muß zum Beispiel berichtigt werden, wenn eine offenbare Unrichtigkeit vorliegt. Das kann ein Schreib- oder Rechenfehler sein.

Wichtig: Eine Berichtigung zu Ihren Gunsten wird auch vorgenommen, wenn Ihnen nachträglich die mögliche Absetzung von bestimmten Ausgaben bekanntgeworden ist und Sie die bisherige Unkenntnis nicht grob verschuldet haben. Was Sie nicht wußten und was in der Steuererklärung nicht abgefragt worden ist, kann nicht zu Ihren Lasten gehen. In einem solchen Fall sollten Sie sich also dumm stellen.

Wenn Sie bisher nicht wußten, daß zum Beispiel Arbeitskleidung, Arbeitszimmer, Telefonkosten oder Kontoführungsgebühren absetzbare Werbungskosten sein können, sind Ergänzungen aber auch nur noch bis zu einem Jahr nach Bescheiderteilung zulässig. Dazu zählen auch die sogenannten „neuen Tatsachen". Das können bestimmte Unterlagen oder Belege sein, die Sie erst später erhalten haben.

2.5 Klageverfahren

Wenn Sie mit Ihrem Einspruch nicht erfolgreich gewesen sein sollten, hilft nur eine Klage vor dem Finanzgericht weiter. Sie sollte wegen des Kostenrisikos aber nur bei einer ausreichenden Erfolgsaussicht eingelegt werden. Diese Frage sollten Sie dann von einem Rechtsanwalt oder Steuerberater beurteilen lassen.

Ein verlorenes Klageverfahren kostet bei einem Streitwert von z. B.

5000 DM in der ersten Instanz mit einer Entscheidung durch Urteil knapp 500 DM Gerichtskosten. Dazu kommen Ihre Anwaltskosten.

2.6 Wann kann auf einen Einspruch verzichtet werden?

Zu vielen steuerlichen Streitfragen sind bereits Gerichtsverfahren anhängig. Die Finanzämter erteilen in diesen Fällen die Steuerbescheide insoweit nur vorläufig. Es werden die Bescheide zu Ihren Gunsten dann auch ohne Ihren Einspruch bei entsprechenden Gerichtsentscheidungen, meist des Bundesfinanzhofes oder des Bundesverfassungsgerichts, korrigiert.

Die Steuerbescheide erhielten zuletzt in folgenden Angelegenheiten einen Vorläufigkeitsvermerk:

*   Kinderbetreuungskosten berufstätiger Eltern
*   Höhe des Arbeitnehmerpauschbetrages, des Haushaltsfreibetrages und der Kinderfreibeträge für 1986 bis 1995
*   Beschränkung der Absetzbarkeit von Vorsorgeaufwendungen
*   Nichtabsetzbarkeit von privaten Schuldzinsen
*   Höhe der zumutbaren Belastung
*   Höchstbetrag der außergewöhnlichen Belastungen bei Unterhalt, Haushaltshilfen und Heimunterbringung
*   Besteuerung von Vorsorgebezügen

Die einzelnen Ausgaben und Belastungen sollten Sie aber weiterhin – soweit es für Sie infrage kommt – in Ihrer Steuererklärung geltend machen. Nur auf den Einspruch können Sie verzichten. Sie müssen allerdings auf den Vorläufigkeitsvermerk im Bescheid achten.

Extra-Tip

▶ Wenn Sie in bestimmten steuerlichen Angelegenheiten Fragen haben sollten, können Sie sich auch an das Finanzamt wenden. Dieses ist verpflichtet, Rat und Auskunft zu Ihren Steuerproblemen zu erteilen. Sie können eine schriftliche Aussage verlangen, wenn Sie Ihren Sachverhalt und das Rechtsproblem umfassend und deutlich dargestellt haben. Notfalls verweisen Sie auf die Paragraphen 88 und 89 der Abgabenordnung.

Steuervorteile für Behinderte

1. Um was geht es?

Für Behinderte sind zahlreiche steuerliche Vorteile und Vergünstigungen vorgesehen. Die mit einer Behinderung verbundenen besonderen Belastungen sollen durch eine gewisse steuerliche Besserstellung gegenüber den nicht behinderten Steuerzahlern ausgeglichen werden.

2. Tips und Hinweise

2.1 Außergewöhnliche Belastungen

Für Behinderte haben die außergewöhnlichen Belastungen eine besondere Bedeutung, denn sie führen zu vielen Absetzungsmöglichkeiten. Neben den Kosten für eine Hilfe im Haushalt, für eine Unterbringung im Heim oder auch Pflegekosten für ein hilfloses Kind können auch Fahrtkosten und eine Ermäßigung der Kfz-Steuer geltend gemacht werden.

Auch minderjährige behinderte Kinder haben einen Anspruch auf die Steuerfreibeträge und die Vergünstigungen. Haben die Kinder keine eigenen Einkünfte, können die Eltern beim Finanzamt die Übertragung des Freibetrages auf sie beantragen. Das gilt auch beim Einzelnachweis der Ausgaben. Für die Absetzung der Fahrtkosten oder die (teilweise) Befreiung von der Kfz-Steuer muß das Kind allerdings als Fahrzeughalter angemeldet sein.

Behinderte haben bei den außergewöhnlichen Belastungen die Wahl zwischen dem Pauschbetrag oder dem Einzelnachweis aller Kosten.

Als Pauschbetrag werden berücksichtigt.

Grad der Behinderung	Freibetrag in DM
25 und 30%	600
35 und 40%	840
45 und 50%	1110
55 und 60%	1410
65 und 70%	1740
75 und 80%	2070
85 und 90%	2400
95 und 100%	2760

Behinderte mit einem Grad unter 50 %, aber mindestens 25 %
erhalten seit 1995 den Freibetrag nur unter bestimmten Voraussetzungen. Blinde oder Körperbehinderte, die ohne fremde Hilfe nicht
auskommen, können einen Freibetrag von 7200 DM auch ohne
Pflegeperson beanspruchen.

Wichtig: Vielfach lohnt es sich für Behinderte, ihre Aufwendungen
einzeln nachzuweisen. Zum Beispiel werden für behinderungsbedingte Fahrten pro Jahr bis zu 3000 km mit 52 Pf. anerkannt,
wenn die Behinderung 80 % beträgt oder mindestens 70 % mit
Merkmal „G" im Behindertenausweis. So können immerhin 1560
DM zusammenkommen. Mit dem Merkmal „aG" werden bis zu
15 000 km anerkannt, das sind maximal 7800 DM pro Jahr. Es
zählen aber nur Fahrten, die nicht als Werbungskosten, wie die
Fahrten zur Arbeitsstelle, berücksichtigungsfähig sind.

Auch bei besonderen Krankenbehandlungskosten, die von anderer Stelle nicht erstattet werden oder bei Heimunterbringungskosten
lohnt die Abrechnung mit Einzelnachweis allemal. Dabei gibt es
immer die Wahlmöglichkeit von Jahr zu Jahr. Entweder den
Pauschbetrag oder den Einzelnachweis.

2.2 Kraftfahrzeugsteuer

Behinderte mit den Merkzeichen „aG", „Bl" oder „H" können eine
Befreiung von der Kfz-Steuer beantragen. Andere Behinderte erhalten eine Steuerermäßigung von 50 %, wenn sie einen Ausweis mit
einem orangefarbenen Aufdruck haben. Bei ihnen wird eine erhebliche Beeinträchtigung der Bewegungsfähigkeit angenommen. Auch
für minderjährige Kinder kommt diese Ermäßigung infrage.

2.3 Weitere Hinweise

Siehe auch Stichwort → Außergewöhnliche Belastungen.

Haben Sie bestimmte Steuervorteile vergessen, können Sie zum
Beispiel den jeweiligen Pauschbetrag noch innerhalb von bis zu vier
Jahren rückwirkend geltend machen.

Wenn Sie mit Ihrem behinderten Kind die Fahrten unternehmen,
können Sie selbst diese Kosten absetzen.

Es werden auch nachgewiesene Kosten für Taxi, Bus oder andere
Verkehrsmittel im Rahmen der Höchstgrenzen anerkannt.

Für die Fahrten zur Arbeitsstätte bestehen zwei Möglichkeiten:

Entweder die Kilometerpauschale von 0,70 DM bei Benutzung eines Kfz oder die tatsächlichen Aufwendungen, soweit ein Behinderungsgrad von 70 oder von mindestens 50 mit einer Einschränkung der Bewegungsfähigkeit vorliegt.

Stipendien

1. Um was geht es?

Nach Aussagen der Bundesregierung hat die Förderung besonders begabter Studierender und Nachwuchswissenschaftler einen hohen gesellschafts- und bildungspolitischen Rang. Der Bund unterstützt daher die Arbeit der Begabtenförderungswerke und stellt auch Mittel bereit für die Förderung des wissenschaftlichen Nachwuchses. Die Förderung ist allerdings nicht zentral organisiert, sondern geschieht durch verschiedene Förderungswerke und Institutionen.

2. Tips und Hinweise

2.1 Aufgaben der Begabtenförderungswerke

Sie haben zunächst die Aufgabe, junge begabte und motivierte Menschen an Tätigkeitsbereiche mit hoher Verantwortlichkeit heranzuführen. Es gilt dabei das Prinzip der Individualförderung. Sie leisten und bieten dazu Stipendien, Akademien, Sprachen- und Auslandsprogramme, Berufspraktika, frauenfördernde Maßnahmen, Doktorandenförderungen, Aufbauleistungen in den neuen Bundesländern und Studien zur praxisbezogenen Ausbildung an Fachhochschulen.

Die Förderungswerke sehen sich nicht zu ihrem Selbstzweck, sondern als Dienst an der Allgemeinheit im Engagement für Wissen, Können und Verantwortungsbewußtsein im Interesse der kommenden Generation.

Die Begabtenförderungswerke arbeiten dabei eng zusammen mit Universitäten, Fachhochschulen, Instituten, Hochschullehrern, dem Deutschen Studentenwerk und der Deutschen Forschungsgemeinschaft sowie den Institutionen der Forschung.

Wichtig: Auch der Förderung von Studierenden an Fachhochschulen wird besondere Aufmerksamkeit gewidmet. Die Förderungswerke sind unter Berücksichtigung ihrer unterschiedlichen Zielsetzungen auch offen für besonders begabte Studierende an Fachhochschulen. Mit den studienbegleitenden Programmen gibt es Angebote, die auf die gemeinsamen Bedürfnisse und Interessen der Studierenden an Universitäten und Fachhochschulen abgestellt sind.

2.2 Übersicht zu den Begabtenförderungswerken

Name, Anschrift	Zielsetzung	Förderung
Studienstiftung des deutschen Volkes Mirbachstraße 7 53173 Bonn Fax: 02 28/ 8 20 96 67	Förderung von Studierenden, die nach Können, Initiative und Verantwortungsbewußtsein weit über dem Durchschnitt ihrer Altersgruppe stehen. Besonderer Wert wird auf die Internationalisierung der Wissenschaft und die Vertrautheit der Stipendiaten mit anderen Sprachen gelegt.	Büchergeld von 150 DM pro Monat. Lebenshaltungsstipendium mit jährlicher Anpassung. Doktoranden erhalten ohne Berücksichtigung der Eltern 1400 DM pro Monat. Außerdem vielfältige Programmangebote, wie Begegnungsakademien, Praktika, Fachtagungen.
Cusanuswerk, Bischöfliche Studienförderung Baumschulallee 5 53115 Bonn Fax: 02 28/ 65 19 12	Besonders begabte katholische Studierende werden mit dem Ziel gefördert, ihren Verantwortungswillen und ihre Dialogfähigkeit zu stärken. Es werden junge Persönlichkeiten gesucht, die ihren Glaubensweg ernst nehmen und sich für die Belange des Gemeinwohls einsetzen wollen.	Neben Stipendium und Büchergeld besonders Studienaufenthalte, Sprachkurse, Praktika im Ausland. Studierende der Freien Kunst können im Anschluß ein weiterführendes Georg-Meistermann-Stipendium erhalten mit mtl. 1500 DM.
Evangelisches Studienwerk e.V. Haus Villigst 58239 Schwerte Fax: 02 304/ 75 52 50	Sammlung und Förderung begabter evangelischer Studierender aller Fakultäten, ihre Fortbildung und Beratung im Blick auf ihre Verantwortung als evangelische Christen in Beruf, Gemeinde und Gesellschaft.	Großzügige finanzielle Unterstützung der Stipendiaten. Außerdem Angebote, wie Sozialsemester, Auslandsstudium, Studienbegleitung, Seminare. Auch Förderung von Fachhochschulstudierenden.
Hans-Böckler-Stiftung Bertha-von-Suttner-Platz 3 40227 Düsseldorf	In der Förderungskonzeption haben hohe fachliche und persönliche Eignung und Leistung einerseits, gewerkschafts- oder gesellschaftspolitisches	Studienbeihilfen und ideelle Förderung auch für Studierende aus Arbeitnehmerfamilien. Dazu u.a. Berufspraxisseminare, regionale

Name, Anschrift	Zielsetzung	Förderung
Fax: 02 11/ 7 23 09 10	Engagement andererseits gleichen Rang. Dabei sind Maßstäbe wissenschaftlicher Qualität zu wahren und zu gestalten.	Stipendiatengruppen, Beratung.
Konrad-Adenauer-Stiftung e.V. Rathausallee 12 53757 Sankt Augustin Fax: 0 22 41/ 24 65 73	Förderung von überdurchschnittlich qualifizierten Studierenden und Doktoranden, die ein besonderes politisches Interesse und gesellschaftliches Engagement erkennen lassen. Orientierung an Wert- und Ordnungsvorstellungen auf christlich-demokratischer Grundlage.	Ideelle und materielle Förderung durch besondere Studienberatung und -betreuung. Besonderes Gewicht auf Förderung des Auslandsstudium. Außerdem studienbegleitende Seminar- und Sonderprogramme.
Friedrich-Ebert-Stiftung Godesberger Allee 149 53175 Bonn Fax: 02 28/ 88 36 97	Sozial, politisch oder religiös bedingte Benachteiligungen sollen ausgeglichen werden. Vorrangige Aufgabe, begabte und gesellschaftspolitisch aufgeschlossene Frauen zu fördern. Ergänzung von besonderer Begabung mit einem Engagement für die öffentlichen Angelegenheiten und besonderen Verpflichtung gegenüber sozial Benachteiligten.	Neben materiellen Leistungen ein breitgefächertes studienbegleitendes Programm. Dabei besonderer Stellenwert von gesellschaftspolitischer Bildungsarbeit.
Friedrich-Naumann-Stiftung Königswinterer Straße 409 53639 Königswinter Fax: 0 22 23/ 70 11 12	Förderung intellektueller und politischer Begabungen mit einem grundsätzlichen Bekenntnis zum politischen Liberalismus. Herausbildung und Förderung der sowohl wissenschaftlich wie politisch mündigen Persönlichkeit.	Stipendien für Erststudien, für Promotionen und Aufbaustudien. Ideelle Förderung zur Entwicklung und Ausweitung des politischen und gesellschaftlichen Engagements mit einer aktiven Mitarbeit.
Hanns-Seidel-Stiftung Förderungswerk Lazarettstraße 33 80636 München Fax: 0 89/ 1 25 83 56	Die Studienförderung soll zur Erziehung eines persönlich und wissenschaftlich hochqualifizierten Akademikernachwuchses beitragen. Vor allem Förderung von Studierenden, die in Organisationen mitarbeiten, deren Ziele der	Neben Förderung deutscher Stipendiaten auch Stipendien für ausländische Wissenschaftler. Hochschul- und Fachhochschulförderung, Graduiertenförderung und idelle Förderung mit Hochschulgruppen, Fach-

Name, Anschrift	Zielsetzung	Förderung
	aus dem Vermächtnis des ehemaligen Bayerischen Ministerpräsidenten, Dr. Hanns Seidel, sich ergebenden Aufgabenstellung der Stiftung entsprechen.	foren und Vertrauensdozenten.
Stiftungsverband Regenbogen e.V., Schwanenwall 23 44135 Dortmund Tel.: 02 31/ 57 43 82 oder neu: **Heinrich-Böll-Stiftung** Bernhard-Göring-Straße 152 04107 Leipzig Tel.: 03 41/ 31 21 07	Förderung der politischen Bildung, Wissenschaft und Forschung sowie Maßnahmen der politischen Bildungsarbeit im nationalen und internationalen Bereich. Zentrales Anliegen ist die Förderung von Frauen, um geschlechtsspezifische Benachteiligungen zu kompensieren und die Unterrepräsentanz von Frauen in akademischen Berufen zu verringern. Der Verband steht der Partei „Die Grünen" nahe.	Vergabe von Stipendien mit einem umfangreichen studienbegleitenden Betreuungsprogramm mit Seminaren und einem Austausch mit in- und ausländischen Stipendiaten.
Studienförderwerk der Stiftung der Deutschen Wirtschaft für Qualifizierung und Kooperation Uhlandstraße 29 10719 Berlin Fax: 0 30/ 8 82 35 06	Als Studienförderwerk der Wirtschaft liegt der Schwerpunkt bei der Förderung begabter Studierender an wirtschaftlich orientierten Fachhochschulen. Kriterien der Auswahl richten sich auch nach den Anforderungen für Führungskräfte in der Wirtschaft, wie Fachkompetenz, Handlungskompetenz und vor allem Sozialkompetenz.	Es gibt neben der materiellen Zuwendung eine umfassende und abwechslungsreiche ideelle Förderung mit Seminaren, Ferienakademien, Praktika im In- und Ausland, Vertrauensdozenten.

2.3 Höhe der Leistungen

Die materiellen Leistungen als Grundstipendium liegen zum Beispiel bei der Förderung von Promotionen und Aufbaustudien bei monatlich bis zu 1400 DM unter Berücksichtigung der eigenen Einkünfte. Dazu kommen Familienzuschläge, Sonderzuwendungen für Sach- und Reisekosten, Kinderbetreuungszuschlag und Zuschläge für Auslandsaufenthalte.

2.4 Stipendienprogramme für Nachwuchswissenschaftler

In der folgenden Übersicht sind Kurzbeschreibungen der wichtigsten, mit öffentlichen Mitteln finanzierten Stipendienprogamme enthalten. Dabei sind nicht berücksichtigt die Stipendien bis zur Graduierung, Auslandsstipendien für Deutsche, Stipendien für Ausländer und Förderungen der Großforschungseinrichtungen sowie fachspezifische Stipendien.

Förderung des wissenschaftlichen und künstlerischen Nachwuchses nach Landesrecht

Vergabestelle:	jeweilige Hochschule, gegebenenfalls Deutscher Akademischer Austauschdienst, Kennedyallee 50, 53175 Bonn
Zielgruppe:	Hochschulabsolventinnen und -absolventen mit promotionsberechtigendem Abschluß und künstlerischer Nachwuchs nach Hochschulstudium
Zweck:	Förderung von Promotionen und künstlerischen Vorhaben
Leistungen:	Grundstipendium bis zur Zeit 1400 DM und individuelle Zuschläge

Promotionsstipendium im Rahmen des Bund-Länder-Programms zur Förderung von Graduiertenkollegs

Vergabestelle:	Graduiertenkolleg an einer Hochschule, gegebenenfalls Deutsche Forschungsgemeinschaft
Zielgruppe:	Doktorandinnen und Doktoranden, die an einem Graduiertenkolleg aufgenommen werden
Zweck:	Förderung durch Beteiligung an der Forschung als Mitarbeit in einem Ausbildungs- und Forschungsprogramm
Leistungen:	Grundstipendium bis zu 1400 DM mit Forschungspauschale von 200 DM monatlich, individuelle Zuschläge

Stipendien der Leopoldina, Halle, für junge Naturwissenschaftler und Mediziner

Vergabestelle:	Deutsche Akademie der Naturforscher Leopoldina, August-Bebel-Straße 50a, 06108 Halle, Tel.: 03 45/2 02 49 63
Zielgruppe:	qualifizierte jüngere Wissenschaftler der Naturwissenschaften und Medizin aus den neuen Bundesländern
Zweck:	Förderung einer gezielten Weiterbildung an einem Gastinstitut im In- oder Ausland
Leistungen:	Stipendium 3000 DM (Verheiratete 3500 DM) während Aufenthalt am Gastinstitut, Beihilfen nach Rückkehr

Postdoktorandenprogramm der DFG

Vergabestelle:	Deutsche Forschungsgemeinschaft, Referat III 02 Kennedyallee 40, 53175 Bonn, Tel.: 02 28/8 85 24 21
Zielgruppe:	promovierte junge Wissenschaftler
Zweck:	Förderung, wenn hervorragende wissenschaftliche Leistungen weiterhin zu erwarten sind mit Bereitschaft zur Mobilität
Leistungen:	Grundstipendium je nach Alter bis zu 2740 DM monatlich und individuelle Zuschläge

Ausbildungs- und Forschungsstipendien der DFG

Vergabestelle:	Deutsche Forschungsgemeinschaft
Zielgruppe:	qualifizierte Nachwuchswissenschaftler mit abgeschlossener Promotion
Zweck:	Einarbeitung und Weiterbildung in einer Forschungseinrichtung, Bearbeitung eines definierten Forschungsvorhabens
Leistungen:	Grundstipendium je nach Alter bis zu 2740 DM monatlich und individuelle Zuschläge

Habilitandenstipendien der DFG

Vergabestelle:	Deutsche Forschungsgemeinschaft
Zielgruppe:	qualifizierte junge Nachwuchswissenschaftler
Zweck:	Förderung einer Habilitation
Leistungen:	Grundstipendium je nach Alter bis zu 3700 DM monatlich und individuelle Zuschläge

T

Teilzeitarbeit

1. Um was geht es?

Teilzeitbeschäftigt ist ein Arbeitnehmer, wenn seine vertragliche Arbeitsdauer geringer ist als die betriebliche Regelarbeitszeit für Vollzeitkräfte. Einen besonderen Zeitwert bedeutet dabei eine Wochenarbeitszeit von weniger als 15 Stunden, denn diese Arbeitnehmer sind nicht sozialversicherungspflichtig beschäftigt. Bei dieser Art der Teilzeitarbeit handelt es sich um eine →geringfügige Beschäftigung.

2. Tips und Hinweise

2.1 Verschiedene Möglichkeiten

Für die Gestaltung der Teilzeitarbeit gibt es die unterschiedlichsten Möglichkeiten. Die Arbeitszeit kann gegenüber der Regelarbeitszeit gleichmäßig oder ungleichmäßig verkürzt sein. Sie kann auch regelmäßig oder unregelmäßig sein, wie z.B. in einem Wechselschichtsystem. Sie kann auch so aussehen, daß entweder voll oder überhaupt nicht gearbeitet wird. Zum Beispiel nur drei von fünf Tagen oder drei von vier Wochen.

2.2 Einzelne Motive

Aus der Sicht als Arbeitnehmer sprechen für die Teilzeitarbeit gegenüber der Vollzeitarbeit insbesondere folgende Motive:

- Mehr Zeit für die Familie und/oder für sich selbst.
- Mehr Zeit für Aus- und Weiterbildung oder Nebenbeschäftigung.
- Geringere Belastung durch die Arbeit.
- Geringere Steuerbelastung.

Auch Arbeitgeber haben natürlich Motive für die Einrichtung von Teilzeitarbeitsplätzen. Das können wirtschaftlich bedingte oder arbeitsmarktorientierte Anlässe sein.

2.3 Bestimmungen des Arbeitsrechts

Alle arbeitsrechtlichen Bestimmungen sind auch für diejenigen Teilzeitkräfte anzuwenden, die die allgemeinen Voraussetzungen erfüllen. Der einzige Unterschied zwischen Vollzeitbeschäftigten und Teilzeitbeschäftigten liegt grundsätzlich nur in der Dauer der Arbeitszeit.

2.4 Das Kosten-Nutzen-Verhältnis oder welche Vor- und Nachteile gibt es?

Wenn Sie sich für Teilzeitarbeit interessieren, sollten Sie neben der Entscheidung über die Art und die Zeiten auch eine Kosten-Nutzen-Bilanz aufstellen. Teilzeitarbeit ist nicht umsonst zu haben, so daß insbesondere bei möglichen Alternativen eine sorgfältige Abwägung der Vor- und Nachteile nicht unterlassen werden sollte.

Die folgende Aufstellung über die Kosten und Nutzen kann Ihnen als Entscheidungshilfe dienen:

2.4.1 Kosten und Nachteile:

• Geringeres Einkommen

Sie verdienen in der Regel als Teilzeitbeschäftigte/r im Verhältnis zur Vollzeitkraft brutto weniger. Wenn Sie aber einen Leistungslohn vereinbart haben, kann das Ergebnis wegen der besseren Arbeitsproduktivität auch günstiger sein. Auch von der geleisteten Arbeit unabhängige betriebliche Sozialleistungen (Fahrgeld, Essenszuschuß) wirken sich wieder günstiger aus.

Allerdings verringert sich das Nettoeinkommen wegen der Steuerprogression nicht im gleichen Verhältnis wie das Bruttoeinkommen. Wenn Sie als lediger Arbeitnehmer mit einem zu versteuernden Jahreseinkommen von 60000 DM Ihre Arbeitszeit und das Bruttoeinkommen um 20 % reduzieren bleibt Ihnen als Einkommen nicht 80 % des bisherigen Nettos, sondern 82,5 %. Das sind bei diesem Beispiel immerhin 125 DM monatlich für nichts.

Bei verheirateten Arbeitnehmern können noch bis zu 86 % des bisherigen Nettos bei einer Reduzierung der Arbeitszeit von z.B.

20 % erreicht werden. Also 20 % weniger arbeiten und nur 14 % weniger Lohn.

• Geringere Rente oder ggf. geringeres Arbeitslosengeld

Wegen des verringerten Bruttoeinkommens und den niedrigeren Beiträgen werden sich spätere Rentenleistungen oder eventuelles Arbeitslosengeld entsprechend vermindern.

• Geringere betriebliche Sozialleistungen

Auf diese Leistungen haben Teilzeitbeschäftigte zumindest einen anteiligen Anspruch. Eine echte Schlechterstellung kann es aber auch zum Beispiel bei Vormittagskräften geben, die keinen Mittagessenszuschuß erhalten.

• Höhere Nebenkosten

Die Erwerbstätigkeit ist immer mit Kosten verbunden, die aber individuell sehr unterschiedlich sein können. Aufwendungen sind insbesondere Fahrtkosten, Berufskleidung, Arbeitsmittel sowie Fort- und Weiterbildung. Diese Kosten werden sich nicht im gleichen Umfang wie die Arbeitszeit verringern.

• Berufliche Nachteile

Es ist nicht auszuschließen, daß zumindest indirekte Nachteile für Berufsrückkehrerinnen nach einer Familienpause durch z. B. unterqualifizierte Beschäftigung entstehen. Auch soziale Schwierigkeiten mit Kolleginnen oder Kollegen kann es geben.

2.4.2 Nutzen und Vorteile:

• Kosteneinsparungen im Privatleben

Neben den nicht meßbaren Vorteilen, wie mehr Zeit für die Kinder, die Familie oder den Partner gibt es auch rein wirtschaftliche Gründe. Es können in der Freizeit zum Beispiel selbst Tätigkeiten erledigt werden, die sonst als Dienstleistung bezahlt werden müßten. Das können Kinderbetreuung, Pflege von Angehörigen oder die Eigenleistung bei Baumaßnahmen sein.

• Zusatzeinkommen

In der gewonnenen Zeit kann auch einer lukrativeren Arbeit oder bevorzugteren Tätigkeit nachgegangen werden. Entweder gibt es mehr Geld oder mehr Spaß bei der Arbeit.

• Verkürzung von Arbeitspausen

Es ist zwar kein Vorteil gegenüber einer Vollarbeitszeit, jedoch haben Beschäftigte, die Erziehungsurlaub oder sonstige „Kinderpausen" verkürzen, in der Regel später ein höheres Einkommen als Beschäftigte mit einer langen Familienpause. Der Anschluß an das Berufsleben kann eher erreicht werden.

2.5 Ihre persönliche Bilanz

Ein Kosten-Nutzen-Vergleich kann zunächst nur zu einer rein finanziellen Bewertung führen. Es gibt aber auch Faktoren, die sich nicht oder nur ungenau berechnen lassen. Für Ihre persönliche Entscheidung sollten Sie herausfinden, was Ihnen besonders wichtig und was weniger wichtig erscheint. Vor diesem Hintergrund sollten Sie Ihre Entscheidung treffen und gegebenenfalls über bestimmte Punkte auch gezielt mit Ihrem Arbeitgeber sprechen.

Telefongebühren

1. Um was geht es?

Ob Sie im Mobilfunknetz mit einem Handy oder im Festnetz, dem normalen Telefonnetz, mit dem herkömmlichen Telefon kommunizieren, es kostet in jedem Fall Geld und der Spaß kann auch ordentlich teuer werden. Im Vergleich ist trotz aller Sondertarife des Mobilfunks das Telefonieren im Festnetz der Telekom immer noch am preiswertesten. Das Handy hat dafür andere Vorteile, wie zum Beispiel die Mobilität und Flexibilität. Sie können fast überall und jederzeit erreichbar sein. Diese finanziell nicht meßbaren Unterschiede können von großem Vorteil sein. Denken Sie nur an wichtige Ereignisse oder Notsituationen. Wenn Sie die Handytarife mit den Telefonkosten in Hotels oder an Kreditkartengeräten vergleichen, läßt sich sogar ein monetärer Vorteil errechnen.

Welche Gebührentarife nach Öffnung des Telefonmarktes 1998 im Festnetz angeboten werden, bleibt abzuwarten. Seit 1997 werden Privatkunden bereits kleinere Rabatte und auch Sondertarife eingeräumt. Geschäftskunden können Mengenrabatte bis zu 35 % erhalten.

2. Tips und Hinweise

A. Festnetz

2.1 Gebühreneinteilungen

Um beim Telefonieren nicht unnötig zu bezahlen, sollte auf die einzelnen Tarifzeiten und Tarifzonen geachtet werden. Wenige Minuten Unterschied können leicht das Doppelte der Gebühren bedeuten. Leider gibt es eine Fülle von Einteilungen mit jeweils 6 Zeitbereichen in 4 Tarifzonen und unterschiedlichen Taktzeiten. Mit der Taktzeit ist die Zeitdauer je Gebühreneinheit (0,12 DM) gemeint.

Der City-Bereich gilt bis zu einem Umkreis von 20 Kilometern. Bis weniger als 50 Kilometer gibt es den Tarif Regio 50, von 50 bis 200 Kilometer Entfernung den Tarif Regio 200 und darüber hinaus den Ferntarif.

Grundsätzlich gilt, daß das Telefonieren am Vormittag zwischen 9 und 12 Uhr am teuersten ist. Längere Telefonate sind nach 21 Uhr günstig. Noch billiger ist es nachts zwischen 2 und 5 Uhr.

Wichtig: Wenn Sie auf die Gebühren achten wollen, sollten Sie die Taktzeiten berücksichtigen. Im City-Bereich kostet z. B. in der Zeit von 18 bis 21 Uhr ein Drei-Minuten-Gespräch genau soviel wie ein Fünf-Minuten-Gespräch. Die Taktzeit läuft in diesem Zeitbereich 150 Sekunden. Dabei sind also 151 Sekunden genauso teuer wie 300 Sekunden.

2.2 Gebührenübersicht

Entfernung	Kosten (DM) im Zeitraum				
	9–12 Uhr	12–18 Uhr	18–21 Uhr u. 5–9 Uhr	21–2 Uhr	2–5 Uhr
Ein-Minuten-Gespräch					
City-Bereich	0,12	0,12	0,12	0,12	0,12
(Taktzeit in Sekunden)	(90)	(90)	(150)	(240)	(240)
20–50 km	0,36	0,24	0,24	0,12	0,12
(Taktzeiten)	(26)	(30)	(45)	(60)	(120)
50–200 km	0,60	0,60	0,36	0,24	0,12
(Taktzeiten)	(12)	(13,5	(21,5)	(30)	(120)
Fern	0,72	0,60	0,36	0,36	0,12
(Taktzeiten)	(11,5)	(12,5)	(20)	(25)	(120)

Entfernung	Kosten (DM) im Zeitraum				
	9–12 Uhr	12–18 Uhr	18–21 Uhr u. 5–9 Uhr	21–2 Uhr	2–5 Uhr
Fünf-Minuten-Gespräch					
City	0,48	0,48	0,24	0,24	0,24
20–50 km	1,44	1,20	0,84	0,60	0,36
50–200 km	2,88	2,64	1,68	1,08	0,36
Fern	3,00	2,76	1,68	1,20	0,36
Dreißig-Minuten-Gespräch					
City	2,40	2,40	1,44	0,96	0,96
20–50 km	8,40	7,20	4,80	3,60	1,80
50–200 km	18,00	16,08	10,08	7,20	1,80
Fern	18,84	17,28	10,80	8,64	1,80

Die Taktzeiten unterscheiden sich nach der Entfernung und der Tages- oder Nachtzeit. Die Dauer des Gesprächs beeinflußt die Taktzeit nicht. Deshalb sind die Taktzeiten bei den anderen Zeitbeispielen nicht mehr genannt.

Wichtig: An Wochenenden und Feiertagen gilt tagsüber von 5–21 Uhr der Freizeitarif (werktags von 5–9 Uhr und von 18–21 Uhr), sonst der Mondscheintarif wie auch werktags.

Achten Sie bei Zusatzeinrichtungen, wie zum Beispiel die Anrufum- oder Weiterleitung, auf die Kostenverteilung der Telefongebühren. Wenn Sie im digitalen Netz von Ihrem Haustelefon die Anrufe umleiten zum Nachbarn oder zum Urlaubsort, zahlen Sie ab der Umleitung die Gesprächseinheiten.

Für Telefonate ins europäische Ausland gibt es darüber hinaus noch 2 Tarifzonen und für die übrige Welt noch 4 Zonen. Für den Eurotarif 1 und für die USA und Kanada gibt es noch Zeitzoneneinteilungen mit allerdings geringen Unterschieden. Ansonsten gelten für die Tarife keine Zeitunterschiede. Es ist also egal, zu welcher Tages- oder Nachtzeit Sie zum Beispiel nach Australien oder Japan telefonieren.

Es kostet auch Telefongebühren, wenn Sie mit Ihrem PC in Onlinediensten (z.B. Internet, T-Online) surfen. Neben den Zugangsgebühren für den Anbieter sollten die Gebühren für die Telefonverbindung zum Anbieter nicht vergessen werden. Im Regionaltarif bis 50 km Entfernung zum sogenannten Einwahlknoten kostet eine

Stunde vormittags zwischen 9.00 Uhr und 12.00 Uhr immerhin fast 17 DM, zwischen 12.00 Uhr und 18.00 Uhr fast 15 DM und ab 18.00 bis 21.00 Uhr auch noch fast 10 DM. Die übrigen Zeiten sind etwas billiger. Im Citytarif fallen nur etwa ein Drittel der genannten Gebühren an.

2.3 Servicerufnummern

Mit Telefondiensten werden unter der Rufnummer 0190 über die Gebührenabrechnung zum Teil extrem teure Informationen verkauft. Einen Teil behält die Telekom, der größere Teil geht an den „Dienstleister". Anhand der folgenden Übersicht können Sie die Gebührenunterschiede erkennen:

Telefonnummer	Gebühren
01 30	kostenlos
01 80-2...	einmalig 0,12 DM
01 80-3...	0,24 DM pro Minute
01 80-5...	0,48 DM pro Minute
01 90-4, 6...	0,80 DM pro Minute
01 90-1, 2, 3, 5...	1,20 DM pro Minute
01 90-7, 9...	2,40 DM pro Minute
01 90-8...	3,60 DM pro Minute

Bei den 0190-Rufnummern zählt bereits die Hinweisansage bei den Gebühren.

2.4 Verbindung zu Mobilfunkanschlüssen

Die Gespräche aus dem Festnetz zu einem Handy-Anschluß kosten folgende Gebühren:

Telefonnummer	Gebühren (von 9.00 bis 18.00 Uhr / übrige Zeit)
01 610–01 619 (C-Netz)	1,34 DM pro Minute/0,63 DM
01 71 ... (D1-Netz) und 01 72 ... (D2-Netz	1,34 DM pro Minute/0,56 DM
01 77 ... (E-Netz)	1,36 DM pro Minute/0,57 DM

B. Mobilfunk

2.5 Die Mobilfunktarife

Konkurrenz belebt bekanntlich das Geschäft, so daß weitere Preissenkungen zu erwarten sind. Mit immer neuen Tarifen kämpfen die Netzbetreiber um neue Kunden und weitere Marktanteile. Frühere Vergleiche dürften daher heute nicht mehr ganz aktuell sein. Wenn Sie sich derzeit ein Handy zulegen wollen, sollten die Gebühren im Vergleichstarif niedriger als vor einem Jahr sein. Wenn das nicht der Fall ist, dürfte sich das Warten noch lohnen, denn mit manchen Tarifen binden Sie sich immerhin 2 Jahre fest.

Betreiber sind T-Mobil mit D1 und C-Tel, Mannesmann-Mobilfunk mit D2 und E-Plus Mobilfunk mit E1. Das vierte digitale Netz ist bereits vorbereitet worden. Mit dem E2-Netz der Viag Interkom sollen 1998 auch billigere Regionaltarife eingeführt werden

Neben den Netzbetreibern bieten auch unabhängige Vermittler oder Vermarkter, sogenannte Provider im Fachausdruck, Kartenverträge an. Diese Firmen kaufen große Kontingente mit Rabatten von den Betreibern und können so selbst kalkulierte Tarife anbieten. Solche Anbieter sind zum Beispiel: Debitel, Talkline, Hutchison, MobilCom, Cellway, Drillisch, AlphaTel, Motorola Tel-co, TMG.

Die Gebührenunterschiede in den Handy-Tarifen sind zum Teil gewaltig. Sie sind auch kaum durchschaubar, denn es wird mit den unterschiedlichsten Bedingungen geworben und auch mit verdeckten Karten gespielt. Es gibt Anmelde-, Aktivierungs- und Deaktivierungsgebühren, Fixkosten, Mindestumsätze, Freieinheiten, Taktzeiten, Haupt- und Nebenzeiten, Minutenpreise, netzinterne Tarife, Roaming-Kosten fürs Ausland und Vertragslaufzeiten.

2.6 Welche Tarife sind die günstigsten?

Bei einer Unterscheidung nach Wenig-, Normal- und Vieltelefonierern gab es zuletzt folgende Feststellungen (ohne C-Netz):

Wenigtelefonierer	
(nur im Notfall, mehr anrufen lassen, höchstens 10 Minuten im Monat) Rechnungskostenunter 45 DM/Monat	Talkline „Starter", D2privat „Fun 24" T-Mobil „Telly-D1 Eco E-Plus „Partner plus"

Normaltelefonierer (mittleres Gesprächsaufkommen, höchstens 60 Minuten im Monat) Rechnungskosten unter 120 DM/Monat	T-Mobil „Telly-D1 XTRA" (nicht im Ausland!) D2privat „Fun 24" T-Mobil „Telly-D1 Eco" E-Plus „Partner Plus"
Vieltelefonierer (berufliche Nutzung, häufige Gespräche, höchstens vier Stunden im Monat) Rechnungskosten unter 350 DM/Monat	Talkline „Talk 69" u. „Talk 99" Hutchison „Call 68" u. „Call 83" D2privat „Classic 24" T-Mobil „Protel-D1 Eco" E-Plus „Profi-Plus"

Nicht berücksichtigt wurden die Kosten für die Anmeldung, Kündigung oder Abschaltung.

Billiger ist das Telefonieren von Handy zu Handy. Bei E1 (E-plus) gibt es einen speziellen Partnertarif, der insbesondere nachts günstig ist.

Wichtig: Auch mit dem „Callback-System" können Sie Geld sparen. Dabei wird über Umwege – meist Amerika – die Verbindung hergestellt. Das rentiert sich sogar bei Inlandsgesprächen. Mit etwa 1 DM und weniger pro Minute sind diese Gebühren geringer als die Handy-Gebühren am Tag von 7–17 bzw. 20 Uhr. Weitere Informationen telefonisch bei Westcom 06221/342 50 und MTC Passport 089/92 40 10 81.

2.7 Welches Netz kommt in Frage?

Die beiden D-Netze sind weiter verbreitet als das E-Netz. Im E-Netz telefonieren Sie aber häufig preiswerter. Es empfiehlt sich eher fürs Telefonieren in Großstädten. Die Geräte im E-Netz senden und empfangen auf einer anderen Frequenz als die D-Netz-Handys. Alle Handys sind nicht direkt miteinander verbunden, sondern über Stationen mit einer zentralen Vermittlung. Wenn in Ihrer Nähe also keine Vermittlungsstation ist, können Sie neben Ihrem Telefonpartner stehen und haben doch keine Verbindung.

Wichtig: Bei den Netzbetreibern können Sie telefonisch erfahren, wo Sie telefonieren können:
D1: 01 30/01 71;   D2: 01 72/12 12;   E-Plus: 01 802/17 71 77.

2.8 Mit dem Handy aus dem Ausland telefonieren?

Die D-Netz-Betreiber haben Verträge mit Mobilfunkanbietern in über 40 Ländern. Das Telefonieren aus dem Ausland wird „International Roaming" bezeichnet. Diese Tarife sind teurer als im Inland. Das E-Netz gibt es bisher nur in Deutschland, Schweiz, England und Frankreich und in diesen Ländern auch meist nur in Ballungsräumen. Je nach dem Stand der Technik kann aber mit E-Geräten im Ausland umgeschaltet und dann über das D-Netz telefoniert werden.

Im Vergleich zu dem Festnetz, also über die Telefonzelle oder das Postamt, sind sogar die Handy-Gebühren mit dem günstigsten D1 oder D2-Tarif manchmal billiger. Sie können aber auch erheblich teurer sein. Zum Beispiel von Frankreich, Griechenland, Italien oder Australien ist das Handy billiger oder kaum teurer, aus Österreich etwas (+20%), aus der Schweiz erheblich (+40%) und aus Südafrika (+70%) sowie aus Spanien (+170%) schon extrem teurer.

Extra-Tips

▶ Achten Sie auch auf die Taktzeiten. Günstige Tarife haben kurze Takte. Es gilt: Je länger die Taktzeit ist, desto ungenauer werden die Gespräche zum Nachteil der Kunden abgerechnet. Bei einem Takt von 60 Sekunden kostet ein Gespräch von 61 Sekunden schon das Doppelte. Bei Gebühren von z. B. 1,99 DM pro Minute ist das kein Pfennigspaß mehr. Es gibt zwar Tarifangebote mit einer genauen Abrechnung auch für die ersten Sekunden, sie sind aber nicht immer auch insgesamt am günstigsten.

▶ Restgeld auf Telefonkarten können Sie auf neue Karten „übertragen". Mit der alten Karte müssen Sie den grünen Knopf drücken und nach deren Entnahme dann die neue Karte einschieben. Das Restguthaben der alten Karte müßte dann auf der neuen Karte enthalten sein.

▶ Die Mailbox sollten Sie möglichst vom Handy abfragen, denn über die Festleitung kostet der Anruf tagsüber etwa 1,35 DM. Verzichten sollten Sie auf Rufumleitungen vom Handy zum Festnetztelefon, da die Umleitung vom Handy zum Telefon zu Ihren Lasten geht.

Telefonsozialanschluß

1. Um was geht es?

Die Deutsche Telekom überläßt bestimmten Personengruppen Telefonanschlüsse zu einem reduzierten monatlichen Grundpreis. Mit einem besonderen Vordruck ist ein „Auftrag für den Sozialanschluß" auszufüllen und mit bestimmten Angaben und Nachweisen der Deutschen Telekom zuzuleiten. Der Antrag kann auch bei der örtlichen Gemeinde- oder Kreisverwaltung abgegeben werden.

2. Tips und Hinweise

Es gibt als Vergünstigung einen Sozialanschluß zu 9 DM und zu 5 DM.

2.1 Sozialanschluß 9 DM

Den Sozialanschluß mit monatlich 9 DM erhalten Sie unter folgenden Voraussetzungen:
• Befreiung von der Rundfunkgebührenpflicht nach den jeweils landesrechtlichen Bestimmungen
  oder
• allein mit eigenem Haushalt wohnen und Wohngeld beziehen und Altersruhegeld oder eine Rente wegen Berufs- bzw. Erwerbsfähigkeit oder Versorgungsbezüge oder eine sonstige Altersrente erhalten
  oder
• allein mit eigenem Hausstand wohnen und Wohngeld beziehen und als Witwe oder als Witwer Rente oder Versorgungsbezüge erhalten und das 60. Lebensjahr vollendet haben.

2.2 Sozialanschluß 5 DM

Den Sozialanschluß für 5 DM monatlich erhalten Personen, die zu den Blinden, Gehörlosen oder Sprachbehinderten gehören, denen ein Behinderungsgrad von mindestens 90 (MdE) zuerkannt wurde.
Der Grad der Behinderung ist im „Ausweis für Schwerbehinderte" zu ersehen. Eine Blindheit ist mit dem Merkzeichen „BL"

gekennzeichnet. Gehörlosigkeit und Sprachbehinderung lassen sich nicht durch Merkzeichen erkennen, sondern nur aus den Angaben im Feststellungsbescheid des Versorgungsamtes.

2.3 Sonstige Hinweise

Wenn Sie keinen Bescheid über die Befreiung von der Rundfunkgebührenpflicht haben, kann auch der Ausweis für Schwerbinderte mit dem Merkzeichen „RF" vorgelegt werden.

Es empfiehlt sich aber grundsätzlich, auch die →Rundfunkgebührenbefreiung zu beantragen, weil damit gleichzeitig die Voraussetzungen für einen Telefonsozialanschluß gegeben sind.

Ein Sozialanschluß wird auch Haushaltsangehörigen zuerkannt, wenn von diesen die Voraussetzungen erfüllt werden.

U

Unfallversicherung

1. Um was geht es?

Die privaten Unfallversicherungen sind für die Assekuranzunternehmen ein gutes Geschäft. Von den Beitragseinnahmen erhalten die Kunden im Durchschnitt noch nicht einmal die Hälfte zurück. So kann es kaum verwundern, daß durch Werbung und den Außendienst mit Nachdruck Unfallpolicen angeboten werden. Die Frage ist aber, ob eine Unfallversicherung überhaupt erforderlich ist. Ganz überflüssig ist dieser Versicherungsschutz nur bei bestimmten Personenkreisen nicht.

2. Tips und Hinweise

2.1 Allgemeine Voraussetzungen

Mit einer Unfallversicherung sollen die Folgen eines Unfalls und das Risiko der Invalidität gedeckt werden. Bestimmte Personen haben dazu im Verhältnis zur Unfallversicherung aber durch den gesetzlichen Schutz bei einem Unfall und der möglichen privaten →Berufsunfähigkeitsversicherung eine bessere Art der Vorsorge.

Wichtig: Die Unfallpolice ist also nur für diejenigen zu empfehlen, die keine private Berufsunfähigkeitsversicherung abschließen können oder für die der Versicherungsschutz durch Zuschläge zu teuer wäre. Sie ist also in erster Linie geeignet für Hausfrauen, Nichtberufstätige, Selbständige und Freiberufler sowie Kinder und Jugendliche.

Zunächst sollten Sie also prüfen, ob eine Berufsunfähigkeitsversicherung abgeschlossen werden kann. Erst wenn diese Versicherung nicht möglich ist, kommt als Alternative eine ausreichend hohe Unfallversicherung infrage. Insbesondere bei Kindern und Jugendlichen ist auf ausreichend hohe Summen zu achten.

Die Beiträge werden nach dem Unfallrisiko meist in zwei Gefahrengruppen eingeteilt. Für manche Berufe, wie Ärzte oder Landwirte, gibt es zum Teil auch bessere Konditionen.

2.2 Tarifarten

Für den Schadensfall reicht eine Standardabsicherung aus. Zusatzbausteine, wie Krankenhaustagegeld, Genesungsgeld oder Prämienrückgewähr, verteuern die Beiträge nur. Allerdings kann ein Zusatz mit Todesfalleistung sinnvoll sein.

Bei der Versicherungsleistung können Sie meist zwischen drei Varianten wählen. Neben der einfachen stufenweisen Leistung, bei der ein dem Invaliditätsgrad entsprechender Teil von der Versicherungssumme gezahlt wird, können noch Mehrleistungen und prozentuale Erhöhungen vereinbart werden.

Bei der einfachen Leistung bekommen Sie zum Beispiel bei einer Invalidität von 50 % auch 50 % der Versicherungssume. Bei einer vereinbarten Summe von 100 000 DM dann eben 50 000 DM. Bei den Mehrleistungen wird die Auszahlungssumme bei einer höheren Invalidität vervielfacht und bei den prozentualen Erhöhungen können jeweils ab einer bestimmten Invalidität Auszahlungen von z. B. 200 %, 250 % oder 300 % vereinbart werden. Wenn Sie bei schwereren Unfällen noch besser abgesichert sein wollen, kämen die teueren Tarife infrage. Für einen durchweg gleichen Versicherungsschutz reicht der lineare (einfache) Tarif aus.

2.3 Absetzung als Werbungskosten?

Beiträge zu den Unfallversicherungen gehören grundsätzlich zu den Vorsorgeaufwendungen und können bei der Steuererklärung als Sonderausgaben berücksichtigt werden. Durch die übrigen Versicherungsbeiträge wird der berücksichtigungsfähige Höchstbetrag aber meist schon ausgeschöpft, so daß die Geltendmachung nichts mehr bringt. Wenn Ihre Unfallversicherung aber nur Berufsunfälle abdecken soll, können Sie diese Beiträge direkt als berufliche Werbungskosten in voller Höhe absetzen. Sollte auch der private Bereich mit abgedeckt sein, können Sie, wenn keine vertragliche Aufteilung zwischen Berufs- und Privatanteil festgehalten worden ist, immer noch die Hälfte als beruflichen Anteil bei Ihren Werbungskosten absetzen.

2.4 Günstige Versicherer

Die Stiftung Warentest hat zuletzt im Jahr 1996 die Konditionen der Unfallversicherer verglichen („test" Heft 9/96). In der folgenden Übersicht sehen Sie die günstigsten Unternehmen in absteigender Reihenfolge jeweils getrennt für Männer, Hausfrauen* und Kinder (Beispiel: Versicherungssumme 100 000 DM mit Progressionstarif und 10 000 DM Tod). Die Preisunterschiede betrugen immerhin bis zu 300 %.

Männer*)	Hausfrauen*)	Kinder
General Accident	Cosmos Direkt	Baden-Badener
Baden-Badener	Baden-Badener	Cosmos Direkt
Volkswohl Bund	Nord-Deutsche	Volkswohl Bund
Medien	General Accident	General Accident
Interlloyd	Medien	Medien
Cosmos Direkt	Auto Direkt	Interlloyd
Kravag	Interlloyd	DEVK
Neu Rotterdam	Patria	Europa
Stuttgarter	Savag	DA
Auto Direkt	Interrisk	Neu Rotterdam
Nord-Deutsche	WGV Schwäb. Allgem.	Limmat
Limmat	Volkswohl Bund	WGV Schwäb. Allgem.
Interrisk	Huk-Coburg Allg.	Debeka
Telcon	Kravag	Condor
WGV Schwäb. Allgem.	Neue Leben	Neue Leben
Wüba	Neu Rotterdam	Interrisk
Sach+Haftpfl. Bäcker	Debeka	Stuttgarter
Grundeigentümer	Limmat	VHV
Neue Leben	Grundeigentümer	Grundeigentümer
Condor	HDI	Gothaer
Debeka	DA	Nord-Deutsche
Europa	Unitas	Huk-Coburg Allg.
DA	Stuttgarter	Alte Leipziger
DEVK	VHV	LSH
HDI	Telcon	Kravag
Patria	Gothaer	Helvetia
Gothaer	Europa	Savag
Ontos	Adler/Iduna Nova	Continentale
Unitas	Wüba	Barmenia

Die Anschriften finden Sie im Anhang.

---

*) Leider bezieht sich der zitierte Vergleich nicht – wie es angebracht wäre – auf berufstätige Frauen, berufstätige Männer, Hausfrauen und -männer, sondern trifft eine unzeitgemäße, wenn nicht diskriminierende Auswahl.

Extra-Tip

▶ Wie bei allen Versicherungsverträgen auch, sollten Sie auf
eine optimale Gestaltung achten. Das heißt die Klärung von
Rabatten für zum Beispiel besondere Berufsgruppen, für
Mehrfachverträge oder für Verbandsangehörige. Auch die
Zahlungsweise gehört dazu. Gegenüber der Jahresbeitrags-
zahlung kosten die Monatszahlungen bis zu 8 % Aufschlag.
Sie sollten sich auch nicht ohne weiteres auf Prämiennach-
lässe für Verträge mit einer längeren Laufzeit von z. B. 10
Jahren einlassen, denn nur bei Kurzverträgen mit Einjahres-
laufzeit können Sie jährlich aussteigen.

Unterhaltssicherung (Wehrpflicht)

1. Um was geht es?

Jeder männliche Staatsbürger unterliegt ab dem vollendeten 18. Lebensjahr der Wehrpflicht. Diese kann im Falle der Anerkennung als
Kriegsdienstverweigerer auch durch den Zivildienst erfüllt werden.

Nach dem Unterhaltssicherungsgesetz können Wehrpflichtlei-
stende und auch Wehrübende (ebenso Zivildienstleistende) bestimmte Sicherungsleistungen des Staates erhalten.

2. Tips und Hinweise

Wichtig: Leistungen und somit Geld gibt es nur auf Antrag. Diese
Anträge können zwar auch formlos gestellt werden, häufig verwenden die Behörden aber Vordrucke. Die Anträge sollten so frühzeitig
wie möglich gestellt werden. Zuständig ist der Landkreis oder die
Stadt, in dessen oder deren Bereich der Wohnsitz zum Zeitpunkt
der Einberufung war.

2.1 Welche Leistungen gibt es?

Leistungen können für den Wehrpflichtigen selbst und auch für seine Angehörigen, wie Ehefrau, Kinder oder Eltern, gewährt werden.

2.1.1 Ehefrau

Die Ehefrau erhält grundsätzlich Unterhaltsleistungen in Höhe von 60 % des letzten Nettoeinkommens des wehrpflichtigen Ehemannes. Dazu gibt es eine Höchstgrenze und einen Mindestunterhalt, wenn zum Beispiel vorher nur geringes oder kein Einkommen (z. B. als Student) erzielt wurde. Weitere Leistungen: Weihnachtsgeld im Monat Dezember, Ersatz von Krankenversicherungsbeiträgen und Überbrückungsgeld für den ersten Monat nach dem Wehrdienst.

2.1.2 Kinder

Für eheliche Kinder werden 12 % des letzten Nettoeinkommens des Vaters zuzüglich Weihnachts- und Überbrückungsgeld gewährt. Auch hier gibt es eine Höchstgrenze und einen Mindestbetrag. Ein nicheheliches Kind erhält Unterhalt, zu dem der Kindesvater gesetzlich verpflichtet ist. Bei Geburt eines Kindes während des Wehrdienstes gibt es eine Beihilfe zur Erstausstattung.

2.1.3 Eltern

Sie können nur ausnahmsweise dann Unterhaltsleistungen erhalten, wenn ihr eigenes Einkommen nicht für den eigenen Lebensunterhalt ausreicht. In diesem Fall können sie die Leistungen bekommen, zu denen der einberufene Sohn im Rahmen seiner gesetzlichen Unterhaltsplicht grundsätzlich verpflichtet ist.

2.1.4 Selbst

Als Wehrdienstleistender gibt es zunächst freie Unterkunft, Verpflegung, Dienstkleidung und Krankenversorgung. Darüber hinaus können nach dem Unterhaltssicherungsgesetz folgende Leistungen gewährt werden:

Miete?
Unverheiratete Wehrpflichtige erhalten eine Mietbeihilfe nur, wenn sie auch eine Wohnung selbst gemietet haben und das Mietverhältnis bei Beginn des Wehrdienstes mindestens 6 Monate bestand.

Dann gibt es bis zu einer Höchstgrenze die Erstattung der tatsächlichen Miete. Bestand das Mietverhältnis noch keine 6 Monate, werden nur 70 % der Miete bis zu einem Höchstbetrag, der zur Zeit bei 409 DM monatlich liegt, gezahlt. In Ausnahmefällen können aber auch 100 % übernommen werden. Das kann dann der Fall sein, wenn kurz vor dem Wehrdienst eine eigene Wohnung unbedingt erforderlich war.

Verheiratete erhalten keine weitere Mietbeihilfe, weil mit den Unterhaltsleistungen an die Ehefrau und die Kinder diese Kosten gedeckt sein sollen. Bei insgesamt nicht ausreichendem Einkommen ist die Beantragung von Wohngeld zu empfehlen. Siehe Stichwort →Wohngeld.

Für ein Eigenheim des Wehrpflichtigen werden Kosten nur übernommen, wenn bei Wehrdienstbeginn der Abschluß des notariellen Kaufvertrages mindestens 12 Monate zurückliegt. Dann werden höchstens bis zu 45 % des letzten Nettoeinkommens als Eigenheim-Zuschuß vom Staat gezahlt.

Private Krankenversicherung?
Da die Krankenversorgung sichergestellt ist, werden diese Beiträge nicht übernommen. Eine Kündigung von Verträgen ist aber nicht erforderlich, denn die für den Ruhenszeitraum berechneten Gebühren der Krankenversicherung werden erstattet.

Schadensversicherungen?
Die üblichen Versicherungsbeiträge werden ebenfalls erstattet, wenn der Vertragsabschluß bei Beginn mindestens 12 Monate zurückliegt. Das gilt für Unfall-, Rechtsschutz-, Diebstahl- und Haftpflichtversicherungen. Haftpflicht aber nur ohne Verkehrsanteile. Für Lebensversicherungen und Unfallprämien-Rückgewährversicherung wird aber nichts gezahlt. In bestimmten Fällen können aber die Beiträge für eine Lebensversicherung nach dem Arbeitsplatzschutzgesetz erstattet werden.

Garagenmiete?
Die Kosten für die Unterhaltung eines Kraftfahrzeuges werden zwar nicht übernommen, jedoch die Miete für eine Garage, wenn das Fahrzeug abgemeldet wird.

Schulden?
Zinsen und Tilgungsbeträge für Darlehen übernimmt der Staat natürlich nicht. Allerdings kann die Stundung der Raten beantragt

werden. Die Stundungszinsen und -gebühren werden dann übernommen.

2.2 Was ist bei Wehrübungen?

Arbeitnehmer erhalten bis zu einer bestimmten Höchstgrenze ihren Verdienstausfall ersetzt. Dafür reicht neben den üblichen Antragsunterlagen eine Bescheinigung des Arbeitgebers über den Lohnausfall aus. Es wird also grundsätzlich das erstattet, was der Arbeitgeber bescheinigt. Dazu gibt es auch Mindestbeträge, die sich nach Familienstand und Dienstgrad richten.

Bei Selbständigen werden die für einen Vertreter erforderlichen Kosten bis zu 600 DM pro Tag erstattet. Muß der Betrieb oder die Tätigkeit ruhen, was nicht von Selbständigen verantwortet werden darf, wird eine anteilige Entschädigung in Höhe der bisherigen Einkünfte gezahlt, allerdings nicht mehr als 600 DM je Tag.

Unterhaltsvorschuß

1. Um was geht es?

Die Leistung nach dem Unterhaltsvorschußgesetz wird Kindern alleinstehender Elternteile gewährt, wenn der andere Elternteil sich den Zahlungsverpflichtungen entzieht oder nicht in der Lage ist, Unterhalt ganz oder teilweise zu leisten.

2. Tips und Hinweise

2.1 Leistungsvoraussetzungen

Mit dieser Sozialleistung soll der Lebensunterhalt des Kindes gedeckt werden. Der andere unterhaltspflichtige Elternteil wird dadurch aber nicht von seiner Unterhaltspflicht befreit. Die Unterhaltsansprüche des Kindes gehen daher bei einer Zahlung von Unterhaltsvorschuß auf die leistende Stelle, das ist das Jugendamt, über. Das Jugendamt versucht auch, den Unterhaltsanspruch durchzusetzen. Durch diese Klärung ist es später für Sie als alleinerziehender Elternteil auch einfacher, nach Einstellung der Unterhaltsvorschußzahlungen Geld für Ihr Kind vom Zahlungspflichtigen zu erhalten.

2.2 Antragstellung

Unterhaltsvorschuß muß beim zuständigen Jugendamt schriftlich beantragt werden. Antragsformulare erhalten Sie bei der Gemeinde-, Stadt- oder Kreisverwaltung. Zuständig ist das Jugendamt, in dessen Bezirk das Kind lebt.

Wichtig: Seit der letzten Gesetzesänderung wird Unterhaltsvorschuß nur noch für einen Monat rückwirkend vor Antragstellung gewährt. Die Antragstellung bei einem unzuständigen Leistungsträger wird aber berücksichtigt. Dadurch gehen also keine Zeiten verloren. So § 16 Erstes Buch Sozialgesetzbuch.

Die Zahlung wird längstens für 6 Jahre geleistet. Sie endet spätestens, wenn das Kind das 12. Lebensjahr vollendet hat.

Dem zahlenden Jugendamt sind ab Antragstellung und während des Leistungsbezuges jeweils rechtzeitig alle Änderungen in den Verhältnissen mitzuteilen, die für den Anspruch von Bedeutung sein können. Zur Vermeidung von Problemen bei Rückforderungen und Bußgeldverfahren wegen Verletzung der Anzeigepflicht sollte auch auf die weniger wichtig scheinenden Änderungsmitteilungen geachtet werden.

2.3 Ausschluß

Der Anspruch auf Unterhaltsvorschuß ist ausgeschlossen, wenn

- der alleinerziehende Elternteil sich weigert, über den anderen zahlungspflichtigen Elternteil Auskünfte zu geben oder
- sich weigert, bei der Feststellung der Vaterschaft oder des Aufenthaltes des anderen Elternteils mitzuwirken oder
- beide Eltern zusammenleben (egal ob verheiratet oder nicht) oder
- in der häuslichen Gemeinschaft von Kind oder Elternteil auch ein Stiefvater oder eine Stiefmutter lebt oder
- der andere Elternteil seine Unterhaltspflicht bereits durch Vorauszahlung mindestens in Höhe des Regelbedarfs erfüllt hat.

2.4 Leistungshöhe

Unterhaltsvorschuß wird monatlich in Höhe des Regelbedarfs für nichteheliche Kinder unter teilweiser Anrechnung des Kindergeldes gezahlt.

Ab dem 1. 1. 1997 errechnen sich danach folgende Leistungsbeträge:

* Kinder bis zu 6 Jahren: 239 DM (West) bzw.
                                       204 DM (Ost)
* Kinder von 6 bis unter 12 Jahren: 314 DM (West) bzw.
                                       270 DM (Ost).

Unter Berücksichtigung des Kindergeldes von mindestens zur Zeit 220 DM können Sie als alleinerziehender Elternteil für Ihr Kind also je nach Alter über 459 DM oder 534 DM verfügen. Für die neuen Bundesländer gelten dazu vergleichsweise die Beträge von 424 DM oder 490 DM.

V

Verbraucherschutz

1. Um was geht es?

Der Verbraucherschutz ist keine einheitliche Rechtsmaterie. Es gibt in den verschiedenen Rechtsbereichen, wie Arbeitsrecht, Mietrecht, Kreditvertragsrecht oder dem öffentlichen Recht, wie Lebensmittelrecht, Arzneimittelrecht, Heimgesetz oder der Versicherungsaufsicht Bestimmungen, die dem Verbraucherschutz dienen.

Es ist bereits schon nach dem Vertrag über die Gründung der Europäischen Gemeinschaft bei dem Schutz der Verbraucher vor Benachteiligungen von einem besonderen Stellenwert auszugehen. Diesen Stellenwert dürfte der Verbraucherschutz auch in der Gesetzgebung der Bundesrepublik Deutschland haben, wie die jüngeren Bestimmungen zur Produkthaftung, zu den Haustürgeschäften, zu den Verbraucherkrediten oder zu den Pauschalreiserichtlinien zeigen.

2. Tips und Hinweise

2.1 Informationen und Service-Angebote

Wichtig sind für den Verbraucher zunächst die allgemeinen Informationen über ein bestimmtes Rechtsgebiet oder ein bestimmtes Produkt. Mit Hilfe dieses Buches haben Sie bereits eine gute Übersicht über Ihre verschiedenen Rechte und Ansprüche. Sie finden unter den einzelnen Themen Tips und Hinweise, die Ihnen sicherlich weiterhelfen dürften.

Darüber hinaus gibt es auf dem Buchmarkt oder dem Softwaremarkt für Computer zu vielen Themen spezielle Ratgeber. Eine gute Informationsquelle sind auch die Ratgebersendungen und Verbrauchermagazine im Fernsehen, wie z.B. WISO, Plusminus oder ARD-Ratgeber. Nicht zu vergessen die einzelnen Ratgeber der Dritten Programme. Informationen dazu können Sie abrufen oder sich zusenden lassen.

Eine weitere Möglichkeit bieten die verschiedenen Fachzeitschriften als Wirtschafts- oder Verbrauchermagazine. Sie können zum Beispiel bei der Stiftung Warentest zu verschiedenen Verbraucherfragen Service-Informationen oder Coupons für Computeraktionen abrufen. Die Coupons für die Computeraktionen erhalten Sie per Tel.: 01 80-2-32 13 13.

Derzeit gibt es bei der Stiftung Warentest folgende Computerservice-Angebote:

Kfz-Versicherung, Gebrauchtwagenpreis, Sparberatung, Hypothekendarlehen, Investmentfonds Mikado, Schwermetalle im Trinkwasser, Asbest in Materialien, Holzschutzaltlasten, Gartenbodenanalyse, Flug-Pauschalreisen, Private Krankenversicherung.

Zum Faxabruf-Service der Stiftung Warentest können Sie eine Inhaltsseite vom Telefon Ihres Faxgerätes mit der Nr.: 0 30/ 23 08 39-0 00 abrufen.

2.2 Rechtsauskünfte

Verbindliche Rechtsauskünfte können Sie aber nur von einem zugelassenen Rechtsanwalt oder Steuerberater erhalten. Es gibt dazu Telefondienste, die kostenlos bei der Suche nach Fachanwälten helfen. Z.B. der Anwalt-Suchservice (Tel.: 01 80/5 25 45 55), die direct Anwaltsvermittlung (Tel.: 01 90/51 46 14) und der Justitia Telefonservice (Tel.: 01 80/5 21 51 24). Es fallen allerdings Telefongebühren an. Eine 01 90-Rufnummer mit Ziffer 5 kostet z.B. 1,20 DM und eine 01 80 mit Ziffer 5 noch 0,48 DM pro Minute.

2.3 Haustürgeschäfte

Nach dem Haustürwiderrufsgesetz können Sie binnen einer Woche nach der Unterschrift den Vertrag widerrufen. Gründe dafür müssen Sie nicht nennen. Diese Möglichkeit besteht nicht nur bei den sogenannten Haustürgeschäften, sondern auch bei Käufen auf Freizeitveranstaltungen, bei Verhandlungen am Arbeitsplatz oder in der Wohnung sowie im öffentlichen Bereich, wie zum Beispiel auf der Straße oder in der Bahn.

Das Gesetz gilt allerdings nicht bei Waren unter 80 DM und einer sofortigen Lieferung sowie bei Ratenzahlungsvereinbarungen und Versicherungsverträgen, für die das Verbraucherkreditgesetz bzw.

das Versicherungsvertragsgesetz gelten. Dabei gibt es aber einen ähnlichen Verbraucherschutz.

Als Kunde sind Sie bei solchen Verträgen über Ihr Widerrufsrecht zu belehren. Wird dies vom Verkäufer unterlassen, verlängert sich insoweit die Frist.

Sollte Ihnen die Firma nicht bekannt sein, lassen Sie sich an der Haustür immer die Reisegewerbekarte und den Personalausweis zeigen, wenn Sie an der angebotenen Ware oder der Dienstleistung interessiert sind.

Nach dem Blindenwarenvertriebsgesetz dürfen Blindenwaren und Zusatzwaren unter Hinweis auf die Beschäftigung von Blinden oder die Fürsorge für Blinde vertrieben werden. Für einen solchen Vertrieb ist aber ein Blindenwarenvertriebsausweis, der auch die Reisegewerbekarte ersetzt, erforderlich. Nur wenn Ihnen dieser Ausweis gezeigt wird, sollten Sie Blindenwaren kaufen. Ansonsten handelt es sich um Firmen, die mit angeblichen Blindenwaren nur unredliche Geschäfte machen wollen.

Extra-Tip

▶ Für eine unabhängige und neutrale Verbraucherberatung sind im übrigen die Verbraucherzentralen die erste Adresse. Sie bieten allerdings nicht zu jedem Thema eine flächendeckende Beratung an. Wenn Sie sich für ein bestimmtes Thema interessieren, können Sie sich dort auch in Seminaren oder anhand von Broschüren informieren. Häufig sind auch die aktuellen Testergebnisse der Stiftung Warentest mit den dazugehörigen Heften vorrätig. Die anfallenden Gebühren für eine spezielle Beratung sind relativ gering. Die Anschrift Ihrer örtlichen Verbraucherberatungsstelle finden Sie im Telefonbuch.

Vermietung an Angehörige

1. Um was geht es?

Für ein Einfamilienhaus als selbstgenutztes Wohneigentum können nach Bezugsfertigkeit neben der zeitlich beschränkten Wohnraumförderung durch die Eigenheimzulage und der eventuellen Energiesparzulage grundsätzlich leider keinen weiteren Steuervorteile in Anspruch genommen werden. Nach dem Einzug werden die Schuldzinsen und anderen Belastungen nicht weiter berücksichtigt.

Es gibt allerdings Möglichkeiten, die laufenden Belastungen eines Einfamilienhauses dennoch in einem gewissen Umfang absetzen zu können.

2. Tips und Hinweise

2.1 Vermieten Sie Wohnraum an Ihr Kind !

Eine Möglichkeit, das Finanzamt an den laufenden Kosten zu beteiligen, stellt die Vermietung an Ihre Kinder dar. Wenn in Ihrem (Einfamilien-) Haus ein volljähriges Kind oder mehrere Kinder wohnen, können Sie diesen Wohnraum durch einen regulären Mietvertrag Ihrem Kind vermieten.

Eine solche ausdrückliche Vermietung ist zwar nicht unbedingt üblich, aber auch nicht verboten. Diese vertragliche Regelung dient auch nur der steuerlichen Gestaltung, wobei es sich natürlich nicht um einen Scheinvertrag oder einen Gestaltungsmißbrauch handeln darf. Es müssen also schon die für einen Mietvertrag üblichen geschäftlichen Tätigkeiten abgewickelt werden. Insbesondere muß von der Tochter oder dem Sohn auch die vereinbarte Miete gezahlt werden. Wenn diese noch kein eigenes Einkommen haben sollten, müßten Sie ihnen welches verschaffen. Wie das möglich ist? Sie geben ihnen Kindergeld, Unterhalt, Schenkungen oder sonstige Zuwendungen. Daraus dürfte dann leicht die Miete gezahlt werden können.

2.2 Verlust aus Vermietung und Verpachtung

Die Mietzahlungen stellen dann bei Ihnen Einkünfte aus Vermietung und Verpachtung dar, die natürlich bei der Steuererklärung anzugeben sind. Anzugeben sind aber auch die damit verbundenen Belastungen als Werbungskosten. Somit können Sie die auf den vermieteten Teil Ihres Hauses entfallenden laufenden Belastungen absetzen. Dazu gehören anteilig die Schuldzinsen, Grundsteuer, Versicherungen, Heizung, Strom, Abwasser, Müllabfuhr etc. und auch die Abschreibungen mit 2 % der Gesamtherstellungskosten Ihres Hauses.

Sie ermitteln also diese gesamten Kosten für Ihr Haus und setzen davon den Anteil als Werbungskosten bei den Mieteinnahmen an, der dem Anteil des an Ihr Kind vermieteten Wohnraumes an der Gesamtwohnfläche entspricht.

Wichtig: Sie können dabei auch von Ihrem Kind eine geringere als die ortsübliche Miete verlangen und gleichzeitig aber die vollen anteiligen Ausgaben ansetzen. Die Miete Ihres Kindes muß aber mindestens 50 % des ortsüblichen Wertes betragen. Andernfalls werden nur die anteiligen Ausgaben als Ihre Werbungskosten akzeptiert. Wenn also die Miete nur bei 25 % des ortsüblichen Betrages liegt, werden als Ihre Werbungskosten auch nur 25 % – und nicht 100 % – der anteiligen Belastungen anerkannt.

Bei einer Miete mit wenigstens 50 % des ortsüblichen Niveaus dürften Ihre anteiligen Belastungen höher als die Miete sein, so daß Sie Verluste haben, die sich insoweit steuermindernd auswirken.

2.4 Berechnungsbeispiel:

Gesamtwohnfläche des Hauses: 150 qm; Vermietung: 30 qm; Anteil somit 20 %
   Miete einschl. Nebenkosten: 13 DM/qm ortsüblich; davon 50 % somit 2340 DM Jahresmiete
   Gesamtausgaben: Zinsen 20 000 DM, Abgaben u. Versicherungen 3000 DM, Heizung und Strom 4000 DM, Abschreibungen 8000 DM; zusammen 35 000 DM davon Anteil 20 % sind 7000 DM.

Gegenüberstellung:
Mieteinnahmen   2340 DM
Werbungskosten   7000 DM

Verlust   4660 DM aus Vermietung und Verpachtung

Bei einem Steuersatz von 35 % hätten Sie danach eine Einsparung von jährlich über 1600 DM.

2.5 Kaufen Sie das Haus Ihrer Eltern, vermieten es dann an Ihre Eltern und lassen es sich nach einem Jahr schenken

Voraussetzung dafür ist, daß Sie für Ihr eigenes Haus noch mehrere Jahre abzuzahlen haben und das Haus Ihrer Eltern schuldenfrei ist.

Wenn Ihre Eltern Ihnen das Haus sowieso überlassen wollen, können Sie es zum Beispiel für 250000 DM regulär kaufen und an Ihre Eltern vermieten. Sie nehmen dafür eine Hypothek auf das Haus der Eltern auf und die Eltern legen den Verkaufserlös gewinnbringend an. Nach einem Jahr schenken die Eltern Ihnen den Kaufpreis, mit dem Sie Ihre eigene Hypothek von zum Beispiel auch 250000 DM ablösen. Dieser Betrag fällt auch noch unter den Schenkungsfreibetrag. Sie haben dann nur noch die Hypothek für das Haus Ihrer Eltern zu zahlen. Da dieses aber vermietet ist, haben Sie Einkünfte aus Vermietung und Verpachtung und können somit alle Werbungskosten, insbesondere die Schuldzinsen, absetzen. Das war vorher bei Ihrem eigenen Haus nicht möglich.

Sie sollten wegen der künftigen Zinsbelastung darauf achten, daß die Hypotheken in etwa gleich hoch sind. Natürlich haben die Eltern auch die Miete zu zahlen, die nicht gleich wieder zurücküberwiesen werden darf. Über einen anderweitigen Ausgleich werden Sie sich sicher verständigen können.

Steuerersparnis zum Beispiel über 100000 DM:

Wenn der Verlust bei den Einnahmen aus Vermietung und Verpachtung mit zum Beispiel jährlich 15000 DM angenommen würde, hätten Sie über einen Zeitraum von 20 Jahren und einem Steuersatz von 35% immerhin eine Steuerersparnis von über 100000 DM.

Für dieses etwas kompliziertere Vorhaben sollten Sie einen Steuerberater oder Rechtsanwalt einschalten.

Vermögenswirksame Leistungen

1. Um was geht es?

Vermögenswirksame Leistungen sind Zuschüsse des Arbeitgebers zum Lohn oder Gehalt. Dazu kommt die Arbeitnehmer-Sparzulage als staatliche Sparförderung unter Berücksichtigung von bestimmten Einkommensgrenzen. Nach den derzeitigen gesetzlichen Regelungen beteiligt sich der Staat mit der Arbeitnehmersparzulage in Höhe von 10% der Sparsumme bis maximal 936 DM an der Vermögensbildung. Dieser Zuschuß bis zu 93,60 DM jährlich ist geschenktes Geld.

2. Tips und Hinweise

2.1 Allgemeine Voraussetzungen

In vielen Tarifverträgen und Betriebsvereinbarungen ist die Zahlung von vermögenswirksamen Leistungen zusätzlich zum Arbeitslohn oder Gehalt vorgesehen. Wenn die Zahlungen des Arbeitgebers noch nicht den maximalen Sparbetrag von 78 DM monatlich erreichen, sollten Sie die Aufstockung und Abzweigung aus Ihrem Lohn oder Gehalt verlangen.

Ein vermögenswirksamer Sparvertrag unterliegt einer Sperrfrist von 7 Jahren. Innerhalb dieses Zeitraumes darf darüber nicht verfügt werden, um die Sparzulagen zu erhalten. Ausnahmen sind aber in bestimmten Fällen möglich, und zwar

- beim Tod des Sparers,
- bei Erwerbsunfähigkeit von mehr als 90%,
- bei Arbeitslosigkeit von mehr als einem Jahr,
- bei Heirat seit 2 Jahren nach Vertragsabschluß oder
- bei Gründung einer selbständigen Existenz.

Sie können den Zeitraum der Sperrzeit etwas verkürzen, wenn Sie erst kurz vor dem Jahresende einen Sparvertrag abschließen, denn das Jahr des Vertragsabschlusses zählt bei der Berechnung der Sperrfrist voll mit. So können Sie die Wartezeit leicht bis knapp 12 Monate verringern.

2.2 Die Arbeitnehmer-Sparzulage

Die Sparzulage gibt es nur für bestimmte Anlageformen, und zwar für

- Bausparverträge,
- Wertpapiersparverträge über deutsche börsennotierte Aktien,
- Wandelanleihen (Anleihen mit Sonderrechten als festverzinsliche Wertpapiere),
- Genußscheine (börsenfähige Wertpapiere mit Genußrechten),
- Aktienfonds-Sparpläne,
- Vermögensbeteiligungen am Unternehmen des Arbeitgebers.

Die jährliche Sparzulage ist im Rahmen der Steuererklärung beim Finanzamt zu beantragen. Dazu ist eine Bescheinigung der Anlage-Institution mit verschiedenen Angaben beizufügen. Diese Bescheinigung muß für jedes Jahr neu erstellt und der Steuererklärung beigefügt werden. Im jeweiligen Steuerbescheid wird vom Finanzamt dann die Höhe der Sparzulage festgesetzt. Diese Zulage wird aber nicht jedes Jahr ausgezahlt, sondern erst am Ende der Sperrfrist von 7 Jahren.

Wichtig: Wenn während der Vertragslaufzeit der Anspruch auf die Sparzulage wegen Überschreitung der Einkommensgrenze wegfallen sollte, empfiehlt sich dennoch eine Weiterführung des Vertrages auch ohne die staatliche Sparförderung, da die bisherigen Sparzulagen erhalten bleiben. Kündigen Sie aber vorzeitig, werden auch die bisherigen Sparzulagen rückwirkend aufgehoben.

2.3 Welche Einkommensgrenzen gelten?

Die Sparzulage wird jedoch nur innerhalb einer bestimmten Einkommensgrenze gewährt. Diese liegt zur Zeit für Ledige nur bei 27 000 DM und für Verheiratete bei 54 000 DM des zu versteuernden Einkommens. Dieses Einkommen ergibt sich z. B. aus dem Steuerbescheid unter der Zeile „Berechnung der Einkommensteuer". Eine baldige Anhebung der Einkommensgrenzen und auch der Sparsumme ist aber wahrscheinlich. Informieren Sie sich hierzu bei Ihrer Hausbank oder Ihrem Arbeitgeber oder Finanzamt.

Der Bruttolohn ist nicht gleich das zu versteuernde Einkommen, so daß Ihr Jahreseinkommen durchaus höher als die Einkommensgrenze sein kann. Unter Berücksichtigung der Steuerfreibeträge kann derzeit wenigstens von Alleinstehenden ein Bruttoarbeitslohn von 32 672 DM und von Verheirateten von 63 560 DM erzielt werden. Wenn Sie noch besondere →Werbungskosten oder →Sonderausgaben geltend machen können, erhöht sich dann der Bruttoarbeitslohn entsprechend.

2.4 Beispielskalkulation mit einem Bausparvertrag

Wenn Ihr Arbeitgeber monatlich 78 DM vermögenswirksame Leistungen gewährt und Sie den gleichen Betrag als eigene Sparleistung dazu in einen Bausparvertrag einzahlen, haben Sie unter Berücksichtigung der Zinsen und der Wohnungsbauprämie nach 7 Jahren eine Gesamtsumme von etwa 16 000 DM erreicht, die für einen Bausparvertrag über 35 000 DM ausreichend ist.

2.5 Wie ist das mit Belegschaftsaktien am Unternehmen des Arbeitgebers?

Diese Art der vermögenswirksamen Leistungen ist auch eine Möglichkeit der Regelungen mit Ihrem Arbeitgeber. Dazu gibt es die ergänzende steuerliche Förderung, daß neben dem Anlagebetrag von 936 DM weitere 300 DM nicht als Einkommen versteuert werden müssen, wenn Sie insoweit einen Preisnachlaß erhalten. Sie können also von Ihrem Arbeitgeber Belegschaftsaktien im Wert von 1236 DM jährlich steuerunschädlich erhalten und davon 936 DM entweder mit der vermögenswirksamen Leistung Ihres Arbeitgebers oder aus der eigenen Tasche bezahlen.

Extra-Tip

▶ Die vermögenswirksamen Leistungen des Arbeitgebers können auch in andere, nicht geförderte Sparformen angelegt werden, wenn Sie die Sparzulage wegen zu hohen Einkommens nicht erhalten sollten. Also z.B. alle Arten von Aktien und Wertpapieren, Investmentfonds oder Kapitallebensversicherungen.

Vorsorgeaufwendungen

1. Um was geht es?

Zu den Sonderausgaben im steuerrechtlichen Sinn zählen auch die Vorsorgeaufwendungen. Hierunter sind Aufwendungen zur finanziellen Vorsorge für Krankheit, Pflegebedürftigkeit oder das Alter zu verstehen. Diese können allerdings nur in bestimmten Grenzen von der Steuerschuld abgesetzt werden.

2. Tips und Hinweise

2.1 Was zählt zu den Vorsorgeaufwendungen?

Dazu gehören:

- Sozialversicherungsbeiträge
- Krankenversicherungen mit Zusatzversicherungen
- Unfallversicherungen
- Lebensversicherungen und private Rentenversicherungen
- Haftpflichtversicherungen (ohne Berufshaftpflicht, die als Werbungskosten zählt)

Für die Berücksichtigung dieser Ausgaben gibt es einen Vorsorgehöchstbetrag, der bei Normalverdienern meist schon durch die Vorsorgepauschale erreicht wird, so daß der einzelne Nachweis der Versicherungsbeiträge nicht mehr sinnvoll ist. Grundsätzlich gilt, daß bei niedrigeren Einkünften und höheren Versicherungsbeiträgen die Einzelaufstellung lohnen kann. Das gilt auch für Beamte, Richter und Soldaten, für die nur eine geringere Vorsorgepauschale vorgesehen ist. Auch Selbständige haben einen Vorteil gegenüber Arbeitnehmern, da ihnen ein ungekürzter Vorwegabzug angerechnet wird.

2.2 Wie errechnet sich der Vorsorgehöchstbetrag?

Dieser Höchstbetrag setzt sich zusammen aus dem Vorwegabzug, dem Grundhöchstbetrag und dem Restbetrag mit dem hälftigen Abzug. Dabei wird schrittweise vorgegangen.

> **Beispiel:** Ehepaar mit Bruttoeinkommen von 80 000 DM und Versicherungsbeiträgen einschl. Sozialversicherungsanteile von 18 000 DM.

- 1. Vorwegabzug

Zunächst wird der Vorwegabzug ermittelt. Er beträgt bei Ehepaaren höchstens 12 000 DM und ist um 16 % des Bruttoarbeitslohnes zu kürzen. Also 12 000 DM abzüglich 12 800 DM (16 % von 80 000 DM) ergibt Null (minus 800 DM).

- 2. Grundhöchstbetrag

Die Versicherungsbeiträge sind bis zum Grundhöchstbetrag absetzungsfähig. Dieser Höchstbetrag ist mit 5220 DM bei Verheirateten festgesetzt. Von den 18 000 DM Versicherungsbeiträge können also als Zwischenergebnis 5220 DM abgesetzt werden.

- 3. Resthöchstbetrag

Von den bisher nicht berücksichtigten Versicherungsbeiträgen in Höhe von 12 780 DM (18 000 DM minus 5220 DM) kann die Hälfte angesetzt werden, aber nur bis zum Resthöchstbetrag von 2610 DM bei Verheirateten.

- 4. Ergebnis

Im Ergebnis werden also nur jeweils die Höchstbeträge von 5220 DM und 2610 DM mit zusammen 7830 DM als Vorsorgeaufwendungen im Rahmen der Sonderausgaben berücksichtigt. Die restlichen rund 10 000 DM Versicherungsbeiträge fallen unter den Tisch, so daß in diesem Fall die Aufstellung dieser Versicherungsbeiträge in der Steuererklärung sinnlos wäre.

Wichtig: Die Festsetzung von Höchstbeträgen für die Berücksichtigung von Vorsorgeaufwendungen ist verfassungsrechtlich bedenklich. Das Finanzamt erteilt die Steuerbescheide insoweit in der Regel nur vorläufig. Achten Sie bei Ihrem Bescheid auf den Vorläufigkeitsvermerk zu den Vorsorgeaufwendungen.

W

Werbungskosten (nichtselbständige Arbeit)

1. Um was geht es?

Werbungskosten sind im steuerlichen Sprachgebrauch die mit der Erzielung der Einnahmen verbundenen notwendigen Ausgaben. Die Werbungskosten gibt es also zu jeder Art der Einkünfte, wie z.B. Einnahmen aus Vermietung und Verpachtung oder aus Kapitalvermögen. Für Arbeitnehmer dürften insbesondere die mit dem Lohn oder Gehalt verbundenen Belastungen von Interesse sein.

2. Tips und Hinweise

2.1 Allgemeine Voraussetzungen

Im Rahmen der Steuererklärung ist von den Arbeitnehmern auch die Anlage „N" zu beachten. Damit werden die Einkünfte aus nichtselbständiger Arbeit und die Werbungskosten erfaßt.

Für die Arbeitnehmer gibt es derzeit einen Pauschbetrag von 2000 DM pro Jahr. Für bestimmte Berufsgruppen, wie Künstler und festangestellte Journalisten gibt es einen zusätzlichen Pauschbetrag. Angaben in der Steuererklärung lohnen sich also nur für darüber hinaus gehende Belastungen und Ausgaben. Wenn Sie zum Beispiel mit Ihrem Auto 13 km einfache Entfernung bis zur Arbeitsstelle fahren und an durchschnittlich 220 Tagen im Jahr arbeiten, haben Sie den Pauschbetrag bereits erreicht, so daß sich alle weiteren absetzungsfähigen Ausgaben auch steuermindernd auswirken.

Nach der Steuererklärung werden die Werbungskosten in folgende sieben Arten eingeteilt:

- Fahrten zwischen Wohnung und Arbeitsstätte
- Beiträge zu Berufsverbänden
- Aufwendungen für Arbeitsmittel

- Weitere Werbungskosten
- Pauschbeträge für Mehraufwendungen für Verpflegung
- Mehraufwendungen für doppelte Haushaltsführung
- Besondere Pauschbeträge für bestimmte Berufsgruppen

Zu den Fahrten zwischen Wohnung und Arbeitsstätte sowie Dienstfahrten siehe Stichwort → Fahrtkosten.

2.2 Beiträge zu Berufsverbänden

Dazu zählt die Mitgliedschaft z. B. in Gewerkschaften, im Beamtenbund oder anderen Berufsverbänden. Die tatsächlich gezahlten Beiträge werden in voller Höhe abgesetzt. Auch Ihre Ausgaben für eine ehrenamtliche Tätigkeit in diesen Organisationen sollten Sie geltend machen.

2.3 Aufwendungen für Arbeitsmittel

Die Anschaffungskosten für Fachliteratur sind absetzungsfähig, wenn der berufliche Bezug erkennbar ist. Auf dem Beleg sollten Titel und Autor stehen. Auch spezielle Fachzeitschriften und -bücher, wie dieser Ratgeber, können abgesetzt werden. Allgemeine Verbrauchermagazine und Tageszeitungen, bis auf das Handelsblatt, allerdings nicht.

Wenn Sie typische Berufskleidung tragen, werden die Kosten für die Anschaffung, Instandsetzung und Reinigung auch berücksichtigt. Gewöhnliche Bekleidung wird nur in Ausnahmefällen anerkannt, wenn die berufliche Tätigkeit einen entsprechenden Bekleidungsaufwand erfordert. Das kann z. B. bei Hoteldirektoren, Tanzschullehrern, Berufsoffiziere, Mannequins, Oberkellner sein. Nach einer älteren Gerichtsentscheidung kann eine Serviererin zwar den schwarzen Rock, aber nicht die weiße Bluse geltend machen.

Computer, Faxgeräte, Werkzeuge, Büroeinrichtungen oder Telefone können bei einer ausschließlich beruflich bedingten Nutzung ohne weiteres als Werbungskosten deklariert werden. Wenn diese Geräte in der Anschaffung über 800 DM ohne Umsatzsteuer kosten, sind sie allerdings mit der gewöhnlichen Nutzungsdauer über die Jahre verteilt abzuschreiben. Im Jahr der Anschaffung werden sie nur in voller Höhe abgesetzt, wenn sie unter 800 DM ohne Umsatzsteuer kosten.

Wichtig: Bei diesen Arbeitsmitteln kommt es auch darauf an, ob die einzelnen Gegenstände zu einem einheitlichen Wirtschaftsgut rechnen, denn dann werden sie nicht einzeln abgesetzt oder abgeschrieben. So bildet zum Beispiel bei einem Computer die Zentraleinheit mit der Maus, der Tastatur und dem Monitor ein Wirtschaftsgut. Alles zusammen wird einheitlich abgeschrieben. Nachträgliche Erweiterungen werden dem Restwert zugerechnet. Siehe auch →Abschreibungen.

Selbständige Wirtschaftsgüter sind der Drucker und die einzelne Software. Je nach Anschaffungspreis werden sie sofort abgesetzt oder abgeschrieben. Reparaturen werden aber im Jahr der Zahlung voll abgesetzt. Das gleiche gilt für Betriebsmaterial wie Disketten, Papier oder Toner.

Bei einer nur anteiligen beruflichen Nutzung können Sie natürlich den privaten Anteil nicht steuerlich geltend machen. Es sind dann die Kosten nach dem jeweiligen Anteil anzusetzen. Sie können von Ihnen auch mit bestimmten Details geschätzt werden. Wenn der berufliche Anteil über 90 % beträgt, können die Gesamtausgaben als Werbungskosten abgesetzt werden.

2.4 Weitere Werbungskosten

- Siehe auch Stichwort →Arbeitszimmer.
- Verpflegungsmehraufwendungen. Bei längeren Dienstreisen ist der frühere Einzelnachweis nicht mehr möglich. Es werden jetzt folgende Pauschalen berücksichtigt:
  Abwesenheit von mindestens 10 Stunden: 10 DM,
  Abwesenheit von mindestens 14 Stunden: 20 DM,
  Abwesenheit von mindestens 24 Stunden: 46 DM.

  Bei mehrtägigen Dienstreisen zählen An- und Abreisetag mit weniger als 24 Stunden Abwesenheit leider nicht als voller Tag, so daß es auch hier nur die einfache Pauschale gibt.
  Einzeln nachzuweisen sind aber die Kosten für Übernachtungen und Reisenebenkosten (Gepäcktransport, Telefon, Porto, Garage, Parkplatz).
- Des weiteren können Kosten für die Fortbildung im ausgeübten Beruf geltend gemacht werden, und zwar in unbegrenzter Höhe. Dazu gehören Lehrgänge, Kurse, Tagungen, Vortragsveranstaltungen, Tages- und Abendschulen mit berufsbezogenem Lehr-

stoff. Die Kosten können Teilnahme- und Prüfungsgebühren, Bücher und Schreibmaterial, Reise-, Verpflegungs- und Fahrtkosten sein.

Studienkosten werden dagegen vom Finanzamt nur dann als Werbungskosten akzeptiert, wenn das Studium der Weiterbildung und dem Weiterkommen im bisherigen ausgeübten Beruf dient. Das kann auch ohne Studienabschluß sein. Ansonsten werden die Kosten eines Studiums nur den beschränkt abzugsfähigen Sonderausgaben (bis zu 1800 bzw. 2400 DM jährlich) zugeordnet.

- Wenn Sie für die Zahlung des Lohnes oder Gehaltes ein Girokonto unterhalten, können dafür die anteiligen Kontoführungskosten abgesetzt werden.
- Auch Bewerbungskosten als Ausgaben bei der Suche nach einem neuen Job werden vom Finanzamt berücksichtigt. Darunter können Stellenanzeigen, Briefe, Kopien, Porto, Telefonate oder Reisekosten fallen.
- An den beruflich bedingten Umzugskosten beteiligt sich das Finanzamt ebenfalls. Dazu zählen auch Umzüge, um leichter oder eher zur Arbeitsstelle zu kommen. Die Entfernung sollte dann um mindestens 9 Kilometer oder die Dauer für die Hin- und Rückfahrt um mindestens eine Stunde kürzer geworden sein. Aber auch davon können noch Ausnahmen anerkannt werden. Zu den Umzugskosten rechnen ansonsten alle damit verbundenen Ausgaben, wie Reisekosten, Transportkosten, Verpflegungs- und Übernachtungskosten, Trinkgelder, Herrichten der neuen Wohnung, Umschreibungskosten für Kfz und Ausweis, Schönheitsreparaturen der alten Wohnung, Beschaffung von Mülltonnen.
- Auch noch Werbungskosten: Bewirtung von Geschäftsfreunden (80 % Anteil), Beschäftigung von Angehörigen (siehe auch Stichwort →Arbeitsverträge mit Ehegatten), Beiträge für berufliche Haftpflichtversicherung, Geschenke an Kunden bis zu je 75 DM, Zinsen für Kredite zur Anschaffung von beruflich genutzten Gegenständen, Kassenfehldifferenzen für Kellner, Schaffner, Postboten usw., Kuraufwendungen aus besonderen beruflichen Gründen (nicht als außergewöhnliche Belastung nur nach Abzug eines zumutbaren Eigenanteils).

2.5 Pauschbeträge für Mehraufwendungen für Verpflegung

Wenn Sie als Berufskraftfahrer ständig unterwegs oder an ständig wechselnden Einsatzorten beschäftigt sind, erhalten Sie eine Verpflegungspauschale in Höhe der jeweiligen Reisekosten, also 10 DM, 20 DM oder 46 DM.

2.6 Mehraufwendungen für doppelte Haushaltsführung

Wenn Sie nicht am Wohnort arbeiten und am Beschäftigungsort aus beruflichen Gründen einen eigenen Hausstand unterhalten, werden die Mehraufwendungen nur noch bis zu 2 Jahre lang berücksichtigt.

Für die Fahrtkosten gibt es allerdings keine zeitliche Befristung. Dafür werden je wöchentlicher Heimfahrt 0,70 DM je Entfernungskilometer anerkannt. Für die erste und die letzte Fahrt können 0,52 DM je gefahrene Kilometer angesetzt werden.

Für die Verpflegungskosten gibt es nur für die ersten drei Monate eine Pauschale in Höhe der Reisekostensätze. Allerdings kann dabei schon bei einer Abwesenheit von mindestens 8 Stunden (bis unter 14 Stunden) die Pauschale von 10 DM angesetzt werden. Höhere Einzelnachweise sind nicht mehr möglich.

Für Übernachtungskosten können aber die tatsächlichen Kosten, wie z.B. Hotelzimmer oder Miete samt Nebenkosten, abgesetzt werden. Auf die Art der Zweitunterkunft kommt es grundsätzlich nicht an. Ein Wohnmobil zählt aber nicht.

Wichtig: Die Zweijahresfrist für die Berücksichtigung der laufenden Unterkunftskosten der Zweitwohnung sollte unbedingt beachtet werden. In diesem Zeitraum können alle notwendigen Renovierungsarbeiten erledigt und die Wohnung vollständig ausgestattet werden. Beim Kauf der Einrichtungsgegenstände achten Sie auf den Preis von maximal 920 DM, damit diese sofort in voller Höhe abgesetzt werden können.

2.7 Was bringt ein zusätzlicher Werbungskostenabzug?

Nach der Steuer-Grundtabelle gibt es bei zusätzlichen Werbungskosten von 2000 DM und einem Jahres-Bruttoeinkommen von 60 000 DM rund 690 DM an Steuerersparnis, bei einem Einkommen von 80 000 DM rund 800 DM und bei einem Einkommen von 120 000 DM rund 1050 DM.

Wichtig: Bei allen Absetzungen sind natürlich vorher die Erstattungen vom Arbeitgeber oder von anderen Stellen zu berücksichtigen. Steuermindernd werden nur Ihre verbleibenden Aufwendungen anerkannt.

Extra-Tip

▶ Die folgenden Ausgaben werden als Werbungskosten normalerweise ohne weitere Belege akzeptiert, soweit sie dem Grunde nach berücksichtigungsfähig sind:

Fachliteratur:	bis 200 DM
Arbeitsmittel: (Schreib- Diktiergeräte, Papier)	bis 200 DM
Kontoführungsgebühr:	bis 30 DM
Berufskleidung: (soweit notwendig)	bis 200 DM
Beiträge zu Berufsverbänden:	bis 300 DM
Werkzeug: (bei Handwerksberufen)	bis 200 DM
Doppelte Haushaltsführung:	bis 500 DM pro Monat

Wohngebäudeversicherung

1. Um was geht es?

Es passiert zwar selten, daß ein Haus abbrennt, durch einen Rohrbruch der Keller überflutet wird oder ein Hagelunwetter zu einem Dachschaden im wörtlichen Sinne führt. Dennoch sollten Hausbesitzer gegen solche Schäden mit einer Versicherung vorsorgen, damit sie notfalls abgesichert und nicht finanziell ruiniert sind.

2. Tips und Hinweise

2.1 Allgemeine Voraussetzungen

Als Wohngebäudeversicherung ist die kombinierte Feuer-, Leitungswasser- und Sturm- / Hagelversicherung gemeint. Die Risiken können auch einzeln versichert werden. Gegen Feuer sollten Sie sich immer versichern. Leitungswasser- sowie Sturm- und Hagelschäden müssen nicht unbedingt versichert sein. Sie sind aber in bestimmten Fällen, wie in Landschaften mit stärkeren Winden oder in höheren Lagen mit frostigeren Jahreszeiten auch durchaus zu empfehlen und ansonsten können Sie mit diesem Versicherungsschutz sowieso ruhiger schlafen.

Der kombinierte Versicherungsschutz kostet auch nicht die Welt. Die Prämien für ein durchschnittliches Einfamilienhaus als Neubau kosten im Jahr zwischen knapp 400 DM bis etwas über 600 DM. Wenn Sie noch Prämie sparen wollen, können Sie auch einen Selbstbehalt (z. B. 500 DM oder 1000 DM) vereinbaren.

Mit dieser Versicherung sind dennoch nicht alle Schäden an einem Haus abgesichert. Überspannungsschäden an der Elektronik werden nicht bei allen Versicherungsunternehmen als Standardleistung mit übernommen. Damit sind nicht normale Elektrogeräte gemeint, sondern spezielle elektronische Teile der Heizungs- und Sanitärversorgung. Diese müßten gegebenenfalls zusätzlich versichert werden. Das gilt auch für Überschwemmungsschäden und Naturkatastrophen, wie Erdbeben, Erdrutsche oder Lawinen. Diese Risiken werden aber nicht von allen Gesellschaften versichert und wenn, dann auch nur gegen Selbstbehalte.

2.2 Wann leistet die Wohngebäudeversicherung?

- Bei Feuer durch Brand, Explosion, Blitzschlag und Folgeschäden. Nicht bei Kaminfeuer mit Kaminbrand, da bewußt herbeigeführt.
- Bei Leitungswasser und Rohrbruch durch bestimmungswidrig ausgelaufenes Leitungswasser von z. B. Waschmaschine oder Geschirrspüler. Bruch- und Frostschäden an Rohren. Frostschäden an sanitären Anlagen und der Heizung. Nicht bei Schäden vor Fertigstellung des Hauses sowie durch Regen, Überschwemmung, Rückstau oder Hausschwamm.

- Bei Hagel und Sturm sind Schäden ab Windstärke acht abgesichert. Auch durch umstürzende Bäume. Hausschäden durch Regen bei beschädigtem Dach oder kaputten Fenstern und Türen sind auch gedeckt. Nicht aber Schäden vor Fertigstellung des Hauses und durch Lawinen oder Sturmfluten sowie durch unverschlossene Fenster oder Türen.

2.3 Günstige Versicherungsangebote

Die Stiftung Warentest hat in einem Vergleich („test" Heft 1/97) folgende Gesellschaften als günstig eingestuft:
Patria, Huk-Coburg Allgemeine, Debeka, Grundeigentümer, Medien, General Accident, DEVK, Generali, Limmat, Unitas, Plus. Günstige Spezialanbieter (regional oder auf bestimmte Personen begrenzt) sind Debeka, GVV Kommunalbedienstete, Huk-Coburg, DBV-Winterthur, Hamburger Feuerkasse, Ovag.
Die Anschriften der Versicherungen finden Sie im Anhang.

Extra-Tip

▶ Wenn Sie einen Versicherungsvertrag kündigen, sollten Sie ihn erst zum Ende des Versicherungsjahres beenden. Kündigen Sie aber mit sofortiger Wirkung, haben Sie ab sofort auch keinen Versicherungsschutz mehr, der Versicherer aber noch Anspruch auf die Prämie bis zum Ende des Versicherungsjahres bzw. der fristgemäßen Laufzeit.

Wohngeld

1. Um was geht es?

Wohngeld gibt es als Mietzuschuß für den Mieter einer Wohnung und als Lastenzuschuß für den Eigentümer eines Eigenheims oder einer Eigentumswohnung. Es wird als staatliche Leistung für die Haushalte gewährt, deren Einkommen insgesamt nicht für einen angemessenen Wohnraum ausreicht. Die Bemessung des Wohngeldes richtet sich dabei nach individuellen Verhältnissen, wie der Höhe des Einkommens, der Familiengröße, der Bezugsfertigkeit und Ausstattung der Wohnung sowie der Lage des Wohnortes.

2. Tips und Hinweise

2.1 Allgemeine Voraussetzungen

Für die zuschußfähige Miete oder Belastung sind Höchstgrenzen vorgesehen, die in sechs Mietenstufen eingeteilt sind.

Die Zuordnung des jeweiligen Wohnortes richtet sich nach dem örtlichen Mietenniveau. Sie ist in einer Anlage zum Wohngeldgesetz festgelegt. Je höher die Mietenstufe umso so höher der jeweilige Höchstbetrag der zuschußfähigen Miete oder Belastung.

Beispiele:
Stufe 6: München und Umgebung, Frankfurt am Main, Garmisch-Partenkirchen
Stufe 5: Stuttgart, Hamburg, Bonn, Konstanz, Kiel, Plön, Freising, Düsseldorf, Wiesbaden
Stufe 4: Wuppertal, Homburg, Lüneburg, Hannover, Köln, Brühl, Münster, Göttingen, Bremen
Stufe 3: Bad Harzburg, Regensburg, Gelsenkirchen, Wesel, Goslar, Emden, Braunschweig
Stufe 2: Kaufbeuren, Coburg, Bayreuth, Jever, Ludwigshafen, Northeim, Osterode, Berlin (West)
Stufe 1: Fritzlar, Bebra, Würzburg, Hof, Regen, Cham, Künzelsau, Eschwege, Meppen

Für die neuen Bundesländer galt bis zum 31. 12. 96 das Wohngeldsondergesetz. Auch dort wird ab 1. 1. 1997 nunmehr das Wohngeld nach den Bestimmungen des Wohngeldgesetzes berechnet, jedoch mit abweichenden Einkommensfreibeträgen.

2.2 Wann gibt es Wohngeld als Mietzuschuß oder als Lastenzuschuß?

Mietzuschuß gibt es für

- Mieter einer Wohnung oder eines Zimmers
- Inhaber einer Genossenschaftswohnung

- Bewohner eines Heimes
- Inhaber eines mietähnlichen Dauerwohnrechts
- Eigentümer eines Mehrfamilienhauses
- Eigentümer eines Ein- oder Zweifamilienhauses mit Geschäfts-
  räumen, die ein Eigenheim ausschließen
- Inhaber einer landwirtschaftlichen Vollerwerbsstelle

Lastenzuschuß gibt es für

- Eigentümer eines Eigenheimes oder einer Eigentumswohnung
- Eigentümer einer Kleinsiedlung
- Eigentümer einer landwirtschaftlichen Nebenerwerbsstelle
- Inhaber eines eigentumsähnlichen Dauerwohnrechts
- Erbbauberechtigte

2.3 Welches Einkommen ist maßgebend?

Für die Wohngeldberechnung ist zunächst das „Familieneinkommen" auszurechnen. Dazu gehören vor allem: Gehälter, Löhne,
Lohnersatzleistungen, Renten, Unterhaltszahlungen.

Für das Kindergeld wird bei einer Anrechnung als Einkommen
ein Freibetrag in gleicher Höhe gewährt, so daß es sich insoweit ein-
kommensneutral auswirkt.

Freibeträge werden abgesetzt für

- Werbungskosten
- Schwerbehinderte
- Unterhaltszahlungen
- sowie pauschal in Höhe von 6%, 12,5%, 20% oder 30% des
  Familienbruttoeinkommens. 30% werden immer bei Familien-
  mitgliedern abgesetzt, die Steuern vom Einkommen sowie
  Pflichtbeiträge zur gesetzlichen Krankenversicherung und Ren-
  tenversicherung zahlen.

Die folgende Übersicht zeigt in vereinfachter Form die Grenzen des
monatlichen Familieneinkommens für einen Wohngeldanspruch.
Dabei wird von einer Stadt oder Gemeinde der Mietenstufe 6
und einer ab 1. 1. 1992 bezugsfertig gewordenen Wohnung mit
Sammelheizung und Bad oder Dusche ausgegangen. Für ältere
Wohnungen und den Mietenstufen 1 bis 5 ergeben sich niedrigere
Grenzen.

Zahl der Familien- mitglieder	Grenze des mtl. Familieneinkommens	Vergleichbares Bruttoeinkommen (ohne Kindergeld) mit Pauschalabzug von
1	DM 1420	DM 2030
2	DM 2000	DM 2860
3	DM 2480	DM 3540
4	DM 3260	DM 4660
5	DM 3660	DM 5230
6	DM 4000	DM 5710

Wichtig: Das Bruttoeinkommen kann noch höher sein, wenn die Werbungskosten höher als der steuerliche Pauschbetrag (z.Z. 2000 DM) sind.

Beispiel: Bei einem monatlichen Familieneinkommen von 5710 DM brutto im Jahresschnitt ohne Kindergeld wird für eine sechsköpfige Familie in einem Wohnort der Mietenstufe sechs bei einer Miete von 1440 DM noch Wohngeld gezahlt.

2.4 Was gehört zu den Kosten der Miete oder des Wohnungseigentums?

Zunächst die Miete als Entgelt für die Gebrauchsüberlassung von Wohnraum mit den Kosten des Wasserverbrauchs, der Abwasser- und Müllbeseitigung sowie den Kosten der Treppenbeleuchtung.

Nicht dazu gehören die Kosten für die Heizung u.ä., Untermiet- zuschläge, Garage u.ä., Überlassungsvergütungen für Möbel, Kühl- schränke u.ä.

Beim Wohnungseigentum werden die Ausgaben für den Kapital- dienst (Zinsen, Tilgung usw.), die Instandhaltungskosten und Be- triebsausgaben in einer bestimmten Höhe, die Grundsteuer sowie eventuelle Verwaltungskosten (z.B. bei Eigentumswohnungen) be- rücksichtigt.

Für Bewohner eines Wohn- oder Altenheimes werden 20% oder 15% (je nach Belegung) des Gesamtentgeltes als Miete angesehen.

2.5 Bis zu welcher Höhe werden die Mieten berücksichtigt?

Die Höchstbeträge sind festgelegt. Dazu gibt es eine Tabelle im Wohngeldgesetz.

Beispiele:

Personen	Mieten-stufe	Bezugsfertigkeit		
		Altbau bis 1965 (Sammelheizung, Bad oder Dusche)	Von 1. 1. 1978 bis 31. 12. 1991	Ab 1. 1. 1992
Ledig	1	310 DM	380 DM	445 DM
	2	355 DM	430 DM	505 DM
	3	440 DM	535 DM	625 DM
Ehepaar, 1 Kind	1	480 DM	585 DM	690 DM
	2	545 DM	665 DM	785 DM
	3	675 DM	825 DM	970 DM

Anmerkung: Für jedes Familienmitglied erhöht sich der Betrag um 55 DM bis zu 155 DM je nach Wohnung. Die Tabelle ist nur ein Auszug.

2.6 Welche Stelle ist für das Wohngeld zuständig?

Wohngeld wird nur auf Antrag gewährt. Den Antrag stellen Sie bei der zuständigen Wohngeldstelle der Gemeinde-, Stadt-, Amts- oder Kreisverwaltung. Dort gibt es Antragsformulare und Beratungen sowie Hilfen beim Ausfüllen.

Wichtig: Achten Sie auf den Termin der Antragstellung. Wohngeld gibt es ab dem Ersten des Monats der Antragstellung. Also lieber Ende des Monats einen unvollständigen Antrag abgeben, als einen Monat später einen kompletten Antrag. Fehlende Unterlagen können nachgereicht werden. Achten Sie auch auf den Bewilligungsbeginn, wenn der Antrag bei einer anderen Behörde abgegeben worden ist. Es gilt der Zeitpunkt der tatsächlichen Antragstellung auch bei einer unzuständigen Behörde. So § 16 Sozialgesetzbuch Allgemeiner Teil (SGB I).

2.7 Was ist sonst noch wichtig?

Innerhalb eines Bewilligungszeitraumes ist eine Wohngelderhöhung möglich, wenn

1. sich die Zahl der Familienmitglieder erhöht hat,
2. die Wohnkosten um mehr als 15% gestiegen sind oder
3. sich das Einkommen um mehr als 15% verringert hat.

Selbständige und Gewerbetreibende können das zu berücksichtigende Einkommen aus dem Gewerbebetrieb erheblich verringern, wenn sie als Betriebsinhaber Entnahmen zu privaten Zwecken aus ihrem Betrieb buchführungsmäßig vornehmen. Es handelt sich dabei ausschließlich um einen sog. Kapitalverzehr, der wohngeldrechtlich nicht als relevantes Einkommen behandelt wird.

Extra-Tip

▶ Wenn Ihre Miete knapp vor einem durch zwanzig teilbaren Betrag liegt, sollten Sie eine Erhöhung der Miete bis zu einem geringfügig über diesem Wert liegenden Betrag vereinbaren. Und zwar vor einer Neubeantragung oder Weiterbewilligung des Wohngeldes. Beispiel: Berücksichtigungsfähige Miete 798,– DM. Dann Vereinbarung einer Mieterhöhung um 2,50 DM pro Monat ergibt neue Miete von 800,50 DM und eine höhere Wohngeldzahlung von mtl. bis zu 18 DM. Also Zusatzeinkommen von rd. 180 DM jährlich. Das gleiche ist auch während eines laufenden Bewilligungszeitraumes möglich. Es müßte dann eine Erhöhung des Wohngeldes extra beantragt werden.

Z

Zuzahlungen (Krankenversicherung)

1. Um was geht es?

Die gesetzlichen Krankenkassen haben mit erheblichen Finanzierungsproblemen zu kämpfen. Der Gesetzgeber hat deshalb verschiedene Maßnahmen zur Kostenreduzierung vorgesehen. Zum einen wird der Leistungsumfang eingeschränkt und zum anderen wird die Selbstbeteiligung der Versicherten erhöht. Siehe auch Stichwort →Krankenversicherung.

Bei bestimmten Leistungen werden von den Versicherten Zuzahlungen als eine Art Selbstbeteiligung verlangt. Seit dem 1.1.1997 gelten höhere Zuzahlungssätze, so daß es noch mehr als früher auf die Grenzen der zumutbaren Belastung ankommt.

2. Tips und Hinweise

2.1 Welche Zuzahlungen gibt es?

An bestimmten Leistungen müssen sich die Versicherten mit Zuzahlungen beteiligen. Diese sind vorgesehen bei:

- Arznei-, Verband- und Heilmitteln (bei Arzneimitteln gestaffelt),
- Massagen und Krankengymnastik (15 %),
- Hilfsmittel wie Bandagen, Einlagen, Kompressionsmittel (20%)
- stationären Vorsorge- und Rehabilitationsleistungen sowie bei Krankenhausaufenthalt (Krankenhaus, Anschlußrehabilitation 17 DM pro Tag oder 25 DM bei Vorsorge und Rehabilitation),
- Versorgung mit Zahnersatz, 55% bzw. 45%; ab 1. 1. 98 Festzuschüsse
- Fahrtkosten (25 DM)

Außerdem wird für die Krankenhausunterhaltung von jedem Versicherten bis 1999 ein Betrag von 20 DM eingezogen. Dieses soge-

nannte Krankenhaus-Notopfer als Zwangsspende der Kassenmit-
glieder für die Instandhaltung der Kliniken können Sie aber sparen.
Es ist davon auszugehen, daß die Krankenkassen diesen Betrag
nicht zwangsweise einziehen werden, da der Aufwand in keinem
angemessenen Verhältnis zur Einnahme steht. Die 20-DM-Regelung
gilt nicht in Bayern.

2.2 Wann sind Befreiungen möglich?

Um die Versicherten nicht unzumutbar zu belasten, sind voll-
ständige oder teilweise Befreiungen von der Zuzahlungspflicht geregelt. Es gibt dazu die Sozialklausel und die Überforderungsklausel.

2.3 Was bedeutet die Sozialklausel?

Danach sind Versicherte mit einem geringen Einkommen von allen
Zuzahlungen mit Ausnahme der Eigenbeteiligung bei einem Krankenhausaufenthalt befreit. Es wird dabei vom Bruttofamilienein-
kommen ausgegangen.

Als geringes Einkommen zählen für das Jahr 1997 folgende
Monatsbeträge:

Familienstand	West	Ost
Ledig	1708,00 DM	1456,00 DM
Verheiratet	2348,50 DM	2002,00 DM
Ehepaar mit 1 Kind	2775,50 DM	2366,00 DM
für jedes weitere Kind	427,— DM	364,— DM

Von den Zuzahlungen befreit sind außerdem:

• Kinder und Jugendliche unter 18 Jahre (ohne Zahnersatz und
  Fahrkosten),
• Empfänger von Hilfe zum Lebensunterhalt (Sozialhilfe), Arbeitslosenhilfe, Ausbildungsförderung, Berufsförderungsleistungen
  des Arbeitsamtes und von Kriegsopferfürsorge sowie
• Bewohner in stationären Pflege- oder Behinderteneinrichtungen,
  wenn die Kosten von der Sozialhilfe oder der Kriegsopferfürsorge
  getragen werden.

2.4 Was bedeutet die Überforderungsklausel?

Dadurch sollen die nicht unter die Sozialklausel fallenden Versicherten vor einer finanziellen Überforderung geschützt werden. Die Obergrenze für die Zuzahlungen ist gegenüber früher von 4 % auf 2 % des Bruttoeinkommens gesenkt worden. Für chronische Kranke beträgt sie nur die Hälfte, also 1 % des Einkommens. Das anrechenbare Bruttoeinkommen vermindert sich dann noch für den Ehegatten um einen Betrag von 640,50 DM/West oder 546,00 DM/Ost monatlich sowie um 427,00 DM/West oder 364,00 DM/Ost je Kind.

Wenn Sie im Jahr mehr Zuzahlungen geleistet haben, als Ihnen nach der Überforderungsklausel zugemutet werden kann, erstattet Ihnen die Krankenkasse den darüber hinausgehenden Betrag. Haben Sie regelmäßig höhere Zuzahlungen, kann die Krankenkasse auch monatlich abrechnen oder Sie für den Rest des Jahres von den Zuzahlungen befreien (Befreiungsausweis).

Wichtig: Denken Sie bei nicht erstatteten Zuzahlungen an die steuerliche Absetzung als außergewöhnliche Belastungen. Siehe auch Stichwort → Außergewöhnliche Belastungen.

2.5 Beispiel:

Ehepaar Lustig hat ein Jahresbruttoeinkommen von 40 000 DM (mtl. 3333 DM)

Belastungsgrenze 2 % von 40 000 DM:	800,00 DM
abzüglich Anteil Ehegatte (2 % von 640,50 DM × 12):	153,72 DM
bleiben pro Jahr als zumutbarer Eigenanteil:	646,28 DM

Alle weiteren Zuzahlungen erstattet die Krankenkasse oder befreit Sie davon vorher. Für chronische Kranke würde nur die Hälfte des Betrages als zumutbare Eigenleistung festzusetzen sein.

Extra-Tip

▶ Alle Zuzahlungsbelege sammeln, um somit die laufende Belastung festzustellen und rechtzeitig die Befreiung zu beantragen. Dafür gibt es ein sogenanntes Erstattungsheft bei den Krankenkassen.

Zwangsversteigerungen (Immobilien)

1. Um was geht es?

Etwa 40 000 Immobilien werden jährlich zwangsversteigert. Darunter sind auch manche Schnäppchen mit einem günstigen Preis. Aber nicht jedes Objekt gibt es zum Superpreis. Deshalb ist es besonders wichtig, daß Sie sich vor der Teilnahme an Zwangsversteigerungen über die Objekte ausführlich und gründlich informieren.

2. Tips und Hinweise

2.1 Wo gibt es Informationen?

Zu einer umfassenden Information über das zu versteigernde Haus oder die Wohnung gehört die Einsicht in das beim Amtsgericht ausliegende Wertgutachten. Dazu gehören auch weitere Unterlagen, wie die Forderungen der Gläubiger und das Grundbuch.

Der zuständige Rechtspfleger beim Amtsgericht gibt Interessenten auch Auskünfte über bestehenbleibende Rechte und die beteiligten Gläubiger. Wenn ein Gläubiger nicht an der Versteigerung beteiligt ist, aber im Rang vor dem das Verfahren betreibenden Gläubiger steht, muß der Erwerber diese Belastungen übernehmen. Ansonsten ist die lastenfreie Ersteigerung die Regel.

Neben der theoretischen Information sollte auch die praktische Anschauung zur Vorbereitung gehören. Also die Besichtigung des Objektes selbst. Bei älteren Immobilien dürfte ein Baufachmann auch nicht fehl am Platze sein. Das Objekt sollte natürlich auch von innen besichtigt werden. Sollte das vom Schuldner nicht geduldet werden, dürfte vielleicht ein Hinweis auf die nicht mögliche Information und Bewertung und den dadurch zu erwartenden niedrigeren Erlös bei der Zwangsversteigerung helfen. Das Risiko tragen Sie als Erwerber nämlich allein.

Wichtig: Mit dem Wertgutachten sollten Sie sich sorgfältig befassen. Darin sind eine Baubeschreibung, eine Liste der Mängel und sonstige Besonderheiten enthalten. Weitere Informationen können Sie unter Umständen auch bei der Gläubigerbank erfahren, denn diese hat auch ein Eigeninteresse an der Versteigerung. Den im Gutachten genannten Schätzwert sollten Sie im übrigen auf seine zeitliche Aktualität hin überprüfen. Ein Zwangsversteigerungsverfahren zieht sich immer über eine längere Zeit hin, so daß möglicherweise die aktuelle Marktsituation noch nicht berücksichtigt ist.

Bei der Gläubigerbank oder -sparkasse erfahren Sie häufig auch den von diesen erwarteten Versteigerungserlös, also den Anteil vom Verkehrswert, dem sie nicht den Zuschlag verweigern würden. Wenn weniger als 70 % geboten werden, kann ein Gläubiger nämlich widersprechen. Dann gibt es einen oder noch weitere neue Termine.

Wenn Ihnen die Angaben nicht ausreichen oder Sie Zweifel haben, können Sie auch einen eigenen Gutachter beauftragen. Bevor Sie eine größere Fehlinvestition wagen, kann diese Ausgabe durchaus ratsam sein.

Bei vermieteten Immobilien ist die Klärung der Mietverhältnisse sehr wichtig. Denn nach den gesetzlichen Bestimmungen zum Mieterschutz können Sie nach dem Erwerb nicht ohne weiteres allen oder einzelnen Mietern kündigen. Wenn Sie einen Eigenbedarf geltend machen wollen, sollte dieser auch tatsächlich begründet sein.

2.2 Wo sind die Termine zu erfahren?

Die Termine von Zwangsversteigerungen erfahren Sie bei den Aushängen der Amtsgerichte, den Bekanntmachungen in den Lokalzeitungen, dem Immobilienteil der Zeitungen und auch den Amtsblättern der Regierungspräsidenten, die bei den örtlichen Gemeinde- oder Kreisverwaltungen eingesehen werden können.

2.3 Welche Kosten fallen an?

Wenn Sie nach den umfassenden Informationen und der Kenntnis der wichtigsten Daten ein Versteigerungsobjekt auch erwerben wollen, sollten Sie sich für den Termin ein bestimmtes Limit setzen, also einen Höchstbetrag, bis zu dem Sie mitbieten wollen. Dieser Betrag kann ruhig eine ungerade Summe sein, denn häufig suchen sich die Interessenten und Mitbieter eine runde Summe aus. Sie könnten dann etwas darüber liegen.

Wichtig: Ihren Höchsteinsatz sollten Sie aber niemals verraten. Weder bei den Informationsgesprächen mit dem Rechtspfleger vom Amtsgericht noch bei den Gläubigerbanken. Es wird nicht nur bei den Veranstaltungen von Zwangsversteigerungen mit verdeckten oder falschen Karten gespielt. Das gilt aber nicht für die Objektivität des Rechtspflegers als Versteigerer. Lassen Sie sich also nicht durch das Desinteresse von anderen Teilnehmern, bestimmten Anmerkungen über das Objekt oder Gesprächen der Gläubiger mit Interessenten verunsichern. Sie können natürlich auch selber die Mitbieter provozieren oder bluffen.

Wichtig ist bei alledem die Einhaltung Ihrer Vorgaben. Geben Sie nicht mehr aus, als Sie vorher kalkuliert haben. Notfalls verzichten Sie auf das Objekt. Es gibt auch noch andere.

Die Gläubiger verlangen beim ersten Gebot meist eine Sicherheit. Üblich sind 10 % der Bietsumme. Es muß nicht Bargeld sein. Ein durch eine Landeszentralbank bestätigter Scheck, den Sie gegen Gebühr über Ihre Hausbank erhalten, reicht auch.

Sollten Sie den Zuschlag erhalten haben, sind Sie auch sofort Eigentümer des Objekts geworden. Dann müssen Sie sich abzüglich der hinterlegten Sicherheitssumme um das restliche Geld bemühen, was Sie als ordentlicher Mensch hinsichtlich der Finanzierung schon vorher geklärt haben sollten. Bis etwa 8 Wochen später ist dann die ganze Angelegenheit abgewickelt.

An zusätzlichen Nebenkosten (Zuschlagsgebühr, Grundbucheintragung, Grunderwerbssteuer) müssen Sie mit etwa 4,5 % von Ihrem Gebot rechnen. Wenn Sie ein Haus für 300 000 DM ersteigert haben, fallen ungefähr noch weitere 13 500 DM Kosten an.

Extra-Tip

▶ Bei Versteigerungsterminen in den Ferien und kurz vor oder nach Feiertagen ist die Teilnahme erfahrungsgemäß geringer. Ihre Chancen sind dadurch besser.

Anhang

Nützliche Adressen

1. Versicherungen

Versicherungsaufsicht

Bundesaufsichtsamt für das Versicherungswesen (BAV),
Ludwigkirchplatz 3–4,
10719 Berlin,
Tel.: 0 30/8 89 30

Versicherungsunternehmen

Adler Feuerversicherung AG
Neue Rabenstr. 15–19
20351 Hamburg
Tel.: 0 40/4 12 40

AIG Europe, Direktion für
Deutschland,
Oberlindau 76–78,
60323 Frankfurt,
Tel.: 0 69/971130

Alte Leipziger Versicherungen,
Alte Leipziger-Platz 1,
61440 Qberursel,
Tel.: 0 61 71/66 00

Alte Oldenburger Krankenvers.
Postfach
49375 Vechta,
Tel.: 0 44 41/87 70

Die Alternative Vers.-AG,
Raboisen 101,
20095 Hamburg,
Tel.: 040/32 83 50

Assecura Lebensvers. AG,
Balanstr. 49,
81541 München,
Tel.: 0 89/4 59 14 01

Auto Direkt Versicherungs-AG,
John-E.-Fisher-Str. 1,
61407 Oberursel,
Tel.: 0 61 71/69 14 79

Axa Direkt Versicherungs-AG,
An der Trift 65,
63303 Dreieich,
Tel.: 0 61 03/98 90

Baden Badener Vers.-AG,
Schlackenberqstr 20,
66386 St. Ingbert,
Tel.: 0 68 94/91 51 31

Barmenia Versicherungen
Kronprinzenallee 12–18
42094 Wuppertal
Tel.: 02 02/43 80

Condor Versicherungen,
Admiralitätstr. 67,
20459 Hamburg,
Tel.: 0 40/36 13 90

Continentale Lebensversicherung aG,
Beethovenstr. 6,
80336 München,
Tel:. 0 89/51 53 0

CosmosDirekt Versicherungen,
Halbergstr 52–54,
66121 Saarbrücken,
Tel.: 0681/96666

DA Deutsche Allgemeine
Versicherungen,
60252 Frankfurt
Tel.: 01803/242424

DBV-Winterthur Gruppe
Frankfurter Str. 50,
65178 Wiesbaden,
Tel.: 0611/3630

Debeka Versicherungen,
Ferdinand-Sauerbruch-Str. 18,
56058 Koblenz,
Tel.: 0261/49813

Delfin Direkt Versicherungen,
Ludwig-Erhard-Allee 1,
53175 Bonn,
Tel.: 01803/333700

Delta Direkt Lebensvers. AG,
Ottostr. 16,
80333 München,
Tel.: 089/5522500

Deutscher Ring,
Ludwig-Erhard-Str. 22,
20459 Hamburg,
Tel.: 040/35990

DEVK Versicherungen,
Riehler Str 190,
50735 Köln,
Tel.: 0221/7570

Dialog Versicherungs-AG,
Dammtorstr 13,
20354 Hamburg,
Tel.: 040/3508202

Dialog Lebensvers -AG,
Halderstr 29,
86150 Augsburg ,
Tel.: 0821/502330

Europa Versicherungen,
Piusstr. 137,
50931 Köln,
Tel.: 0221/57372

Garanta (Nürnberger Versicherungen)
Rathenauplatz 12–18
90489 Nürnberg
Tel.: 0911/5310

General Accident,
Otto-Volger-Str. 19,
65843 Sulzbach ,
Tel.: 06196/588300

Generali Versicherungen,
Sonnenstr. 31,
80331 München,
Tel.: 089/51210

Gothaer Versicherung,
Gothaer Allee 1,
50696 Köln,
Tel.: 0221/308000

Grundeigentümer Versicherungen,
Große Bäckerstr 7,
20095 Hamburg,
Tel.: 040/376630

GVV-Kommunalbediensteten-
Versicherung AG
Aachener Str. 1040,
50858 Köln,
Tel.: 0221/48930

Haftpflichtkasse Darmstadt
Arhelliger Weg 5
64380 Roßdorf
Tel.: 06154/6010

Hallesche-Nationale
Krankenvers. AG
Reinsburgstr. 10
70178 Stuttgart
Tel.: 0711/660399

Hamburger Feuerkasse
Kurze Mühren 20,
20095 Hamburg,
Tel.: 040/3090400

Hannoversche Lebens-
versicherung aG,
Karl-Wiechert-Allee 10,
30622 Hannover,
Tel.: 0511/95650

HDI Lebensversicherung AG,
Walderseestr. 11,
30177 Hannover,
Tel.: 0511/96270

Helvetia Versicherungen,
Postfach 101041,
60010 Frankfurt,
Tel.: 069/133 20

Huk-Coburg Versicherungen
Bahnhofsplatz,
96444 Coburg,
Tel.: 09561/960

Iduna/Nova-Gruppe,
Neue Rabenstr 15–19,
20351 Hamburg,
Tel.: 040/41240

Interlloyd Schadenversicherungs-
gesellschaft
Oststr 41–43,
40211 Düsseldorf
Tel.: 0211/936030

InterRisk Versicherungs-AG,
Hagenauer Str 55,
65203 Wiesbaden,
Tel.: 0611/27870

Kravag Sachversicherung
Heidenkampsweg 100
20097 Hamburg
Tel.: 040/236060

Landeslebenshilfe Versicherungen,
Uelzener Str. 120
21310 Lüneburg,
Tel.: 04131/7250,
.

Limmat Industrie Versiche-
rungs AG
Libanonstr. 4–6,
70184 Stuttgart,
Tel.: 0711/460900

LSH Landesschadenhilfe Versicherung VaG,
Vogteistr 3,
29683 Fallingbostel,
Tel.: 05162/4040

LVM Versicherungen,
Kolde-Ring 21,
48126 Münster,
Tel.: 0251/7020

Medien-Versicherung aG,
Borsigstr 5,
76185 Karlsruhe,
Tel.: 0721/569000

Münchener Verein Lebensversicherung aG,
Pettenkoferstr. 19,
80336 München,
Tel.: 089/51520

Neue Bayerische Beamten
Lebensversicherung AG,
Thomas-Dehler-Str. 25,
81737 München,
Tel.: 089/67870

Neue Leben Versicherungen,
Sachsenkamp 5,
20097 Hamburg,
Tel.: 040/23 89 10

Neu Rotterdam Vers. AG,
Innere Kanalstr. 69,
50823 Köln,
Tel.: 0221/5 79 02

Nord-Deutsche Vers.-AG,
Katharinenstr. 29,
20457 Hamburg,
Tel.: 040/3 60 42 15

Öffentliche Braunschweig
Theodor-Heuss-Str. 10
38122 Braunschweig
Tel.: 05 31/20 20

Ontos Versicherungen,
Dürener Str 295–297,
50935 Köln,
Tel.: 0221/4 67 12

OVAG – Ostdeutsche Vers. AG
Storkower Str 101,
10407 Berlin,
Tel.: 030/42 15 20

Patria Versicherung AG,
Riehler Str. 88–90,
50668 Köln,
Tel.: 0221/7 71 50

Plus Versicherungen,
Am Forsthaus Gravenbruch 9–11,
63263 Neu-lsenburg,
Tel.: 061 02/5 00 10

Provinzial Rheinprovinz
Provinzialplatz 1,
40591 Düsseldorf,
Tel.: 0211/97 80

Provinzial Brandkasse Vers.
Schleswig-Holstein
Sophienblatt 33,
24114 Kiel,
Tel.: 04 31/60 30

Quelle Versicherungen,
Nürnberger Str. 91–95,
90758 Fürth,
Tel.: 01 30/75 57

Savag Saarbrücker Ver.-AG
Dudweiler Str. 41,
66111 Saarbrücken,
Tel.: 06 81/3 00 50

Sach- u Haftpflichtvers. d. Bäckerhandwerks VVaG,
Oberkasseler Str. 78 a,
53639 Königswinter,
Tel.: 022 23/9 21 70,

Signal Versicherungsgruppe
Joseph-Scherer-Str. 3
44139 Dortmund
Tel.: 02 31/13 50

Stuttgarter Versicherungen,
Rotebühlstr. 120,
70197 Stuttgart,
Tel.: 07 11/66 50

Süddeutsche Lebensversicherung aG,
Schaflandstr. 2,
70736 Fellbach,
Tel.: 07 11/5 77 80,

Sun Direct
Kanzlerstr. 4,
40472 Düsseldorf,
Tel.: 01 80 03/31 14

Telcon Allgemeine Vers. AG,
Halenreie 40,

22359 Hamburg,
Tel.: 0 40/6 03 07 700,

Tellit Direct Versicherungen,
Siebenmorgen 13–15,
51427 Berqisch Gladbach,
Tel.: 0 22 04/29 80,

Union Krankenversicherung
Peter-Zimmer-Str.2
66123 Saarbrücken
Tel.: 06 81/84 40

Unitas Versicherungs-AG,
Poligstr 3,
50969 Köln,
Tel.: 02 21/93 66 02

Universa Versicherungen,
Sulzbacher Str. 1–7,
90489 Nürnberg,
Tel.: 09 11/5 30 70

VGH Versicherungsgruppe
Hannover
Schiffgraben 4,
30159 Hannover,
Tel.: 05 11/36 20

VHV Versicherungen,
Constantinstr. 40,
30177 Hannover,
Tel.: 05 11/90 70,

Victoria Versicherungen,
Victoriaplatz 1,
40198 Düsseldorf,
Tel.: 02 11/47 70

Volkswohl Bund Vers.,
Südwall 37–41
44128 Dortmund,
Tel.: 02 31/5 43 30

Westfälische Provinzial Versicherungen
Bröderichweg 58,
48159 Münster,
Tel.: 02 51/21 90

WGV-Versicherungen
Tübinger Str 43,
70178 Stuttgart,
Tel.: 07 11/1 69 50,

Württembergische und Badische Versicherungs-AG,
Karlstr. 68–72,
74076 Heilbronn,
Tel.: 0 71 31/18 62 18

Wüstenrot Lebensversicherungs-AG,
Im Tambour 2,
71630 Ludwigsburg,
Tel.: 07141/161

2. Bank und Kredit

Banken, Direktbanken, Kreditinstitute, Kreditkarten

GZS Gesellschaft für Zahlungssysteme mbH
Theodor-Heuss-Allee 80,
60486 Frankfurt,
Tel.: 0 69/7 93 31 980

1822 Direkt
60608 Frankfurt
Tel.: 06 91/9 41 709

Advance Bank AG,
Patzbrunner Str. 71,
81739 München,
Tel.: 0 18 03/33 00 00

Allgemeine Deutsche
Direktbank AG,
Baselerstr. 27–31,
60329 Frankfurt,
Tel.: 069/2722227

Allgemeine Privatkunden-
bank AG,
Buchholzer Str.98,
30655 Hannover,
Tel.: 0511/64653

American Express
Bank GmbH,
Theodor-Heuss-
Allee 112,
60486 Frankfurt,
Tel.: 069/97974444

Ärzteversorgung Niedersachsen
Berliner Allee 20
30175 Hannover
Tel.: 0511/38001

Ärzteversorgung Westfalen-Lippe
Scharnhorststr. 44
48151 Münster
Tel.: 0251/52040

Augsburger Aktien-
bank AG,
Halderstr. 21,
86150 Augsburg,
Tel.: 0821/50153

Baden-Württembergische
Bank AG,
Kleiner Schloßplatz 11,
70173 Stuttgart,
Tel.: 0711/1800

Badische Beamten-
bank eG,
Herrenstr. 2–10,
76119 Karlsruhe,
Tel.: 0721/141424

Bank 24 AG.
Postfach 30 43,
53020 Bonn,
Tel.: 01803/240000

Bank GiroTel,
Buchholzer Str. 98,
30655 Hannover,
Tel.: 01803/250250

Barclays Bank PLC
Barclaycard
Albert-Einstein-Ring 3,
22761 Hamburg,
Tel.: 040/890000

Bayerische Hypotheken-
und Wechselbank,
Arabellastr. 12,
81925 München,
Tel.: 089/9244 6390

Bayerische Landesbank
Girozentrale,
80277 München,
Tel.: 089/21714381

Bay. Vereinsbank AG,
Kardinal-Faulhaber-Str. 1 u. 14,
80333 München,
Tel.: 089/3780

Berliner Bank AG,
Hardenbergstr. 32,
10623 Berlin,
Tel.: 030/2455 2445

BfG Bank AG,
60283 Frankfurt,
Jeweils BfG-Filialen

BHW Bank AG,
Lubahnstr. 2,
31789 Hameln,
Tel.: 05151/185094

CC-Bank AG,
Kaiserstr. 74,
41061 Mönchengladbach,
Tel.: 02161/6909 8884,

Citibank Privatkunden AG,
Kasernenstr. l0,
40233 Düsseldorf,
Tel.: 01803/322111

Comdirect Bank GmbH,
Pascalkehre 15,
25451 Quickborn,
Tel.: 04106/7040

Commerzbank AG,
Neue Mainzer Str. 32–36,
60261 Frankfurt,
Tel.: 069/13624015

Consors
Johannesgasse 20
90402 Nürnberg
Tel.: 0911/247050

Deutsche Bank,
Taunusanlage 12,
60325 Frankfurt
Jeweils in Filialen

Deutsche Genossenschafts-
Hypothekenbank (DG Hyp)
Schadowplatz 12
40212 Essen
Tel.: 0211/3200

Deutsche Hypothekenbank
Frankfurt AG
Taunusanlage 9
60239 Frankfurt
Tel.: 069/25480

Diners Club Deutschland GmbH,
Wilhelm-Leuschner-Str. 32,
60329 Frankfurt,
Tel.: 069/260350

Dresdner Bank,
Gutleutstr. 7–11,
60329 Frankfurt,
Tel.: 069/2635881

Franken WKV Bank,
Färberstr. 41,
90402 Nürnberg,
Tel.: 0911/20112

HSB Hypo Service-Bank,
Angerstr. 40–42,
04177 Leipzig,
Tel.: 0341/49420

Hypothekenbank Hamburg AG
Hohe Bleichen 17
20354 Hamburg
Tel.: 040/359100

Hypothekenbank Essen AG
Gildehofstr. 1
45127 Essen
Tel.: 0130/121240

Landesbank Berlin,
Bundesalleee 171,
10889 Berlin,
Tel.: 00/24552400

Lübecker Hypothekenbank AG
Schwartauer Allee 107–109
23554 Lübeck
Tel.: 0451/45060

Lufthansa Air Plus
Servicekarten GmbH,
Postfach 15 52,
63235 Neu-lsenburg,
Tel.: 06102/204163

Münchener Hypotheken-
bank eG
Nußbaumstr. 12
80336 München
Tel.: 089/538 7606

Noris Verbraucherbank GmbH,
90310 Nürnberg,
Tel.: 0130/858600

Postbank,
Postfach 40 00,
53105 Bonn,
Tel.: 0130/7890

Rheinboden Hypotheken-
bank AG
Oppenheimstr. 11
50668 Köln
Tel.: 0221/77471

Rheinische Hypotheken-
bank AG
Taunustor 3
60311 Frankfurt
Tel.: 069/23820

Quelle Bank GmbH & Co,
Postfach 3557,
90017 Nürnberg,
Tel.: 0130/2030

Saar Bank eG Kartenservice,
Kaiserstr 20,
66111 Saarbrücken,
Tel.: 0681/300044

Santander Direkt
Bank AG,
Vilbeler Str. 29.
60313 Frankfurt,
Tel.: 01803/5000

Sparda-Bank Hamburg eG,
Präsident-Krahn Str. 16–17,
22765 Hamburg,
Tel.: 040/3801 5358

Sparda-Bank Berlin eG,
Storkower Str. 101 A,
10407 Berlin.
Tel.: 030/4283 0999

Sparda-Bank Frankfurt eG,
Güterstr. 1,
60327 Frankfurt,
Tel.: 069/7537314

Sparda-Bank Hannover eG,
Ernst-August-Platz 8,
30159 Hannover,
Tel.: 0511/30180

Sparda-Bank Köln eG,
Postfach 103142,
50471 Köln,
Tel.: 0221/16210

Sparda-Bank Mainz eG,
Robert-Koch-Str. 45,
55129 Mainz,
Tel.: 06131/9150

Sparda-Bank München eG,
Arnulfstr. 15,
80335 München,
Tel.: 089/55142400

Sparda-Bank Saar-
brücken eG,
Beethovenstr. 21–23,
66111 Saarbrücken,
Tel.: 0681/30940

Sparda-Bank Stuttgart eG,
Am Hauptbahnhof 3,
70173 Stuttgart,
Tel.: 0711/20061,

Volkswagen Bank GmbH,
Gifhorner Str. 57,
38093 Braunschweig,
Tel.: 01803/224222

Visa International;
Goetheplatz 1–3,
60313 Frankfurt,
Tel.: 069/238090

Zusatzversorgungskasse des Baugewerbes VVaG
Salierstraße 6
65189 Wiesbaden
Tel.: 06 11/7 07 44
oder 70 70

3. Mobilfunk-
Gesellschaften

AlphaTel
Wilhelm-Röntgen-Str. 3,
63477 Maintal,
Tel.: 0 61 81/41 25 00

Debitel
Schelmenwasenstr. 37,
70567 Stuttgart
Tel.: 07 11/72 81-0

Drillisch
Neue Weyerstr. 2,
50676 Köln,
Tel.: 02 21/92 18 46-0

E-Plus Service,
Postfach 600661,
14408 Potsdam,
Tel.: 03 31/88 74-0

Hutchison
Münsterstr. 109
48155 Münster,
Tel.: 0 25 06/9 22-0,

Mannesmann
Am Seestern 1,
40457 Düsseldorf,
Tel.: 02 11/5 33-0

Martin Dawes Cellway,
Lilienthalstr. 4,
85399 Halbergmoos,
Tel.: 08 11/8 11 22

MobilCom,
Schwarzer Weg 13,
24837 Schleswig,
Tel.: 0 46 21/9 00 20

Motorola Telco,
Hagenauer Str. 47,
65203 Wiesbaden,
Tel.: 06 11/3 61 10

Talkline,
Adenauerdamm 1,
25337 Elmshorn,
Tel.: 0 41 21/41 00

T-Mobil,
Oberkasseler Str. 2,
53227 Bonn,
Tel.: 01 30/01 71

TMG (Dplus),
Hauptstr. 204,
63814 Mainaschaff,
Tel.: 0 60 21/62 33 33

4. Bausparkassen

Alte Leipziger Bausparkasse AG
Alte Leipziger Platz 1
61440 Oberursel
Tel.: 0 61 71/66 01

Badenia Bausparkasse AG
Badeniaplatz 1
76114 Karlsruhe
Tel.: 07 21/99 50

Bausparkasse
Schwäbisch Hall AG
Crailsheimer Str. 52
74523 Schwäbisch Hall
Tel.: 07 91/46 24 80

BHW Allgemeine Bausparkasse AG
31783 Hameln
Tel.: 0 51 51/18 36 98

Debeka Bausparkasse AG
Ferdinand-Sauerbruch-Str. 18
56073 Koblenz
Tel.: 02 61/9 43 40

Heimstatt Bauspar AG
Haydnstr. 4–8
80336 München
Tel.: 0 89/5 38 20

Iduna Bausparkase AG
Kapstadtring 5
22297 Hamburg
Tel.: 0 40/4 12 40

LBS Berlin
Berliner Str. 148
10715 Berlin
Tel.: 0 30/8 69 83 597

LBS Landesbausparkasse
Württemberg
Kronenstraße 25
70174 Stuttgart
Tel.: 07 11/18 30

mh Bausparkasse AG
Wotanstr. 88
80639 München
Tel.: 0 89/1 79 62 22

Quelle Bauspar AG
Nürnberger Str. 91–95
90762 Fürth
Tel.: 0 18 03/31 13

Wüstenrot Bausparkasse GmbH
Hohenzollernstr. 46
71638 Ludwigsburg
Tel.: 0 71 41/16 38 66

5. Krankenkassen (Bundesweit)

Allgemeine Ortskrankenkasse
jeweils Regionaldirektion

Barmer Ersatzkasse,
Untere Lichtenplatzer Str. 100–102,
42289 Wuppertal,
Tel.: 02 02/56 80

BKK Bau,
Jägerstr. 2,
70174 Stuttgart,
Tel.: 07 11/22 88 90

BKK Bavaria,
Postfach 13 64,
91141 Roth,
Tel.: 0 91 71/9 77 90

BKK Burda + Partner,
Hauptstr. 124,
77652 Offenburg,
Tel.: 07 81/84 24 17

BKK Conpart,
Wunstorfer Str. 130,
30453 Hannover,
Tel.: 05 11/9 23 65

BKK Flender
Alfred-Flender-Str. 55,
46395 Bocholt,
Tel.: 0 28 71/9 22 19

BKK Futur,
Bonnenbroicher Str. 2–14
41238 Mönchengladbach,
Tel.: 0 21 66/9 28 98 13

BKK für Heilberufe,
Am Seestern 18,
40547 Düsseldorf,
Tel.: 02 11/5 37 28,

BKK Kaiser's,
Lichtenberg 40,
41747 Viersen,
Tel.: 02162/105875

BKK Krupp,
Am Westbahnhof 2,
45144 Essen,
Tel.: 0201/1881

BKK Mittelhessen,
Laufdorfer Weg 2,
35578 Wetzlar,
Tel.: 06441/929723

BKK Neun Plus,
Hildesheimer Straße 53,
30169 Hannover,
Tel.: 0511/988400

BKK Philips Medizin Systeme,
Röntgenstr. 24–26,
22335 Hamburg,
Tel.: 040/5078 2409

BKK Zollern-Alb,
Wilhem-Kraut-Str. 60,
72336 Balingen,
Tel.: 07433/122543

Bosch BKK,
Wernerstr. 1,
70469 Stuttgart,
Tel.: 0711/81148

Bundesinnungskrankenkasse
Gesundheit
Ostheilweg 56–58
44135 Dortmund
Tel.: 0231/529770

Deutsche Angestellten-Kranken-
kasse,
Postfach 10 14 44,
20009 Hamburg,
Tel.: 040/2 3960

Gärtner-Krankenkasse,
Danziger Str. 15,
20099 Hamburg,
Tel.: 040/248260

Hamburg-Münchener Krankenkasse,
Schäferkampsallee 16,
20357 Hamburg,
Tel.: 040/415350

Hanseatische Krankenkasse HEK,
Wandsbeker Zollstr. 82–90
22041 Hamburg,
Tel.: 040/6 5696438

HZK Krankenkasse für Bau- und
Holzberufe,
Wandsbeker Zollstraße 92–98;
22041 Hamburg,
Tel.: 040/656620

Kaufmännische Krankenkasse KKH
Hindenburgstr. 43–45
30175 Hannover
Tel.: 0511/28022

Neptun-Ersatzkasse,
Stadtdeich 27
20097 Hamburg,
Tel.: 040/301 00155

Rewe BKK,
Wächtersbacher Str. 101
60386 Frankfurt
Tel.: 069/42090574

Schwäbisch Gmünder Ersatzkasse
Gottlieb-Daimler-Str. 19
73529 Schwäbisch Gmünd,
Tel.: 07171/8010

Techniker Krankenkasse
Bramfelder Str. 140
22305 Hamburg,
Tel.: 040/69090

6. Mieterschutz, Mietervereine

Deutscher Mieterbund eV (DMB),
Aachener Str. 313,
50931 Köln,
Tel.: 0221/940770

DMB Landesverband
Baden-Württemberg eV,
Urbanstr. 30,
70182 Stuttgart,
Tel.: 0711/23606

DMB Landesverband Bayern eV,
Weißenburger Str. 16,
63739 Aschaffenburg,
Tel.: 06021/15887

Landesverband Berlin
im Deutschen Mieterbund,
Wilhelmstr. 74,
10117 Berlin,
Tel.: 030/2319990

Mieterbund Land
Brandenburg e.V.
Dortustr. 36,
14466 Potsdam,
Tel.: 0331/27002

Mieterverein zu Hamburg
von 1890 RV,
Glockengießerwall 2,
20095 Hamburg,
Tel.: 040/322541

DMB Landesverband Hessen,
Adelheidstr. 70,
65185 Wiesbaden,
Tel.: 0611/30817

DMB Landesverband Mecklenburg-Vorpommern,
Warnowallee 23,

18107 Rostock,
Tel.: 0381/76978

DMB Landesverband Nieder-
sachsen-Bremen,
Herrenstr. 14,
30159 Hannover,
Tel.: 0511/121060

DMB Landesverband der Mietervereine in Nordrhein-Westfalen e.V.
Luisenstr. 12,
44137 Dortmund,
Tel.: 0231/149260

Rheinischer Mieterverband e.V.
Mühlenbach 49,
50676 Köln,
Tel.: 0221/246118

DMB Landesverband
Rheinland-Pfalz e.V.
Walramsneustr. 8.
54290 Trier,
Tel.: 0651/99409

DMB Landesverband Saarland e.V.
Karl-Marx-Str. 1,
66111 Saarbrücken,
Tel.: 0681/32148

DMB Landesverband Sächsischer
Mietervereine e.V.
Dresdner Str. 36,
09130 Chemnitz,
Tel.: 0371/40240

DMB Landesverband Sachsen-
Anhalt e.V.
Steinweg 5,
06110 Halle,
Tel.: 0345/20214

DMB Landesverband Schleswig-
Holstein e.V.
Eggerstedtstr. 1,

24103 Kiel,
Tel.: 04 31/7 91 90

DMB Landesverband Thüringen
e.V.
Schillerstr. 34
99096 Erfurt
Tel.: 03 61/59 80 50

7. Verbraucherzentralen

Verbraucherzentrale Baden-
Württemberg eV,
Paulinenstr. 47,
70178 Stuttgart,
Tel.: 07 11/6 69 10

Verbraucherzentrale Bayern eV,
Mozartstr. 9,
80336 München,
Tel.: 0 89/53 98 70,

Verbraucherzentrale Berlin eV,
Bayreuther Str. 40,
10787 Berlin,
Tel.: 0 30/21 48 50

Verbraucherzentrale Branden-
burg eV,
Hegelallee 6–8,
Haus 9,
14467 Potsdam,
Tel.: 03 31/2 89 33

Verbraucherzentrale des Landes
Bremen eV,
Altenweg 4,
28195 Bremen,
Tel.: 04 21/16 07 77

Verbraucherzentrale Hamburg eV
Kirchenallee 23,
20099 Hamburg,
Tel.: 0 40/24 83 20

Verbraucherzentrale Hessen eV,
Reuterweg 51–53,
60323 Frankfurt,
Tel.: 0 69/9720100

Verbraucherzentrale Mecklenburg-
Vorpommern eV,
Strandstr. 98,
18055 Rostock,
Tel.: 03 81/49 39 80

Verbraucherzentrale Niedersachsen eV,
Herrenstr. 14,
30159 Hannover,
Tel.: 05 11/9 11 96 01,

Verbraucherzentrale Nordrhein-
Westfalen eV,
Mintropstr. 27,
40215 Düsseldorf,
Tel.: 02 11/3 80 90

Verbraucherzentrale Rheinland-
Pfalz eV,
Große Langgasse 16,
55116 Mainz,
Tel.: 0 61 31/2 84 80

Verbraucherzentrale Saar-
land eV,
Hohenzollernstr. 11
66117 Saarbrücken,
Tel.: 06 81/50 08 90

Verbraucherzentrale Sachsen eV,
Bernhardstr. 7,
04315 Leipzig,
Tel.: 03 41/6 89 30

Verbraucherzentrale Sachsen-
Anhalt eV,
Steinbocksgasse 1,
06108 Halle/Saale,
Tel.: 03 45/5 00 83

Verbraucherzentrale Schleswig-
Holstein eV,
Bergstr. 24,
24103 Kiel,
Tel.: 0431/51286

Verbraucherzentrale Thüringen eV,
Eugen-Richter-Str 45,
99085 Erfurt,
Tel.: 0361/555140

8. Rentenversicherungs-
träger

LVA Baden
Gartenstraße 105
76135 Karlsruhe
Tel.: 0721/825 -0

LVA Berlin
Knobelsdorffstraße 92
14059 Berlin
Tel.: 030/3002-0 :

LVA Brandenburg
Heinrich-Hildebrand-
Straße 20b
15232 Frankfurt/Oder
Tel.: 0335/551-0

LVA Braunschweig
Kurt-Schumacher-Straße 20
38102 Braunschweig
Tel.: 0551/7006-0

LVA Freie und Hansestadt
Hamburg
Überseering 10
22297 Hamburg
Tel.: 040/6381-0

LVA Hannover
Lange Weihe 2
30880 Laatzen
Tel.: 0511/829-1

LVA Hessen
Städelstraße 28
60596 Frankfurt/Main
Tel.: 069/6052-0

LVA Mecklenburg-Vorpommern
Platanenstraße 45
17033 Neubrandenburg
Tel.: 0395/370-0

LVA Niederbayern-Oberpfalz
Am Alten Viehmarkt 2
84028 Landshut
Tel.: 0871/81-0

LVA Oberbayern
Thomas-Dehler-Straße 3
81737 München
Tel.: 089/6781-0

LVA Oberfranken und Mittel-
franken
Wittelsbacherring 11
95444 Bayreuth
Tel.: 0921/607-0

LVA Oldenburg-Bremen
Huntestraße 11
26135 Oldenburg
Tel.: 0441/927-0

LVA Rheinland-Pfalz
Eichendorffstraße 4–6
67346 Speyer
Tel.: 06232/17-0

LVA Rheinprovinz
Königsallee 71
40215 Düsseldorf
Tel.: 0211/937-0

LVA für das Saarland
Martin-Luther-Straße 2–4
66111 Saarbrücken
Tel.: 06 81/30 93-0

LVA Sachsen
Georg-Schumann-
Straße 146
04159 Leipzig
Tel.: 03 41/5 50-55

LVA Sachsen-Anhalt
Paracelsusstraße 21
06114 Halle (Saale)
Tel.: 03 45/2 13-0

LVA Schleswig-Holstein
Kronsforder Allee 2–6
23560 Lübeck
Tel.: 04 51/4 85-0

LVA Schwaben
An der Blauen Kappe 18
86152 Augsburg
Tel.: 08 21/5 00-0

LVA Thüringen
Kranichfelder Straße 3
99097 Erfurt
Tel.: 03 61/4 82-0

LVA Unterfranken
Friedenstraße 12–14

97072 Würzburg
Tel.: 09 31/8 02-0

LVA Westfalen
Gartenstraße 194
48147 Münster
Tel.: 02 51/2 38-0

LVA Württemberg
Adalbert-Stifter-Straße 105
70437 Stuttgart
Tel.: 07 11/8 48-1

Bahnversicherungsanstalt
Karlstraße 4–6
60329 Frankfurt/M.
Tel.: 0 69/2 65-0

Seekasse
Reimerstwiete 2
20457 Hamburg
Tel.: 0 40/3 61 37-0

Bundesknappschaft
Pieperstraße 14–28
44789 Bochum
Tel.: 02 34/3 04-0

Bundesversicherungsanstalt für
Angestellte
Ruhrstraße 2
10709 Berlin
Tel.: 0 30/8 65-1

Stichwortverzeichnis

Dieses Buch enthält 100 Hauptstichwörter in der alphabetischen Reihenfolge (hier fettgedruckt). Im folgenden Register finden Sie auch Verweisungen zu diversen Suchbegriffen.

Beispiel: Zum Suchwort „Abfindungen" gibt es nicht ein einzelnes Hauptstichwort, sondern Sie finden diesen Begriff erläutert unter den Stichwörtern „Arbeitslosengeld" und „Kündigungsschutz".